Recht und Devianz als Interaktion

Michael Dellwing

Recht und Devianz als Interaktion

Devianz- und Rechtssoziologie in Prozessstudien

Michael Dellwing
Universität Kassel
Kassel
Deutschland

ISBN 978-3-658-04269-1　　　　　ISBN 978-3-658-04270-7 (eBook)
DOI 10.1007/978-3-658-04270-7

Die Deutsche Nationalbibliothek verzeichnet diese Publikation in der Deutschen Nationalbibliografie; detaillierte bibliografische Daten sind im Internet über http://dnb.d-nb.de abrufbar.

Springer VS
© Springer Fachmedien Wiesbaden 2015
Das Werk einschließlich aller seiner Teile ist urheberrechtlich geschützt. Jede Verwertung, die nicht ausdrücklich vom Urheberrechtsgesetz zugelassen ist, bedarf der vorherigen Zustimmung des Verlags. Das gilt insbesondere für Vervielfältigungen, Bearbeitungen, Übersetzungen, Mikroverfilmungen und die Einspeicherung und Verarbeitung in elektronischen Systemen.

Die Wiedergabe von Gebrauchsnamen, Handelsnamen, Warenbezeichnungen usw. in diesem Werk berechtigt auch ohne besondere Kennzeichnung nicht zu der Annahme, dass solche Namen im Sinne der Warenzeichen- und Markenschutz-Gesetzgebung als frei zu betrachten wären und daher von jedermann benutzt werden dürften.

Lektorat: Dr. Cori Mackrodt, Daniel Hawig

Gedruckt auf säurefreiem und chlorfrei gebleichtem Papier

Springer VS ist eine Marke von Springer DE. Springer DE ist Teil der Fachverlagsgruppe Springer Science+Business Media
www.springer-vs.de

*Für
Maria Lisa Krug*

Inhaltsverzeichnis

1 Einleitung: Die lokale Konstruktion von Recht und Devianz. Rechts- und Devianzsoziologie als Soziologie lokaler Zuschreibungsprozesse 1

Teil I Die komplexe Welt gegenseitiger Bedeutungszuschreibungen

2 Looking-Glass Crime: Definitionskoalitionen im Prozess der Zuschreibung von Kriminalität 13

3 Das interaktionistische Dreieck: Ein Versuch der Integration interaktionistischer Devianzsoziologie 37

4 Langeweile mit der Eindeutigkeit 57

Teil II *Labeling* neu betrachtet

5 *Reste*: Die Befreiung des *Labeling Approach* von der Befreiung 73

6 Das Label und die Macht: Der *labeling approach* vom Pragmatismus zur Gesellschaftskritik und zurück 93

Teil III Konsequenzen einer Zuschreibungsanalyse

7 Dunkelfeldforschung als Definitionsaktivität: Über die multiple Verwendung der Dunkelfeldfigur zur Definition sozialer Probleme .. 109

8	„Geisteskrankheit" als hartnäckige Aushandlungsniederlage: Die Unausweichlichkeit der Durchsetzung von Definitionen sozialer Realität	133
9	Psychiatrieformalismus und Psychiatrierealismus: Zu einer Soziologie psychischer Störungen im Umweg über die Debatte zwischen Rechtsformalisten und Rechtsrealisten	155
10	Weite Felder und Sackgassen: Zuschreibungen von Gewaltsamkeit. Zur Unmöglichkeit, die Verwendung des Begriffs „Gewalt" durch präzise Definitionen einzugrenzen	173
11	Rhetoriken von Norm und Risiko: Zur Gegeneinanderstellung zweier Sprachclubs in der Soziologie der sozialen Kontrolle	195
12	Das Recht und das Monster. Über Kollusionen mit phantastischen Partnern	211

Quellennachweise 227

Literatur 229

Einleitung: Die lokale Konstruktion von Recht und Devianz. Rechts- und Devianzsoziologie als Soziologie lokaler Zuschreibungsprozesse

If no one's getting' mad, are you really bein' bad?
– Nelson Muntz, *The Simpsons* S21E14, „Postcards From the Wedge"

Joel Best stellte einmal fest, „in sociology, you'll learn unpopular explanations for everything" (2003, S. 2). Das ist fast unvermeidlich, wenn interpretative Soziologie betrieben wird: Ihr Ziel besteht darin, zur Befremdung der eigenen Realität beizutragen, indem nachgezeichnet wird, wie Bedeutungen, mit denen Situationen bestritten werden, zustande kommen, ungeachtet dessen, ob diese den Beteiligten deutlich kontingent oder scheinbar selbstverständlich vorkommen. Unser Handeln gegenüber Objekten ist ein Handeln gegenüber Bedeutungen, wie Herbert Blumer in seiner berühmten Grundlegung des symbolischen Interaktionismus festhält, und diese Bedeutungen sind nicht lediglich in Situationen ausgehandelt, sondern wandeln sich zwischen Situationen (Blumer 2013, S. 64). Interaktionistische Soziologinnen sprechen hier von einer „Definition der Situation" (McHugh 1968; Stebbins 1967; Goffman 1959, S. 4 u. a.) und betonen die lokalen Elemente dieser Zuschreibungen: Da Objekte keine Eigenbedeutung mitbringen, müssen Bedeutungen in sozialen Interaktionen ausgehandelt und zugeschrieben werden (Prus 1996, 1997; Blumer 2012). Das ist immer eine soziale Leistung, die sich weder aus der Welt noch aus vorentschiedenen Strukturen oder Diskursen fixiert ableiten lässt und daher innerhalb der Eigendynamik der Situation im Austausch zwischen den Beteiligten produziert werden muss.[1]

---

[1] Das ist, um häufigen Missverständnissen vorzubeugen, kein Argument, dass Bedeutungen *rein* lokal, quasi ahistorisch-beliebig zustande kämen oder gar intentionalistisch aufgrund der

Das ist die Basis der Texte dieses Bandes: Auch eine rechtliche Definition der Situation ist zunächst ebenso eine Definition der Situation und damit eine lokal geleistete und perspektivische Interpretation, die aus anderer Perspektive, in anderen Kontexten und mit anderen Interessen anders ausgesehen hätte. Rechtseinschätzungen sind, obwohl sie vor allem im Alltag immer wieder als „feste" Rahmen diskutiert werden, damit äußerst fluide, kontextabhängige und unsichere Produkte prekärer Aushandlungen.

Für die soziologische Betrachtung des Rechts ist das in seiner grundlegenden Form ein altes Argument (Spector und Kitsuse 2001 [1977]; Peters 2009; Dotter 2004; Fish 2011; Becker 2013; u. v. m.). In den sechziger und siebziger Jahren, als die Soziologie noch Devianz aufdecken und soziale Funktionalität stärken wollte, war es eine innovative Befremdung eines weit verbreiteten Rechtsglaubens, wenn der *labeling approach* feststellte, dass weder die Welt noch „das Recht" vorentscheiden, was deviant, unrecht oder pathologisch ist: Devianz und Kriminalität sind keine Eigenschaften einer Handlung. Stattdessen bemerkten die Protagonisten dieser devianzsoziologischen Wende, dass Handlungen dann kriminell sind, wenn sie, in Abwandlung von Howard Beckers Worten, von Menschen erfolgreich als kriminell bezeichnet werden (2013, S. 31). Darüber hinaus kam in den Blick, dass diese Bedeutungszuweisung eine zutiefst kontingente und variable Angelegenheit ist. Diese Variabilität wird in Folge außerdem nicht als auszubügelnder Fehler thematisiert, sondern als unvermeidlicher Bestandteil der Lokalität und Kontextualität von Bedeutungen: Wenn Bedeutungszuschreibungen immer in konkreten, kontextuellen Situationen zustande kommen, gibt es keine „reine", „saubere" Regelanwendung im Sinne der Ausklammerung dieser Situationen. Es bleibt damit zu untersuchen, wie diese Anwendungen aussehen. So handelt es sich im *labeling approach*, wie Becker bemerkt hat, lediglich um eine Anwendung basaler soziologischer Einsichten auf Abweichung und Kriminalität (2013, S. 172): Die Einschätzung einer Handlung benötigt eine Interpretation dieser Handlung, die kontextuell erfolgt und die Bedeutungen der Beteiligten Personen und Objekte mitverhandelt und

---

Vorlieben und Ziele der Akteure frei ausgehandelt werden könnten. Eine solche „sociology of the local" (Fine 2010) betont lediglich, dass Bedeutungen nicht bereits hinter dem Vorhang feststehen um sich in Handlungen lediglich auszudrücken (wogegen sich auch Herbert Blumers immer positioniert hatte 1969, 2012) und immer der situativen und kontextualen Verwendung benötigen, um produziert und reproduziert zu werden. Ob diese Bedeutungen „stabil" oder „variabel" produziert werden, ist zudem nichts, was bereits objektiv vorliegt: Auch das ist eine Interpretation, so dass auch „Stabilität" keine Sache ist, sondern eine Bedeutung, die lokal reproduziert werden muss. Was als stabile Bedeutung gewertet wird und was als variable hängt auch davon ab, wie eine Abfolge von Situationen betrachtet wird. Keine Interpretation liegt als Tatsache auf der Hand.

deren zuvor zugeschriebene Bedeutungen mit einbezieht. Eine Einschätzung einer Handlung nach Rechtskriterien benötigt eine Interpretation dieser Rechtskriterien, die diese ebenso wenig mitbringen und die ebenso wenig im Kontext der Situation erfolgt, wozu auch die Bedeutungszuschreibungen zählen, die die beteiligten Personen und Objekte bereits erfahren haben. Ein „abstraktes" Recht gibt es nicht; Fish spricht vom „formalen" Recht, eine Eigenschaft, die das Recht „möchte" (2011), aber nie erreichen kann; eine „abstrakte" Situation gibt es genauso wenig. „Abstractions are abominations upon the land", bemerkt John Lofland (1976, S. 63) und meint damit genau das: Bedeutungen sind keine theoretischen Gebilde, sondern praktische, und ohne Situationen, in denen sie verhandelt werden, gibt es sie nicht. Wie Erving Goffman bemerkt, geht es um „Momente und ihre Menschen" (1967, S. 3): Was in einer Situation vor sich geht, ist eine Frage kontextueller Situationen, und jede Abstraktion ist eine voraussetzungsvolle und komplexe Konstruktion.

Heute kann zumindest der Kern dieser Neubetrachtung, dass Kriminalität keine objektive Eigenschaft einer Handlung ist, als „Gemeinplatz" gelten (Dollinger 2014). Dem würde allerdings nur ein kleiner Teil der Betrachterinnen zustimmen. In der kulturellen Kriminologie (Ferrell und Sanders 1995; Ferrell und Hamm 1998; Ferrell et al. 2008) muss darüber zwar nicht mehr diskutiert werden. Auch im deutschen, von der kritischen Kriminologie angenommenen *labeling approach* ist es Voraussetzung für alle weitere Arbeit (Keckeisen 1974; Sack und König 1979; Peters 1996, 2002). In der soziologischen Rechtsbetrachtung ist es also weit verbreitet, aber bei weitem noch nicht als Gemeinplatz zu bezeichnen: Ein großer Teil der Sozialwissenschaft versucht vielmehr weiterhin, in klassischer Manier ganz ernsthaft und ohne merkliches Problembewusstsein Abweichungen objektiv zu zählen, Hell- von Dunkelziffern zu unterscheiden und, um dem Objektivismus dieser Analyse noch eine Prise offene Normativität hinzuzufügen, zu ihrer Verhinderung beizutragen. Sie arbeiten so an der sozialen Konstruktion von richtig/falsch aktiv mit, anstatt zu untersuchen, wie diese geschieht. Klassische Arbeiten, die Kriminalität objektivieren und diese Objektivierungen normativ untermauern, kartografieren so keine bestehende Ordnung, sondern *schaffen* eine Ordnung durch Klassifizierung, die aus Positionierungen heraus, mit Interessen, Gründen und Konsequenzen geschaffen wird.

Zugleich ist eine solche Distanzierung im Alltag jedoch nicht möglich, wenn Rechtseinschätzungen benötigt werden, um Situationen zu fixieren: Eine Rechtssoziologie, die die Produktion von Bedeutungen in Situationen betont, muss ein Gespür für die Kontextualität der Situationen entwickeln. Sie verabschiedet sich so davon, diese Einschätzungen einfach als Tatsachen mitzutragen oder auch nur zu erwarten, dass sie im Alltag den Transfer von einem Kontext in einen anderen überleben.

1.1 Unbeliebte Ironisierungen

Im Alltag ist die objektivistisch-normative Betrachtung selbstverständlich und die soziologische Befremdung derselben geradezu blasphemisch; das Wort ist mit Bedacht gewählt (s. u.). Recht lebt im Alltag davon, nicht als kontingente Interpretation gesehen zu werden, die immer auch anders hätte erfolgen können. Hier kommt Joel Bests Diktum der unbeliebten Erklärungen ins Spiel: Indem betont wird, wie Bedeutungen, auch rechtliche Beurteilungen, sozial zustande kommen, wird nicht nur die nach außen kommunizierte Sicherheit des rechtlichen Urteils als Bewertung in Frage gestellt; das tun Alltagsmenschen selbst häufig genug, wenn sie ergangene Urteile als „Unrecht" kritisieren. Es wird scheinbar die gesamte Möglichkeit in Frage gestellt, dass es so etwas wie „richtige Rechtsurteile" im Abstrakten gibt, und die Festigkeiten der Welt werden ironisch (und ironistisch, Rorty 1989) verpulvert. Diese Destabilisierung der Festigkeit von Bedeutungen und die Anwendung dieser eigentlich einfachen Einsicht auf das Recht führen zunächst zu einer klaren Distanzierung von diesen alltäglichen Diskussionen des Rechts.

Das wäre jedoch eine naive und kurzsichtige Schlussfolgerung, die nicht nur den klassischen Betrachtungen unrecht täte, sondern auch den interpretativen Ansätzen, die sie in Frage stellen. Sozialwissenschaftliche Ansätze sind von Grund auf perspektivische Gebilde; eine abstrakte Wahrheit für einen Ansatz zu behaupten, wäre gerade für interpretative Perspektiven selbstwidersprüchlich. Eine Analyse der Praktiken und Prozesse, in denen scheinbar selbstverständliche Bedeutungen zustande kommen, ist keine Kampfschrift gegen den Glauben an selbstverständliche Bedeutungen. Zum einen ist auch eine solche Analyse mit eigenen Selbstverständlichkeiten ausgestattet, deren soziales Zustandekommen genauso untersucht werden könnte: In meinem Fall ist das die lokale Produktion von Bedeutungen und die Setzung, dass Objekte sie nicht beinhalten. Zudem erfüllt dieser Ansatz einen analytischen Zweck, den Alltagsselbstverständlichkeiten nicht erfüllen können, während diese Analysen umgekehrt die Zwecke der Alltagsselbstverständlichkeiten nicht erfüllen.

Klassische Ansätze, die objektivistisch und normativ Kriminalität als Selbstverständlichkeit verstehen und somit Selbstverständlichkeit reproduzieren, sind nicht für sich bereits kritikabel. Ein richtig verstandener interaktions- oder allgemeiner interpretativer Ansatz steht weder den Alltagsfixierungen noch klassischen Arbeiten entgegen: Beide produzieren offizielles Wissen in Abstraktionen, und diese Abstraktionen, so sehr sie „Abscheulichkeiten vor dem Lande" sein mögen (Lofland 1976), sind unvermeidlich (Bude und Dellwing 2011, 2012), denn ohne die Fixierung der Situation in einer Bedeutung geht es nicht weiter. Um gemeinsam handeln zu können, müssen die Akteure zumindest gegenseitig unterstellen, auf Basis derselben

1.1 Unbeliebte Ironisierungen

Bedeutung zu handeln. Da wir zu dem Inneren ihrer Köpfe keinen Zugang haben, bleibt uns hier nur die handlungspraktische Verifikation des Tuns, nämlich Handeln und abwarten, ob Widerspruch erfolgt. Erfolgt keiner, ist das immer noch kein Nachweis innerer Zustände, aber es ist alles, was wir im Alltag benötigen.

Um funktionieren zu können, müssen sie jedoch zumindest am Ende des Tanzes die Aura der Alternativlosigkeit einnehmen: Ein „vielleicht auch nicht" behindert weitere Handlung.

Das ist, wie Stanley Fish immer wieder festgestellt hatte, die große Leistung des Rechts, sein „erstaunlicher Trick": Es konstituiert sich immer wieder wie im Flug, verwandelt eine fluide Welt in einem Netz von Interpretationen in eine feste Rechtsaussage, und kommuniziert diese dann vom Altar der Richterbank als notwendige, unvermeidliche, *wahre* Fassung der Abläufe und der nun vorgeschriebenen Konsequenzen. Damit ist das Recht nicht allein: Es teilt diese produzierte Felsenhaftigkeit mit allen möglichen sozialen Aktivitäten, von der Medizin über die Bewertung von Hausarbeiten bis hin zu Argumenten zwischen Nachbarn über die richtige Pflege des Rasens. Diese Fixierungen kürzen ab, damit gehandelt werden kann: Es ist nicht nur viel einfacher, zu sagen, „A hat gestohlen", als eine soziale Interaktion in all ihren Details dicht zu beschreiben und dabei die unterschiedlichen Angebote der Definition der Situation zu überblicken. Es ist auch einfacher, zu sagen, „B ist traurig", als die Definitionen der Situation zu untersuchen, die in dieser Kurzform verschwinden. Es ist zudem notwendig, diese Abkürzungen zu gehen, um in der Lage zu sein, die Situation weiterfließen zu lassen. Würden die Beteiligten an der Situation die unterschiedlichen Definitionen zum Thema machen und die Aushandlung verbalisieren, die häufig in einem dichten Netz nonverbaler Kommunikationen stattfindet, wäre damit das, „was hier eigentlich vor sich geht", zugunsten dieser Aushandlung durchbrochen und auch pausiert. Nur eine soziologische Betrachtung, die vom Druck des Handelns in der Situation befreit ist, kann sich den Luxus erlauben, eine solche Analyse vorzunehmen; für jene, die im Alltagshandeln stecken, wäre das gleichbedeutend mit einer Zerstörung dieses Alltagshandelns.

Die Alltagswelt produziert weitläufig fixierte Abkürzungen, die aus Zuschreibungen von Bedeutungen in Situationen und den Tänzen um diese zusammengebaut werden. Das Recht allerdings nimmt unter diesen sozialen Umfeldern der Setzung von fixen Bedeutungen eine Sonderstellung ein. Das Recht, und vor allem das Strafrecht, ist eine der großen legitimatorischen Redeweisen der Gegenwart. Es steht symbolisch für den Zusammenhalt unserer pluralistischen, diversen Gesellschaft. Das Recht ist somit in westlichen Gesellschaften höchste Legitimationsform; es nimmt so den Platz ein, den vor der Säkularisierung die Religion innehatte. Aber so wesentlich das Recht als Legitimationsform ist, kann es doch nicht für sich beanspruchen, universell zu sein. Es ist modisch zu sagen, dass es sich hierin um ein

Merkmal der Postmoderne handelt: Kein legitimatorischer Rahmen kann mehr für sich beanspruchen, universell zu sein. Ich vermute jedoch, dass das eine zu harte Unterscheidung ist: Wahrscheinlich waren auch zu Hochzeiten des christlichen Mittelalters religiöse Legitimationen nicht so universell, wie solche Theorien klarer Transformationen vermuten. (Das ist eine Frage für Historiker). Letztlich sind legitimatorische Formen kontextuale Gebilde, und wenn Kontexte wechseln, wechselt auch die Legitimation. Erving Goffman hat das unter der Bezeichnung „Vorderregionen" und „Hinterbühnen" untersucht, und diese ist für das Recht zentral.

1.2 Das Recht als Vorderbühne

Sozialen Institutionen werden offizielle Ziele gesetzt: Die Schule soll erziehen, die Universität soll ausbilden, die Medizin soll heilen. Rechtsinstanzen sollen Recht und Ordnung verteidigen und die Sicherheit der Bürger gewährleisten. Die Rechtssoziologie hat selbstverständlich eine Reihe anderer Funktionen der Rechtsinstanzen identifiziert, aber diese offiziellen Ziele sind die *öffentlich* legitimen Aufgaben dieser Institutionen, d. h. die Zielsetzungen, die ein öffentliches Publikum, gefiltert durch Massenmedien, als legitim bezeichnen wird.

Verbale und nonverbale Handlungen müssen mit legitimen Zielen einzufangen sein, soweit sie vor Publikum geschehen, von dem eine Prüfung mit Hilfe dieser Legitimationsformen erwartet wird. Alle nach außen sichtbare Handlungen sollen idealerweise „für sich sprechen": Ein zufälliges Publikum soll in der Lage sein, diese Handlungen als legitim zu bezeichnen, Anwälte, die Beweismaterial zur Untermauerung der Ernsthaftigkeit von Forderungen gegen diese Institutionen sind, sollen keine verwertbaren Materialien erhalten und Massenmedien, die auf der Suche nach berichtbaren Problemen sind, sollen bei dieser Suche nicht unterstützt werden. Müssen für Publikum sichtbare Handlungen von Vertretern dieser Institutionen erst kommentiert werden, um zu bekräftigen, dass sie diesen Zielen dienen, ist bereits ein prekärer Grenzbereich erreicht, der potentiellen Angriffen Einfallstore liefert. Handlungen, die diese Ziele in Frage stellen, gefährden die Institution akut, nicht nur in ihrem öffentlichen Ruf, sondern rechtlich, und laden zu Angriffen ein. Offene, verbale Darstellungen illegitimer Ziele nehmen potentielle Angriffe vorweg und bringen die Institution in eine Lage, aus der kaum mehr Rettung möglich ist, da die potentiellen Verteidiger diese Verteidigungsposition bereits aufgegeben haben und Parteien, die sie angreifen möchten, damit keine effektive Gegenwehr mehr fürchten müssen; die Niederlage der Institution vor Gericht oder dem Gericht der öffentlichen Meinungen ist in dieser Konstellation fast sicher.

1.2 Das Recht als Vorderbühne

Die Fassade der legitimen Ziele wird nach außen hin nachdrücklich und gewissenhaft geschützt, aber innerhalb der Institution ragen andere, legitmationsfremde Ziele in den Alltag ihrer Mitglieder.

Erving Goffman hat das in seiner griffigen Formulierung von „Vorderbühnen" (bzw. Vorderregionen, „front regions", 1959, S. 107) und Hinterbühnen („backstages", 113, 128, etc.) eingefangen: Je öffentlicher der Kontext, desto wesentlicher ist es, dass das Reden über eine Situation als auch die Handlungen, die einer Person verantwortlich zugerechnet werden können, den öffentlich legitimen Formen der Rechtfertigung dieses Handelns entspricht. Dabei ist die Unterscheidung zwischen beiden keine Frage von physischen Räumen, sondern von Kontexten und vor allem dem Publikum in diesen Kontexten (vgl. Dellwing 2013). Goffmans eingängigstes Beispiel für diese Trennung war die Küche des Hotels, in dem er auf den Shetland-Inseln seine Promotionsforschung vorgenommen hatte: Für Gäste musste eine formal-höfliche Dienstleistungsshow aufgeführt werden, die die (physischen und darstellerischen) Unreinheiten der Handlungen auf der Hinterbühne versteckt hielt. Für ein Gericht gilt nichts anderes: Die Darstellung vor Publikum muss eine formal-rechtliche sein, die die Würde des Amtes und die Festigkeit des Rechts dramatisiert, aus dem die Unreinheiten ferngehalten werden müssen, die bei der Zubereitung dieser Darstellung in der „Rechtsküche", dem Tagungsraum, zu dem die Öffentlichkeit keinen Zugang hat, vorfallen.

Das gilt selbstverständlich nicht nur für die Institutionen; es gilt auch für jene, die in den Griff dieser Institutionen gelangen. Im öffentlichen Kontakt miteinander müssen beide an ihren öffentlichen Legitimationsformen festhalten; ihr Reden und Handeln muss mit diesen Legitimationsformen einzufangen sein. Hinter den Kulissen der Institution werden diese Formen fallengelassen, wenn die Begegnung (im Sinne Goffmans der „encounter", 1963) des öffentlichen Kontakts zu einem Ende gelangt ist. Die Redeweisen, die nun in den Vordergrund treten, sind Hinterbühnenreden mit ihren Informalitäten und eigenen legitimatorischen Bedürfnissen: Gerade formales Reden ist in sozialen und intimen Beziehungen nicht erwünscht, da es als Zeichen für soziale Distanz gewertet werden wird.

Vor allem ethnografische Studien haben diese Diskrepanz immer wieder festgestellt, für das Recht zum Beispiel Lautmann (2010) für das Gericht, Peter Manning (1997), Jonathan Rubinstein (1980), Jo Reichertz und Norbert Schröer (2003) für die Polizei, aber auch John Johnson (1976) für die soziale Arbeit. Dass besonders ethnografische Arbeiten diese Diskrepanzen zu ihrem Thema gemacht haben, ist dabei kein Zufall: Es sind vor allem teilnehmende Beobachtungen, in denen diese unterschiedlichen Handlungskontexte erkenntlich werden, da Forscherinnen in anhaltender Immersion beide Seiten der Darstellung erfahren können. Interviewforschung hat es deutlich schwerer, die (nach außen) legitimatorisch problematischen

Hinterbühnen der Institutionen zu erkennen: Es ist ein altes Problem der Sozialwissenschaften, dass Menschen, wenn man direkt mit ihnen redet, in solche legitimatorischen Redeweisen verfallen. Wenn man also wissen will, was Menschen tun, darf man sie nicht danach fragen – so der Ratschlag Lindesmiths (1924, zitiert von Gobo 2008, S. 5). Während viele Interviewmethoden sich genau dieser Problematik annehmen und Techniken entwickelt haben, hinter die öffentlich präsentierten Fassaden zu gelangen (z. B. Küsters 2009) bleibt die Interviewsituation eine außergewöhnliche Begegnung, in der die Fassaden des Vorderbühnenkontakts für diese Begegnung aufrechterhalten werden (vgl. Dellwing und Prus 2012, S. 112 ff.). Fragebogenforschung hat hier eine noch größere, praktisch unüberwindliche Barriere. Schon die Form ist eine Sammlung von vorgefertigten, massiven Abkürzungen.

Dabei ist nicht lediglich die Diskrepanz von Darstellungen zwischen offiziellen und inoffiziellen, Vorder- und Hinterbühnenkonstruktionen von Bedeutung. Auch auf der Vorderbühne finden wir ein Netz von pluralen Realitätskonstruktionen. Die ganze Existenz der Gerichtsverhandlung zeigt bereits an, dass das Recht keine automatische, formale Entscheidung trifft, die, bevor sie als „klar" verkündet wird, immer klar war: Die Verhandlung ist eine Auseinandersetzung zwischen unterschiedlichen Deutungen der Situation, des Rechts und der Beziehung zwischen beiden, und die Parteien präsentieren beide unterschiedliche, aber immer als „klar" dargestellte unvermeidliche Lösungen, von denen dann eine gewählt oder eine dritte zusammengesetzt wird. Recht ist erst im Moment der Verkündung klar und gibt dann vor, immer klar gewesen zu sein. Zudem befindet sich das Legitimationsvokabular des Rechts in Auseinandersetzungen mit anderen Vokabularien, die dieselben Situationen für sich beanspruchen. Vor allem das psychiatrische Vokabular meldet hier eine Verantwortlichkeit an, die, wenn ihr stattgegeben wird, die des Rechts ersetzt. Die Tatsache, dass ein Gericht dieser auf Basis der Expertenaussage eines Psychiaters stattgeben muss, sichert hier zwar das Primat des Rechts, aber nur in Fällen, in denen es tatsächlich zu Hilfe genommen wird. Situationen, in denen die Beteiligten entscheiden, dass hier kein Rechtsfall, sondern ein medizinischer Fall vorliegt, der Ärzten übergeben wird, ohne dass die Grundlagen dieser Übergabe den Instanzen des Rechts vorgelegt wird, hebeln dieses Primat aus. Sogar die Religion, nun unter dem Mantel der Legitimationsform von „Moral und Ethik", fordert das Recht um Verantwortlichkeiten heraus, wenn zum Beispiel Kirchenasyl gewährt wird, um Personen dem Zugriff der Rechtsinstanzen zu entziehen. Auch diese Auseinandersetzungen unterliegen dem Spiel der Bühnen: Was hier in einer Interaktion, in einem Kontext, in einem *clash* als Bedeutung produziert wird, wird in anderen Kontexten, in anderen Begegnungen von denselben Akteuren noch einmal anders produziert. Für Goffman ist das eine basale Konsequenz der Pluralität der Welt und der Pluralität der Rollen, die die Individuen in ihnen wechselnd einnehmen. Alles zusammen trägt zu einer Grundironie gegenüber diesen Rollen und Welten bei, während diese Ironie in den Begegnungen, in denen es um diese Welten visceral geht, fallengelassen werden muss, damit die Welten nicht zerbrechen.

1.3 Soziologie rechtlicher und nichtrechtlicher Bedeutungen

Eine Rechtssoziologie, die auf der Basis verhandelter Bedeutungen die Unwägbarkeiten der Welt nicht hinter abstrakter Theorie verstecken möchte, ist angehalten, diese Interaktionen detailliert zu untersuchen. Es geht mir immer darum, wie rechtliche Definitionen der Situation entstehen, welche Ordnung damit in einer Situation geleistet (und über sie hinaus gefestigt) wird. Solche Fixierungen sind immer Abkürzungen. Die soziologische Forschung versucht, diese Abkürzungen wieder aufzurollen, indem Situationen in dichter Beschreibung (Dellwing und Prus 2012, S. 172) aufgerollt und seziert werden, mit dem Ziel, zu bemerken, wer welche Zuschreibungen gemacht hat und wie sie fixiert wurden. Zugleich stellt diese Forschung immer die Kontingenz und Temporalität dieser Fixierungen fest: Jede dieser Abkürzungen hätte anders geschehen können und wird in anderen Situationen auch anders geschehen. Es geht darum, die Unebenheiten und Pluralitäten zu überblicken, die eine solche Produktion felsenhafter Festigkeit immer noch beinhaltet, sowohl als offizielle Auseinandersetzung als auch als Auflösung der Festigkeit, wenn die offizielle Situation vorbei ist.

Eine soziologische Betrachtung sollte daher erstens untersuchen, wie diese Definitionen der Situation in der Situation zustande kommen. Eine analytische Betrachtung von rechtlichen Einschätzungen durch Instanzen und über sie hinaus sieht diese als Auseinandersetzung über unterschiedliche Bedeutungen, die Situationen und den an ihnen beteiligten Personen und Objekten zugeschrieben werden. Mich interessieren die Prozesse und Praktiken, in und mit denen das geschieht, nicht, welche davon „richtig" sind: In einer Welt ausgehandelter Bedeutungen hat die Sozialwissenschaft kein Recht, sich eine solche Autorität anzumaßen, sondern nur die Expertise, zu untersuchen, wie zustande kommt, was als richtig, moralisch, tatsächlich gelten soll. Denn nicht nur würde man es sich viel zu einfach machen, indem man Abkürzungen unhinterfragt mitträgt oder selbst produziert; man würde sich zudem jede Chance einer Analyse, wie Recht eigentlich funktioniert, verbauen, die Befremdung der eigenen Realität aufgeben und somit der Soziologie die Möglichkeit nehmen, Antworten zu liefern, die nicht die sozial legitimen Redeweisen über unsere Welt nachbeten. Indem sie sich das zum Ziel setzt, hat sie nicht nur ein schier unerschöpfliches Forschungsfeld. Sie ist auch in der Lage, es zu erschließen, ohne es durch moralistische oder juristische Alltagsabkürzungen zu verschütten.

Eine solche Betrachtung sollte sich zweitens der Tatsache bewusst sein, dass Definitionen außerhalb der Situationen, die sie beschreiben, nicht lebensfähig sind. Sozialwissenschaft im moralistischen Modus folgt dem Journalismus, der die „Aufdeckung" der Diskrepanz zwischen Definitionen der Situation in unterschiedlichen Kontexten zum Skandalon macht oder die Pluralität der Definitionen als Problem sieht, das gelöst werden müsste. Das sind für eine soziologische Betrachtung, wie ich sie hier anbiete, jedoch keine Fragen, die entschieden werden müssten: Es ist weder eine Tatsachen-, noch eine moralische Frage. Die Pluralität der Situationsdefinitionen soll untersucht werden, ohne diese für einen Fehler zu halten. Solches Verwelken durch Transplantation ist normal, und ein pluralistisches Universum, in dem unterschiedliche Situationsdefinitionen zusammen und nebeneinander verwendet werden, ist ebenfalls normal.

Recht durchzieht auch in unseren hochbürokratisierten Gegenwartsgesellschaften nicht alle sozialen Situationen. Situationen müssen zu Rechtssituationen gemacht werden; das ist eine Definition der Situation und damit eine aktive Handlung, die auch scheitern kann. Wenn sie erfolgreich ist, heißt das noch nicht, dass die Einschätzung der Situation damit sicher wäre. Die Welt ist offen und wild; eine Rechtssoziologie, die die hohe juristische Ordnungsformalität reproduziert, scheitert damit bei der Analyse dieser Welt.

Teil I
Die komplexe Welt gegenseitiger Bedeutungszuschreibungen

Looking-Glass Crime: Definitionskoalitionen im Prozess der Zuschreibung von Kriminalität

2.1 Kriminalität als Produkt gemeinsamer Definition

Sowohl die interaktionistische Devianzsoziologie als auch der Rechtspragmatismus haben lange gegen die Position opponiert, Abweichung bzw. Kriminalität wären bereits im Vergleich von Verhalten mit sozialen bzw. rechtlichen Normen abstrakt bestimmbar.[1] „Normbruch" ist kein „Datum" im Sinne von gegebenem normbrüchigen Verhalten, sondern vielmehr das Ergebnis dessen, was erfolgreich in einem sozialen Kontext von konkreten Akteuren *gemeinsam* als Verletzung einer Norm definiert wurde. Das Wesentliche für Interaktionisten ist hier die Betonung der Gemeinsamkeit: „Erste" Definitionen (der Handelnden selbst und der unmittelbaren Beteiligten) sind nie solipsistisch, sondern stehen bereits in einem Feld antizipierter Definitionen anderer. Die interpretierenden Personen „live in the minds of others" (Cooley 2009 [1922]),[2] sie antizipieren die multiplen „organized attitudes of the others that we definitely assume" (Mead 1974, S. 209); ihre Definitionen sind immer

---

Dieser Beitrag erschien ursprünglich 2010 in der Zeitschrift für Rechtssoziologie 31: 209–229, erschienen bei Lucius&Lucius.

---

[1] Vgl. Becker 1963; Kitsuse 1962; Kitsuse und Spector 1975; Sack 1968, 1969; Grey 1989; Fish 1989, 1994; Peters 1996, 2009; Tamanaha 1997; Dellwing 2008a, 2009a, b.

[2] Das heißt nicht, dass die, die antizipiert werden, machtvoll sind und die, die antizipieren, nicht. Zum einen antizipieren alle Beteiligten; zudem kommen die Antizipationen immer wieder in eine soziale Aushandlung, deren Ausgang immer auch mit der Form der Darstellung der Antizipation zusammenhängt und nicht schon von vornherein feststeht.

© Springer Fachmedien Wiesbaden 2015
M. Dellwing, *Recht und Devianz als Interaktion*,
DOI 10.1007/978-3-658-04270-7_2

bereits sozial. Wie sie die Idee ihres Selbst an ihren Unterstellungen dessen ausrichten, welche Unterstellungen andere machen – Cooleys berühmtes *looking-glass self* –, definieren sie auch die Handlungen anderer mit Hilfe dieser unterstellenden Spiegelung: *Was wäre eine normale Definition in dieser Gruppe, in dieser Situation, in diesem Rahmen?* Diese Erwartungen werden dann in tatsächlichen Handlungen ausgespielt, wirken (in Reaktionen) zurück und führen zu Neuaushandlungen. Insofern Definitionen nicht solipsistisch sind, treffen in der Handlung jedoch nicht feste Definitionen aufeinander. Handelnde bieten durch ihre Handlungen Definitionen der Situation an, die zwar in Antizipation der Reaktion vertreten werden, die aber eben in dem Maße, in dem andere auch antizipieren und spiegeln, in ein offenes Spiel einfließen: Es kann fehlantizipiert und angepasst werden, die Definitionen der gespiegelten Teilnehmer können sich auf der Basis des Handelns der Antizipierer ändern, und die antizipierenden Teilnehmer müssen die erwartete Definition nicht als ihre eigene annehmen.[3] Jede Handlung beeinflusst ihrerseits Antizipationen und Definitionen des Umfelds. Jede offen vertretene Definition stellt einen Versuch dar, den Kreis derer, die gemeinsam definieren, zu erweitern, denn um gemeinsam handeln zu können, muss die Situation auf gemeinsame Definitionen ausgerichtet werden. Die Vorgänge, in denen diese geleistet werden, können als ein Schmieden von *Definitionskoalitionen* konzeptionalisiert werden. Das soll den Vorgang bezeichnen, in dem Definitionen zur Grundlage von Handlungen (verbal oder nonverbal) gemacht werden, in der Hoffnung, dass andere diese ebenso zur Grundlage gemeinsamen Handelns machen und in dem diese Definitionen aneinander angepasst werden. Gelingt das nicht und handeln die Personen auf Arten und Weisen, die nicht dieselben Definitionen zur Grundlage zu haben scheinen, verbleiben anhaltende Definitionskonflikte, die zu neuen Anpassungsversuchen und gegebenenfalls zu anhaltenden Irritationen führen.[4]

Kriminalitätsdefinitionen kommen damit als sozial emergierende Aushandlungsprodukte in komplexen Situationen in einem von vielen Personen und Institutionen

---

[3] Ob sie das tun oder nicht hängt eng mit der Zugehörigkeitsunterstellung zusammen, die gegenüber dem gespiegelten Teilnehmer gemacht wird. Sieht man diese Person als Teil der eigenen Gruppe, wird man eher die gespiegelte Definition als eigene verwenden, als wenn die Person als „Anderer" markiert ist (vgl. Dellwing 2008c, 2009b).

[4] Definitionskonflikte müssen nicht irritieren: Eine andere Definition anderer Teilnehmer kann erwartet sein, auch wenn sie nicht geteilt wird. Dann kann immer noch irritieren, dass sie angeboten und von anderen akzeptiert wird, sie kann aber auch verstanden und hingenommen werden. Dabei ist eine Hinnahme wohl abhängig davon, wie sehr die auf diesen Fremddefinitionen basierenden Handlungen die eigene Lebenswelt beeinflussen. Fish beschreibt, mit ironischem Unterton, „Fish's first law of tolerance-dynamics: Toleration is exercised in an inverse proportion to their being anything at stake" (1998, S. 217).

2.1 Kriminalität als Produkt gemeinsamer Definition

bevölkerten sozialen Raum auf, in denen Menschen „Dinge gemeinsam tun" (Becker 1986). Das gilt für die (so definierten) „Täter", „Opfer", „Freunde" und auch für öffentliche „Reaktionsinstanzen": Sie alle definieren in Bezugnahme auf erwartete Definitionen in sozialen Räumen. Sie bringen diese Definitionen ein, handeln nach ihnen, und treffen dann auf die konkreten Reaktionen anderer auf dieses mit Definitionen verwobene Handeln. Solche Definitionen sind nicht strukturell vorgegeben und auch nicht einfach als „machtvolles Handeln" von Instanzen mit Definitionsmacht fassbar.[5] Sie stehen in einer Spiegelungs- und Antizipationskette von Definitionen anderer, die vom persönlichen Umfeld über Polizei und Staatsanwaltschaft zum Gericht verläuft, das die *öffentlich*-autoritative Definition der Situation liefern darf, indem es erklärt (nicht: erkennt), was „das Recht" aussagt. Diese Definition der Instanzen muss damit jedoch keineswegs die Definition der Beteiligten und auch nicht die alltagswirksame Definition werden.[6] Diese komplexen Spiegelungen und Aushandlungen von Kriminalitätsdefinitionen sind Thema dieser Darstellung, weshalb von *looking-glass crime* gesprochen werden könnte.

Definitionskoalitionen werden im Fall der Karriere einer Kriminalitätsdefinition in mehreren Etappen geschmiedet. Zunächst muss eine Situation als *irritiert* definiert werden. Irritiert ist sie, wenn ein Element derselben aus dem Raum dessen ausschert, was als mit der eigenen Definition der Situation vereinbar *gesehen* wird. Das kann vieles sein; diese Irritation muss jedoch eine *andere Person* als Quelle oder Gegner identifizieren, damit sie strafrechtlich relevant wird. Das bedeutet, dass aus der Irritation eine Unterstellung eines Definitionskonfliktes mit einer anderen Person folgt, auch wenn diese gar nicht präsent ist: Offensichtlich hatte die andere die Situation so definiert, dass die irritierende Handlung auf Grundlage dieser Definition möglich war, und offensichtlich hatte man selbst dies nicht getan und auch nicht erwartet – sonst wäre man nicht irritiert. Das macht die Situation zu einem Konflikt über Definitionen sozialer Realität. Dieser kann und wird in der Regel einfach aufgelöst, indem man normalisiert, bagatellisiert oder aus der Situation austritt. Erst, wenn das nicht der Fall ist und die Situation in einem Definitionskonflikt mit unterschiedlichen Positionen *bleibt* (auch, indem Korrektivzeichen, Erklärungen

---

[5] Die Frage der „Macht" ist für interaktionsbasierte Ansätze komplexer als für strukturell orientierte Ansätze: Auch Machtrollen sind ausgehandelte Rollen, und die Benennung einer Person oder Handlung als „machtvoll" stellt ebenso einen Aushandlungserfolg in einer sozialen Benennung dar (Dellwing 2009c). Vielmehr ist die Partei in der Regel die als machtvoll benannte, die ihre Definition erfolgreich durchgesetzt hat, was der Machtzuschreibung einerseits eine rückwirkende Komponente gibt, andererseits aber auch – als dann ausgehandelte Rolle – auch zur Formulierung späterer Erwartungen und Antizipationen beiträgt, was ins Definitionsspiel einfließt, anstelle *Voraussetzung* für es zu sein.

[6] Vielmehr ist auch hier wieder eine Zugehörigkeitsdynamik im Spiel, vgl. Fn. 3.

oder Entschuldigungen nicht akzeptiert werden), können dann *konkrete* Koalitionspartner gesucht werden, um sich seiner Definitionsposition sozial zu vergewissern. Zunächst kann das im sozialen Nahbereich ohne öffentliche Instanzen geschehen, danach werden öffentliche Instanzen als weitere, „generalisierte" Definitionspartner hinzugezogen. Auch, wenn keine weiteren Teilnehmer in dieser Linie konkret aufgesucht werden, stehen mögliche Auflösungen der Situation zuvor bereits in einer Antizipation, was diese anderen definieren *würden*: So entsteht eine Linie aus Erwartungen der Definitionen signifikanter Anderer,[7] auch wenn noch keine konkreten Anderen an diesem Urteil beteiligt werden. Der vorliegende Beitrag untersucht diese Antizipationslinie und die Aushandlungen, die mit ihr einhergehen.

2.2 Irritationsdefinitionen

Der erste Schritt in einer Kette, die zum Schluss zu den Instanzen des Rechtsstaats führt, ist die Definition einer Irritation.[8] Insofern *Dinge gemeinsam tun* auf einer gemeinsamen Definition sozialer Realität beruht (Thomas und Thomas 1928; Blumer 1996 [1969]), verweisen irritierende Handlungen potentiell auf unterschiedliche Situationsdefinitionen, die in Einklang gebracht werden müssen, um weitere Handlung zu ermöglichen. „Verbrechen" als Situationsdefinition erlaubt es, eine Irritation aus dem Raum des Irritierenden zumindest soweit zu entfernen, dass eine Erklärung die Unsicherheit abschließt und eine „normale" Reaktion ermöglicht. Irritationen sind jedoch so kontingent wie die Rahmen, in denen unterschiedliche Definitionen und damit unterschiedliche Erwartungen aufkommen: Greenberg und Ruback stellen in ihrer psychologisch orientierten Reaktionsstudie fest, „Situational clues such as a dimly lit street and an approaching stranger can activate ‚prime' crime labels. Alternatively, when the situation is one in which a crime is not expected to occur, criminal labels are unlikely to be primed and therefore more likely to remain unavailable" (1992, S. 185).[9] Auch Kury schreibt, „Grundlage für eine

---

[7] „Signifikante andere" werden hier verstanden als jene konkrete Andere, imaginiert oder tatsächlich präsent, an deren erwarteten Definitionen die eigenen gemessen werden: *Ihre* Definitionen sind zu antizipieren, um im Vergleich mit ihnen (oder ggf. auch in Abgrenzung zu ihnen) die Angemessenheit der eigenen Definition der Situation zu bestimmen.

[8] Dabei soll „Irritation" nicht verharmlosend verstanden werden: Irritationen, wie der Begriff hier verwendet wird, können auch Schock, Wut, und Trauer beinhalten.

[9] Ein nicht geringer Teil der verwendeten Literatur verwendet zur Explikation solcher Aushandlungsprozesse als Beispiel Vergewaltigungsfälle, Quellen, auf die hier stark rekurriert

2.2 Irritationsdefinitionen

Maßnahme gegen eine Straftat seitens des Opfers, etwa eine Anzeigeerstattung ist, dass dieses überhaupt erkennt, dass es Opfer geworden ist" (2001, S. 80). Insofern Verhalten nicht abstrakt mit Normen verglichen werden kann, um seinen „Irritationsgehalt" zu bestimmen, handelt es sich bereits an diesem Punkt um eine soziale Bedeutungszuschreibung. Dabei kann eine Irritationsdefinition durch Normalisierung, Bagatellisierung oder durch einfaches Ignorieren schnell wieder verworfen werden, was bedeutet, Gründe für die Normalität oder Banalität des Geschehen zu suchen, um es dorthin zu interpretieren. „The first instinct seems to have been to find a ‚normal' explanation of what had occurred" (Maguire 1980, S. 262), also zu normalisieren, die eigene Definition der Situation so anzupassen, dass das Irritierende wieder normal erscheint. Greenberg und Ruback (1992, S. 9) bemerken, dass in Fällen, in denen eine Irritation definiert wurde, oft eine Schuldzuweisung des „Opfers" auf sich selbst erfolge, wodurch die Definition „strafrechtlich relevant" vermieden wird. Man hat also seine eigene Definition verändert, um den „Fehler" in der Antizipation zu reparieren. „Bagatellisieren", in der die *Bedeutung* des Vorfalls gering definiert wird, geht dagegen nicht mit einer Angleichung der eigenen Definition einher, erhält den zugrundeliegenden Definitionskonflikt im Prinzip aufrecht, ignoriert aber die Irritation zumindest momentan (behält sie aber im Gedächtnis, um bei weiteren ähnlichen Irritationen offener reagieren zu können). Kury (2001) stellt fest, dass dies gerade im sozialen Nahraum häufig geschieht. Während „Bagatellisierung" häufig kritisch betrachtet wird, heißt es zunächst nichts weiter als einen sozial aufwändigen und danach reparaturbedürftigen Konflikt zu meiden, der nicht nur Ressourcen beansprucht, sondern durch den sich alle Beteiligten in Aushandlungsgefahren begeben, da Konflikte immer auch verloren werden können und keine „abstrakt-wahre" Bedeutung der Situation das verhindert. Machen alle weiter wie zuvor, signalisieren sie dadurch, dass nach ihrer Definition keine Irritation existiert und laden die anderen Interaktionspartner ein, diese Definition mitzutragen.

---

werden wird. Dies geschieht nicht, um das Thema Vergewaltigung zum Hauptthema der Betrachtung zu machen, sondern da aufgrund der Besonderheit des Vorfalls, der nur dann Straftat ist, wenn ein Partner den Sexualakt nicht *wollte*, die Aushandlung besonders gut analysierbar ist, was sich in der erhältlichen Literatur niederschlägt: „Despite the obvious importance of personal definitions of crime, this is a relatively neglected area of study. What little we know comes from the literature on rape" (Greenberg und Ruback 1992, S. 185). Das soll jedoch dezidiert für weitere Formen von Kriminalitätsdefinitionen ebenso gelten: In Fällen von Vergewaltigung ist diese Offenheit der Aushandlung lediglich auch für Vertreter objektivisticherer Positionen deutlicher nachvollziehbar, jedoch vertritt diese Arbeit die Position, dass diese Offenheit auf alle Kriminalitätsdefinitionen anwendbar ist: „[I]nterpretation becomes [...] a formative process in which meanings are used and revised as instruments for the guidance and formation of action" (Blumer 1996 [1969], S. 5), und *jede* Definition einer sozialen Handlung wird erst in einem sozialen Raum ausgehandelt.

Erst, wenn das nicht geschieht, bleibt die Irritation bestehen, weil unterschiedliche (unterstellte) Definitionen der Situation bestehen bleiben. Während man die eigene schnell verändern kann, ist es ungleich aufwändiger, die Definition der anderen Seite anzugehen. Dieser Weg erfordert eine (oft versucht versteckte) Auseinandersetzung. Diese kann durch subtile Zeichen oder durch offene Konfrontation geschehen. Die Beteiligten stehen dann in einer offenen Definitionsaushandlung: Man kann Reaktionen ignorieren oder Gegendefinitionen anbieten, z. B. durch Fragen wie „Was ist los?", die eine Definition anbieten, nach der es keine Gründe für eine Empörung gibt. Beginnt die andere Person eine Diskussion, ist eine informelle Regelung durch den Willen zum Gespräch bereits angeboten. Eine solche Konfrontation kann zur Auflösung führen, wenn der vermeintliche „Gegner" gemeinsam mit dem vermeintlichen „Opfer" definiert, entgegenkommt, sich entschuldigt, ein putatives „Missverständnis" durch Erklärung auflöst (Goffman 1971), etc. Wenn es sich nicht auflöst, bleibt ein Definitionskonflikt, dem man durch Rückzug aus der Situation entgehen oder den man fortführen kann.

2.3 Koalitionen mit Dritten

Situationsdefinitionen überleben in der Regel nur, wenn sie von anderen sozial geteilt werden. Hierzu müssen „Betroffene" sich vergewissern, dass sozial relevante, „signifikante" Andere ihre Seite einnehmen. Signifikant sind jene Personen, mit denen gemeinsam üblicherweise die eigene soziale Realität definiert wird (Dellwing 2010): Freunde, Verwandte, Kollegen oder jene, deren Mitwirkung für den Erfolg einer Definition als besonders wichtig angesehen wird: Autoritäten, Vorbilder oder „Experten" wie Anwälte, Psychiater etc. Es kann sich aber auch um anonyme Mitmenschen handeln, die „generalisierte Andere" und damit eine imaginäre Allgemeinheit repräsentieren. In solchen Aushandlungssituation kann eine eigene, originär getroffene Definition gestärkt oder eine Definition der Situation als konfliktträchtige Irritation erst geschaffen werden.

Irritationsdefinitionen dieser Art spiegeln zunächst Interpretationsunterstellung auf Mitglieder des eigenen sozialen Umfelds wieder: „Körperverletzungen etwa, die bei Männern aus unteren Schichten durchaus häufiger sind als bei anderen Befragten, sehen diese seltener als ‚kriminell relevant' an" (Blankenburg 1995, S. 14), weil ihr Umfeld das nicht spiegeln würde. In der Weiterformalisierung von Irritationen als offene Konflikte mit anderen spielen daher Koalitionen mit Dritten eine große Rolle. Frazier und Haney hatten als einen Grund für Anzeigebereitschaft unter anderen ausgemacht, „the victim has more social support" (1996, S. 607). Greenberg

2.3 Koalitionen mit Dritten

und Ruback (1992, S. 11) bemerken, dass eine Mehrheit der Opfer ihre Definition erst sozial absichert, bevor sie sie offiziell machen. In einer Studie in Kansas City redeten 58 % mit anderen, bevor sie Anzeige erstatteten, in einer Studie eines Hilfezentrums für Vergewaltigungsopfer 41 %. Dabei redeten 15 % (der Gesamtzahl) bemerkenswerterweise mit *Fremden*, also „generellen" anderen (Greenberg und Ruback 1992, S. 138 f.). In einer Studie mit Einbruchs- und Überfallopfern gaben 77 % an, zuerst mit anderen geredet zu haben (Greenberg und Ruback 1992, S. 161), wobei mehr als 50 % dieser Gruppe mit mehr als einer anderen Person redeten. Wenn Ratschläge erteilt wurden, berichten 90 %, dem Ratschlag gefolgt zu sein (Greenberg und Ruback 1992, S. 161): „The type of advice received from others was the best predictor of the decision to notify the police" (Greenberg und Ruback 1992, S. 170). Umgekehrt kann auch vom Umfeld etwas *zuerst* als „Vorfall" definiert werden. Gesprächspartner können zu „Opfern" deklariert und mit der Erwartung konfrontiert werden, eine Definition anderer als „Täter" mitzutragen. Frohman berichtet z. B. von einem als Vergewaltigung definierten Fall, in dem das Opfer selbst überhaupt nicht aktiv wurde: „When her best friend found out from the assailants and confronted the victim [...] She then reported it to the police" (1991, S. 219). Das zeugt immer bereits davon, dass eine Irritation nun als sozialer Konflikt mit einer anderen Person definiert wird, der zusätzlich auch *veröffentlicht* werden *soll*, wodurch private Beziehungen oft permanent gebrochen werden. Das Interesse des Freundeskreises bestand in seiner Zielsetzung offizieller Bestrafung gerade darin, den Kontakt mit den drei Männern permanent brechen zu *lassen*.

Solche Vergewisserungen an den Urteilen anderer heißt nicht, dass Definierer einfach irgendwelchen anderen folgen. In einer Studie wurden Probanden in eine Situation gebracht, in der ihnen am Arbeitsplatz erledigte Arbeit, für die ein Bonus ausgeschrieben war, von einem Kollegen aus ihrem Fach entnommen und ins eigene Fach gelegt worden war, wodurch der Kollege den Bonus erhalten hatte. Die „Opfer" sollten zunächst beobachtet werden, ob sie die Polizei rufen würden und wurden dann dreimal dazu aufgefordert, dies zu tun. Dennoch wollten nur 31 % anzeigen (Greenberg und Ruback 1992, S. 30). Viele Probanden bestanden durch alle Aushandlungen hindurch darauf, die Angelegenheit informell zu klären: „I can't say it's a theft. It's cheating" (Greenberg und Ruback 1992, S. 33), und eine Frau meint: „The police are going to think I'm crazy" (Greenberg und Ruback 1992, S. 34). Es geht also keinesfalls darum, eine *eigene* Definition gegen Widerstand aufrechtzuerhalten, sondern vielmehr, relevante von nichtrelevanten Definitionskoalitionären zu trennen und sich im sozialen Raum mit anderen Definierern in relevante Gruppen einzuordnen. Die Auffordernden sind Unbekannte, keine relevanten Koalitionspartner. Ihre Definitionsunterstützung war nutzlos, sowohl zur Vorhersage des Definitionserfolgs als auch zur Herstellung von Soziation durch geteilte Definitionen sozialer Realität. Relevant dagegen ist die Polizei. Wer die Polizei hinzuruft, wird Definitionen des sozialen Umfelds spiegeln, muss aber vor allem *polizeiliche* Definitionen und die Reaktionen des weiteren Umfelds, auch der „Gegner", auf die Veröffentlichung antizipieren.[10]

Die an der Interaktion unmittelbar Beteiligten und ihre Koalitionspartner *nach* der Situation müssen nicht diejenigen sein, die eine Formalisierung des Konflikts vornehmen. Auch Dritte *in* der Situation können eine Definition als „kriminell" vornehmen. „Eher sind es Dritte oder die Polizei, die zu Hilfe eilen, die eine Einstufung als ‚kriminell' vornehmen" (Blankenburg 1995, S. 14). Auch diese benötigen Definitionskoalitionäre. Sie können die aktive oder passive Mitdefinition der Anderen unterstellen. Die Unterstellung einer aktiven Mitdefinition geht davon aus, dass eine einmal ergriffene Initiative zur aktiven Unterstützung der anderen führt, die Unterstellung der „passiven" Unterstützung geht demgegenüber davon aus, dass einem Eingreifen zumindest nicht entgegenstellend begegnet werden wird. Wird die allgemeine Unterstützung der eigenen Definition nicht jenseits des Opfers erwartet, z. B. in einem Umfeld, dem man unterstellt, auf der Seite der als „Täter" definierten Person zu stehen, kann die Polizei „verdeckt" hinzugerufen werden. Diese Unterstellungen können scheitern: Es kann sich herausstellen, dass „Opfer" und „Täter" die Situation gemeinsam definiert hatten und das vermeintliche „Opfer" sich gegen die Konfliktdefinition, d. h. gegen den Versuch, dem vermeintlichen „Täter" Täterstatus zuzuschreiben, wehrt. Auch könnte eine als „Straftat" interpretierte Situation von der Polizei nicht als solche eingeordnet werden. Normsender müssen Definitionskonflikte fürchten (bis hin zu *Felicity's Condition*, Goffman 1983, nämlich verrückt zu wirken, wenn sie den Definitionskonflikt nachhaltig verlieren, vgl. *Geisteskrankheit als hartnäckige Aushandlungsniederlage* in diesem Band). Greenberg und Ruback stellen fest, „bystanders are more likely to assist the victim when they have been encouraged to do so by others" (1992, S. 10). In einen soziologischen Rahmen übersetzt zeigt das nichts anderes als das Bewusstsein der Möglichkeit solcher Konflikte, weshalb anderen der erste Definitionsschritt überlassen wird, was Sicherheit bietet, nicht alleine zu definieren.

Für weiteres Handeln auf Basis der Definition eines schweren Konflikts ist also ein Definitionserfolg im Umfeld mindestens hilfreich, oft nötig. Greenberg und

---

[10] Hier handelt es sich um die oben angedeutete komplexe Unterstellung von Definitionsmacht. Die Polizei „hat" diese nicht einfach, wie unten weiter zu sehen sein wird. Aber die Antizipation ihrer Definition beeinflusst die eigenen, was eine Macht-Rolle zuschreibt, und ihr fehlen in einer Definitionskoalition kann für die Koalition verheerend sein – wenn nicht durch andere Koalition die polizeiliche Koalition erzwungen zu werden versucht wird, wie z. B. durch Einschaltung der Medien.

2.3 Koalitionen mit Dritten

Ruback bemängeln, „Victims do not always receive the support they need" (1992, S. 9). Aus der hier vertretenen soziologischen Perspektive ist von dieser Anklage Abstand zu nehmen, denn sie steht auf der Basis der Annahme, dass Verbrechen und Opferstatus objektiv und fraglos vorhanden seien. Wenn ein Opferstatus als kontingente soziale Definition gefasst wird, ist ein Mangel an Koalitionseintritt kein abstrakter Fehler des Umfelds, sondern kann als Aushandlungsniederlage verstanden werden, die in einer Situation konfligierender Definitionen *jemanden* treffen *muss*. Wenn Greenberg und Ruback zudem bemängeln, „Others may tend to blame victims for their fate" (1992, S. 9) heißt das zunächst nur, dass andere in gewissen Situationen eine Situationsdefinition anbieten, die eine offene Verwicklung in einen Konflikt durch den Eintritt in den Koalitionskonflikt auf der Seite des „Opfers" vermeiden, das vermeintliche „Opfer" vor einem Konflikt, den es (weiter) verlieren könnte, bewahren will (möglicherweise in Antizipation der Definition offizieller Koalitionspartner, s. u.) – oder einfach die Definition der Person als „Opfer" nicht mitträgt. Eine solche Aushandlungsposition kann ein Bruch der Freundes- oder Beziehungsrolle sein, wenn das „Opfer" an seiner Definition festhält und darin Unterstützung erwartet, was die Beziehung in Frage stellen kann (vgl. Dellwing 2010), oder aber nicht, wenn das „Opfer" auf das neue Definitionsangebot eingeht. Sie ist jedoch nicht rundheraus skandalisierbar und schon gar nicht „objektiv" falsch.

Diese „zweite Ebene" der gemeinsamen Definition *vor* Hinzuziehung der Instanzen ist häufig von diesen skeptisch betrachtet worden. Nachgelagerte Aushandlungen werden oft als Indizien dafür gewertet, dass es sich nicht um ein Verbrechen gehandelt haben *konnte*. In Vergewaltigungsfällen wurde häufig festgestellt, dass die vergangene Zeit zwischen Vorfall und Anzeige auf die Definition der Instanzen großen Einfluss hatte und Verzögerungen zur Ablehnung der Anzeige führten.[11] „A common strategy involved in instances of delayed reporting referred to investigators involves their posing to victims various hypothetical, unflattering alternative explanations for their delay" (McNickle Rose und Randall 1982, S. 29), und Frohman zitiert Ermittlungsakten: „She didn't call the police until four hours later. This isn't consistent with someone who has been raped" (1991, S. 219). Diese Verzögerung und zweite Aushandlung wird als Unsicherheit bezüglich der eigenen Definition ausgelegt, „indicating that she is not altogether certain that she was, indeed, ‚raped', that she has something to hide [...], that she is not appropriately upset about the offense, that she is not certain about proceeding with the prosecution of the case" (McNickle Rose und Randall 1982, S. 29). Eine „echte" Vergewaltigung wird (hier) nur angenommen, wenn das Opfer *in der Situation* be-

---

[11] Das zeugt von der Offenheit der zu antizipierenden Definitionen: Sie stehen nicht bereits von vornherein fest.

reits diese Realitätsdefinition als eindeutige Interpretation der Situation entwickelt. Auch jenseits des Falls der Vergewaltigung gilt: „Glaubwürdig ist, da [...] ‚naiv' gemacht, die früheste Aussage" (Legnaro und Aengenheister 1999, S. 72). Die Betonung der Unsicherheit beinhaltet vor allem praktische Erwägungen, nämlich eine starke organisationslogische Angst: Die Person könnte, wenn es schwierig wird, ein unsicherer Koalitionspartner sein. Entscheidet sich die Polizei, ihre Ressourcen zur Verfolgung des „Täters" zu mobilisieren, kann sie sich nicht sicher sein, dass das emotional unangemessen berührte Opfer die Mitarbeit nicht inmitten der begonnenen Prozedur zurückzieht, damit einen unbeendeten Fall und verschwendete Ressourcen zurücklässt.

2.4 Polizeikoalitionen

Der Gang zur Polizei bedeutet die Veröffentlichung einer Irritation, die nun als offener Konflikt definiert wird. Dieser Gang transformiert die Aushandlungssituationen, indem nun offizielle „Ordnungshüter" in die Definitionskoalition eintreten sollen. Ein solcher Versuch wird häufiger unternommen, wenn der Bruch ohnehin bereits in einer öffentlich-anonymen Mitbürgerbeziehung anstelle einer Freundschafts-, Verwandtschafts- oder Partnerschaftsbeziehung aufkam, in denen Veröffentlichung nicht erwartet wird. Greenback und Ruback bemerken, „less approval was expressed for reporting crimes where the offender and the victim were relatives than when they were strangers" (1992, S. 210),[12] denn „Solidarität [...] [kann] eine moralische Barriere gegen eine Anzeige bilden" (Kerner 1973, S. 28).[13] Wenn Donald Black schreibt, „The greater the relational distance between citizen adversaries, the greater is the likelihood of official recognition" (1970, S. 740), handelt es sich um eine verkürzte Feststellung der Tatsache, dass private Konflikte regulär nicht unter Hinzuziehung offizieller Stellen geregelt werden, da dies Beziehungen zerreißt, indem es Personen auf unterschiedliche Seiten eines scharfen Definitionskonflikts

---

[12] Dieses Ergebnis wurde in einem Land nicht erzielt, nämlich in den USA. Das ausführlich zu diskutieren ist im hier gesteckten Rahmen nicht möglich. Es kommt jedoch in Betracht, dass die amerikanische Zivilreligion als politisch-rechtlicher Kitt der Gesellschaft Konflikte viel schneller als öffentlich wahrzunehmen bereit ist als die Konfliktkultur anderer Länder.

[13] Ob ein Konflikt veröffentlicht wird, ist eine Abwägungsfrage; erst, wenn jemand skandalisiert werden soll, wird die „Anzeigenorm" zitiert, um die Illusion zu reproduzieren, alles, was als Rechtsbruch aufgefallen sein könnte, müsse öffentlich geregelt werden. Das ist praktisch natürlich niemals der Fall, wäre von den Instanzen gar nicht handhabbar und würde soziale Beziehungen schlechterdings verunmöglichen.

2.4 Polizeikoalitionen

stellt: Von Anzeigen wird abgesehen, wenn der öffentliche Konflikt ein Verhältnis, familiär oder in Institutionen wie z. B. Kliniken, Anstalten, Heimen, belasten würde (Kerner 1973, S. 28). Auch am Arbeitsplatz besteht z. B. „zunächst die Neigung [...], intern zu sanktionieren; wird dieses aufgebrochen, kann ein großes, wenn auch immer noch selektiv benutztes Anzeigenpotential ans Licht der Instanzen kommen" (Blankenburg 1995, S. 13). Die Anzeigequote sei hier mit 20 % entsprechend niedrig (Blankenburg 1995, S. 14).[14] Selbst in anonymen Beziehungen ist die Anzeige oft nur nach Ausschluss anderer Regelungsmöglichkeiten akzeptiertes Mittel zur Problemlösung.

Die Veröffentlichungsentscheidung steht zwischen sozialen Erwartungen des Umfelds und der Antizipation der Polizeidefinition. Kury bemerkt, „[z]u den häufigsten Gründen für eine Nichtanzeige die ‚vermutete Erfolglosigkeit einer Anzeige' (in etwa 20 % der Fälle)" (2001, S. 80; vgl. Greenberg und Ruback 1992, S. 203). Kerner (1973, S. 31) schreibt, dass 55 % der in einer Studie Befragten angaben, aus „fehlendem Vertrauen in die Effektivität der Strafverfolgung" nicht angezeigt zu haben, das heißt, man unterstellt, dass die Strafverfolgungsbehörden die Definitionen des Anzeigenden nicht zur Grundlage ihrer Handlung, nämlich eines Ressourceneinsatzes machen werden. Schwind (1983, S. 178) berichtet aus der Göttinger Dunkelfeldstudie, dass gerade jene, die Anzeigeerfahrung hatten, deutlich häufiger aufgrund einer erwarteten mangelnden Mitdefinition durch die Behörden von einer Anzeige absahen, nämlich 39,5 gegenüber 14,3 %. Das zeigt, dass sie möglicherweise erfolgreich die Antizipation der behördlichen Definition erlernt hatten. Während juristische Betrachtungen das häufig als Problem sehen, ist es für eine soziologische Perspektive lediglich der erste Schritt einer langen Iteration: Jede Ebene definiert im Licht der Antizipation der Definition anderer, nimmt also die „Rolle des Anderen" ein. *Vergleichsschablone ist nicht eine abstrakte Norm, sondern die Erwartung konkreter Definitionen konkreter Anderer:* „Der ‚institutionelle Geist' wird antizipiert" (Menzel und Peters 2003, S. 25). Gerade Fälle, die Blankenburg (1995, S. 14) als „‚ritualistische' oder ‚verzweifelte' Anzeigemotive bei Opfern" versteht, sind dagegen oft Situationen, in denen diese Antizipation durch „Querulanten", die aus allen Irritationen Strafrechtsbrüche definieren und zur Anzeige bringen, scheitert.

Wird der Polizei ein Vorfall zur Kenntnis gebracht, muss zunächst in einer Interaktion zwischen dem Anzeigeerstatter und dem Polizeibeamten eine gemeinsame Definition des Vorfalls hergestellt werden, in der die Definition als „Straftat"

---

[14] Wobei solche Zahlen hier um im Rest des Manuskripts immer mit Vorsicht zu genießen sind: Wenn Kriminalität keine objektive, durch Vergleich Norm-Verhalten bereits klare Kategorie ist, dann 20 % – wovon? Schon hier sind Konstruktionsleistungen zu verzeichnen, die für jede dieser Zahlen dekonstruiert werden müssten.

aufrechterhalten wird. Gelingt dies, wird die Polizei weitere Personen in die Aushandlung mit einbeziehen, um das weitere Vorgehen zu bestimmen: die vermeintlichen „Täter" und Zeugen. All dies geschieht in Antizipation der Definition durch die nächste Ebene, die Staatsanwaltschaft, also in Antizipation des Erfolges oder Misserfolges einer weiteren Veröffentlichung des Konflikts durch die nächste Ausweitung der Definitionskoalition.

2.4.1 Anzeigekoalition

In der Einbeziehung öffentlicher Koalitionspartner geht es in der Regel um die Aushandlung von an sie herangetragenen Definitionen. Blankenburg (1995, S. 13) spricht von mehr als 80 %, Rottleuthner (1987, S. 127) von 85–95 % Tätigkeit und Greenberg und Ruback (1992, S. 7) gar von 97 % der Polizeiaktivität als Folge von Anzeigen. Nur in Ausnahmesituationen wie z. B. der Drogenkriminalität geht die Polizeiarbeit von eigener Ermittlungstätigkeit aus. Diese Einbeziehung ist ein seltener und aufwändiger Schritt, der auch von der Polizei nicht unbedingt erwartet wird: „the police are most apt to let the event remain a private matter, regardless of the complainant's preference" (Black 1970, S. 740).

„Die Anzeige bei der Polizei ist keine einseitige Handlung, sondern ein Interaktionsprozeß" (Blankenburg 1995, S. 15). Die Polizei als Koalitionspartner gewinnen zu wollen ist nicht gleichbedeutend mit der Erstattung einer Anzeige. Kury (2001, S. 80) berichtet von Opferbefragungen, in denen die Befragten angaben, telefonisch oder beim Streifenpolizisten „Anzeige" erstattet zu haben. Hier zeigt sich ein von den Befragten unbemerkter Definitionskonflikt: Während sie das, was sie taten, als „Erstatten einer Anzeige" definierten, taten Polizisten dies nicht, teilten den Betroffenen diese Diskrepanz jedoch nicht mit (und verhinderten so die Erstattung einer Anzeige nach *ihrer* Definition). Während das aus juristischer Perspektive ein weiterer Grund zur Feststellung eines Problems wäre, ist es für die Polizisten zunächst nur eine „frühe" Erledigung einer Sache, die ansonsten später im Sande verlaufen wäre, wieder in Rollenübernahme des antizipierten „nächsten" Anderen: Würde die Anzeige später abgelehnt oder käme es zu einer Einstellung, wäre dieselbe mangelnde Definitionskoalition später aufgetreten, allerdings dann in einer offenen Ablehnung und nach dem Verbrauch von mehr Ressourcen. Im Fall einer „telefonischen Anzeige" etc. kann die Performativität der Koalition aufrechterhalten werden, ohne dass die weiteren Handlungen der Polizei auf einer gemeinsamen Definition beruhen würden.

Wird gemeinsam „Anzeigeerstattung" definiert, heißt das noch nicht, dass die Polizei die Definitionen des Anzeigeerstatters übernimmt. Obwohl sie – zumindest

2.4 Polizeikoalitionen

in Deutschland, nicht in den USA – aufgrund des Legalitätsprinzips die Pflicht hat, alle Hinweise auf Straftaten zu verfolgen, stellt sie dennoch eine hohe Zugangshürde dar. „The police make the initial decision about whether a crime occured and, if so, how to classify it", schreiben Frazier und Haney (1996, S. 608), und das gilt auch für eine nach dem Legalitätsprinzip funktionierende Polizei: „Teil der Definitionsmacht der Polizei ist es, die Grenzen dessen zu bestimmen und variieren zu können, was bagatellisiert wird, mithin nicht verfolgt zu werden braucht" (Blankenburg 1995, S. 20). Sie hat die Pflicht, Hinweise auf *Straftaten* zu verfolgen und trifft hierzu eine Definition, was „Straftaten" sind.[15] Rottleuthner stellt fest, „in 21 % der Fälle [wird] eine Anzeigenaufnahme abgelehnt" (1987, S. 128), das heißt: *offen* abgelehnt. Frazier und Haney (1996, S. 612, 618) berichten in ihrer Untersuchung einer kleinen Stadt im amerikanischen mittleren Westen von 11 % „abgewimmelten" und 24 % „abgelehnten" Anzeigen.[16] Dabei definiert die (amerikanische) Polizei fast immer mit, wenn die Beteiligten inoffizielle Lösungen wünschen (und die Polizei damit nicht weiter nutzen), nicht aber, wenn offizielle Reaktionen erwünscht werden. Donald Black (1970, S. 739) bemerkt im letzteren Fall eine Koalition in 84 % der *felony*- und 64 % der *misdemeanor*-Fälle. Welche Aushandlungsposition von der Polizei eingenommen wird hängt auch vom (definierten) Delikt ab. Eigentumsdelikte, in denen es um eine Anzeigeerstattung zur Vorlage bei der Versicherung geht, werden mit dem Anzeigeerstatter ohne Gegenrede gemeinsam definiert, während Körperverletzungen und Beleidigung einen elaborierteren „Prozeß des Aushandelns von Definitionen" mit dem Ziel der gemeinsamen Definition, keine Anzeige zu erstatten, auslöst (Blankenburg 1995, S. 15). Das sind seinerseits wieder Aushandlungsangebote, auf die der Anzeigeerstatter nicht eingehen muss: Er kann auf die Aufnahme der Anzeige bestehen. „Dabei spielt die verbale Geschicklichkeit des Anzeigeerstatters eine gewisse Rolle" (Blankenburg 1995, S. 15). Definiert er sich als Opfer, muss in einem nächsten Schritt eine gemeinsame Definition der Details der Situation ausgehandelt werden, auf deren Basis die Anklage stehen kann. Während im ersten Schritt ausgehandelt worden war, *dass*

---

[15] Die Polizei kann durchaus eine Handlung als Straftatbestand *definieren* und dennoch nicht *verfolgen*, ein Umstand, durch den sie es in Bruch des Legalitätsprinzips geraten würde. Offizielle Polizeiberichte suchen jedoch die *Performativität* des Befolgens und definieren daher nicht offiziell, was informell durchaus als Straftat definiert wird, aber nicht verfolgt werden soll.

[16] Da die US-Polizei nicht dem Legalitätsprinzip unterworfen ist, kann sie zunächst ohne Angabe von Gründen Fälle ablehnen und weiterhin Fälle, bei denen sich keine Spur ergibt, selbst offiziell einstellen. Die erste Zahl meint Fälle, in denen die Involvierung der Polizei rundheraus abgelehnt wurden, die zweite Fälle, in denen das Opfer gehört wurde, aber (in den meisten Fällen) entschieden wurde, dass die Beweislage nicht ausreichen werde.

es sich um eine Störung im sozialen Raum handelt, die von formellen Reaktionsinstanzen mit als wesentliche Störung definiert werden *könnte*, besteht das Hauptziel nun darin, unter Antizipation der Definition durch die nächste Ebene zu bestimmen, ob eine solche Definition erfolgversprechend wäre, weshalb die Aushandlung auch das Ziel hat, die Beschreibung in einen erfolgversprechenden Duktus umzuformen, wenn der Fall weiterverfolgt werden soll.

Wenn die gemeinsame Definition mit den Behörden gesucht wird, ist es wesentlich, dass die Definitionen des Opfers von Seiten der Ermittlungsbeamten geteilt werden. „[R]ape laws – more than any other criminal statutes – require victims to establish their status as victims" (McNickle Rose und Randall 1982, S. 24), das gilt aber auch darüber hinaus. Eine Selbstdefinition als Opfer wird von den Behörden nicht fraglos übernommen, sie kann und *wird* in Frage gestellt werden. Dabei wird nicht nur die Aussage selbst als Ausgangspunkt einer Gegenzuschreibung genommen, sondern auch andere wesentliche Symbole: „an ‚appropriate attitude', as evidenced by visible emotional trauma and a proper spirit of cooperation with officials, is important for establishing credibility" (McNickle Rose und Randall 1982, S. 29). „Establishing credibility" kann hier gelesen werden als Gelingen, die andere Seite zur Übernahme der eigenen Definition zu bewegen; mangelnde Glaubwürdigkeit heißt für die Interaktionssituation nichts weiter, als dass die Definition des Opfers nicht zur Grundlage der Handlung der Polizei gemacht wird. Das ist wieder mehr als nur eine feste Variable. „[V]ictim credibility is treated statistically as a series of fixed, objective features of cases. Such approaches neglect the processes whereby prosecutors actively assess and negotiate victim credibility in actual, ongoing case processing" (Frohman 1991, S. 213). Auch „mangelnde Kooperation" ist nicht abstrakt operationalisierbar; sie ist zunächst eine Interpretation des Verhaltens des Opfers durch die Polizei, die Unterstellung nämlich, dass nicht alle eigenen Definitionen zur Bestätigung durch die Ermittlungsbehörde zur Verfügung gestellt werden und dass die Definitionen des Opfers aktiv von diesem erbeten und teils erzwungen werden müssen, was zur Unterstellung führt, dass es gewisse Definitionen für die Ermittlung als kontraproduktiv einschätzt oder die angebotenen Definitionen einen engen Raum „zurechtgelegter" Definitionen darstellen, den zu überschreiten Widersprüche aufwerfen könnte. Die Einnahme einer „angemessenen Einstellung" wird von Ermittlungsbeamten in Antizipation der Definition durch die nächste Instanz erwartet, nämlich, ob die Person „through her appearance and demeanor can convince a jury to accept her account of ‚what happened'", nämlich sie dazu bewegen kann, mit ihr gemeinsam den Vorfall zu definieren: „Her testimony is ‚consistent', her behavior ‚sincere', and she cooperates in case preparation" (Frohman 1991, S. 213 f.).

2.4 Polizeikoalitionen

Ebenso kann auch die Zuschreibung von „Fehlverhalten" zum Opfer die gemeinsame Definition mit ihm verhindern. „[D]etectives know that their allegations of victim misconduct effectively eliminate cases" (LaFree 1981, S. 589), und „police assume that citing information about the victim's misconduct serves as an acceptable justification for terminating a case" (LaFree 1981, S. 589). Hier können zwei Formen des zugeschriebenen Fehlverhaltens erkannt werden: Fehlverhalten vor dem Vorfall und Fehlverhalten danach. Auch kriminelle Vorgeschichten oder eigenes kriminelles Verhalten in der Situation können zur Definition gegen das „Opfer" führen. „Knowledge of a victim's criminal activity enables prosecutors to ‚find' ulterior motives for her allegation" (Frohman 1991, S. 223). Während das Verhalten vor dem Vorfall die Definition in Frage stellt, indem es die Glaubwürdigkeit in Frage stellt, stellt Fehlverhalten danach in Frage, ob die angebotene Definition vom Opfer selbst zur Basis der *eigenen* Handlung gemacht wurde. Fehlverhalten nach dem Vorfall beinhaltet vor allem die Aufrechterhaltung einer sozialen, ggf. gar sexuellen Beziehung mit demjenigen, der als Vergewaltiger definiert wurde: „By seeing these guys again and having sex with them they are absolving them of their guilt", zitiert Frohman Ermittlungsakten (Frohman 1991, S. 219). Hier geht es nicht um abstrakte Moral, sondern ganz praktisch wird die Definitionsunterstützung abgelehnt, weil die Antizipation der Definition der nächsten Instanz dadurch verschoben wird: „the ‚downstream' concern with convictabilty is indicated in the prosecutor's talk – ‚She's making it very difficult to try the case'" (Frohman 1991, S. 219). So ist wieder die Antizipation der Definition der „Anderen" zentral. „[T]he organizational concerns with ‚downstream consequences' mitigate against the case being filed" (Frohman 1991, S. 218), so dass „in case screening, prosecutors orient to the rule – when in doubt, reject" (Frohman 1991, S. 214). Diese „aktive Suche" nach Anzeichen, dass eine Definitionsniederlage bevorstehen könnte, nimmt die Form der Suche nach „discrepant accounts and ulterior motives" an (Frohman 1991, S. 215): Aussagen, die als nicht eindeutige Definition gelesen werden und die daher Ansätze einer Gegendefinition bereits beinhalten, die der nächste Partner in der Koalition (aufgrund der Unschuldsvermutung) zum Anlass nehmen könnte, die Opferdefinition nicht mitzutragen. *In dubio pro reo* ist die Anleitung, im Zweifelsfall mit dem (vermeintlichen) Täter zu definieren.

„[M]any victims choose not to participate" (Frazier und Haney 1996, S. 611), d. h. den Aushandlungsangeboten der Polizei nicht entgegenzukommen oder gar nicht zu kooperieren, denn „[victims] sometimes conclude that they are the ones on trial" (Greenberg und Ruback 1992, S. 204), dass ihre Definitionen der Aushandlung und damit auch Herausforderung unterliegen, was zugleich Zuschreibungen auf alle Beteiligten, inklusive ihnen selbst, mit sich bringt (vgl. *Das interaktionistische Dreieck* in diesem Band). Die „Opfer" haben recht und begegnen ihrer

Angst vor einer „schlimmstmöglichen Deutung" (Goffman 1971) zum Teil durch Entzug aus der Aushandlung mit der anderen Seite (Goffman 1975). Anstelle einer Skandalisierung, die in vielen opferzentrierten Arbeiten – wie der Greenbergs und Rubacks[17] – vorgenommen wird, kann auch hier eine soziologische Arbeit die Normalität dieser Situation bemerken. Wenn Benennungen das Ergebnis sozialer Prozesse darstellen, ist es keine automatische Verfehlung, bestimmte Benennungen nicht mitzutragen. Das zu skandalisieren, nimmt eine Seite in einer kontingenten Aushandlungssituation ein.

2.4.2 Ermittlungskoalitionen

Wurde die Situation vorläufig mit dem Opfer definiert, beginnt nun der Prozess, diese Definition auch „verkäuflich" zu machen, um weitere nötige Koalitionspartner ins Boot ziehen zu können. Der sicherste „Mitdefinierer" zur Stärkung weiterer Koalitionen ist der „Täter" selbst. Danach stehen Zeugen und Beweise, die nur zur Untermauerung herangezogen werden, wenn die „bessere" Variante nicht erhältlich ist.

Der Angeklagte muss häufig gegen seine eigene Definition auf Basis der Definition anderer verurteilt werden. Diese „Anderen" können Zeugen sein, aber auch Ermittlungsbeamte mit signifikanten Symbolen, d. h. Beweise. Ein striktes Definitionsmodell kennt keine „Beweise" im starken Sinne, d. h. Objekte, die die „Wahrheit" einer Definition gegenüber einer anderen Definition belegen. Es gibt keine wahre Definition: „The problem for pragmatists is not so much that the thing in itself is unknowable in principle, but that it can be known in so many different ways" (Shalin 1986, S. 11). Beweise sind Symbole, deren Bedeutung sozial definiert werden muss und an die ihre Verwender die Erwartung tragen, dass die nächste sie interpretierende Instanz sie als Unterstützung der eigenen Definition verwenden wird. Zeugen sind Personen, deren Definitionen das Eintreten in die Definitionskoalition durch die nächste interpretierende Instanz erleichtern sollen.[18] Beide vermengen sich; die in US-amerikanischen Gerichten verbreitete Praxis, Charakterzeugen zu berufen, stammt aus einer solchen Vermengung. Diese haben nichts gesehen und liefern auch kein Alibi. Ihre Funktion besteht darin, den Angeklagten

---

[17] Greenberg bemerkt mit dramatischem Pathos: „Perceiving no visible solution to their distress, these victims have no recourse but to live with the injustice and wait in fear for the inevitable occurrence of the next victimization" (Greenberg et al. 1983, S. 98).

[18] Die Behandlung von Zeugen als *Beweismittel* vor Gericht schildern eindrucksvoll Legnaro und Aengenheister (1999, S. 45).

2.4 Polizeikoalitionen

als gesetzestreues Mitglied der Gemeinschaft zu portraitieren, um die Definitionen der Belastungszeugen nun weniger erfolgreich zu machen als seine eigenen, so dass „Beweise" genannte Symbole nun im Zweifel gegen die Anklage interpretiert werden.

Welche Personen in Definitionskoalitionen mit hineingezogen werden, d. h. in „Zeugenaussagen" die Definitionen der Ankläger stärken, unterscheidet sich ebenso sozialstrukturell. Mansel (2008, S. 565) stellte fest, dass „bei den Ermittlungsverfahren gegen Türken die Beweislage signifikant seltener über Aussagen von Zeugen- und/oder Mittätern oder durch sichergestellte Beweismaterialien abgesichert werden" kann. Für Indizien gilt dasselbe (ebd.). Gruppen die einen starken sozialen Zusammenhalt aufweisen, definieren zusammen und stellen sich selten auf die andere Seite der Definition. Auch „Angststrategien" finden zur Erzwingung eines Eintretens in die polizeiliche Definition statt. So zitiert Stock einen Ermittlungsbeamten: „Normalerweise sind wir nicht scharf drauf, einem Fixer ein Verfahren anzuhängen [...] Das kann aber anders sein, wenn du von so einem eine Aussage brauchst. [...] Dann wird ihm ein bisschen Angst gemacht mit Haft und so [...] das kannst du immer begründen [...] Die meisten erzählen dann schon was man wissen will" (Stock 2000, S. 56), das heißt: erzählen es so, wie man es zur Stärkung der eigenen Definition gebrauchen kann. Das zeugt bereits von der Offenheit, mit der dieses Definitionsspiel gespielt werden kann: Einen Grund für die Einsperrung zu *definieren*, so dass er der Überprüfung standhält, d. h. die nächsten Ebenen diesen Grund mitdefinieren, ist nicht schwierig.

Zeugen und Beweise kommen somit ebenso als Mittel auf, um gemeinsame Definitionen mit dem Definitionspartner „downstream" herzustellen. Das ist nicht immer nötig. Wenn ein Geständnis vorliegt, also der „Täter" mit den Ermittlungsbehörden zusammen definiert, ist die Sammlung von Zeugen und Indizien überflüssig. Das schont die Ressourcen der Behörde.

2.4.3 Geständniskoalition

Ein Geständnis ist die einfachste Variante, eine gemeinsame Definition herzustellen: Der Angeklagte tritt selbst in die Definitionskoalition gegen ihn ein und erhöht durch die Ausschaltung der Gegendefinition die Chance der Polizei, eine gemeinsame Definition mit der nächsten Instanz in Form eines Strafbefehls bzw. eines Urteils zu erreichen, drastisch (Mansel 2008, S. 564). Während Geständnisse Verurteilungen und ihre Alternativen hochwahrscheinlich machen, macht der Gebrauch des Aussageverweigerungsrechts die Erhebung einer Anklage am wahrscheinlichsten (Mansel 2008, S. 564). Während offiziell dieser Schritt nicht als Schuldeingeständnis verstanden werden darf, wird er daher scheinbar durchaus zur Antizipation verwendet, dass eine erfolgreiche Definition gegen den „Täter" wahrscheinlich ist. Frazier und Haney (1996, S. 618) stellen für ihre Studie eine Mehrheit für Schuldbekenntnisse fest: 59 % der Verdächtigten legten Geständnisse ab, während 18 % ans Gericht zur weiteren Definitionsaushandlung weitergingen. Für Deutschland stellt Mansel dagegen fest, „Weniger als ein Drittel der Verdächtigen gesteht die ihnen zur Last gelegte Tat in vollem Umfang", was vor allem daran liegt, dass hierzulande keine *plea bargains* verwendet werden (s. u.). „Ein weiteres Sechstel [streitet] die Tatausführung zwar nicht grundsätzlich ab, [nimmt] aber Modifikationen hinsichtlich des Tatumfangs oder der Tatumstände vor", handelt also Definitionen kooperativ aus. „Etwa ein Fünftel der Tatverdächtigen streitet bei der Vernehmung jegliche Beteiligung an einer Straftat ab" (Mansel 2008, S. 564), stellt sich also gegen die Situationsdefinition der Polizei (mit den Anzeigenden).

Schröer (2003, S. 64) stellt fest, dass entgegen weiten Annahmen der Verhörte nicht selten in einer strukturell überlegenen Position stehe. Während die Polizei die Verhörkandidaten aus mittlerer und Kleinkriminalität scheinbar „gut im Griff" habe, offenbaren Feinanalysen Risse in dieser Annahme, in der die „Aushandlungs- und Definitionsmacht eines Vernehmungsbeamten" (Schröer 2003, S. 64) fraglich wird. Das begründet Schröer mit der Rolle des Vernommenen als „Prozeßsubjekt" (Schröer 2003, S. 66) mit Aussageverweigerungsrecht und der Rolle der Vernehmungsbeamten als Hilfsbeamten der Staatsanwaltschaft, die in der Vorhörsituation ihre Rolle als Ordnungshüter verlieren und auf die Aussagen des Verhörten angewiesen sind, die sie nicht erzwingen können (Schröer 2003, S. 68). Nur, wenn die Vernehmungsbeamten es schaffen, sich als Vertreter der öffentlichen Ordnung zu portraitieren, ist der Bürger in eine Unterlegenheitsposition hineinmanövriert. Diese „alltagsweltlich ‚irrtümliche' Diskurs- und Rollenzuschreibung wird von den Vernehmungsbeamten durchweg unterstützt und gefördert. Sie überziehen ihre Rolle [...] mit der Haltung eines Ordnungshüters – mit der Haltung eines ‚öffentlichen Erziehers'" (Schröer 2003, S. 69). Ebenso wird der Umstand, dass die Herstellung gemeinsamer Definitionen alltagsweltlich eine soziale Erwartung darstellt, von der Polizei ausgenutzt: „Die Vernehmung eines Beschuldigten ist für den Vernehmungsbeamten zuerst einmal Beziehungsarbeit" (Schröer 2003, S. 72), denn die Schaffung eines Beziehungsrahmens mit dem Verhörkandidaten kann ein Handeln im Rahmen „soziale Beziehung" und damit Definitionsmitarbeit hervorrufen. Diese Rollen funktionieren deutlich schlechter in Situationen, in denen deutsche Polizisten nichtdeutsche Verdächtige verhören (Schröer 2003, S. 73 ff.). Außerdem wird die Anklageerhebung als Druckmittel verwendet, um den Angeklagten zum Einlenken zu einer gemeinsamen Definition zu bewegen: „Offensichtlich fungiert die Anklageerhebung in den Fällen, in welchen die Verdächtigen sich gegenüber den

Ermittlungsbehörden als wenig kooperationsbereit zeigen, auch als ein Instrument, um diese bei einer gerichtlichen Verhandlung zu einer Aussage zu veranlassen" (Mansel 2008, S. 564).

2.5 StA-Koalition

Hat die Polizei sich in einer Definitionskoalition in Antizipation der Definition durch die Staatsanwaltschaft beteiligt, wird diese Antizipation getestet. Die Staatsanwaltschaft ist nun die einzige Ebene, auf der Definitionen (in aller Regel) ohne (große) Beteiligung der Betroffenen ausgehandelt werden. Sie ist offiziell weisungsbefugte Behörde der Polizei; de facto erhält sie von der Polizei fertige Ermittlungsakten, die sie entweder weiter bearbeiten, durch Strafbefehl erledigen, ans Gericht weitergeben, mit Auflagen fallenlassen oder ganz fallenlassen kann. Im ersten Fall wird der Vorfall zur Fortführung des Aushandlungsprozesses zurückgegeben, im zweiten und dritten Fall stimmt sie mit der Definition der Polizei überein und lässt den Prozess weitergehen, im vorletzten Fall stimmt sie mit der Definition zum Teil überein, im letzten lehnt sie die Definition ab, die in einer Definitionskoalition mit Opfer, Zeugen und Polizei entstanden war.

2.5.1 Übereinstimmung mit der Definition

Das Definitionsspiel ist ein Spiel der Reproduktion (und *Prä*produktion) sozialer, auch *antizipierter* Definitionen und ihre Verschiebung in Aushandlungsprozessen. Im staatsanwaltlichen Schritt ist es nun Aufgabe der StA, die Definitionen des Gerichts zu antizipieren. „Ihre Sorge ist es in erster Linie, das Ermittlungsergebnis so darstellen zu können, daß es den gerichtlichen Anforderungen an die Beweisführung standhält" (Blankenburg 1995, S. 16). Die (deutsche) Staatsanwaltschaft hat drei Möglichkeiten, die bisher ausgehandelte und an sie herangetragene Definition mitzutragen: Neben Beantragung von Hauptverhandlung oder Strafbefehl kann sie auch Einstellung mit Auflage betreiben. Die Einstellung mit Auflagen bedeutet, die gemeinsame Definition mit dem Gericht nicht zu suchen, ist jedoch *praktisch* Handeln auf Basis einer mit der Polizei geteilten Definition des Vorfalls in ungetesteter Antizipation, dass das Gericht dies gutheißen würde. Legt der Täter hierauf Einspruch ein, beharrt er auf einer abweichenden Definition der Situation und sucht in einem letzten Schritt, eine Koalition mit dem Richter zur Durchsetzung seiner Definition zu erlangen, was in der Regel scheitert. Ein Spezialfall der Übereinkunft und ein klarer Fall gemeinsamer Aushandlung der Situation stellt die in den USA übliche und in Deutschland in Wirtschaftsstrafsachen offenkundige Verwendung findende Praxis des *plea bargaining* dar. In den USA werden derzeit 90 % der Gerichtsurteile so erreicht (McConville und Mirsky 2005, S. 1). Es handelt sich um eine offene Version der Definitionsaushandlung, die im gesamten sozialen Prozess immer stattfindet, wie gezeigt auch in Deutschland, hier nur verdeckter. Erklärt sich der Angeklagte bereit, eine bestimmte Definition des Vorfalls offiziell mitzutragen, verzichtet die Gegenseite darauf, dem Gericht eine schwerere Definition vorzulegen, die dieses auch mittragen könnte, deren gemeinsame Herstellung aber für die Instanzen aufwändiger wäre.

2.5.2 Keine Übereinstimmung mit der Definition

„Ein weiteres Moment des Aushandelns ist bei Delikten gegeben, bei denen die Staatsanwaltschaft die Schuld des Angeklagten als gering erachtet und das öffentliche Interesse an einer Strafverfolgung deshalb verneint" (Blankenburg 1995, S. 17). Hier verwendet Blankenburg „aushandeln" als Synonym für die Ermessensentscheidung, die Definition der Polizei nicht mitzutragen und mit dem Täter gemeinsam die Belanglosigkeit des Vorfalls zu definieren (Fallenlassen wegen Geringfügigkeit) oder aber mit ihm gemeinsam zu definieren, dass kein Vorfall – jedenfalls kein beweisbarer Vorfall – stattgefunden hat (Fallenlassen aus Mangel an Beweisen). Ein Drittel aller von der Polizei als „aufgeklärt" definierten Vorfälle werden von der Staatsanwaltschaft eingestellt (Blankenburg 1995, S. 17), d. h. in einem Drittel der Fälle folgt sie der Definition der Polizei nicht. Frazier und Haney (1996, S. 618) berichten von 15 % von der Staatsanwaltschaft fallengelassenen Fällen. „Reasons for dismissal included that the victim was uncooperative, was not credible, or could not be located; that there was no probable cause; or that the state was unable to prove the case beyond a reasonable doubt" (Frazier und Haney 1996, S. 618). Diese legalistischen Gründe sind *legal speak* für die Antizipation, keine gemeinsame Definition mit dem „nächsten Anderen" aufbauen zu können: *Aus Mangel an Beweisen* meint die Erwartung mangelnder gemeinsamer Definition durch den Richter, während *Geringfügigkeit* ein Mangel an gemeinsamer Definition mit Polizei und Opfer und ggf. Zeugen darstellt. „Like the police, prosecutors appear to focus early on factors that are likely to be important later" (Frazier und Haney 1996, S. 610), und „only cases characterized as ‚solid' or ‚convictable'" (Frohman 1991, S. 213) werden an das Gericht weitergegeben. Frohman bemerkt die Sanktionsfurcht der Staatsanwaltschaft gegenüber dem Gericht, die die Antizipation der gerichtlichen Reaktion zum Hauptfaktor der eigenen Definition macht. „[A] pattern of not-guilty

2.5 StA-Koalition

verdicts is used by the DAs (District Attorneys, der lokale Staatsanwalt; M. D.) office as an indicator of prosecutorial incompetency" (Frohman 1991, S. 215), und „to continually pursue cases that should have been rejected outright may lead judges to question the prosecutor's competence as a member of the court [...]. Judges become annoyed when they feel that court time is being 'wasted' with cases that ‚should' have been negotiated or rejected in the first place" (Frohman 1991, S. 215).

In dieser Betonung der Antizipation von Definitionen der nächsthöheren Instanz kann auch ein Phänomen gerahmt werden, das in Polizeistudien häufig erwähnt wird, nämlich die Frustration der Polizei gegenüber der Einstellungspraxis der Staatsanwaltschaft. „Polizei [...] will erfolgreich sein", bemerkt Stock (2000, S. 53), und ist dies dann, wenn sie in der nächsten Instanz Verurteilungen aufgrund der Aufklärung von Straftaten erreicht; Misserfolg ist „Fehlen von Haftgründen, die anschließende Einstellung des Verfahrens oder der Ausspruch nur einer geringen Sanktion" (Stock 2000, S. 54), also die mangelnde Teilung der Schweredefinition der Polizei durch die Staatsanwaltschaft und/oder das Gericht. Stock nannte dies in Bezug auf qualitative Interviews mit Polizisten „‚fremdgesteuerte Erfolglosigkeit', die in der Beamtenschaft eine spürbare Unzufriedenheit hervorrufe" (2000, S. 59; mit Bezug auf Braasch et al. 1997, S. 139), wenn der Polizei (selbst so definierte) Ermittlungserfolge gelingen, die dann von der Staatsanwaltschaft nicht weiter verfolgt werden; „ein eingestelltes Verfahren ist für den Papierkorb" (Stock 2000, S. 59). Was beklagt wird, ist die mangelnde Erfüllung der eigenen Verfolgungserwartungen durch die Staatsanwaltschaft. In dem Maße, in dem die Polizei dies bereits erwartet, aber dennoch die Frustration aufrechterhält, *könnte* die Polizei in Erwartung dieser Praxis handeln, legt an die ihr übergeordnete Instanz aber ihre *eigenen* Definitionskriterien an und verteidigt so ihre Definition gegen ihre Ablehnung. Dass die Polizei ihre Erwartungen jedoch nicht unabhängig von der nächsthöheren Instanz formuliert und ebenso ständig in Antizipation ihrer Entscheidung handelt, ist ebenso bemerkbar: „Die ganzen Abnehmer [eines Drogenhändlers, M. D.] rauszunehmen ist eher der X-Stil (Name eines Kollegen, J. S.). Der hat jeden Namen rausgeholt und eine Anzeige geschrieben. Das bringt aber nichts, 90 % davon werden eh eingestellt", denn all das „verfolgt sowieso niemand" (Stock 2000, S. 60). Daraus ist zu lesen, dass die „fremdgesteuerte Erfolglosigkeit" letztlich nur bei jenen zur Frustration führt, die die Erwartungen der StA nicht erfolgreich spiegeln und eine Definitionsidentität *jenseits* der StA aufrecht erhalten wollen. Wie die Polizei auf jene Anzeigeerstatter herabsieht, die die Polizei zur Lösung von (durch die Polizei so definierten) Bagatellkonflikten heranziehen und diese als „im Umgang mit der Polizei inkompetent" brandmarkt, könnte man hier eine Ebene höher feststellen, dass „Arbeit für den Papierkorb" in Polizeikreisen als „im Umgang mit der Staatsanwaltschaft inkompetent" betitelt werden könnte – was, wie deutlich wird, auch der Fall ist. Wenn

Polizisten erklären, „letztlich bestimme in der Regel der (polizeiliche) Sachbearbeiter und nicht der Staatsanwalt, gegen wen wie ermittelt werde" (Stock 2000, S. 60) zeugt dies von einer Integration von Erwartungen und Erwartungserwartungen, in denen die „fremdgesteuerte Erfolglosigkeit" dann nicht aufkommt, wenn weitergegeben wird, was verfolgt werden wird und daher verfolgt wird, was weitergegeben wird. Diese Integration ist feststellbar. Menzel und Peters bemerken für „sexuelle Gewalttäter",[19] dass die Definitionen von Polizei und Staatsanwaltschaft in 69 % der Fälle für sexuelle Nötigung, in 62,5 % der Fälle für Vergewaltigung übereinstimmen (2003, S. 33), dieser Definitionsunterschied aber seit den 70er Jahren größer geworden sei.

2.6 Antizipation von Definitionskoalitionen

Dass ein Fall vor Gericht kommt, ist die bei weitem seltenste Variante im Definitionsspiel. Von seiner ausführlichen Diskussion soll hier abgesehen werden, zunächst, weil Interaktionen vor Gericht bisher die stärkste Aufmerksamkeit erlangt haben und damit Material auf diesem Feld bereits reichlich zu finden ist (z. B. Legnaro und Aengenheister 1999[20]; Bennett und Feldman 1981; Lautmann 1972), zudem, weil es trotz der großen rechtssoziologischen Aufmerksamkeit, die es erlangt hat, der große Ausnahmefall bleibt und nicht zuletzt aus ganz banalen Platzgründen. Es handelt sich um den selten angerufenen und noch seltener vollendeten Endpunkt der graduellen Veröffentlichung eines Konflikts durch das Sammeln von Koalitionspartnern. Wenn eine solche Veröffentlichung ausbleibt, ist das kein Versagen des Rechtsstaats und keine Blindheit der Instanzen, sondern nur die soziale Normalität, dass die meisten Konflikte ohne diese öffentliche Unterstützung ausgehandelt werden. Das Gericht war dennoch im gesamten Spiel präsent: Es ist ein imaginärer Flaschenhals, der in den meisten Fällen nie erreicht wird, der aber als imaginärer Anderer immer dabei war. Bereits im Laufe des gesamten offiziellen Verfahrens wurde immer in der Vorstellung definiert, *was es wohl entscheiden würde*. Das deckt sich mit Oliver Wendell Holmes' berühmter Definition des Rechts: „The prophecies of what the

---

[19] Von denen sie bemerken, „Wir nennen sie so, und wenn wir mächtig genug sind, heißen sie so" (Menzel und Peters 2003, S. 8).

[20] Besonders interessant die Aushandlung von verschiedenen Wahrheiten zur selben Situation bei unterschiedlichen Angeklagten als „Angebote an die Verteidigung", um die Verhandlung weiterzutreiben, Legnaro und Aengenheister 1999, S. 65, und die instrumentelle Feststellung von Sachverhalten, um Rechtsfolgen zu erreichen, 66.

2.6 Antizipation von Definitionskoalitionen

courts will do in fact, and nothing more pretentious, are what I mean by the law" (1897, S. 457). Diese Prophezeiung ist Grundlage aller Arbeit öffentlicher Instanzen und Grundlage der Beratungstätigkeit des Anwalts, wenn Personen anfragen, ob ein Konflikt veröffentlicht werden *könnte* oder, umgekehrt, wie er zu vermeiden ist, „to advise people in such a way as to keep them out of court" (Holmes 1897, S. 457).

Wenn ein Konflikt soweit kommt, hat das Gericht bereits eine Plausibilitätsprüfung geleistet und sich damit grundsätzlich der Definition bereits angeschlossen: „Nach erfolgtem Eröffnungsbeschluß ist somit die Lesart der Staatsanwaltschaft auch die Lesart des Gerichts [...] das Gericht [hat] die Anklage nicht nur zugelassen, sondern auch in ihren rechtlichen Wertungen bereits gebilligt" (Legnaro und Aengenheister 1999, S. 12). Wird das Gericht angerufen, dient es als Ort der „Sammlung" von Definitionen und der Entscheidung der (wenn von Revision und Berufung abgesehen wird) „offiziellen" Definition des Vorfalls. Kommt es ins Spiel, spiegeln die Richter in den meisten Fällen die Definitionen der Staatsanwälte, die sich damit im Antizipationsspiel erfolgreich zeigen. Auch Menzel und Peters bemerken für die Koalition zwischen Staatsanwaltschaft und Gericht eine höhere Koalitionsrate als zwischen Polizei und Staatsanwaltschaft, nämlich 91,5 % für sexuelle Nötigung, 80 % für Vergewaltigung. Zudem bemerken sie, dass, während die Koalitionsrate zwischen Polizei und Staatsanwaltschaft gesunken ist, die Rate zwischen Staatsanwaltschaft und Gericht dagegen gestiegen ist (2003, S. 34): „Die Staatsanwälte/-anwältinnen übernehmen nur noch in ‚harten Fällen' die Definition der Anzeigenden und der Polizei. Die Wahrscheinlichkeit, dass RichterInnen der staatsanwaltlichen Definition folgen, wird größer" (Menzel und Peters 2003, S. 35 f.). „Weil der Richter sich [...] weitgehend am Strafantrag der Staatsanwaltschaft orientiert und diesen so gut wie niemals überschreitet, in zahlreichen Fällen völlig übernimmt und von ihm im allergrößten Teil der verbleibenden Fälle nur um eine, höchstens zwei Prägnanzstufen nach unten abweicht, übt das [...] Initiativrecht der Staatsanwaltschaft in der Realität einen starken Einfluß auf die richterliche Entscheidung aus" (Langer 1994, S. 120; mit Bezug auf Schünemann 1988, S. 276 f.). Es handelt sich hier um einen „Schulterschluß", in dem beide sich „am eigenen Zopf aus dem Sumpf der kognitiven Unsicherheit" ziehen (Langer 1994, S. 120; mit Bezug auf Schünemann 1988, S. 276 f.): kognitive Unsicherheit deshalb, weil das Urteil eine Definition eines Vorfalls ist, der keine eigene Definition mitbringt, was das Urteil nicht zu einer Feststellung dessen machten, was schon immer gegeben war, sondern lediglich das Gericht als letzte Instanz zwischen verschiedenen Definitionsangeboten der Situation autoritativ entscheidet und damit das Recht hat, zu *be*finden – *nicht zu finden* –, was die „rechtlich richtige Definition" ist. Dieses „Theater vor Gericht" stellt ein weites Feld der Interpretationsmöglichkeiten der Herstellung gemeinsamer Definitionen dar. Dieses Theater wird nur dann erreicht, wenn Definitionskonflikte bis zuletzt aufrechterhalten werden. Alle beteiligten Definitionsakteure kommen wieder zusammen, ggf. mit Anwälten als „coach" für Definitionen, weil sie die Sprache des Gerichts sprechen und daher antizipieren können, welche Präsentation einer Definition am ehesten zur Definition des Gerichts werden könnte. Langer untersucht es als „Rollenspiel zwischen Staatsanwalt und Richter" (Langer 1994, S. 120), in dem „der erstere den Part des ‚härteren' zu spielen hat, um letzterem die Gelegenheit zu geben, in die Rolle des ‚milderen' zu schlüpfen", was es „‚dem Angeklagten eher ermöglich[t], das gefällte Urteil zu akzeptieren, da [es] den Richter in die Lage versetzt, Güte zu zeigen – eine Situation, die es dem Angeklagten erleichtert, seine Erwartungen umzustrukturieren, seine Fehler einzusehen und dadurch die Sanktion als legitim und berechtigt zu akzeptieren'" (Langer 1994, S. 120, Zitat aus Blankenburg et al. 1978, S. 257). Hier ist also am Schluss noch einmal ein Mechanismus eingebaut, der es dem Angeklagten erleichtern soll, in die gemeinsame Definitionskoalition auch dann wieder einzutreten, wenn gegen ihn definiert wird, was seine Zugehörigkeit zur Großgruppe und ihrer Definitionen sichern soll: Wird hier eine gemeinsame Definition hergestellt, ist die Gruppe wieder geschlossen, der anfänglich definierte Konflikt gekittet und die Definitionskoalition gegen den Angeklagten im besten Fall zu einer Definitionskoalition mit dem Angeklagten ausgeweitet. „[D]ie Rechtskraft verleiht der jeweilig ausgewählten Wahrheit einen Charakter, dem keine [...], vernünftigen Zweifel' mehr anzuhaften haben. Wenn doch, hat die Justiz ihren Zweck der Pazifizierung verfehlt" (Legnaro und Aengenheister 1999, S. 64), nämlich ihren Zweck der Setzung einer gemeinsamen Definition der Situation durch die die Öffentlichkeit repräsentierenden Instanzen, die von der Öffentlichkeit, die idealerweise den Angeklagten beinhaltet, auch als „wahr" und „richtig" akzeptiert wird. Gerade jene, die aus Prinzipientreue Prozesse bis zum Schluss durchführen und danach eine Entscheidung gegen sie nicht akzeptieren können, tun dies nicht selten auf Basis der fehlgeleiteten Erwartung, ihre Antizipationen auf „das formale Recht" stützen zu können, von dem sie nicht verstehen, dass es sich um *ihre (kontingente) Interpretation* desselben handelt. Sie wären besser beraten, Holmes folgend die Handlung konkreter Instanzen zu antizipieren.

Danksagung Ich danke Michèle Spohr für ihre Mitarbeit am Manuskript und Thomas Feltes für Literaturhinweise

Das interaktionistische Dreieck: Ein Versuch der Integration interaktionistischer Devianzsoziologie

Zuschreibungsprozesse in Interaktionszusammenhängen gehören seit Jahrzehnten zum Kanon der Soziologie abweichenden Verhaltens. Der Name „interaktionistische Devianzsoziologie" hat seine verbreitetste Verwendung vor allem als Selbstbezeichnung der Vertreter des so genannten *labeling approach* erhalten. Howard Becker lehnte den Begriff des „Labeling" ab und nahm den Interaktionismus als Selbstbezeichnung an, und auch Kitsuse bevorzugt diesen Begriff: „A sociological study of deviance must focus specifically upon the interactions which not only define behaviors as deviant but also organize and activate the application of sanctions by individuals, groups, or agencies" (1962, S. 256), und „deviance is viewed not as a static entity but rather as a continuously shaped and reshaped outcome of dynamic processes of social interaction" (1971, S. 8). Edwin Schur setzt den Begriff neben den des Labeling und spricht von der „labeling, interactionist, reaction" Schule (1969, S. 310), und Alexander Liazos spricht in seiner Kritik des Ansatzes vom „labeling-interactionist approach" (1972, S. 104). Jedoch haben sich die einschlägigen Arbeiten in den meisten Fällen nur mit einer Achse der Zuschreibung beschäftigt, nämlich mit der abweichenden Identität des Etikettierten als Zuschreibung durch den Etikettierenden oder die Gesellschaft.

Darüber hinaus wurden die Bedingungen erfolgreicher Zuschreibung diskutiert. Dazu wurden häufig Zuschreibungsmacht oder Regelbruch als Hilfsvariablen eingeführt. Interaktionistisch kann es sich jedoch nicht um das Vorliegen einer objektiven

---

Dieser Beitrag erschien ursprünglich 2009 in der Monatsschrift für Kriminologie und Strafrechtsreform 92: 3–17, erschienen im Carl-Heymanns-Verlag.

Bedingung des Zuschreibungserfolgs handeln; eine solche Grundierung würde die Innovation des Ansatzes sogleich wieder in Frage stellen. Macht ist zugeschrieben, wird nicht gehalten (vgl. Foucault 1994), und auch Regelbrüche können nicht als objektive Grundlagen gelten (vgl. Keckeisen 1974). Dennoch ist ein *Berufen* auf die Regel zur Legitimation einer Zuschreibung auf eine Person unerlässlich. In diesem Berufen wird die Regel ebenso wie die beteiligten Personen etikettiert, wodurch sich eine vollständige interaktionistische Devianzsoziologie mit allen daraus entstehenden Achsen der Zuschreibung auseinanderzusetzen hat. So erweitert sich die Interaktion zwischen den beteiligten Personen um die beiden Zuschreibungsachsen, in denen die rhetorische Belegung, also interaktionistischen Etikettierung, von Normen, Regeln und Prinzipien einerseits eine Legitimation einer Etikettierung, andererseits eine Ich-Leistung eines Etikettierten ermöglicht. Dadurch wird das interaktionistische Duo *Zuschreiber* und *Etikettierter* zum Dreieck aus den beteiligten Personen und den rhetorischen *Symbolen der Regel, des Prinzips, der Autorität*. Diese sind ebenso wenig mit fester Identität ausgestattet wie Personen, sie sind wie Personen Etikettenträger. In diesem Dreieck können immer bereits bestehende Etiketten zwischen drei Etikettenträgern verschoben, hinzugefügt oder entfernt werden.

All diese Beschreibungen lassen sich in der extensiven Literatur der Devianzsoziologie vielerorts finden. Dass Abweichungszuschreibungen Abgrenzungen und damit rückwirkende Ich-Leistungen beinhalten, ist bereits in der klassischen Devianzsoziologie als selbstverständlich gesehen worden. Dass abweichendes Verhalten nicht bereits selbst solches ist, sondern die Folge eines Zuschreibungsprozesses, war der klassische Beitrag des *labeling approach* und wurde in die mainstream-Thematisierung von Abweichung eingewoben. Dass Regeln nicht leiten, sondern in interaktionistischer Konkretisierung verwendet werden, hat nicht dieselbe Verbreitung gefunden, ist als Argument jedoch auch häufig vorgetragen worden, unter anderem – aber nicht ausschließlich – ebenso im *labeling approach*. Während jeder einzelne dieser Aspekte für sich ausführliche Bearbeitung erfahren hat, ist eine komplette Ausformulierung, die diese drei Aspekte in einem Modell vereint, bisher nicht explizit versucht worden. Auf der Basis der Darstellung dieser drei Dynamiken in verschiedenen Flügeln der Betrachtung von Zuschreibungsinteraktionen sollen Zuschreibung, Regelfüllung und Ich-Leistung in einem dreifachen Austauschverhältnis von immer bereits bestehenden Zuschreibungen thematisiert werden, die im interaktionistischen Dreieck unentwegt wandern (Abb. 3.1).

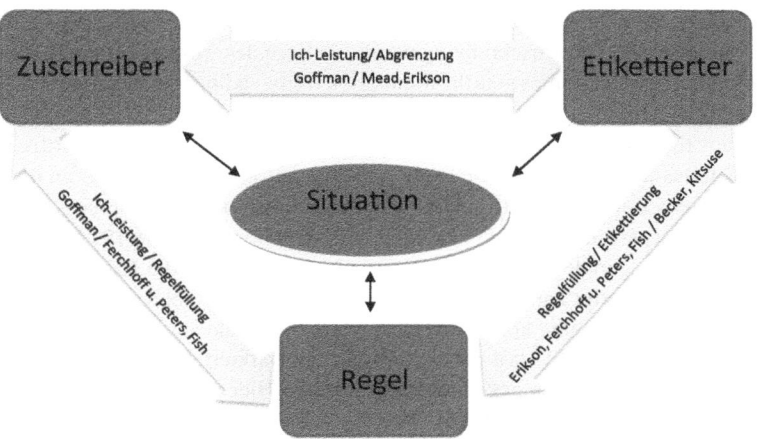

Abb. 3.1 Das interaktionistische Dreieck

3.1 Wanderweg: Etikettierer und Etikettierter. Ich-Leistung und Abgrenzung

Der erste Wanderweg von Zuschreibungen ist der Weg, der von klassischen interaktionistischen Thematisierungen mit Vorliebe beschrieben wurde: Menschen schreiben anderen Menschen Identitäten zu. Dabei liegt der Fokus des Ansatzes auf der Interaktion zwischen Etikettierer und Etikettiertem, in der einer Person das Etikett des Außenseiters angeheftet wird (Becker 1963), „how the ‚problem' is generated by the everyday activities of professionals and laymen in contact with juveniles" (Cicourel 1976, S. vii), „the processes by which persons come to be defined as deviant by others" (Kitsuse 1962, S. 248), „[agents of control] implement [.] definitions in ongoing social action and through institutionalized procedures" (Schur 1969, S. 313). So betrachtete der klassische devianzsoziologische Interaktionismus ausschließlich die Zuschreibungsinteraktionen zwischen Etikettierer und Etikettierten, limitiert diese Interaktion zudem einspurig auf den Zuschreiber als Sender und den Etikettierten als Empfänger, als „Opfer". In einem foucauldianischen Verständnis postmoderner Thematisierungen (der in den USA wohl mit der Yale-Schule der Rezeption desselben verbunden wäre, vgl. Agger 1994) schreibt Katovich Becker zu, entdeckt zu haben, „that the creative capacities of societal members, so appreciated by Mead, Kuhn, and Blumer, were in fact capable of the type of antisocial acts that had been previously reserved for errant individuals" (Katovich 1993, S. 396). Diese umgekehrte Täterzuschreibung wurde als Kern des Ansatzes angegriffen und verteidigt: „One sometimes gets the impression from reading this literature that people go about minding their own business, and then ‚wham'-bad society comes along and slaps them with a stigmatized label" (Akers 1968, S. 463). Diese Kritik wird auch bereits innerhalb der Schule laut: „Labeling unfortunately conveys an impression of interaction that is both sociologistic and unilateral; in the process deviants who are ‚successfully labeled' lose their individuality" (Lemert 1974, S. 459).[1] Lemert meinte, gerade in dieser einseitigen Reduktion wäre die Labeling-Schule, wie sie sich verfestigt hatte, jedoch „a disservice to Mead" (ebd.). Die umgekehrte Zuschreibungsrichtung könnte bei Becker als am Rande angedeutet interpretiert werden, wenn er schreibt, dass die als Außenseiter Markierten mitunter ihre Richter als Außenseiter sozusagen gegenmarkieren (1963). Hier wird nicht nur der Etikettierte zum Opfer, sondern selbst zum Täter. Diese Thematisierung löst zwar die starre Einseitigkeit der Interaktion auf, nicht jedoch die der Etikettierung: Becker identifiziert weiterhin Etikettierungstäter und Etikettierungsopfer, stellt lediglich fest, dass diese Rollen teils austauschbar sein oder in beide Richtungen auftreten können. Eine Zweiseitigkeit von Etikettierung und Ich-Leistung würde vielmehr feststellen, dass Etikettierungen nicht nur Gegenetikettierungen evozieren, sondern selbst bereits zurückwirken: Als Aushandlungsverhältnis ist jede Interaktion eine untrennbare Mischung zwischen der Zuschreibung von Etiketten und der Selbstannahme von Etiketten, zwischen Labeling und Ich-Leistung.

Die umgekehrte Schwerpunktsetzung, nämlich die auf die Ich-Leistung einer Zuschreibung, lässt sich bei Goffman finden. Beide Seiten werden in Betrachtungen gegenseitiger Abgrenzung thematisiert, die zum Teil lange vor und außerhalb interaktionistischer Betrachtungen prominent vertreten wurden, am bekanntesten wohl bei Durkheim. Die populärsten interaktionistischen Fassungen finden sich währenddessen bei Mead, Erikson. Sie thematisieren den Ausschluss der Markierten, während die Markierer in diesem Ausschluss eine Ich-Leistung bzw. Wir-Leistung an den Tag legen. Dadurch wird die Zweiseitigkeit dieser Zuschreibung betont.

Während sich Becker zuvorderst mit den Zuschreibungen beschäftigt, die andere treffen, fragt Goffman nach den Zuschreibungen, die im Alltagshandeln das Selbst treffen – und nach dem kreativen Umgang des Einzelnen mit diesen Zuschreibungen, also nach den Ich-Leistungen der Zuschreibung. Diese Beschreibungen finden sich in allen Werken Goffmans, am deutlichsten wohl in *Relations in Public* und

---

[1] Lemerts Kritik als Kritik von „innerhalb der Schule" zu etikettieren ist diskutabel: Seine Arbeit, vor allem Social Pathology (1951), gehört zum Kern des Kanons des LA, während Lemert sich selbst später ausdrücklich von der Schule distanzierte.

in *Stigma*. Goffman beschreibt in *Stigma* zunächst zugeschriebene soziale Identitäten (1967, S. 10), die auch von der Person selbst zugeschrieben sein können (S. 12, 16), dann die Strategien der Diskreditierten und Diskreditierbaren, mit dieser Stigmatisierung umzugehen – sie zu verstecken, zu überspielen, Strategien, die eine Ich-Identität jenseits der Diskreditierung ermöglichen. Diese Ich-Leistungen sind sozial erlernte und sozial normierte Strategien, die Einzelne an den Tag legen, um ihre öffentliche Wahrnehmung zu beeinflussen. Zuschreibungen sind so keine Einbahnstraßen, sondern rufen einen Umgang mit Zuschreibungen hervor, der eine Ich-Leistung darstellt, der seinerseits ohne eine Wir-Leistung, in der sie verankert bleiben, undenkbar wäre. Währenddessen stellt die Zuschreibung selbst ebenso eine Ich-Leistung dar. Goffman macht das deutlich in der Art und Weise, wie er über die Stigmatisierten spricht: Sie sind die anderen. *Stigma* ist durchzogen von auf den ersten Blick befremdlichen Formulierungen wie „*Uns* und diejenigen, die von den jeweils in Frage stehenden Erwartungen nicht negativ abweichen, werde ich die Normalen nennen" (1967, S. 13, Hervorhebung meine). Es sind immer *Wir Normale* gegenüber den stigmatisierten *Anderen*: Die Zuschreibung ist zugleich eine Wir- und Ich-Leistung, der Umgang mit der Zuschreibung aber auch; der Etikettierte gerät in ein Spiel mit seiner Identität, das aber immer auch auf den Etikettierer mitwirkt. In der Labeling-Diskussion ist das bereits gesagt worden, als festgestellt wurde, „that ‚deviant' is a reciprocal interaction process in which deviant and labeler take turns acting and responding" (Lorber 1967, S. 309, zitiert in Ferchhoff und Peters 1981, S. 65). Dabei können beide auch dieselbe Person sein. Gerade in einer Selbstdarstellungsgesellschaft ist dies lange nicht mehr die Ausnahme, wie Kreissl festgestellt hatte: „Stigmatisierung und Zuschreibung sind zum Volkssport geworden: Mit Stolz treten die *Nuts, Sluts and Perverts* vor die Kamera und erzählen von der Gründung ihrer Selbsthilfegruppen. Das Selbst, mediengängig Stigmatisierungsmanagement betreibend, kämpft um Anerkennung seiner genuinen Einzig- und Andersartigkeit" (Kreissl 2006, S. 51). Die Ich-Leistung ist längst zur wesentlichen Komponente in Zuschreibungsprozessen geworden: Abgrenzungen und Selbstzuschreibungen konstruieren eine eigene, einzigartige Identität, die doch nie mehr als eine idiosynkratische Zusammenstellung aus dem Repositorium gesellschaftlich bestehender Etiketten sein kann.

Gegenüber der Betonung der Zuschreibung auf andere im klassischen Labeling-Ansatz und der Betonung der Selbstdarstellung bei Goffman lassen sich prominente Thematisierungen beidseitiger Identitätsleistung finden. Durkheims klassische Betrachtung der Abweichung erklärt Abweichung bekanntermaßen als unerwünscht, aber gerade daher als abgrenzungsgenerativ funktional: Erst, indem die Grenzen der Gruppe übertreten werden, kann die Übertretung geächtet und dadurch das Gruppenbewusstsein immer wieder aktualisiert, neu gefüllt werden (vgl. Durkheim

1988). Die Verletzung stärkt somit nicht für sich bereits die Gruppe, erlaubt aber die Reaktion, in der die Gruppe ihre Grenzen neu behaupten und somit stärken und aktualisieren kann. Die Abweichung erlaubt so die anhaltende Selbstdefinition der Gruppe, die ohne solche Chancen ihre Konturen verlieren könnte. Hier handelt es sich möglicherweise um eine zweispurige Identitätszuschreibung, einerseits die Zuschreibung des Außenseiters auf den Grenzverletzer, andererseits die Zuschreibung der Grenzen der eigenen Gruppe durch diesen Ausschluss. Zu fragen ist jedoch, ob diese Thematisierung in eine Integration interaktionistischer Devianzsoziologie Aufnahme finden sollte; Durkheim ist kein Interaktionist. Der devianzsoziologische Interaktionismus hat seine Wurzeln in der amerikanischen Philosophie des Pragmatismus, gegen die Durkheim sich früh und explizit gestellt hatte (1987); Durkheim wollte darin vor allem einen festen, objektiven Wahrheitsbegriff gegen den Pragmatismus verteidigen. Dennoch sind Verbindungen aufgezeigt worden. Werner Gephardt meint, „[i]n den spärlichen Versuchen, die Kriminalitätstheorie Emile Durkheims zu beleuchten, ist zu Recht auf die verblüffende Parallelität zwischen der Etikettierungstheorie und Durkheims Verbrechensdefinition hingewiesen worden" (Gephardt 1990, S. 57, Namenshervorhebungen entfernt), so dass hier eine Zuschreibung, nicht eine klare ätiologische Strukturtheorie geliefert würde. Als Vorläufer einer Etikettierungstheorie thematisiere Durkheim so Zuschreibungen von Abweichung. „Danach sind ‚Verbrechen' all diejenigen Handlungen, die innerhalb eines Sozialsystems negativ sanktioniert werden, ‚weil' sie die conscience collective verletzen" (S. 58). Der „objektive" (wenn auch nicht absolute) Charakter dieses Gewissens bei Durkheim führt hier jedoch dazu, dass dieses Gewissen nicht qualitativ von der Norm zu unterscheiden ist. Gephart meint: „Es ist offenkundig, daß Durkheim in der Passage der Division eine *normunabhängige* Definition des Verbrechens anvisiert hat" (S. 59, Namenshervorhebung entfernt). Durkheims „normunabhängige" Thematisierung ist jedoch nicht unabhängig von Normen, sie ist lediglich unabhängig von *absoluten* Normen. Gephardt meint lediglich, dass Durkheim die Wandelbarkeit von Normen vorsehe und daher eine Definition liefern kann, die nicht von *bestimmten* Normen abhängt, wohl aber von *konkreten* und dann auch objektiv vorhandenen Normen. Durkheims klarer Rekurs auf die Normativität des sozialen Lebens und die Verteidigung der Norm durch die Sanktion in seinen erziehungswissenschaftlichen Vorlesungen (1999) zeigt zudem deutlich, dass die Idee der leitenden Norm vorhanden bleibt. Gerade damit steht er gegen die Normthematisierung im Interaktionismus, wie noch zu zeigen sein wird. Das *conscience collective* ist zudem vielleicht selbst als objektive Norm *by any other name* zu verstehen, wenn die pragmatistische Klinge verwendet wird, die das dasselbe nennen will, das dieselben Konsequenzen hat (James 1994): Ob Abweichung nun von Normbrüchen oder durch *consciences collectives* objektiv bestimmt wird, ist für die vorliegende

3.1 Wanderweg: Etikettierer und Etikettierter. Ich-Leistung und Abgrenzung 43

Diskussion austauschbar. Durkheim ist somit letztlich kein Interaktionist, und er ist auch kein Vorläufer etikettierungsbetonender Devianzsoziologie.

Dennoch ist die Thematisierung der gegenseitigen Abgrenzung eine Einsicht, die als Teil in eine integrierte interaktionistische Devianzsoziologie eingehen muss. Das kann jedoch in Anknüpfung an Autoren geschehen, deren Anbindung an interaktionistische und pragmatistische Thematisierungen deutlicher scheint, Kai T. Erikson und George H. Mead. Während Erikson seine Beschreibung zentral auf Durkheim stützte, findet sie jedoch einen wesentlichen Vorläufer in Mead. In der *Psychologie der Strafjustiz* liefert Mead eine Beschreibung der Ausgrenzung, die gleichzeitig Zuschreibung als auch Ich-Leistung thematisiert. „Wo immer die Strafjustiz [...] die öffentliche Meinung zur Verteidigung sozialer Güter und Institutionen gegen wirkliche und vermeintliche Feinde organisiert und formuliert, bemerken wir, daß die Definition der Feinde, mit anderen Worten, der Verbrecher, eine Definition der Güter und Institutionen mit sich bringt" (S. 269). Anders als viele der späteren Labeling-Vertreter konzentriert sich Mead nicht nur auf den Ausschluss des Außenseiters und die Kritik dieses Ausschlusses (obwohl diese Kritik in Meads Werk deutlich auffindbar ist), sondern thematisiert die umgekehrte Zuschreibungsleistung, die durch diesen Ausschluss die Ausschließenden trifft: Sie stärken die Definition ihrer Güter und ihrer Institutionen, die Füllung ihrer gesellschaftlichen Symbole durch den Ausschluss des Nicht-Eigenen. So selbstverständlich dies scheint, so sehr ist dieser zweite Aspekt in den Arbeiten der klassischen interaktionistischen Devianzsoziologen vernachlässigt worden, was zu den zitierten Herausforderungen geführt hatte. Eine prominente Ausnahme bietet Kai Erikson, der in seiner Studie *Wayward Puritans* gerade die Ich- und Wir-Leistungen von Ausschlüssen in den Mittelpunkt des Interesses gestellt hat. Erikson bietet eine Beschreibung der Selbst- und Fremddefinition durch Zuschreibungsprozesse, die sich explizit an Durkheims These der Gruppenstärkung durch Ausschluss stützt, während sie jedoch mit Meads Darstellung kompatibler scheint. Er schreibt, „[d]eviant forms of behavior, by marking the outer edges of group life, give the inner structure its special character and thus supply the framework within which the people of the group develop an orderly sense of their own cultural identity" (1966, S. 13). Das folgt Durkheim, eine Folge, in der sich Erikson der Annahme auslieferte, eine Labeling-Arbeit mit funktionalistischem Vokabular verwässert zu haben. Aufgrund dieser Bezugnahme zu Durkheim wirft Goode ihm vor, er sei gar kein Vertreter des labeling-Ansatzes, da seine Arbeit „squarely within the functionalist tradition" ruhe (Goode 1975, S. 571). In dieser Tradition muss er jedoch nicht gesehen werden, sollte er nicht gesehen werden, denn die Arbeit geht mit der Thematisierung des Ausschlusses einher, die von Mead ausgehend als Zuschreibungsprozess durch soziale Gruppen beschrieben worden ist: eine beidseitige Zuschreibung von Etiketten. „[T]he community's decision to bring deviant sanctions against one of its members is not a simple act of censure. It is an intricate rite of transition, at once moving the individual out of his ordinary place in society and transferring him into a special deviant position" (S. 15). Hier wird ein beidseitiges Etikettieren erkennbar: In der Etikettierung des Außenseiters als solchen, und durch diese Etikettierung, findet eine Etikettierung der Gruppe selbst statt, eine Selbstetikettierung der Etikettierer. Sie schließen eine Person und ihr symbolisch belegtes Verhalten aus, um dadurch eine Aussage, eine Ich-Leistung bzw. Wir-Leistung der Gruppe zu produzieren, die die eigene Gruppe erst mit Etiketten und dadurch einer dagegen stehenden Identität füllt. Es ist wohl auf diesem Hintergrund, dass Beckers Buch eine mikrosoziologische und Eriksons eine makrosoziologische Labeling-Thematisierung genannt werden konnten: Die Makrosoziologie lag in der „Wir-Leistung", die Zuschreibung in der Etikettierung des Außenseiters. Die Wir-Leistung ist jedoch nur die soziologische Thematisierung einer Ich-Leistung, die ohne die Komponente des *Wir* nur psychologisch wäre, und die Zuschreibung der Außenseiterrolle ist nur aus der Perspektive einer Gruppe denkbar.

Diese Leistung der Devianzzuschreibung des Austauschs von Etiketten zwischen Etikettiertem und Etikettierer ist somit immer eine zweispurige Zuschreibungsstraße: Etiketten werden auf den anderen angebracht, um ihn als Außenseiter zu markieren, während Etiketten des Anderen auf den Etikettierer zurückkommen und seine Etikettierung somit zur Ich-Leistung machen, indem bestehende Etikettierungen des Anderen zur Abgrenzung eigener, gegensätzlicher Etiketten verwendet werden. Es handelt sich niemals um zwei getrennte Prozesse, sondern immer um die beiden Seiten ein- und desselben Prozesses.

Während dieser Teil letztlich Kernbestand einer interaktionistischen Devianzsoziologie ist, handelt es sich jedoch nicht um die einzige Zuschreibungsinteraktion, die festzustellen ist: Das Dreieck kennt noch mindestens zwei weitere Wege, auf der Zuschreibungen wandern können. Um diese darstellen zu können, ist jedoch zunächst ein Umweg über die Bedingungen erfolgreicher Zuschreibung notwendig.

3.1.1 Bedingungen des ersten Weges: Regeln als Umweg, wo es direkte Wege nicht gibt

Becker schreibt, dass Außenseiter jene sind, denen eine abweichende Identität erfolgreich zugeschrieben wird. Zuschreibungen sind nicht bedingungslos möglich: Eine Zuschreibung als „Hexe" auf eine rothaarige Frau vorzunehmen wird in der Gegenwart höchstwahrscheinlich scheitern, und hierin handelt es sich lediglich um eines der offensichtlichsten Beispiele. Damit Zuschreibungen erfolgreich sein können, könnten sie Bedingungen erfüllen müssen. Frühe Thematisierungen haben diesen Erfolg mit der Regel korreliert: Erfolg hat derjenige, dessen Zuschreibung die Regel korrekt abbildet. Zudem wurden erfolgreiche Zuschreibungen als Folge einer bestehenden Machtbeziehung analysiert. Beide Strategien finden sich bei Becker, bei dem (in seiner frühen Formulierung) die Norm noch Vergleichsobjekt war, an dem Verhalten gemessen werden konnte, während Etikettierung nur als zweiter Schritt nach diesem Vergleich gesehen wurde.

In den frühen Arbeiten Beckers ist die Etikettierung noch als Folge eines Regelbruchs thematisiert worden, in denen die Zuschreibung nur als zweiter Schritt auftaucht. Auf Basis dieser Trennung konnten dann „falsely accused" und „secret deviant" als Kategorien auftauchen (1963, S. 20). Diese Regelbrüche waren keine Bedingung für die Zuschreibung – diese konnte auch ohne Regelbruch stattfinden – sie waren allerdings durchaus Bewertungsgrundlage für darauf folgende Zuschreibungen. Große Teile des LA haben sich zudem auf die Frage der Macht zurückgezogen; Becker macht dies in seinem Aufsatz *Whose Side Are We On?* deutlich (1968), und noch deutlicher wird es bei Edwin Schur, der die Etikettierung als Folge einer sozialen Ordnung sieht (1971, S. 16), eine Linie, die in der deutschen Rezeption des Ansatzes zum zentralen Aspekt des Ansatzes wurde: „Als kritisch galt [in den sechziger und siebziger Jahren] wer sich dem *labeling approach* verpflichtet fühlte, bzw. ihn zum Ausgangspunkt einer Kritik machte, die sein herrschaftskritisches Potential schärfen sollte" (Kreissl 1996, S. 23), wie Heinz Steinert schreibt, „die Durchsetzung von Kategorisierungen, Definitionen von Menschen und Dingen, ist Herrschaft und ermöglicht erst die Institutionalisierung weiterer Herrschaftsmanöver" (1985, S. 35).

Beide Grundierungen wurden jedoch als uninteraktionistisch herausgestellt. In ihnen wäre die Zuschreibung lediglich Folge letztlich doch objektiver Bedingungen und Regeln. Wie Abweichung keine Qualität des Verhaltens war, konnte auch der Normbruch keine Qualität desselben sein. Keckeisen meint, eine solche Abhängigkeit machte den LA „zur bloßen Verdoppelung des vorab schon Bestimmten, zur Bestätigung des ‚Gegebenen' verfälscht" (1974, S. 42) und auch Spector und Kitsuse kritisierten sie als „remnants of the traditional approach – the concept of rule-breaking behavior" (1975, S. 587; siehe auch *Reste: Die Befreiung des laneling approach von der Befreiung* in diesem Band). Auch die Macht kann jedoch in einer interaktionistischen Devianzthematisierung keine objektive Kategorie sein; auch Macht ist zugeschrieben, ist nach Foucault nichts, das man „haben" kann (1984). Erfolgreich zuschreiben gelingt nicht dem Mächtigeren, sondern der Mächtigere ist derjenige, der erfolgreich zuschreiben kann und dem deshalb erfolgreich zugeschrieben wird, mächtig zu sein.

Während dies die Interaktionssituation erweitert, erweitert es jedoch nicht notwendigerweise die Einspurigkeit der Personalbeziehung der ersten Achse: Weiter sind Herrschaftsrollen klar. In der klassischen Formulierung Beckers stehen die Zuschreibungen im Mittelpunkt, die der Etikettierte erhält. Die klassische interaktionistische Devianzsoziologie hatte sich auf die Interaktion zwischen Etikettierern und Etikettierten konzentriert, aber eine integrierte interaktionistische Devianzsoziologie muss ein drittes Zuschreibungsreservoir einfügen: Das Regelvokabular. So sind Normbruch und Zuschreibung nicht notwendige und hinreichende Bedingung, sondern verwoben. Schon Normbruch ist eine Zuschreibung, und die erfolgreiche interaktionistische Zuschreibung des Normbruchs *ist* in der Regel die erfolgreiche Zuschreibung von Abweichung. Beide Prozesse sind dieselben, aber Regeln, Etikettierer und Etikettierte sind drei unterschiedliche Etikettenträger, die vernetzt miteinander Wege der Wanderung von Zuschreibungen eröffnen. Somit ergeben sich neben dem Weg von Etikettierer zum Etikettierten zwei weitere Wege der Übertragung von Etiketten: Zwischen dem Etikettierten und der Regel und zwischen Regel und dem Etikettierer. So führt die Zuschreibung auf den Etikettierten über Zuschreibungsreservoire, die vergangene erfolgreiche Regelverwendung gesammelt haben.

3.2 Wanderweg: Etikettierte und Regeln. Regelfüllung und Etikettierung

Nicht nur wandern Etiketten zwischen Personen; damit diese Zuschreibungen erfolgreich sein können, ist ein Berufen auf eine Regel nötig, die dadurch in die Zuschreibungsinteraktion eingebunden wird. Mit Regelvokabularen assoziierte Zuschreibungen wandern dadurch auf die Personen, denen ein Regelbruch zugeschrieben wird. Auch hier handelt es sich jedoch um einen zweispurigen Weg: Die Regelvokabulare bringen ihre Füllung nicht bereits mit sich mit und erhalten sie auch nicht durch Fiat oder Macht, sondern werden gerade in ihrer kontinuierlichen Verwendung in konkreten Situationen immer wieder neu gefüllt. So handelt es sich auch hier um ein zweiseitiges Etiketten-Austauschverhältnis, zunächst zwischen Regel und dem Etikettierten. Diese Zuschreibungsinteraktion findet sich als solche bereits in Meads *Psychologie der Strafjustiz* und wurde dann im Rahmen der Diskussion des *labeling approach* expliziert.

Auch bei Mead wird eine Betrachtung des Rechts als Vokabular der Auseinandersetzung angeboten. Er schriebt, es sei „ein schwerer Fehler anzunehmen, daß das Gesetz selbst und die Einstellung der Menschen zu ihm *in abstracto* existieren können [...] denn alle unsere emotionalen Einstellungen – und selbst Respekt vor dem Gesetz und ein Gefühl der Verantwortung sind emotionale Einstellungen – entstehen als Reaktion auf konkrete Antriebe" (1980, S. 262). So kommt das Gesetz als Vokabular zu Tage, das zur Auseinandersetzung über konkrete Güter und konkrete Zugehörigkeiten verwendet wird und dadurch erst Bedeutung erlangt. „[D]ie emotionale Einstellung dem Gesetz gegenüber [wird] [...] durch einen Kampf erzeugt, bei dem das Gesetz zur mächtigen Waffe von Verteidigung und Angriff geworden ist" (S. 264). Die Strafjustiz arbeitet so mit der *Unterstellung* des Respekts vor abstraktem Recht, ein Respekt, der jedoch immer eine Güterverankerung überdeckt. „Wir respektieren nicht abstrakt das Gesetz, sondern die Werte, die die Gesetze der Gemeinschaft bewahren" (1980, S. 262). Der Respekt vor dem Gesetz stellt somit lediglich die Rhetorik der fortgeschrittene Variante der Verteidigung der Gesellschaft dar (1980, S. 263 f.), in der das Entgegentreten der Kontrahenten auf dem Feld des Rechts das Entgegentreten auf dem freien Feld ersetzt. Damit ist die feindselige Haltung nicht überwunden: Sie lebt in Form rechtlicher Ausschlüsse fort, die durch die Zuschreibung eines Außenseiterstatus auf den zugeschriebenen Rechtsbrecher (und gerade *durch* den zugeschriebenen Rechtsbruch) Menschen in eine Position des verhassten Feindes bringen, indem sie eine „feindselige Einstellung gegenüber dem Gesetzesbrecher als einem Widersacher der Gesellschaft, der wir angehören" (S. 262) untermauert. Gerade an diesem Punkt wird klar, dass Eriksons Arbeit näher an Mead als an Durkheim steht: Hier liefert er eine sehr ähnliche Thematisierung. Die Unterscheidung besteht in der Annahme leitender Normen gegenüber der Annahme interaktionistischer Belegung von Normvokabular zur Legitimation von Zuschreibung; bei Erikson ist klar letzteres nachzuvollziehen. Das wird in Eriksons folgender Beschreibung des Ausschlusses von Anne Hutchinson besonders deutlich: Sie wird nicht ausgeschlossen, weil sie eine Norm gebrochen hat, ihr bereits entschiedener Ausschluss soll durch eine normative Legitimation erst performativ ermöglicht werden: Die Oberen verhören sie so lange, bis sie Dinge sagt, die ihr als Blasphemie ausgelegt werden können. So ist Eriksons Beschreibung viel näher an Mead als an Durkheim, und in dieser Nähe ist die andere Seite der Etikettenwanderung in der ersten Interaktion deutlich: Nicht nur handelt es sich um Zuschreibungen, die den Etikettierten von Seiten des Etikettierenden treffen, es handelt sich immer auch um entgegengesetzte Etikettierungen, die den Etikettierenden selbst treffen, teils gewollt, teils ungewollt. Die Norm ist hier vielmehr selbst Etikettenträger, sowohl bei Mead als auch bei Erikson. Das Gesetz ist hier als Waffe, nicht als leitende, objektive Norm beschrieben; es wird rhetorisch verwendet, um Zuschreibungen zu machen, wobei gleichzeitig die Füllung des Rechtsvokabulars aus seinen erfolgreichen rhetorischen Verwendungen heraus geschieht. In der amerikanischen Rechtswissenschaft ist diese Position von Stanley

Fish vertreten worden, in der Diskussion über den Labeling-Ansatz wurde dies als interaktionistische Konkretisierung der Regel thematisiert.

In der interaktionistischen Devianzsoziologie ist auch das ausführlich dargestellt worden. Kitsuse und Spector betonen die Regelverwendung als zweite interaktionistische Interaktion, in der die erste erst ermöglicht wird: Eine Zuschreibung eines Außenseiterstatus funktioniert erst dann, wenn Regelbruch unterstellt werden kann, und in dieser Unterstellung handelt es sich um eine weitere Etikettierung (1975). Wolfgang Keckeisen schreibt, dass „die Bedeutung von Verhaltensweisen wie der Inhalt von gegebenen Normen, situationsabhängig sich verändert" (ebd.), so dass eine „deduktive Beziehung nicht bestehen kann" (1974, S. 71). Normvokabular liefert somit keine deskriptive Repräsentation des Geschehenen, sondern eine Legitimation einer sozialen Reaktion (S. 74). Bei Keckeisen ist dies eine Folge der intentionalen Strukturierung sozialer Situationen, die dazu führt, dass „die Behauptung, eine soziale Norm sei verletzt worden, prinzipiell zum Gegenstand von Anfechtung und Begründung wird" (S. 45). Auf dieser Basis unterscheidet er soziale Normen von naturgesetzlichen: „moralische und rechtliche Normen [...] unterscheiden sich von axiomatisch-deduktiv durchgebildeten Regelsystem [...] dadurch, daß die Bedingungen nicht spezifiziert werden können, die für die Anwendung dieser Normen und Begriffe notwendig und hinreichend sind" (S. 45). Alles, was in Interaktion steht, ist Aushandlungsprodukt mit dem Ziel der Fortführung akzeptierter sozialer Interaktion: Das gilt nicht nur für das Verhalten und die Identität der Person, der dieses beurteilte Verhalten zugeschrieben wurde, sondern auch umgekehrt für die Normen, die zur Erfolgreichmachung dieser Zuschreibung rhetorisch verwendet und dadurch gefüllt wurden. „Urteile [können] in einem logischen Sinn nicht ‚wahr' oder ‚falsch' sein. Ihre Korrektheit bemißt sich nach dem mehr oder minder eingespielten Konsens signifikanter anderer" (S. 48). Auch Ferchhoff und Peters stellen fest, „daß mit den Normbildungsprozessen nicht gleichzeitig schon Rahmen und Umfang ihrer Anwendungen fest umschrieben sind" (1981, S. 24), dass vielmehr „Normen aus der Sicht der Labeling-Perspektive weitgehend erst reale Existenz und bestimmten Gehalt in ihrer interaktiven Verwirklichung" erlangen (ebd.) So sind Normen nicht nur Grundlagen einer erfolgreichen Zuschreibung einer Identität auf den „Täter" (der erst dadurch zum Täter wird), sondern umgekehrt ist die Zuschreibungsinteraktion auch Grundlage einer umgekehrten Belegung der Norm: „Gerade der Prozeß der Normapplikation als auszuhandelnder oder auszufüllender offener Interaktionsprozeß bietet Gewähr dafür, nicht ‚die Existenz von Normen explizit und losgelöst von Handlungszusammenhängen zu erklären" (ebd.). So sind Normen „Produkte ‚dokumentarischer Interpretationen' in Alltagssituationen" (S. 46). Ferchhoff und Peters zitieren Hawkings und Tiedeman mit der Beschreibung, „the fleshing-in of rules involves the et cetera property" (Ferchhoff und Peters 1981, S. 46; aus Hawkins und

3.2 Wanderweg: Etikettierte und Regeln. Regelfüllung und Etikettierung

Tiedeman 1975, S. 32 f.). Das war auch bei Aaron Cicourel zu finden, und die Autoren zitieren Zimmermann mit der Feststellung: „Die kontextuelle Bedeutung von Normen ist besonders wichtig hervorzuheben, weil dadurch erst ihre Normativität dargestellt und erklärt wird und zudem zu ihrer Spezifizierung beiträgt" (Ferchhoff und Peters 1981, S. 46; zitiert aus Zimmermann 1978a, S. 93 ff.).

Die Normativität ist somit in diesen Perspektiven keine vorgegebene Leitlinie, sondern eine erst in der Interaktion situativ zu verwendende und somit zu füllende Größe. In diesen Betrachtungen wurde eine interaktionistische Normthematisierung im LA verankert, die auch außerhalb seines Einflussbereiches vertreten wurde. In der Rechtstheorie stammt eine solche Thematisierung der Füllung der Norm durch ihre Verwendung zum Beispiel von Stanley Fish, der aus der Beschreibung genau dieser Rücketikettierung eine wissenschaftliche Karriere gemacht hat. Regeletiketten wandern auf jene, denen Regelbruch zugeschrieben wurde, während diese Zuschreibung die Regeln erst mit Inhalt füllt: Während die Bearbeitung dieses Wanderwegs für Zuschreibungen in der Diskussion des LA weiterhin zentral die Etikettierung der Person bearbeitet hatte und die Normfüllung nur mitdiskutiert hatte, findet sich in der pragmatistischen Rechtswissenschaft die umgekehrte Thematisierung prominent vertreten. Richard Posner paraphrasierend schreibt Stanley Fish, „rules will function not as checks on personal preferences (the standard account of rules and their value), but as their vehicle" (1994, S. 203). So sind Regeln immer nur füllbare Vehikel; „rules have a circular or mutually interdependent relationship to the field of action in that they make sense only in reference to the very regularities they are thought to bring about" (Fish 1989, S. 123). Nur in dieser interaktiven Füllung gewinnt das Recht, die Argumentation mit der Norm, jedoch überhaupt ihre Funktionalität. „[T]he law works ... by developing a set of ramshackle and heterogenous resources in an effort to reach political resolution of disputes that must be framed in apolitical and abstract terms" (1994, S. 209) – ohne, dass die dahinter liegenden Intentionen jemals apolitisch und abstrakt, nämlich prinzipiengeleitet und situationsfrei, sein könnten. Dadurch gewinnt die Regel, die verwendet wird, jedoch situativ Inhalt, Bedeutung, die die Regel – oder das Prinzip – selbst nicht mitbringt. Die Regelargumaentation erlaubt eine verallgemeinerte Darstellung, in der das „Allgemeine" erst gefüllt wird: „The entire point of rules is to stand alone and to provide a center to which all parties can turn in the event of disputes" (1989, S. 509), aber dies ist eine Performativität des Alleinstehens, kein Alleinstehen, eine Performativität des Allgemeinen, kein Allgemeines. „The common [...] is a contested category. Its content will vary with the varying perspectives of those who assert it" (1994, S. 35 f.). Das gilt auch und gerade für die abstrakten Konzepte, Gesetze und Normen, die zur Verallgemeinerung und Abstrahierung konkreter Interaktionsdifferenzen verwendet werden. Zum Beispiel die normative Vorgabe des

Schutzes der freien Meinungsäußerung: „[A]bstract concepts like free speech do not have any natural content but are filled with whatever content and direction one can manage to put in them ... Free Speech, in short, is not an independent value but a political prize, and if that prize has been captured by a politics opposed to yours, it can no longer be invoked in ways that further your purposes, for it is now an obstacle to those purposes" (S. 102). Daraus folgt die schöne Erkenntnis, „a so-called principaled analysis is [...] ad-hoc behind its back" (S. 127), aber es ist genau diese ad-hoc-Eigenschaft, die Regeln zu Etikettenträgern macht, die genauso wie persönliche Identitäten erst gefüllt werden müssen. Regeln sind nie fest, aber auch nie komplett offen.

> [A] plain case is a case that was once argued; that is, its configurations were once in dispute; at a certain point one characterization of its meaning and significance – of its rule – was found to be more persuasive than its rivals; and at that point, the case became settled, became perspicuous, became undoubted, became plain. plainness, in short, is not a property of the case itself – there is no case itself – but of an interpretive history in the course of which one interpretive agenda – complete with stipulative definitions, assumed distinctions, canons of evidence, etc. – has subdued another. That history is then closed, but it can always be reopened. (1989, S. 513)

So ist auch der zweite Wanderweg ein Weg der gegenseitigen Zuschreibung. Nicht nur wird eine Regel verwendet, um Verhalten als abweichend zu etikettieren; die Regel wird umgekehrt dadurch gefüllt, dass sie zur Etikettierung eines Verhaltens, einer Person verwendet wurde. So wandern Etiketten von der Regel auf das etikettierte Symbol (Person, Verhalten) und umgekehrt von Person und Verhalten dadurch, dass diese Regel verwandt wird, andererseits durch die Personen, zu deren Etikettierung sie verwandt wird. Das ist im angloamerikanischen Rechtssystem viel deutlicher, da hier die Präzedenzfälle den Inhalt der Norm bestimmen, gilt aber genauso für das kontinentale Rechtssystem, in dem dieser Umstand lediglich viel stärker durch starkes Regelvokabular verdeckt wird. Auch hier füllt sich eine Regel erst in ihrer interaktionistischen Verwendung auf eine durch ihr Vokabular rekonstruierte Situation.

3.3 Wanderweg: Füllung der Regel und Ich-Leistung

Zuschreibungen übertragen sich also von Personen auf Personen und zwischen Zuschreibungszielen und den Regeln und Prinzipien, die zur Zuschreibung verwendet werden. Als dritte große Kategorie der Etikettenübertragung bleibt die Interaktion

3.3 Wanderweg: Füllung der Regel und Ich-Leistung

zwischen demjenigen, der Zuschreibungen vornimmt und den Regeln und Prinzipien, die die Person hierzu verwendet. So ist diese Regelfüllung gleichzeitig eine Ich-Leistung und eine Wir-Leistung. Zunächst schließt diese Thematisierung an die Ich-Leistung der ersten Interaktion an. Wie der Ausschluss eines konkreten als „Außenseiter" beschriebenen anderen die Gruppe definiert, indem festgeschrieben wird, was die Gruppe nicht ist, wird durch die Regelverwendung festgeschrieben, welche Rhetoriken die Gruppe verwendet, welche Begriffe und Redeweisen bedeutende Rollen spielen. Dadurch werden Wir- und Ich-Leistungen vorgenommen. Dieser Aspekt ist in der Devianzsoziologie von Becker angerissen, vor allem aber von Goffman ausführlich bearbeitet worden. Er lässt sich jedoch vor allem mit rechtspragmatistischem Vokabular nachvollziehen.

Nachdem bereits festgestellt wurde, dass Regeln interaktionistisch nicht leitend und mit festem Inhalt gesehen werden dürfen, verbleiben sie nun als Vokabular, als Redeweise. Regeln sind damit das, was Fish „magische Worte" (1999, S. 309 ff.) und Rorty „abschließendes Vokabular" genannt hatte, „a set of words [...] to justify [people's] actions, their beliefs, and their lives" (1989, S. 73), Redeweisen, die die Gesellschaft zusammenhalten (S. 148). Regeln stellen genau solche Redeweisen dar: Begründungen, mit denen ein Gemeinwesen ein gemeinsames Vokabular aufrecht erhält, in dem über es geredet wird und das an Situationen herangetragen werden muss, um so zu legitimieren oder zu delegitimieren. So werden Regeln als Argumentationen verwendet, um Personen in diese Gemeinschaft einzuführen oder sie auszuschließen, indem ihr Verhalten mit diesem Vokabular gerechtfertigt oder verurteilt wird.

Diese letzte interaktionale Füllung ist in Goffmans Darstellungen deutlich nachvollziehbar, wenn er in *Relations in Public* von den drei Strategien der Begegnung mit Zuschreibungen schreibt: Erklären, Entschuldigen, Bitten. Die Verwendung dieser Strategien bestimmt die fortlaufende Zugehörigkeit des Etikettierten und seine Position im Gruppengefüge (1971, S. 109 ff.). Die „remedial work", die die Interpretation einer Handlung verschieben soll, muss dabei Redeweisen, Skripte der Erklärung, Entschuldigung und des Bittens folgen, die genau dem Zweck dienen, eine nicht klare Situation der Normanwendung in der Interaktion auszuhandeln, nicht, um die richtige Anwendung zu erreichen, sondern eine gemeinsam geteilte Anwendung, in der die Identitäten der beteiligten Personen ausgehandelt werden. Ob die Norm anwendbar ist, ist dabei nicht klar, sondern gerade Folge dieser Aushandlung; wer die Person ist, was ihre Position ist, ist es ebenso. Eine gute Erklärung ist so „an account that succeeds in restructuring the initial response of the offended and appreciably reducing the fault of the actor – at least among the fair-minded. And a ‚bad' account is one that fails to perform that service" (1971, S. 112). Auch eine Entschuldigung ist eine Ich-Leistung, versucht, ein „wahres Ich" zwischen den

Beteiligten auszuhandeln, das nicht der Täter der negative bewerteten Handlung ist: „An apology is a gesture through which the individual splits himself into two parts, the part that is guilty of an offense and the part that dissociates itself from the delict and affirms a belief in the offended rule" (S. 113). Die Bitte dagegen antizipiert eine mögliche Verletzung und möchte sie durch das Einverständnis des „Verletzten" zu einer erlaubten Handlung machen. „The value of transforming a virtual violation into a request is recognized so broadly in our society that a whole style is available whereby, for example, all compelling are clothed, howsoever lightly, as requests" (S. 115). Öffentliche Handlungen können auf breiter Basis als Ich-Leistungen verstanden werden, in denen Signale gegeben werden, die eine Selbstetikettierung vorzunehmen versuchen, um eine negative Fremdetikettierung zu verhindern; „when an individual is in a public place, he is not merely moving from point to point silently and mechanically managing traffic problems; he is also involved in taking constant care to sustain a viable position relative to what has come to happen around him, and he will initiate gestural interchanges with acquainted and unacquainted others in order to establish what this position is" (S. 154).

Diese Ich-Leistungen lassen sich an pragmatistischen Betrachtungen explizieren, die nicht ausdrücklich devianzsoziologisch sind, deren Vokabular jedoch für devianzsoziologische Betrachtungen fruchtbar gemacht werden kann. Hier ist vor allem der Aspekt des selbst als Netz von Überzeugungen, die sich in Vokabularien konkretisieren, aufzugreifen: So sind Aussagen, Regelverwendungen, Prinzipienargumentationen Aussagen darüber, welche Person man ist, welche Person man sein möchte. Sie füllen in der Verwendung auf eine bestimmte Situation die ansonsten leere Regel, während diese Füllung in der Verwendung durch eine Person diese Person beschreibt und füllt. Rorty schreibt: „The world does not speak. Only we do" (1989, S. 6); wie wir sprechen drückt aus, wer wir sein wollen, welche Worte unser „final vocabulary", „abschließendes Vokabular" darstellen. Die Veränderungen Europas sind kein Resultat einer klareren Erkenntnis, welches Vokabular der Welt gerecht wird, noch ein Ausdruck innerer Gefühle und Essenzen, sondern ein Prozess, in dem „Europe gradually lost the habit of using certain words and gradually acquired the habit of using others" (ebd.) – und damit ein anderes Europa wurde. Das Vokabular, das zur Beschreibung der Welt verwendet wird, ist eine Wir-Leistung unserer Überzeugungen, und Menschen sind für Rorty (und für Fish) eine Sammlung ihrer Überzeugungen (Rorty 1991, S. 93; Fish 1999, S. 280). Diese machen nun das Selbstbild aus: „All beliefs which are central to a person's self-image are so because their presence or absence serves as a criterion for dividing good people from bad people, the sort of person one wants to be from the sort one does not want to be" (Rorty 1989, S. 47). Die Wir-Leistung besteht in der Festschreibung der eigenen Gruppe und der eigenen Person in diesen Gruppen als moralische Akteure.

3.3 Wanderweg: Füllung der Regel und Ich-Leistung

Diese Moral, dieses Wir-Sein als Sammlung der Überzeugungen des Wir-Seins, geschieht in Selbst- und Fremdzuschreibung. „[T]he core meaning of ‚immoral action' is ‚the sort of thing we don't do'" (S. 59); was wir tun ist jedoch erst im Rahmen einer Zuschreibung eine verstandene Handlung, und damit erst im Rahmen eines Vokabulars, das darauf angewandt wird. Die Kernbedeutung einer „unmoralischen Handlung" ist damit „the sort of thing we don't describe ourselves as doing" – die Vokabularien, die wir nicht verwenden, um unsere Handlungen zu *beschreiben*, und die Füllung dieser allgemeinen Vokabularien (gut, gerecht, fair), die wir als Füllung nicht zulassen, also: Die Etikettenwanderungen, die wir nicht zulassen.

Somit handelt es sich hier ein weiteres Mal um eine zweispurige Etikettierung: Menschen verwenden Regeln, um Zuschreibungen zu legitimieren. Gleichzeitig erfahren sie durch die Verwendung bestimmter Regeln selbst Zuschreibungen, so wie sie in der 1. Zuschreibung durch die Etikettierung eines bestimmten Falles Zuschreibungen erhalten konnten. Wieder ergibt sich so ein Wanderweg für Zuschreibungen, keine festen Bedingungen oder Regeln.

3.3.1 Repositorien und Pfade: Der Rahmen der Situation

Damit Etiketten wandern können, müssen sie vorliegen. Das nicht bemerkt zu haben war ein Kern der Ungereimtheiten einiger, vor allem deutscher, Formulierungen des Labeling-Ansatzes, die davon ausgingen, dass ein Label eine Person trifft, die bisher keines hatte oder deren wahre Identität durch dieses Label verdeckt wurde. Bei Goffman war das die Unterscheidung zwischen virtueller und aktualer Identität, bei der deutschen Rezeption konnte aus dieser Idee heraus eine Befreiung von Stigmatisierungen und von Etikettierungen gefordert werden; auf dieser Basis konnte der LA praktisch zum Sanktionsverzicht aufrufen, politisch zur *Radical Non-Intervention* (Schur 1973) weisend interpretiert werden. All diese Forderungen werden leer, wenn nicht virtuelle gegen aktuale, sondern zugeschriebene gegen anders zugeschriebene Etikettierungen stehen. Schneider hatte gerade auf dieser Basis bemängelt, dass die deutsche Rezeption des Labeling-Ansatzes, vor allem in seiner programmatischen Rezeption durch Fritz Sack (1972), die Anliegen der amerikanischen Vertreter „radikalisiert und zum Teil verfälscht" hatte (Schneider 1999, S. 202), da ein Verhalten im symbolischen Interaktionismus immer eine „originär sinnhafte" (S. 210) Handlung sei, da „der Mensch ein handelnder und nicht ein ‚rein reaktiver' Organismus sei, der sich mit dem, was er wahrnehme, auch auseinanderzusetzen habe" (S. 210). Die von Sack getroffene Unterscheidung zwischen einem rein physikalischen Geschehen und einer erst später hinzutretenden Bewertung und Sinngebung lässt sich mit der klassischen interaktionistischen Tradition nicht vereinbaren: Jedes Geschehen ist bereits sinnhaft durch jene geordnet, die an ihm teilhaben, und jedes Verhalten, jeder Fall trägt bereits im Moment seines Auftretens eine Etikettierung. So treffen wandernde Zuschreibungen niemals leere Verhalten, leere Personen, aber auch nie Personen und Verhalten, auf denen sie eine „natürliche" Beschreibung überdecken: Sie wandern von etikettierten Personen, Verhaltensweisen und Regeln auf bereits etikettierte Personen, Verhaltensweisen und Regeln und können bestehende Zuschreibungen verdrängen, zu ihnen stoßen oder aber an ihnen scheitern. Diese Etikettierungen sind jedoch niemals fest: Die Regel kann umetikettiert werden; Personen sind bereits etikettiert, können nur umetikettiert werden; Zuschreiber und Etikettierte gleichermaßen. Label treffen keine leeren Objekte, sondern immer bereits belegte Objekte. Die Welt ist nicht ohne Beschreibungen da: Ein Label ist eine Neubeschreibung, die eine bestehende ablösen muss. Eine Interpretation ist immer eine *Neu*interpretation, die eine bestehende ablösen muss. Von diesen bestehenden Etikettierungen hängt nun ab, welche Etiketten wandern können.

Die drei Etikettenträger existieren nicht ohne Kontextualität, und sie erlangen diese Kontextualität durch ihre Verwurzelung in einer Situation. „[W]e are never not in a situation. Because we are never not in a situation, we are never not in the act of interpreting", schreibt Fish (1980, S. 276). Diese bestehenden Etiketten sind somit keine festen Eigenschaften der Träger, auch keine konstruierten und dann stabilen Bedeutungen; um sie thematisieren zu können, muss der Rahmen der Situation eingeführt werden, nicht als weiterer Etikettenträger wie die drei beschriebenen, sondern als Rahmenkategorie der Etikettierung. Vorgefundene Etiketten sind in Situationen konkretisierte Etiketten aus einem weiten Repositorium von Etiketten. Wenn der Akt des Interpretierens unumgänglich ist, ist der Akt des Etikettierens, des zuschreibenden Sinnfindens, unumgänglich. So sind leere Etikettenträger genauso unmöglich wie eine absolute Beliebigkeit der Zuschreibungen: „[A]n infinite plurality of meanings would be a fear only if sentences existed in a state in which they were not already embedded in, and had come into view as a function of, some situation or other. [...] there is no (normative) state; sentences emerge only in situations" (1980, S. 307). Die Situation ist der Rahmen, in dem alle Interaktionen nicht bei einem tabula rasa, sondern mit bereits etikettierten Personen, Regeln und Situationen beginnen. Es handelt sich in den drei Wegen der Zuschreibungen dadurch nicht um drei unabhängige Prozesse, sondern um die Eröffnung dreier Reisewege von immer bereits bestehenden, aber niemals festen Zuschreibungen. So stellen die Situationen, in denen die Personen und Fälle stehen, ein Repositorium von Etikettierungen dar, die ihrerseits wieder auf die Teilnehmer der drei Zuschreibungsinteraktionen überwandern können. Die Frage, wie diese Wanderungen nun von statten gehen, kann von einer interaktionistischen Devianzsoziologie nicht abschließend beantwortet werden: Sie folgen keiner Formel und keinem Determinismus, sondern sind zen-

3.3 Wanderweg: Füllung der Regel und Ich-Leistung

tral abhängig von den Handlungen der involvierten Personen. Wie diese wandern, bleibt in einer interaktionischen Devianzthematisierung immer eine Soziologie des Irgendwie. Die Wanderung selbst ist somit eine Folge der Stärke der Etiketten, rhetorisch-interaktionistischen Geschicks und Glück.

Diese Zuschreibungsprozesse sind in der Regel für sich häufig betrachtet wurden; die hier dargestellten Prozesse können selbstverständlich bei vielen mehr als den hier angegebenen Autoren nachvollzogen werden, wenn eine solche Darstellung auch den Rahmen sprengen würde. Erst in ihrer Zusammenführung ergibt sich jedoch eine ausformulierte interaktionistische Devianzsoziologie. Sie ist mehr als die Summe ihrer Teile, da es sich nicht lediglich um die Darstellung dreier verschiedener Zuschreibungen handelt, sondern um eine Topografie der Etikettierungen, eine Landkarte der Zuschreibungswege: Sie zeigt die Pfade, auf denen Label wandern können. Dadurch gewinnt die Vereinigung aller Wege in einer Karte eine Aussagekraft, die die der Einzeldarstellungen übersteigt: Sie bietet ein Instrumentarium, mit dem analysiert werden kann, wie Etiketten von Regeln auf Personen, von Etikettierern auf Etikettierte, von Etikettierten auf Situationen etc. wandern können. Mit diesem Instrumentarium kann analysiert werden, wie Regeln als Waffen im Konflikt verwendet werden, um durch die Zuschreibung der Regelkonformität Verhalten zu delegitimieren, ohne dabei außer acht zu lassen, dass durch die Verwendung einer bestimmten Regel bereits eine Selbsteinordnung des Verwenders geschieht, dass in der Verwendung auf ein bestimmtes Verhalten nicht nur das Verhalten etikettiert, sondern auch die Regel gefüllt wird, während zur selben Zeit durch die bestimmte Füllung der Regel mit einem Inhalt ebenso eine Ich-Leistung desjenigen stattfindet, der diese Anwendung initiiert hat. So wandert im erfolgreichen Fall der Regelanwendung die mit dem Regelbruch assoziierte Etikettierung auf den Empfänger, die mit der Regel assoziierte Zuschreibung auf den Verwender der Regel, der sich vom etikettierten Verhalten durch diese Verwendung abgrenzt. Rechtssoziologisch kann dadurch Normanwendung als politisches Handeln analysiert werden, ohne dadurch den ganzen emanzipatorischen Apparat der Kritischen Kriminologie mit anwenden zu müssen: Jede Normanwendung ist eine Ich-Leistung des Polizisten, des Staatsanwalts und des Richters, die dadurch eine Wir-Leistung vornehmen und hierzu Etiketten ins Rollen bringen, die nicht nur die betroffenen Personen, sondern auch sie selbst und die Regeln treffen, die angewendet werden. Es handelt sich um Prozesse, die durchaus auch scheitern können – was dann eine negative Belegung der Regeln, eine negative Belegung der Anwender mit sich bringt, wenn die Etikettierten stattdessen Etiketten auf die Etikettierer und die Regeln wandern lassen. Vorhersehbar sind solche Momente des Scheiterns nie, sie sind jedoch als wahrscheinlich und unwahrscheinlich einzuordnen, je nachdem, welche Etiketten der Etikettierte zu Beginn der Zuschreibungsinteraktion situativ trägt. So bietet das interaktionistische Dreieck eine Systematik für eine breite Fülle von Analysemöglichkeiten.

Langeweile mit der Eindeutigkeit 4

Eine Devianz- und Rechtssoziologie, die sich den sozialen Prozessen zuwendet, in der Zuschreibungen von Abweichung aufkommen, ist von der Form des klaren, eindeutigen Ursachenforschungsduktus der Regressionsanalysen, der tausendsten Wiederholung sozialstruktureller Einflussfaktoren (vgl. zur Kritik: von Trotha 1995) und den allgegenwärtigen Psychoanalytisierungen des „Täters" gelangweilt. Da sie die Bedeutungszuschreibungen in sozialen Räumen nachzeichnen wollen, „müssen sie die Suche nach den Ursachen uninteressant finden" (Peters 2011, S. 19). Sie – wieder einige mehr, einige weniger, andere gar nicht wirklich – sind auch gelangweilt von der Frage nach der „tatsächlichen Prävalenz" von „Kriminalität", eine Frage, die für „ein wenig naiv" befunden wird (Menzel und Peters 2003, S. 16).

Diese Forschung, die einfache und eindeutige Fragen nach Verursachung, Prävalenz und der möglichen Vermeidung dieser für eindeutig gehaltenen „Taten" in den Vordergrund stellt, baut auf der unhinterfragten Prämisse auf, es sei klar (oder zumindest anhand normativer Vorgaben klar zu machen), was „Kriminalität" ist. Gegen diese unhinterfragte Prämisse rebellieren die „gelangweilten" KriminologInnen. Sie rebellieren gegen einen Duktus der Gewissheit der Kategorien. Es handelt sich in erster Linie um eine Langeweile mit einer letztlich oberflächlichen Eindeutigkeit. Folgt man dagegen der Perspektive der interaktionistischen Soziologie, auf deren Basis die gelangweilten KriminologInnen argumentieren, sind Kriminalitätszuschreibungen nicht abstrakt richtig oder falsch, sondern soziale Leistungen in „dicht besiedelten" Situationen (Strauss 1993, S. 25). Damit stellt sich die viel

---

Dieser Beitrag erschien ursprünglich 2011 in Helge Peters Helge und Michael Dellwing (Hg.). Langweiliges Verbrechen, erschienen bei Springer-VS.

spannendere Frage, wie eine Handlung in einem sozialen Prozess als „kriminell" definiert wird und wie Personen die Rollen von „Tätern" und „Opfern" zugewiesen werden. Von der klassischen Forschung gelangweilte KriminologInnen betonen dabei, wie kontextual, kontingent, unordentlich und situational offen diese Definitionen sein können. Langweilig sind dagegen eine kategorielle Eindeutigkeit und ihre Produkte. Das Alltagsreden reproduziert dagegen diese Eindeutigkeiten und stärkt sie, anstelle dass sie ihre Naturgeschichte nachzeichnet und erhellt, wie soziale Organisation mit ihnen *passiert*.

Die interaktionistische Perspektive hat sich daher der ethnographischen Erfassung des breiten Sets von *pluralen* Bedeutungszuschreibungen in offenen Situationen verschrieben. Sie scheut die Darstellungen von Eindeutigkeit der klassischen Kriminologie und den Glauben, es seien auf diesem (oder irgendeinem anderen) Feld Abstrakta definierbar, mit denen Kausal- oder Prävalenzstudien „generalisierbar" bestritten werden könnten: Die Langeweile der Interaktionisten ist daher eine Langeweile mit der Beschäftigung mit Abstrakta.

4.1 Langeweile mit dem Warum (und anderen alten Fragen)

KriminologInnen, die der „Umgang" mehr interessiert als eine (ominöse) „Kriminalität selbst", durchdringt eine Langeweile bei der Erörterung der alten Fragen, die die Kriminologie immer wieder aufkocht. Allen voran stehen hier die Fragen nach der „wahren Prävalenz" einer bestimmten Form der Abweichung und damit verbunden die Folgefrage nach dem „Warum", d. h. Taxonomie und Ätiologie. Howard Becker disqualifizierte die ätiologische Frage nach den Ursachen für abweichendes Verhalten bekanntlich als „Laienfrage" (1963), Sack hofft auf eine Kriminalsoziologie „ohne ätiologischen und Warum-Rest" (1998, S. 54), und Menzel und Peters halten die Frage nach der „wirklichen Verbreitung" von sexueller Gewalt für „ein wenig naiv" (2003, S. 16). Diese Abkehr von diesen klassischen Fragen verfolgt zum einen das Ziel, absurde Verallgemeinerungen hinter sich zu lassen. Eine unsterbliche Frage (vor allem allerdings in studentischen Arbeiten und in der politischen Diskussion) ist die generalisierte Frage nach den „Ursachen von Kriminalität", die mit großer Selbstverständlichkeit so unterschiedliche Zuschreibungsleistungen wie „Ladendiebe, Bilanzfälscher, Serienmörder und Angriffs-Krieger unter ein und dasselbe crimen-Konzept zu bringen" (Quensel 2006, S. 37) versucht. In dieser absurden Breite ist das ein nonsensisches Ansinnen, zu dem Quensel vorschlägt, „Lassen wir das" (ebd.). Zum anderen, jenseits dieser absurden Magnum-Kategorie von *allem, was uns aufregt (und deshalb gemeinsame Gründe haben muss)*, bleiben die alten Fragen der Taxonomen und Ätiologen jedoch auch dann noch langweilig, wenn die Kategorien präzise und dünn filetiert und operationalisiert werden.

4.1 Langeweile mit dem Warum (und anderen alten Fragen)

Die Einschätzung der Fragen nach *Warum* und *Wie oft* als „ein wenig naiv" steht gegen eine übliche Inthronisierung dieser Fragen als Kernfragen der Wissenschaft. Das lässt die Abkehr zunächst absurd erscheinen, bis man sich den alltagspraktischen Leistungen dieser Fragen und, noch mehr, der Antworten auf sie gewahr wird. „Warum"-Fragen haben als Antworten in der Regel Motive der „Täter", sozialstrukturelle- und Umwelteinflüsse, Zwänge oder „Krankheiten". All diese Antworten sind einerseits mit unlösbaren Problemen behaftet, andererseits sind sie soziale Leistungen, die als Werkzeuge in Sozialsituationen zielsicher *eingesetzt* werden und daher von diesen Situationen her gedacht werden müssen.

Fragen nach Motivationen und Trieben setzen unhinterfragte Innerlichkeitsvokabularien voraus, die von Interaktionisten zurückgewiesen werden (Mills 1940; Albas und Albas 2003). Motive sind, wie „Abweichung", keine zu findenden Gegebenheiten, sondern zugeschriebene Qualitäten einer Handlung, die mit dem Ziel erlernt werden Handlungen sozial erklären zu können. „A motive does not exist prior to an act and produce it. It is an act *plus* a judgment upon some element of it, the judgment being made in light of the consequences of the act" (Dewey 1922, S. 120).Sie fügen den Konsequenzen von Handlungen Bedeutungen hinzu. Mills folgt Dewey und hält Motive für „typical vocabularies having ascertainable functions in delimited societal situations... Rather than fixed elements ‚in' an individual, motives are the terms with which interpretation of conduct by social actors proceeds" (1940, S. 904). Motive sind geteilte Definitionen der Situation, in der nicht nur die Eigenschaften der Situation gemeinsam definiert werden, sondern auch die Ketten, die zu ihnen führen. Motive müssen angeboten und akzeptiert werden, die dann aber auch als Motive des eigenen Handelns geglaubt werden; „A stable motive is an ultimate in justificatory conversation" (S. 907). Das gilt nicht nur im Fall, in dem sie nachträglich erzählt werden sondern – wenn man sie als „eigene Eigenschaften" angenommen hat – auch als mögliche eigene Bedeutungszuschreibungen späterer Handlungen und Rahmen der Wahrnehmung späterer Situationen. „Acts often will be abandoned if no reason can be found that others will accept" (S. 907). „Krankheiten", in der Regel „psychische Krankheiten" als Gründe werden genau dann als Erklärungsmuster gewählt, wenn die Suche nach den Motiven *keine* sozial akzeptablen Narrative hervorbringt und ein unerklärter, aber empörender Bruch im Alltag mit einer sozialen Bedeutung versehen werden muss, damit der Alltag weitergehen kann. Fragen nach strukturellen- oder Umweltgründen erbringen dieselbe Leistung, tun dies jedoch, indem sie den Menschen zur Marionette, zum „Reaktionsdeppen" (von Trotha 1978) reduzieren.

Solche Ätiologien und Taxonomien, mit wissenschaftlicher Autorität ausgestattet, stellen wissenschaftliche Versuche der Flucht in die Gewissheit (Dewey 2001) dar. „Die Suche nach Gesetzmäßigkeiten eskamotiert das Zufällige und Unbestimmbare an den Abläufen" (Neidhardt 1981, S. 247; vgl. auch Schetsche in diesem Band). Damit verengt sie diesen untersuchten Alltag zur „biederen Faktorensoziologie" (von Trotha 1997, S. 18), die zum tausendsten Male die Ursachen der Gewalt sucht und Allgemeinplätze über familiäre Verwerfungen, sozialstrukturelle und stadtsoziologische Hintergründe u. Ä. wiederkäut, dabei aber vergisst, den unebenen und vielschichtigen Alltag zu betrachten. Insofern betreibt sie, so von Trotha, in ihrem Versuch, die Ursachen der Gewalt zu erforschen, gar keine genuine Soziologie der Gewalt (S. 19 f.) und vergißt vor allem, dass des einen Gewalt des anderen Spiel sein kann (Inhetveen 1997), wie des einen Kriminalität des anderen Selbstverständlichkeit, Alltagsstreit oder Gerechtigkeit gewesen sein kann (– nicht aber muss). Für diese kausalerklärenden Handlungen der Soziologie hat Neidhardt jedoch Nützlichkeiten festgestellt, da „[u]nter Handlungsdruck [...] sich Ursache-Wirkungs-Modelle [...] nicht nur als besonders handlich, sondern auch als praktisch hilfreich [erweisen, M. D.]. Sie sichern hohe und schnelle Handlungsfähigkeit, indem sie von irritierender Komplexität entlasten, und sie verweisen auf Verantwortlichkeiten, an die man sich halten kann: Sie liefern Instanzen, die sich fordern, und Schuldige, die sich brandmarken lassen" (1981, S. 244).

Hieraus wird deutlich, dass die Antwort auf eine „Warum"-Frage und der Versuch, eine Prävalenz zu identifizieren, Teile des sozialen Prozesses darstellen, Unerwartetes, Schockierendes und Verstörendes in eine Erzählung der Ordnung und Kontrollierbarkeit zurückzuführen. Wenn man identifiziert hat, dass „Kriminalität" – wie generalisiert auch immer – ein Problem der sozialstrukturellen Gruppen sei, in denen die Gesellschaft ihre Versprechen nicht erfülle, dass Gewalttäter „psychisch gestört" seien (und damit „gesunde" Menschen „so etwas nicht tun"), dass die Schuld in Erziehung, Umfeld, biotischer Verfassung oder sozialen Druck zu suchen sei, ist das Unerwartete wieder ins Feld des Erwarteten gezogen und damit gezähmt. Antworten auf „Warum"-Fragen sind „accounts" (Lyman und Scott 1989), Handlungen zur Wiederherstellung gebrochener Sozialität (Stokes und Hewitt 1976). Die klassischen Fragen stehen also auf Basis der unhinterfragten Zustimmung dazu, dass das Vorgefallene empörend, „normbrüchig" oder sonst verstörend *war* und arbeitet so sozialen accounts und sozialem *Storying* zu: Sie liefert öffentlich rechtfertigbare soziale Narrative, die Brüche zu kitten in der Lage sind. Sie sind damit selbst Teil des Prozesses, den sie als Wissenschaft *von* der Gesellschaft analysieren sollte. Die Allianz aus Taxonomie und Ätiologie „hindert kriminologisches Fragen nach den Vorgängen, die ‚Entdecken' oder ‚Herausfinden' genannt werden" (Peters 1999, S. 197). Die Langeweile mit dem „Warum" kommt daher nicht aus einer Langeweile mit der *Kriminalität*, sondern aus einer Langeweile damit, gesellschaftliche Bedeutungszuschreibungen von scheinbaren Eindeutigkeiten (einer Perspektive) mit den eigenen Forschungen noch zu verstärken. „Warum" setzt nicht nur voraus, dass eine

4.1 Langeweile mit dem Warum (und anderen alten Fragen)

Störung der sozialen Interaktion vorliegt, sondern auch, dass diese Störung „richtig" ist, *weil* deren Ursachen gesucht werden *müssen*, weil es eine Störung war, die empörend genug ist, um Ressourcen für eine „Warum-Frage" aufzuwenden. Sie verdunkelt die soziale Leistung, die vorgegangen war. Daher ist mit den Fragen nach den Ursachen das Feld bereits fixiert, das eigentlich spannende Erkenntnisse liefern könnte, ließe man es offen: Man hat mitkonstruiert, was man untersuchen wollte.

Klassische Kausalitätsfragen nach Ursache-Wirkungs-Zusammenhängen werden daher von gelangweilten KriminologInnen nicht nur als unterkomplex (z. B. Neidhardt 1981, S. 244), sondern auch als uneingestandene Parteinahme erkannt. Wer naiv nach den „Ursachen von Gewalt" fragt und sich für den Täter und seine Tat interessiert, sichert einen in aller Regel zu diesem Zeitpunkt bereits (immer tentativ) erfolgten Definitionssieg (alle Definitionssiege sind tentativ) – und das, ohne es zu bemerken, denn diese Eindeutigkeitssoziologen „sometimes appear not to understand that they are participants in a play at all" (Rock 1979, S. 55). Die klassische Perspektive „läßt befürchten, daß die Kriminologie selbst zum Definierer von Kriminalität wird" (Peters 1999, S. 197). Die Vermeidung dieser Fragen fällt der der Soziologie jedoch schwer: „Dies umso mehr, je weniger sie sich selber vom Alltagskontext sozialen Handelns distanziert hat" (S. 244).

Eine Soziologie, die die Warum-Fragen aus Politik, Presse und Vorgartentratsch aufnimmt und Antworten liefert, analysiert daher die sozialen Situationen, in denen diese Brüche aufkommen, gar nicht, sondern beteiligt sich am sozialen Prozess der Kittung dieser Brüche, der Glättung sozialer Wogen. Hierin liegt der kritische Grund der Auseinandersetzung mit der „klassischen" Kriminologie: Sie analysiert nicht die Gesellschaft und ihre Strukturierungsprozesse, sondern verteidigt die „gute Ordnung der Gesellschaft" (Stehr 2009, S. 112) und schafft diese selbst mit. Diese Forschungen führen dazu, Selbst- und Fremddefinitionen komplett mit Motiv- und Strukturaccounts im Alltag zu verstärken, indem „Szenarien" in ihnen angeboten und verbreitet werden (vgl. Dotter in diesem Band). In dem Maße, in dem der Interaktionismus die Welt als weder von Strukturen gelenkte noch von Individuen innerlich-willentlich gemachte Welt ansieht, *werden* die so produzierten Ursachen- und Motivkorrelationen wahr, sie werden „veri-fiziert" (James 1995 [1907]), wenn sie als Modelltypen vorliegen und damit auch in die Interpretationen und damit Handlungen der Beteiligten Personen eingehen – Sozialarbeiter, Psychiater, Polizisten, Gerichte und jene, denen eine Identität als „Täter" zugeschrieben werden wird, von außen wie von ihnen selbst. „Amokläufe" in Schulen können nicht *abstrakt* mit Kausalvariablen erklärt werden, aber die Erklärungen von „Amokläufen" als Kausalvariablen produziert eine besondere Rolle des „Amokläufers" sozial. Tradierte Kausalerklärungen zu diesem Bruch formulieren diese Rolle aus und dehnen sie nach hinten und vorne aus, indem sie Motive, Umfelder und ganze Lebensläufe als Teil des Szenarios produzieren. Daniel Dotter verbindet die „Kreation" von Devianz im öffentlichen Raum mit der Produktion von Rollenvorgaben in Medien, mit „Szenarien" (2004 und in diesem Band), z. B. in „stigma movies". Dabei ist die Frage, die von klassischen Kriminologien gestellt wird, ununterscheidbar von den Fragen, die der „Stigmafilm" stellt: „Media-generated and other public representations of stigmatization – the interrelationship of acts, actors, rules, audiences, and social reactions – often confuse the layered interactive process for a more rational, causal one" (2004, S. 10). Das ist natürlich kein Zufall, handelt es sich doch um eine gemeinsame Welt von Bedeutungszuschreibungen, in denen jene der Alltagswelt in Filmen und jene aus Filmen in der Alltagswelt ein und aus gehen. So kommt es, dass „Media constructions of crime and deviance, whether aimed at informing or entertaining audiences, largely reinforce commonsense notions about offenders, their motivations, and their actions" (2004, S. 36). Diese stehen nun zur Interpretation von Schülern durch z. B. Sozialarbeiter, Lehrer und Medien und auch zur Selbstinterpretation von Schülern zur Verfügung. Diese gemachten *commonsense notions* sind daher so wenig abstrakt *falsch*, wie sie abstrakt richtig sind: Wenn man die interaktionistische Perspektive und ihre Betonung der sozialen Emergenz von Bedeutungen ernst nimmt, werden diese *commonsense notions* nicht (nur) nachträglich zugeschrieben, sondern können (auch) im Moment der Handlung bereits als Selbstinterpretation verwendet werden. Sie werden zu einer Art, wie das Selbst zum Objekt für einen selbst wird (Mead 1988). Das ist der eigentliche Kern der hier vertretenen interaktionistischen Betrachtung: Die sozial ausgehandelten Definitionen der Situation, die als Kausalerklärungen in Problemsituationen aufkommen und die verstanden werden müssen, damit das Problem (in der sozialen Interaktion als) überwunden (definiert) werden kann, bleiben in der Welt. Sie sind nun als Bedeutungen abrufbar und fließen in zukünftige Deutungen, auch zukünftige Selbst-Deutungen von Personen ein.[1] Sie werden zur Aushandlungsgrundlage bei der nächsten Konversation über Handlungsgründe des Selbst und Anderer und werden Teil des Motivations-Rechtfertigungs-Redens.

---

[1] Ganz besonders deutlich wird das in Studien mit Personen, die lange Zeit in psychotherapeutischer Behandlung waren. Man kann die Dauer der Behandlung am Reden der Interviewpartner erkennen: Während zu Beginn ein Therapiediskurs sich mit einem vortherapeutischen Alltagsdiskurs vermischt, übernimmt der Therapiediskurs mit den Jahren immer größere Teile des Redens der Personen, bis er zur unhinterfragten Master-Selbstdeutung wird, an der dann nicht lediglich die eigene Identität, sondern auch die eigenen Handlungen ausgerichtet werden. Zugeschriebene Motive werden geglaubte Motive und damit Grundlage des Handelns; zugeschriebene Ursachen werden eigene Handlungsgründe (Dellwing, unveröffentlichte Studie).

4.1 Langeweile mit dem Warum (und anderen alten Fragen)

Damit wird die Frage nach Ursachen und Motiven keine Frage nach einem Objekt, sondern nach einem Definitionsprozess, der praktische Auswirkungen hat, wenn er erfolgreich ist: Sie werden Elemente im „Rationalisierungsbetrieb der Konfliktparteien" (Neidhardt 1981, S. 147), was allerdings den negativen Beigeschmack von „Rationalisierung" als Fassadenerklärung, die anderer, „echtere" Gründe übertüncht, verlieren muss, um interaktionistisch viabel zu sein. Diese Zuschreibungen existieren als Deutungsmuster-Repertoire, das es erlaubt, Handlungen zu rechtfertigen, vor sich selbst sinnhaft zu gestalten und somit mit Handlungen fortzuschreiten, die ohne diese Modelle nicht aufgekommen wären. Das als „Neutralisierungstechniken" zu fassen, wie Gresham M. Sykes und David Matza (1957) das bekanntermaßen taten, erfasst nur eine Seite der Gleichung, denn das geht schon davon aus, dass es hier etwas zu neutralisieren *gibt*. Das kann der Fall sein, wenn zwei sozial erlernte Kausal- und Motivzuschreibungen im Wettstreit liegen, in der Selbstzuschreibung gar die Kriminalitätszuschreibung die Überhand hat und „bezwungen" werden soll. Das muss aber, je nach Kontext und Situation, nicht der Fall sein; dann wären „Neutralisierungstechniken", die auch aus überkommenen Kausalerzählungen entstehen können (z. B. häufig aus sozialstrukturellen Erklärungsmodellen für abweichendes Verhalten allgemein oder wieder psychoanalytische Ansätze, die beide ein nimmerendendes Selbstzuschreibungsvokabular für eine nimmerendende Reihe von Situationen bieten), einfach gefestigte Selbsterzählungen.

Die Eindeutigkeit der Soziologie untermauert also keine „Eindeutigkeit" der Akteure, die in pluralen Situationen immer in multiplen Kontexten stehen und keinesfalls nur die „Kriminalitätsskripte" zur Verfügung haben. Nicht nur die Kriminalitätsskripte sind uneindeutig und uneinheitlich, die Zuschreibungen der Instanzen, die „stigma movie"-Rollen und die Alltagsvokabularien bleiben plural, und die Situation kann in viele verschiedene Situationen aufgelöst werden, auch ohne Kriminalitätsskripte für diese Auflösung zu verwenden. Diese Offenheit möchte eine ethnografisch orientierte Interaktionssoziologie erhalten, betrachten und wiedergeben, ohne sich einer festen, kontext- und situationslosen Definition zu ergeben und diese der Welt aufzudrängen. Ein solches Aufdrängen ist nicht einmal Aufgabe der Justiz, die sich in multiplen Aushandlungsprozessen mit den Beteiligten befindet und deren Definitionen Beachtung schenken *muss* (vgl. *Looking Glass Crime* in diesem Band); die klassische Kriminologie hat hier teilweise Befindlichkeiten, strikter, eindeutiger und rechthaberischer zu sein als die häufig viel offenere Justiz.

Die (untrennbar verwobenen) Fragen nach Ursache und wahrer Verbreitung bleiben, schreiben Wilfried Ferchhoff und Friedhelm Peters, einer definitionstheoretischen Betrachtung daher „fremd" (1981, S. 21), da beide die Frage, was als kriminell gelten soll, als *entschieden* fingieren. Die daraus resultierende Umorientierung ist jedoch keine Erfindung von KriminologInnen: In der Abkehr von Fragen dieser Art verfolgt die interaktionistische Devianzsoziologie ein Ziel, das im Rahmen phänomenologischer, ethnomethodologischer und interaktionistischer Thematisierungen häufig formuliert wurde (und, wie Ken Plummer bemerkt, auch ohne das Label des „Labeling Approach" tief in die Devianzsoziologie eingeschrieben sind). Diese geben als Richtung vor, statt der „warum"-Frage die „wie"- und „was"-Frage zu stellen, um soziale Abläufe in „dichter Beschreibung" analysieren zu können. Kausalketten verlinken operationalisierte Kategorien, oft ohne Kontakt zu den Bedeutungszuschreibungen der Welt. Sie reproduzieren in ihren nötigen Vorentscheidungen, welche Kategorien wie nebeneinander gestellt werden, häufig „Paratheorien" (Prus et al. 1996, S. 196), die in der Regel aus eigenen, feldfremden Situationsdefinitionen bestehen. Für eine gesellschaftswissenschaftliche Betrachtung, die ihr Objekt ernst nimmt, ist es jedoch naiv und absurd, für Situationen, in denen man sich gar nicht befindet, Definitionen vorauszusetzen, ohne zu überblicken, welche Definitionen im Feld *konkret* und konfliktisch aufkommen. Als Definitionen ohne Situationen und ohne Handlungen sind das künstliche, tote Operationalisierungs-Frankensteins. Die interaktionistische Devianzsoziologie stellt gegen diese Operationalisierung von Paratheorien, in denen soziale Kittvokabularien produziert und reproduziert werden, die Untersuchung und Analyse der *Prozesse* des Aufkommens und Kittens dieser Brüche und den Prozess der *Verwendung* dieser Vokabularien in den Vordergrund. Dazu muss sie sich davon entfernen, mitzudefinieren, ob das Vorgefallene „kriminell" war oder nicht: Im Versuch, *Prozesse* zu verstehen, vermeidet diese Soziologie, „sich [...] mit dem ‚kriminellen Täter' ihren Gegenstandsbereich unreflektiert ‚außerwissenschaftlich' [...] vorschreiben [zu] lassen". (Ferchhoff und Peters 1981, S. 51) und vermeidet es auch, *selbst* dem Feld bereits vorzuschreiben, wer seine Verbrecher sind. Das beinhaltet die Vermeidung, mit den Empörten gemeinsam „warum" zu fragen und stattdessen zu bemerken, dass die Bedeutung, was hier jemanden zur „warum"-Frage irritiert hat, zunächst einmal eine soziale Leistung darstellt. Diese Leistungen sind offen, und die Frage ist vielmehr, *wer* sie zuschreibt und *wie* sie zugeschrieben werden. „Rather, our main issue is how to study how specific institutions, organizations, social worlds, and other collectivities answer such key questions" (Strauss 1993, S. 259). Und hier findet eine Gesellschaftsanalyse viele Antworten, die jedoch nur sichtbar werden, wenn die Scheuklappen vorgegebener Kriminalitätsdefinitionen und die engen Limitationen der „warum"-Frage, die ohne solche Vordefinitionen nicht mehr funktioniert, abgelegt werden. „Interactionists encourage individuals to show their many faces and selves" (Shalin 1986, S. 20), und erlauben es auch, diese zu zeigen, um dann zu fragen: „[W]ie gelingt es den Akteuren vor Ort, die Diagnose des [...] Zusammenbruchs[2] als gemeinsam geteilte Einschätzung hervorzubringen und ihre soziale Faktizität zu verleihen, gibt es andere Deutungen und warum setzt sich eine durch, was geschieht im Fall konfligierender Deutungen?" (Kreissl 2000, S. 27)

4.2 Langeweile mit Ziel

Das Ziel des interaktionistischen Denkens ist nicht Umkehr, sondern Pluralisierung: Es will das geschlossene „block universe" (James) der Ätiologen und Taxonomen wieder öffnen, um die multiplen Fixierungen von Objektivität in ihrem Spiel mit-, gegen- und hintereinander zu untersuchen. In Handlungen werden unvermeidlich Zuschreibungen gemacht, Bedeutungen tradiert, und uneindeutige, indeterminierte Welten im Prozess einer Erklärung situational gefestigt. Solche Festigungen sind nötig, um handeln und Aussagen machen zu können. Das heißt aber auch, dass immer auch andere Zuschreibungen möglich sind, die andere Fixierungen und andere Handlungen mit sich bringen. An die Stelle der eindeutigen setzen Interaktionisten und Pragmatismus eine offene, instabile, immer erst praktisch und situational geschlossene Welt, deren Indeterminiertheit nie zu einem Ende und zur festen Gewissheit geführt werden kann (Shalin 1986, S. 10). Bedeutungszuschreibungen sind immer nur zeit- und kontextbegrenzte Schließungen und damit situationale Leistungen, Definitionen *der* Situation *in der* Situation, die dann jedoch wieder geöffnet werden können und auch werden, wenn der Kontext und die Situation sich ändern. Diese Situationsbetonung führt dazu, dass ein Objekt in schneller Abfolge und teils sogar gleichzeitig viele verschiedene Dinge mit Gewissheit sein kann, je nachdem, in welchem Kontext und in welcher Rolle es sich befindet und aus welcher Perspektive es konstituiert wird. Jede Gewissheit ist damit eine „partielle" und immer an konkrete Situationen gebundene emergierende Gewissheit (S. 10). „Before the definition sets in, ‚the situation is quite undetermined'" (S. 12), aber Handeln determiniert sie momentär. „As the definition unfolds, ‚the situation becomes definite'" (S. 12 f., Zitat aus Thomas 1966, S. 240, 23–4). Die Gewissheit, mit der diesen Objektivationen einhergeht, soll im Interaktionismus nicht zerstört, sondern nur problematisiert werden.

---

[2] Kreissl meinte einen dramatischeren „sozialen Zusammenbruch", aber für Situationsanalysen reicht der ganz banale und alltägliche Zusammenbruch gemeinsamer Bezugspunkte und gemeinsamen Storyings.

Trutz von Trotha bemängelte, Jahrzehnte vor seinem eigenen scharfen Angriff auf die Ätiologie in der Gewaltforschung, dass die „Ausschaltung der ‚Warum?'-Frage die Gefahr [in sich berge], sich entweder in immer minutiöseren Beschreibungen zu verlieren oder inhaltsleere Abstraktionen, d. h. empirisch wenig gehaltvolle Aussagen hervorzubringen" (1978, S. 111) und damit eine „sinnlose Welt" zurückzulassen (S. 113), in der die Akteure (auch, wieder) zu „Reaktionsdeppen" würden. Das stehe derweil den Anliegen der Alltagssoziologie, auf die man sich berufen hatte,[3] entgegen. Auch Hess und Scheerer kritisieren, dass eine Kriminologie „ohne ätiologischen Rest" denjenigen, die stigmatisiert werden, den Akteursstatus abspreche (1999, S. 55) – wie die klassische Ätiologie mit ihren biederen Faktoren dies auch tut, wogegen man sich gerade aufgelehnt hatte. Es ist eine alte Kritik, die sich schon bei Akers (1967) findet. Sie zielt am Ende nicht darauf, die Analysen von Zuschreibungen der „neuen Devianzsoziologie" (Gibbs 1966 – nicht mehr so neu!) zu skandalisieren, sondern einen „Exzess der Umkehr" anzuprangern, eine „Verbalradikalität des Verzichts auf eine Vorstellung von objektiven sozialen Wirklichkeit" (Hess und Scheerer 1999, S. 55), in dem nun, so heißt es zumindest, den Vertretern vorgeworfen wurde, eine objektivistische Radikalität durch eine andere zu ersetzen. Das war ein Vorwurf, der schon immer die ungünstigsten Stellen der Definitionstheoretiker gegen sie verwandt hatte. Einige Formulierungen der Perspektive haben Formulierungen hervorgebracht, aus denen zu lesen ist, dass es nun *eigentlich* um die Zuschreibungshandlungen der „anderen Seite" gehe – „der Richter ist der Täter", wie Peters schreibt (1997, S. 270), was Hess und Scheerer (1999, S. 55) ihm prompt vorwerfen. Das Zitat ist jedoch erst völlig wiedergegeben, wenn der vorhergehende Satz mitzitiert wird. Bei Peters heißt es: „*Wenn man so will*: Der Richter ist der Täter" (Hervorhebung von mir), was eine Perspektivität betont, die in der Kritik dann ignoriert wird.

Die von klassischen Fragen gelangweilten KriminologInnen erforschen, *was zugeschrieben wird* und zollen diesen Zuschreibungen ihren analytischen Respekt. Man untersucht, welche Definitionen siegen und was mit diesen Definitionen in ihren konkreten Situationen handlungspraktisch geschieht. Die Definitionsperspektive wollte damit in der Tat von der Idee einer „objektiven sozialen Wirklichkeit" *jenseits* dieser pluralen Definitionen in konkreten Situationen nichts wissen, betont aber zugleich die „hartnäckige Realität" (Blumer 1996, 2012) von Situationen, die Personen fixiert haben. Daher geht die Kritik deutlich zu weit: Sie wirft den „gelangweilten" KriminologInnen vor, sich trotzig in die Ecke des „ist doch nur

---

[3] Ich folge hier dem Versuch von Patricia und Peter Adler sowie Andrea Fontana, „Alltagssoziologie" als Ansatz zu definieren, der die soziale Aushandlung von Bedeutungen in alltäglicher Interaktion betonen – Interaktionismus, Ethnomethodologie, existentielle Soziologie und Phänomenologie (1987).

Zuschreibung" zurückzuziehen und möchte die „hartnäckigen" Fixierungen wieder in der Rhetorik der „objektiven Realität" untersuchen (Best 1993; Hess und Scheerer 2011). Damit macht sie wieder mit bei dem, was die gelangweilten KriminologInnen aber untersuchen wollen. Das ist ein Ziel, das seinerseits einen Nutzen hat, verbaut aber, wie wir finden, spannendere Analysewege.

4.3 Langeweile mit Abstraktionen

Jede Handlung benötigt definitorische Fixierungen, und wer eine Form von Fixierung ablehnt, betreibt dafür immer eine andere. Unterschiedliche Fixierungen erbringen situational unterschiedliche Leistungen. Die klassische Perspektive fungiert als wissenschaftlicher Verstärker gesellschaftlicher Urteile. Das macht sie nützlich in deren Kontext. Definitionstheoretische Perspektiven leisten dagegen eine Analyse, die uns erlaubt, zu bemerken, wie diese Normalitäten produziert werden. Manche dieser Analysen erlauben es, an diesen Normalitäten Kritik zu üben. Sie erlauben uns auch, als Wissenschaft von der Gesellschaft eine analytische Distanz zu gewinnen und nicht als Handlanger des Forschungsobjekts aufzutreten: Es sichert der Soziologie, der Gesellschaft interessante Dinge über sich erzählen zu können, die die Vertreter ihrer offiziellen Institutionen nicht in Auftrag gegeben haben, wie die versteckten Rollenaushandlungen, die in Zuschreibung und Annahme, Ablehnung oder Erzwingung von Abweichlerrollen liegen. Dazu halten definitionstheoretische Soziologen andere Gewissheiten fest, um das Aufkommen der zugeschriebenen Kriminalitätsbedeutungen analysieren zu können, wenn auch nur die für die Perspektive unvermeidliche Gewissheit, dass Bedeutungen sozialen Definitionsprozessen unterliegen (wie der vorliegende Beitrag voraussetzt). Das wurde als „ontological gerrymandering" (Woolgar und Pawluch 1985) bemängelt, als Selbstwiderspruch einer Theorie, die die Definition einer Handlung als „kriminell" „nur" für eine Zuschreibung hält, dafür aber an anderen Gewissheiten sicher festhält. Die von der „Langeweile"-Position geforderte Distanz sei daher, so ihre Kritiker, widersprüchlich und abstrakt unmöglich.

Diese Kritiker könnten natürlich *abstrakt* recht haben, wenn die Welt nur abstrakt wäre. Die ganze Pointe der Alltagssoziologie ist jedoch, dass sie *das nicht ist* – sie ist nicht in Strukturen und Abstraktionen, in der Reinheit theoretischer Konzeptionen, in Kausalverbindungen oder sonstigen metaphysischen Einheiten vor, hinter, unter oder außerhalb des Alltags geordnet, sondern sie ist *konkret* und befindet sich immer *im Prozess*. Man kann nicht *abstrakt* an Bedeutungen zweifeln. „Whatever doubts the knower has about the nature of things, he alleviates practically, by manipulating his objects, putting them to different uses, literally forcing these objects to conform to his notion of them, and in the process of doing so establishing – in situ – whether a thing in question is what it is thought to be" (Shalin 1986, S. 11). Wie jede Definition ist auch jeder Zweifel, jede Skepsis intentional, hat Gründe (in einem aufgekommenen „Problem", das überwunden werden muss) und Ziele. Er muss, um möglich zu sein, an fast allen bestehenden Überzeugungen festhalten, um eine (oder wenige) anzweifeln zu können. Beschreibungen entscheiden sich nicht an „theoretischer Konsistenz": Auch diese wäre eine Definition der Situation, die jemand erst einmal leisten muss, die in Kontexten und mit Zielen aufkommt und plural erfolgen kann, was dann wieder Definitionskonflikte zur Folge haben kann.[4] Die Frage ist nicht, ob man sich mit der Definitionsperspektive in einen „theoretical armchair" zurückzieht, also zum Sesseltheoretiker wird (Best 1993, S. 138). Um solche Abstraktionen geht es gar nicht, sondern vielmehr darum, was man mit seiner lokalen Fixierung tut, was mit der anderen Fixierung nicht funktioniert hat. Langeweile kann man daher mit konkreten Bedeutungen (d. h. konkreten Aktivitäten der Bedeutungsproduktion) haben, dann aber nur im Wissen, dass diese konkreten Bedeutungen in anderen Kontexten, zu anderen Zielen durchaus ihren Nutzen haben können. Wie Skepsis ist daher auch Langeweile eine intentionale Aktivität. Wir sind gelangweilt von *einer* Form von Fragestellungen zur Kriminalität, weil wir eine *andere* für ertrag- und einsichtsreicher halten.

Damit ist die Frage, die über die Diskussion verschiedener Forschungen zur Kriminalität immer wieder gestellt werden muss: Was passiert, wenn sie verfolgt werden? Die klassische Kriminologie mit ihren Prävalenz- und Warum-Fragen bietet Züge in einem Definitionsspiel, das sie „in staatsbürgerlicher Absicht" spielt, indem sie den Kontrollorganen zuarbeitet und diese definieren hilft – sowohl in der Bedeutung, dass sie mit ihnen gemeinsam in eine Definitionskoalition eintritt als auch, dass diese Forschung die Identität dieser Kontrollorgane mitdefiniert. Die Frage nach der „Wahrheit" der Motivation oder der Kausalketten ist, wenn die Thematik auf diese Weise problematisiert wird, letztlich in die eine wie in die andere Richtung sinnlos. Das macht das gesamte Problem der Ätiologie wesentlich komplexer als eine einfache Auseinandersetzung zwischen „verkürzenden" oder gar „fiktionalen" Ätiologien gegenüber einer Perspektive, die diese „nur" als Zuschreibungen sieht. Die Zuschreibungen *sind*, wenn sie erfolgreich sind, alles, was als „objektive Er-

---

[4] Möglichkeiten und Unmöglichkeiten einer Analyse sind Zuschreibungserfolge, und alles, was etwas „unmöglich" macht ist der erfolgreiche Widerstand einer breiten Masse von peers, die den Analytiker dazu nötigen, seine Analyse aufzugeben: Ein Ansatz ist gescheitert, sagt uns Helge Peters, wenn die, die das Sagen haben, dies erfolgreich zuschreiben (1996).

4.3 Langeweile mit Abstraktionen

klärung" im sozialen Raum erhältlich ist. Die „Warum"-Frage lässt eine Antwort emergieren, die in der Folge dann – in einer Situation, in einer Perspektive – auch folgenreich die innerweltliche Antwort *ist*. Für die Taxonomie gilt dasselbe: In dem Maße, in dem Objekte nicht bereits in vorgefertigten Kategorien kommen, ist die Frage nach der „wahren" Prävalenz selbstverständlich naiv. Gleichzeitig jedoch ist das Spiel der Frage nach der Taxonomie und ihre Beantwortung jenes, das diese Taxonomie folgenschwer produziert. Dekonstruiert werden diese Taxonomien dann, wenn man sie in Frage stellen möchte – was Interaktionisten und kritische Kriminologen ausgiebig getan haben – weil die eigene wissenschaftliche Handlung andere Objektivierungen emergieren lässt, um eigene Ziele zu verfolgen. Dieses Ziel ist die Dekonstruktion der alltäglichen Eindeutigkeit, die eine Zuschreibung zur notwendigen Basis allen Redens über die so mit Gewissheit fixierten Situationen zu machen versucht.

Reinhard Kreissl spekuliert, dass die interaktionistisch-pragmatistische Orientierung dazu führen könnte, „daß irgendwann Fragen des Typs: Wie entsteht Kriminalität, was ist wirklich abweichend oder gibt es letzte Ursachen für abweichendes Verhalten (im Individuum oder in der ökonomischen Struktur einer Gesellschaft) einfach nicht mehr gestellt werden würden. Sie würden verschwinden, wie Fragen nach der Unsterblichkeit der Seele mit dem Verschwinden der Religion aus der öffentlichen Diskussion verschwunden und zu Problemen der Privatsphäre geworden sind" (1996, S. 35–36). Das ist die Hoffnung, dass die Eindeutigkeit im Reden des Alltags verschwindet, dass Menschen solche werden „who had a sense of the contingency of their language of moral deliberation, and thus of their consciences, and thus of their community. They would be liberal ironists [...] people who combined commitment with a sense of the contingency of their own commitment" (Rorty 1989, S. 61). Gleichzeitig weist Rorty uns jedoch darauf hin, dass die Fixierung im Alltag unhintergehbar ist und auch Ironiker letztlich unverbrüchlich an ihrem eigenen abschließenden Vokabular festhalten müssen – schon allein, um Handeln zu können (und dies in jedem Handeln automatisch tun). Die Frage nach dem „Warum" würde also weiterhin gestellt werden, jedesmal, wenn etwas fixiert wird. Kreissl bestreitet das, denke ich, nicht; das ist die Funktion der Worte „wirklich" und „letzte Ursachen" im Zitat.

Die Warum-Frage wird uns weiter begleiten. Das ist zunächst einmal eine Übung im Pluralismus. Es ist auch kein Problem, solange die Öffnung der Uneindeutigkeit erhalten bleibt. Die KriminologInnen, die Kriminalität langweilig finden, versuchen sicherzustellen, dass dies geschieht und es der Soziologie bewusst wird und bleibt, dass das eben nicht die einzige mögliche Frage ist: Das Objekt, nach dessen Ursache gefragt wird, hätte immer auch anders fixiert werden können, was die konkrete Warum-Frage nicht hätte aufkommen lassen, was jedoch dafür eine andere Warum-Frage mitbringt (z. B., warum Richter so handeln, wie sie handeln, was Vertreter von Definitionsperspektiven oft interessanter finden). Die Langeweile mit den klassischen „Warum"-Fragen der Kriminologie wird daher von den hier vertretenen KriminologInnen so lange aufrechterhalten werden, wie die klassische Kriminologie an ihren Eindeutigkeitsprämissen zugunsten einer biederen Faktorensoziologie festhält. Es ist zu erwarten, dass für SoziologInnen, die Verbrechen langweilig finden, hier noch lange Arbeit zu erledigen sein wird.

Teil II
Labeling neu betrachtet

Reste: Die Befreiung des *Labeling Approach* von der Befreiung

5

Indem Abweichung von der interaktionistischen Devianzsoziologie – oder: der als Labeling-Ansatz etikettierten Schule – nicht mehr als Qualität der Handlung selbst thematisiert wurde, sondern als zugeschriebenes Etikett, wurde ihr objektiver Charakter zugunsten sozialer interaktiver Zuschreibung aufgegeben. Das ist bekannt und wurde in der Folge auch Allgemeingut als, wie Stephan Quensel schreibt, Mainstream-Arbeiten „unverschämterweise Teile des Labeling-Ansatzes in ihr Multi-Denken einbauen konnten" (2006, S. 18). Um den Ansatz selbst ist es dagegen stiller geworden; angelastet wurde dies einerseits eben jener Aufnahme seiner Aussage in allgemeine Thematisierungen, aber auch und vor allem der Veränderung der wissenschaftlichen Großwetterlage. Helge Peters erkannte, dass der in Deutschland als „Partisanenwissenschaft" groß gewordene Ansatz verblasste, als seine Befreiungsarbeit inopportun wurde (1996), und Reinhard Kreissl stellt mit Richard Rorty fest, wissenschaftliche Ansätze würden eben nicht widerlegt, sondern verschwänden, weil die Menschen sich für die von ihnen aufgeworfenen Probleme nicht länger interessierten (Kreissl 2006, S. 54).

Der Ansatz wollte auf der Grundlage dessen, was ihn in seiner deutschen Rezeption interessierte – die Befreiung der Stigmatisierten –, die klassischen Fragen der Kriminologie und Kriminalsoziologie nach der Verursachung einer qualitativ abweichenden Handlung nicht mehr zu stellen; Fritz Sack bezeichnete ätiologische Argumentationen, wo sie weiter auftauchten, als „objektivistischen Rest", mit dem hinter die Erkenntnis des Zuschreibungscharakters zurückgetreten wurde.

Dieser Beitrag erschien ursprünglich 2008 im Kriminologischen Journal 38: 161–179, erschienen bei Juventa.

Aus dieser Kritik folgten weitere Konsequenzen; als weiterer objektivistischer Rest wurde nun auch die anhaltende Normbindung gehandelt. Einem Ansatz, der Abweichung für Zuschreibung hält, würde auch die Annahme einer objektiven Norm, die Möglichkeit eine Beurteilung eines Verhaltens im Vergleich zu ihr postuliert, widersprechen. Dieser Rest wurde bereits von John Kitsuse in den Arbeiten Beckers bemängelt, von Wolfgang Keckeisen aber auch bei Sack selbst identifiziert. Solange die Gesellschaft als normativ strukturiert gesehen und Verhalten als objektiv feststellbar und mit dieser Norm vergleichbar eingeordnet wird, verbleibt ein weiterer Rest von Objektivismus im Labeling-Ansatz.

Beide „Reste" sind jedoch erst dann objektivistisch, wenn ihre Begriffe objektivistisch belegt sind; das ist jedoch nicht zwingend. Es lässt sich sowohl eine Ätiologie als auch ein Normbegriff formulieren, ohne dass diese Begriffe objektivistisch beschrieben werden. Ätiologie muss nicht objektivistisch sein; sie ist es erst, wenn nach objektiven Eigenschaften eines Verhaltens gefragt wird. Es kann nach der Ursache von Handlungen gefragt werden, ohne dass dadurch eine „objektive Qualität" der Handlung angenommen wird, denn schließlich hat der Handelnde selbst diese Handlung mit Sinn belegt, als er sie ausgeführt hat (und mag sie durchaus selbst als abweichend eingeordnet haben), eine Sinnbelegung zudem, die auch letztlich aufgrund der Situiertheit des Handelnden bereits von außen kommt. Diese Handlung wird der Handelnde begründen können, und sie hat Ursachen. Die interaktionistische Möglichkeit der Ätiologie hat Henrik Schneider verteidigt, der daran festhält, dass erst die Annahme des Akteurs, der mit eigenen Überzeugungen handelt, dem symbolischen Interaktionismus gerecht wird (1999). Auch der Bezug der Norm muss nicht zwangsläufig objektivistisch sein; sie ist dies erst dann, wenn sie die Norm als feststehende soziale Tatsache gesehen wird, die *tatsächlich* aus sich selbst heraus Handlungen vorgibt und Einordnungen leitet. Gerade in Normdarstellungen von Vertretern des Labeling-Ansatzes sind Normthematisierungen zu finden, die in der Frage der „Existenz" der Norm deutlich vorsichtiger argumentieren. So laufen Ätiologien und Normbegriffe zwar Gefahr, objektivistische Reste zu konstatieren; dies geschieht jedoch nicht zwangsläufig.

Wenn objektivistische Reste betrachtet werden, tritt in der deutschen Rezeption des Ansatzes nun ein weiterer möglicher Rest dieser Art hervor, dessen nichtobjektivistische Beschreibung deutlich schwieriger erscheint. Gerade in seiner von Fritz Sack programmatisch in die emanzipatorische Bahn gelenkten deutschen Version ist der Labeling-Ansatz Befreiungswissenschaft der Unterdrückten gewesen; er war der Ansatz, nicht lediglich analysierte, wie Abweichungen zugeschrieben werden, sondern dies unter der Agenda der „Kriminologie als Ausschlusswissenschaft" (Cremer-Schäfer und Steinert 2000) heftig kritisierte. Gerade in dieser Zielsetzung findet sich ein objektivistischer Rest, dessen interaktionistische Exonerierung deutlich schwieriger scheint. Das liegt womöglich daran, dass dieser Rest nicht aus dem

Interaktionismus stammt, also aus seiner amerikanischen Praxis, sondern aus der politischen Inanspruchnahme des Ansatzes durch eine marxistische Sozialwissenschaft, also aus seiner deutschen Praxis. Es ist diese Komponente der Befreiung, die möglicherweise die mangelnde Attraktivität des Ansatzes in der Gegenwart mitverursacht hat.

Eine Neubeschreibung des Ansatzes ohne die Komponente Befreiung könnte weiterhin konkrete Leistungen erbringen, indem er mit dem Vokabular der Wahrheit geführte Konflikte eben als politische Konflikte über Etikettierungen analysiert und somit ein Verständnis des gesellschaftlichen Aushandelns von Etiketten vermittelt. Soziologisch könnte auf der Basis bestimmter Etikettierungen festgestellt werden, warum eben diese – und nicht andere – für nützlich erachtet und welche Überzeugungen mit ihnen verteidigt werden. Auch ohne eine Befreiungskomponente bleibt der Ansatz nützlich – wenn auch vielleicht nicht notwendigerweise nur für eine kritische Kriminologie und auch nur zur Beschreibung von Phänomenen, die auch ohne den Ansatz so ablaufen würden. Eine solche Neubeschreibung wäre keine Injektion von außen: Sie kann an der Tradition des Ansatzes gerechtfertigt werden, denn eine Befreiung des *Labeling Approach* von der Befreiung kann als Überwinden eines weiteren „objektiven Rests" beschrieben werden.

5.1 Ätiologischer Rest

Die interaktionistische Devianzsoziologie war angetreten, nicht mehr die klassischen Fragen nach den Ursachen zu stellen, die Individuen dazu bewegten, Normbrüche zu begehen. Stattdessen wollte sie die – in ihrem Sinne soziologischere – Frage zu stellen, warum in bestimmten gesellschaftlichen Situationen das Etikett „abweichend" auf bestimmte erfolgte Handlungen angebracht wird. Dass der klassische Etikettierungsansatz hierbei nicht konsequent interaktionistisch vorgegangen sei, ist als Vorwurf bereits früh vorgebracht worden: In ihm steckte weiter Ursachenforschung, das, was Fritz Sack als „ätiologischen Rest" für einen „objektivistischen Rest" des Ansatzes hielt. Indem dennoch nach Verursachung von Abweichung weiter gefragt wurde, würde das interaktionistische Diktum, dass Abweichung eben keine Qualität der Handlung selbst, sondern der Zuschreibung war, unterlaufen, so hieß es. Prominent sei dieser „Fehler" in der Bearbeitung der sekundären Devianz bei Edwin Lemert (1951) und der Vorhersage späterer Abweichung durch vorhergehende Stigmatisierung bei Howard Becker in der Erforschung abweichender Karrieren (1972). Kritiker nahmen diesen „objektivistischen Rest" auf, versuchten, ihn empirisch zu testen – und hielten diese Vorhersagen für den gesamten Ansatz (z. B. Gove 1975).

Ein Ansatz, der weiterhin die Frage nach den Ursachen der Abweichung stellte, war jedoch der so genannten „radikalen" (Rüther 1975, S. 47) Rezeption des Ansatzes in Deutschland nicht nur nicht radikal genug, sondern uninteraktionistisch. Der Ansatz sollte sich auf Zuschreibung von abweichenden Identitäten konzentrieren, nicht nach der Ursache eines Verhaltens fragen, das für sich ja noch gar nicht kriminell war, solange keine Zuschreibung erfolgt war, auch dann nicht, wenn das Verhalten seinerseits Folge vorheriger Zuschreibung war. Fritz Sack forderte so eine „Labelingtheorie ohne objektivistischen Rest", „eine Position ohne ätiologischen und ‚warum'-Rest" (1998, S. 54). Für Sack sind beide Forderungen äquivalent: Es sei gerade die Frage nach dem „Warum" die, solange sie fortlebt, einen objektivistischen Rest im Ansatz hinterließe, denn sie frage nach der Ursache von Verhalten, das vor jeder Zuschreibung noch gar kein normbrüchiges, abweichendes, kriminelles oder sonst irgendwie beschriebenes Verhalten sein kann. Stattdessen müssten das ursprüngliche (und *danach* etikettierte) Verhalten und seine Ursachen gänzlich ignoriert werden zugunsten einer Untersuchung der Reaktionen auf dieses Verhalten, die es erst zu einer Abweichung machten. Helge Peters nimmt diese Argumentation auf, indem er schreibt: „Der Richter ist der Täter. Wir müssen also dessen Handeln erklären, wenn wir Kriminalität erklären wollen." (Peters 1997, S. 270). Jede Frage nach den Ursachen der originär etikettierten Handlung sei dagegen ein ansatzfremder Rest. Henner Hess und Sebastian Scheerer greifen diese Umkehrung als weiterhin ätiologisch an: Sie verschiebe lediglich das Problem, da nun die Ursachen und Ätiologien der Reaktion untersucht würden, die ihrerseits ebenso wenig voretikettiert als Abweichung (von was auch immer) existierten. In der Konzentration auf Reaktionshandeln, schreiben sie, befolge Peters sein eigenes (und Sacks) Postulat nicht (Hess und Scheerer 1999, S. 52), denn eine Konzentration auf Instanzenhandeln ist genauso objektivistisch wie eine Konzentration auf das Handeln, auf das reagiert wurde. „Wenn man die Richter als Täter bezeichnet (wie Peters), verschiebt man nur das Problem und würde, wäre man konsequent, in einem unendlichen Regreß landen: Wenn die Kriminellen nur Täter sind, weil die Richter sie so definieren, sind die Richter nur Täter, weil die Kriminologen sie so definieren usw. usf." (S. 55).

Jenseits jeder antiätiologischen Inkonsequenz der instanzenkritischen Wendung des Ansatzes fand dieser Vorwurf vielleicht viel eher in der deutschen, kritischen Kriminologie seinen Ursprung als im Interaktionismus. „In der deutschen Rezeption des Labeling Approach werden die Grundaussagen der amerikanischen Quellenliteratur radikalisiert und zum Teil verfälscht", schreibt Henrik Schneider (1999, S. 202), und die Verfälschung liegt an dem Punkt, an dem die „originär sinnhafte Handlung" ignoriert wird, „nach deren Entstehungsbedingungen durchaus wissenschaftliche sinnvoll gefragt werden kann" (S. 202). Nach ihr zu fragen, bedeute noch nicht, nach den Ursachen von Abweichung zu fragen – nur nach den Ursachen einer Handlung, die subjektiv als abweichend oder konform im Moment der Handlung eingeordnet sein kann, da es sich um einen Akteur handelt, der sein Handeln mit Sinn verbindet. „Nach dem Menschenbild des Labeling Approach ist der Delinquent daher gerade kein ‚Reaktionsdepp' (von Trotha 1977, S. 98), der unweigerlich in die sekundäre Devianz driftet, sondern ein Individuum, das mit der Fähigkeit ausgestattet ist, zur Welt Stellung zu nehmen und die auf es einwirkenden Lebensumstände gedanklich zu verarbeiten" (Schneider 1999, S. 210). Diese Einordnung und Verarbeitung ist auch bereits in gewisser Hinsicht eine Außenzuschreibung, da der subjektive Sinn seinerseits Folge der sozialen Situiertheit des Handelnden ist. Wenn Sack von einem lediglich physischen Ereignis spricht, das erst später sinngebend etikettiert wird, folgt er dem klassischen Schema Handeln – Sinngebung als Zweischritt oder, literaturkritisch gewendet, Lesen – Interpretation als Zweischritt; gerade der Interaktionismus geht jedoch davon aus, dass die Interpretation bereits Teil der originären Handlung, nicht erst späteres Zubrot ist. Der interpretierte Sinn muss dabei nicht mit dem Sinn übereinstimmen, den Instanzen diesem Handeln später zuschreiben, aber er *kann* damit übereinstimmen, vor allem, wenn beide gleich oder ähnlich situiert sind. Dadurch, diese Frage abzulehnen, meint Schneider, verschleiere die deutsche Rezeption „das wahre Anliegen und Selbstverständnis der amerikanischen Klassiker" (S. 203). So ist die Frage nach dem „Warum" immer möglich, und so darf der symbolische Interaktionismus, und mit ihm auch der devianzsoziologische Interaktionismus des Labeling-Ansatzes, nach dem „Warum" durchaus fragen. Er darf es jedoch nicht auf Basis objektiv gesetzter Anker tun – er darf nicht Abweichung als Eigenschaft des Verhaltens sehen, er darf kein uninterpretiertes Verhalten (oder mit objektivem Sinn besetztes Verhalten, was dasselbe ist) annehmen. Damit geht einher, dass er keine handlungsleitende Norm als soziale Tatsache annehmen darf.

5.2 Normativer Rest

In der Frage nach dem „Warum" steckt vielleicht die Möglichkeit eines objektivistischen Restes, nur steckt dieser nicht in der Ätiologie, sondern in der Frage nach der Abweichung als Distanz von der Norm. Hier findet sich dann ein objektivistischer Rest, wenn Verhalten und die Norm als objektiv feststellbare Tatsachen gesehen werden. „Der Normbruch als solcher ist in Konsequenz der Überlegungen Sacks überhaupt kein Ereignis", bemerkt Schneider (1999, S. 203), aber das darf er auch nicht sein: Die Warum-Frage darf gestellt werden, allerdings nicht in Relation zur Norm, sondern zur mehrperspektivischen sinnstiftenden Zuschreibung. Das kann durchaus ein *subjektiv* als Normbruch empfundenes Verhalten sein, aber als objektive Kategorie wäre der Normbruch uninteraktionistisch. Ob diese Kategorie in den Klassikern zu bemerken ist, ist derweil durchaus umstritten.

Dass die klassische interaktionistische Devianzsoziologie den Begriff der Norm nicht aufgegeben hatte, diesen gar zum Teil stark objektiviert hatte, ist bereits häufig bemerkt worden. Auf dieser Basis steht die mittlerweile häufig erfolgte Kritik an Beckers Arbeit *Außenseiter*, der Devianz von Regelbruch unterschied und darauf basierend dann „heimlich abweichendes Verhalten", „falsche Beschuldigung" und „absichtliche Normkonformität" (1972, S. 23) als Kategorien einführen konnte. In den siebziger Jahren ist dies Ziel der Kritik in den USA wie auch in Deutschland, in den USA durch John I. Kitsuse und Malcolm Spector (1975), in Deutschland durch Wolfgang Keckeisen (1974). Beide erkennen einen objektivistischen Rest, einerseits in der objektiven Feststellbarkeit von uninterpretiertem Verhalten, andererseits in der objektiven Vergleichbarkeit dieses Verhaltens mit Normen. Kitsuse und Spector kritisierten Becker und Lemert dafür, empirisch beobachtbares Verhalten zum Auslöser von Reaktionen zu erklären (1975, S. 587), was Beckers Tabelle erkläre, sie aber unterinteraktionistisch mache: „Becker provided for an objectively observable basis for the classification of behavior in his typology of deviant behavior" (S. 587). Er kommt dadurch zum Schluss, „the shift in focus from the presumed deviants and their deviant acts to the definitional activities of others was blurred in the early statements of Lemert and Becker" (S. 586), und der Kernpunkt des Fehlers sei die objektive Erkennbarkeit von Verhalten und die Beibehaltung der klassischen Figur der objektiven Norm, „Norms, then, provide the sociologist with a vantage point to define, observe and classify behaviors as deviant" (S. 587). Keckeisen erkennt ebenso dieses Normbild, das Kitsuse und Spector „Überbleibsel" des ätiologischen Ansatzes genannt hatten, und sieht in ihm nun ebenso einen „objektivistischen Rest, der Beckers Theorie durchzieht und den labeling-Prozeß zur bloßen Verdoppelung des vorab schon Bestimmten, zur Bestätigung des ‚Gegebenen' verfälscht" (1974, S. 42). Schneider hatte dagegen noch einmal kurz und knapp bemerkt, Beckers Kategorien implizierten gar keine absolute oder auch nur konstruierte und danach objektiv vorhandene Norm, sondern lediglich „das Bewußtsein des Handelnden, sich delinquent zu verhalten", vielleicht also lesbar nur als eine eigene Interpretation der Distanz zwischen Norm und Verhalten im (niemals notwendigen) Einklang mit der im sozialen Raum geteilten Situiertheit, aber keine objektive, vorinterpretative, absolute Abweichung (Schneider 1999, S. 206).

Ob Beckers Darstellung die Norm als soziale Tatsache versteht, ist umstritten und könnte eingehend untersucht werden (was jedoch den Rahmen der vorliegenden Untersuchung sprengen würde). Ironischerweise kann diese selbe Diskussion aber auch über Fritz Sack geführt werden, der diesen „objektivistischen Rest" vielleicht

5.2 Normativer Rest

stärker zur Schau stellt als die von ihm kritisierten Labeling-Vertreter. Sack kritisiert zwar ebenso, „daß Normen eindeutig sind, daß ihre Applizierung auf Sachverhalte bruchlos möglich ist und daß sie kaum Spielraum für Variationsmöglichkeiten enthalten" (Sack 1972, S. 17), und ebenso: „Eine Norm muß angewandt werden, der Prozeß der Konfrontation von Normen und Verhalten ist ein sozialer Prozeß, der sich nicht schon aus der Existenz der Norm selbst ergibt und auch nicht durch diese vorgeschrieben ist, weder prinzipiell noch nach der spezifischen Art und Weise ihrer Handhabung und Durchsetzung" (Sack 1979, S. 997); er hält Normen nicht für objektive soziale Tatsachen. Er schreibt dann jedoch, dass „verbrecherisches oder delinquentes Verhalten zunächst zu bestimmen [sei] als Verstoß gegen eine Norm, der mit einer bestimmten Sanktion belegt wird" (Sack 1969, S. 979) und weiß sich letztlich auf die Frage der immer offenen Interpretation dieser Normen nicht anders zu helfen, als „Metanormen" zu postulieren, die ihrerseits die Anwendung der Normen normativ regeln: „Normsetzung und Normapplizierung können sich gleichermaßen auf einen Satz von Regeln berufen, nach dem diese Aktivitäten ablaufen sollen", und „jede Norm und Regel, ganz gleich welchen Inhalts, bedarf zu ihrer sozialen Wirksamkeit eines Satzes von zusätzlichen Regeln, die ihre Anwendung bestimmen" (Sack 1979, S. 997). Während der erste Teil noch interaktionistisch zu lesen ist – es ist die Rede vom *Berufen* auf Regeln, nicht von leitenden Regeln! – ist der zweite Teil dann scheinbar von einem Glauben an die Existenz dieser Metaregeln erfüllt. Sack verwirft die Normkritik im selben Text wieder durch Rekurs zu einer „Metanorm", der alle Probleme der Norm behält. Keckeisen hatte diese Inkonsistenz bemerkt und herausgestellt, „diese ‚Metaregeln' teilen als Regeln deren allgemeine Merkmale", was Sacks Überlegung „nicht ganz schlüssig" mache (Keckeisen 1974, S. 71).

Jenseits von Becker, dessen Normverbundenheit weiterhin diskussionswürdig bleibt, kann die Norm in anderen Arbeiten der Schule durchaus häufig, wenn nicht regulär, als durch rhetorische Inanspruchnahme legitimatorisch belegt gelesen werden, nicht als leitende Norm, die sich selbst durchsetzt. Besonders in Eriksons Studie *Die widerspenstigen Puritaner* wird das deutlich. Das Recht, die Normen seien „selbst weitgehend nur eine Sammlung früherer Fälle und Urteile, eine Synthese aus vielerlei Konfrontationen, die im Rechtsleben stattgefunden haben", schreibt Erikson (1978, S. 21) und seine Analyse der Ausschlussgeneration in der puritanischen Kolonie von Massachusetts Bay ist deutlich als Suche nach Normen erkennbar, die eine zuvor bereits intendierte Exklusion rechtfertigen sollen: Wenn Anne Hutchinson ausgeschlossen wird, dann auf der Basis langer Interviews, die mit ihr geführt werden, um eine Regelverletzung legitimatorisch behaupten zu können, auf deren Basis dann ihr Exil beschlossen werden kann. Erikson bietet so keine Analyse der leitenden Regel, sondern der situativ und zielhaft verwendeten Regel. Auch Keckeisen bietet eine Thematisierung der Regel, die ihre Objektivität hinter sich zu lassen versucht. Nachdem er die weitere Normverbundenheit Beckers und Sacks dargestellt hatte, stellt er fest, „die Zuschreibung von ‚Devianz' erfolgt mit Argumenten, nicht deduktiv (deskriptiv). Die Argumente – in Gestalt von ‚Anschuldigung' (charge) und ‚Rechfertigung' (account) – beziehen sich sich nicht (oder nicht hauptsächlich) auf die ‚brute facts', die rohen Daten, die der behaupteten Abweichung assoziiert sind, sondern sie haben die subjektive Involviertheit, die Verantwortung (responsibility) des Angeschuldigten zum Gegenstand. Hier geht es [...] darum, die pragmatische Logik des Devianzbegriffs für sich zu explizieren." (1974, S. 45). Normbruch ist eine rhetorische Zuschreibung, eine legitimatorische Performativität, keine Tatsache in der Welt. Auch Ferchhoff und Peters stellen fest, der labeling approach insistiere darauf, „daß mit den Normbildungsprozessen nicht gleichzeitig schon Rahmen und Umfang ihrer Anwendungen fest umschrieben sind. Im Gegenteil dazu erlangen Normen aus der Sicht der Labeling-Perspektive weitgehend erst reale Existenz und bestimmten Gehalt in ihrer interaktiven Verwirklichung" (Ferchhoff und Peters 1981, S. 24), und auch (sogar?) Helge Peters schreibt, „interaktionistisch orientierte Devianztheoretiker bezweifelten, daß dieses objektivistische Normverständnis die Grundlage für die Unterscheidung von abweichendem und konformem Handeln bilden könne", denn „nicht zu leugnen sei zwar, daß Normen als sprachliche Konstrukte vorhanden seien" fügt jedoch hinzu, „zu fragen sei aber, ob diese Konstrukte auch schon Kriterien für die Bestimmung von Klassen von Handeln böten" (Peters 1995, S. 18). Das ist nun genau die interaktionistische Thematisierung der Norm, sie bietet eine Sicht der Norm an, die gerade die Interpretationsoffenheit von Norm *und* Verhalten bei gleichzeitiger (objektiver) Nichtexistenz beider annimmt.

Dass der Labeling-Ansatz keine Norm als handlungsleitende soziale Tatsache voraussetzen darf, wurde oft bemerkt und seinen Vertretern danach häufig vorgeworfen. Auch hier allerdings ist die Diagnose eines „objektivistischen Restes" nur schleppend zu bewerkstelligen. Es verbleibt jedoch eine Kategorie, bei der eine solche Diagnose problemloser zu rechtfertigen ist: Auch und gerade die Befreiung ist letztlich nur in der Annahme eines objektiven, vorinterpretativen Sinn möglich, was auch bereits thematisiert wurde, allerdings kurioserweise nicht ganz so oft.

5.3 Befreiung als Rest

Wenn Sack und ihm folgend Peters und Keckeisen von einem „objektivistischen Rest" reden, benennen sie durchaus etwas, was als Problem beschrieben werden kann. Sie lokalisieren es jedoch vielleicht am falschen Ort. Der hartnäckigste objektivistische Rest des Ansatzes ist nicht die Frage nach dem Warum, die gar nicht objektivistisch sein muss, solange sie keine absolute Abweichung im Vergleich mit einer leitenden Norm annimmt; es ist auch nicht der Anker der Norm, der ebenso nicht objektivistisch sein muss, solange die Norm als performativ zu belegendes Vokabular zur Legitimierung einer Zuschreibung und nicht als feste, interpretationsunabhängige Vorgabe gesehen wird. Becker und Lemert mögen sehr wohl noch an eine objektive Norm geglaubt haben, wie Keckeisen, Kitsuse und Spector ihnen vorwarfen; sicher ist das nicht. Sack jedenfalls scheint zumindest „metatheoretisch" daran geglaubt zu haben, und so findet sich der von ihm bemängelte objektivistische Rest auch in seinen Schriften wieder. Auch darüber kann diskutiert werden; Sacks Rede davon, sich auf die Norm „berufen" zu müssen, ist offen genug. Jedoch ist die Frage nach dem objektivistischen Rest kaum mehr zurückzuweisen, wenn ein Spezialfall der Norm als objektivistischer Rest vor allem im deutschen Labeling-Ansatz betrachtet wird: die Betonung der Befreiung. Der hartnäckigste objektivistische Rest ist der Drang, (vielleicht) die Etikettierten, zumindest aber die Stigmatisierten von dieser Ungerechtigkeit, dieser Zuschreibung als Werkzeug der Unterdrückung befreien zu müssen. Man kann aber nicht die Dinghaftigkeit von Devianz verneinen, wenn in einer Stigmatisierung ein verabscheutes Etikett verhängt wird, sie aber bejahen, wenn man selbst *Stigmatisierung* als abweichend etikettieren möchte. Unterdrückung, schrieb Stanley Fish, ist letztlich nichts weiter als „the name for the side we don't like". Sie ist ebenso wenig objektiv wie Abweichung oder Normbruch. Hier findet sich ein objektivistischer Rest, der nicht nur *auch*, sondern *gerade* von der „radikalen" Interpretation des Ansatzes immer wieder vertreten wurde, und es ist genau dieser Rest, der ihn nun inopportun macht. Dieser Rest assoziiert den Ansatz mit einer vergangenen Periode der Sozialwissenschaft, eine Verbindung, die nicht lediglich nicht notwendig ist, sondern selbst das in sich birgt, was Reinhard Kreissl einen „performativen Widerspruch" genannt hat. Eine Neubeschreibung des Ansatzes ohne Befreiung würde somit nicht nur pragmatisch die Wurzel der Inopportunität, sondern gleichzeitig auch noch den stärksten verbleibenden objektivistischen Rest abwerfen.

Die Parteinahme für den *underdog* ist bekanntlich keine Erfindung der deutschen, linken Rezeption des Ansatzes; sie findet sich zuerst bei den amerikanischen Interaktionisten. Bei Howard Becker ist diese Parteinahme bereits deutlich, wenn er schreibt, „we fall into deep sympathy with the people we are studying, so that while the rest of the society views them as unfit in one or another respect for the deference ordinarily accorded a fellow citizen, we believe that they are at least as good as anyone else, more sinned against than sinning" (Becker 1967, S. 240). Diese Parteinahme, schreibt Katovich, erinnere „the sociological community of its responsibility to the dynamics of partisanship or its attention to the exploited, vulnerable, and powerless – to those actors who suffered within a ‚hierarchy of credibility'" (S. 397). Gouldner nannte diese Ausrichtung abschätzig „the theory and practice of cool" (1965, S. 104) und hielt die Verteidigung stigmatisierter Gruppen für eine Zoowärtermentalität. Er meint, Becker „tacitly assumes that good liberals will instinctively know, and always agree, who the true underdogs are" (S. 105). Aus diesem Wissen heraus kann nun Edwin Schur *Radical Non-Intervention* zum Programm machen, die dann radikale Abkehr von der Konstruktion des Kriminellen sein sollte (hier wieder eine objektivistisch lesbare Form der „Warum-Frage"). In der deutschen Debatte schreibt dann Schumann, das „politische credo" des Ansatzes „lief und läuft auf Strafverzicht hinaus" und definiert „radical non-Intervention [...] als schlagwortartige Bezeichnung, die sich aus dem labeling approach ergibt" (Schumann 1985, S. 20); auch Peters sieht das 1996 noch so, glaubt, der Ansatz „fordert das Nichts-tun, die Non-Intervention" (Peters 1996, S. 112). Das kann der Ansatz aber nur fordern, wenn das Resultat des Nichtstuns als besser erachtet wird als das Resultat des Etwas-tuns, und die doppelte objektivistische Begründung war meist: Es dämme Kriminalität ein (was einen Objektivismus im Kriminalitätsbegriff beinhaltet) und es schütze die Opfer der Stigmatisierungen vor eben jenen Stigmatisierungen (was einen Objektivismus der Stigmatisierung in sich trägt).

Während noch plausibel argumentiert werden kann, dass Beckers Thematisierung der Norm doch interaktionistisch zu lesen sein könnte – wie Schneider dies tat – verlangt eine solche Interpretation für den Fall der Sympathie für den *underdog* größere Mühe.[1] An diesem Punkt erkannten Woolgar und Pawluch das, was sie „ontological gerrymandering" nannten, nämlich die objektive Tatsache der Abweichung abzulehnen, jedoch immer wieder objektive Kategorien einzuführen, in diesem Fall die der Stigmatisierung, der Unterordnung und der (objektiven) „Unbegründetheit" dieser Zuschreibungen als „Gewaltakt": „Societal reactions to deviance are held to be (mere, W/P) imputations and yet are taken to be specifically unwarranted" (Woolgar und Pawluch 1985, S. 223). So wird der Akt des labeling zu einer Gewalt, die dem *underdog* angetan wird; seine Kriminalität ist keine objektive Tatsache, seine Stigmatisierung dagegen schon. Hier kann ein performativer Widerspruch erkannt werden: „The constructionist and realist versions of labelling theory are incompatible. It is not possible to identify discriminatory or spurious labelling if deviance cannot be identified independently of the labelling process." (Hammersley 2001, S. 95).

---

[1] Unmöglich, muss immer wieder festgehalten werden, ist eine solche Interpretation natürlich nicht; keine rhetorische Inanspruchnahme ist gänzlich unmöglich. Beckers Rede von der Sympathie mit jenen, die man studiert, ist durchaus auch ohne Herrschaftskritik lesbar: Wer die andere Seite studiert, wird Sympathie für diese gewinnen, unabhängig von der Über- und Unterordnung. In *Whose Side Are We On* finden sich auch durchaus Aufhänger für eine solche Lesung.

5.3 Befreiung als Rest

Während diese Ausrichtung in den USA noch die Parteinahme liberaler (im US-amerikanischen Sinne) Wissenschaftler war, wird sie in Deutschland zum Glaubensartikel der linken Rezeption des Ansatzes, durch den dieser in die kritische Kriminologie eingebaut wird – und dadurch Grenzen zwischen Schulen überspringt. Auf dieser Basis wurde „die klassische Frage von Howard Becker, auf wessen Seite man stehe, auf Seiten der Unterdrückten oder der Unterdrücker, der Kontrollierten oder der Kontrolleure, [...] für die kritische Kriminologie traditioneller Prägung eine Art identitätsstiftender Lackmustest" (Kreissl 1996, S. 22). Die kritische Kriminologie konnte diesen Ansatz in ihr ideologiekritisches Programm aufnehmen, setzte dadurch „eine bedeutende soziologische Tradition fort, die ihre Aufgabe darin sieht, verdinglichte Vorstellung von der sozialen Welt dadurch als falsches Bewusstsein zu entlarven" (Hess und Scheerer 1999, S. 36). Heinz Steinert und Helga Cremer-Schäfer nutzen dieses kritische Potential, um von der Kriminologie als Ausschlusswissenschaft zu sprechen, die durch Zuschreibung Exklusion produziert (2000); Fritz Sack formuliert auf dieser Basis sein Desiderat, der Labeling-Ansatz müsse durch seine Integration in eine marxistische Gesellschaftstheorie theoretisch verankert werden, und Helge Peters will hiernach das Richterhandeln, und nur das Richterhandeln als Produktionsakt von Zuschreibungen analysieren (1997). Wenn der Kriminelle ein Konstrukt war, konnte man ihn auch anders konstruieren, soll man, muss man ihn seiner Befreiung willen sogar als etwas anderes konstruieren. „Aus der Einsicht in die soziale Konstruiertheit der Realität konnte so der Wille resultieren, eine andere Realität zu konstruieren" (Brumlik 1989, S. 22). Das geschah „im Namen der Betroffenen, der Gerechtigkeit und der besseren Gesellschaft" (Kreissl 1996, S. 32). Kreissl spricht in Bezug auf diesen Glauben an die Objektivität der Stigmatisierung und der Unterdrückung von einem „normativ halbierten Konstruktivismus. Einerseits erkannte man, daß Kriminalität eine soziale Konstruktion sei, andererseits ging man davon aus, daß die Konstruktionsleistungen einer übergeordneten Logik folgten, daß diejenigen kriminalisiert würden, die eigentlich die gesellschaftlich Benachteiligten seien, die eigentlichen Opfer seien die Täter" (Kreissl 1996, S. 29), und zudem wurde aus dem Bewusstsein der Kontingenz der Zuschreibung darauf geschlossen, dass die Zuschreibung (und ihre Kategorien) nun verändert werden könnten. Das ist den „radikalen Konstruktivismus" zur *strong theory* gewandelt, als die er letztlich absurd wird.

5.4 Befreiung von der Befreiung

Wenn Zuschreibungen aber Erfindungen sind, destablisiert sie das, „does it not follow that those who have learned the lesson [dass Zuschreibungen Erfindungen sind, M. D.] will feel free to make them [die Erfindungen, M. D.] again?" (Fish 1989, S. 350). Die Position folgt dem Anspruch, diese Neuerfindung der „Entlarvung" des Erfindungscharakters der alten Zuschreibung folgen lassen zu können. Damit befindet sich diese Position jedoch wieder in einem performativen Widerspruch, wie Fish feststellt: „Even to ask the question in this way is to fall into the error [...] of thinking that a conviction of circumstantiality of everything we know can afford us a perspective on our circumstantial knowledge and enable us to change it." (Fish 1989, S. 350). Das hatte auch Micha Brumlik bemerkt, als er schrieb, „daß eine Realität ein Konstrukt ist, besagt noch überhaupt nichts über ihre Angemessenheit und Akzeptabilität, ihren pragmatischen Nutzen" (Brumlik 1989, S. 24). Diese Feststellung macht sogar die Frage nach der Angemessenheit und Akzeptabilität als absolute Frage eigentlich nutzlos; nichts ist angemessen oder akzeptabel, bevor Angemessenheit und Akzeptabilität zugeschrieben wird, und nichts ist unangemessen dadurch, dass es erfunden ist. Das findet seine Parallele in Richard Rortys schöner Aussage, dass „an Erfindungen doch gar nichts auszusetzen sei" (1993, S. 83). Die kritische Wendung des Labeling-Ansatzes behauptete, alle Kategorien, alle Urteile als historisch und erfunden entlarvt zu haben – außer der eigenen Position. Die ist ewig, oder mit Peters: Die bleibt wahr. „In short, left critical theory, despite all that distinguishes it from [.] conservative pronouncements [...], is finally exactly in the same position, acknowledging as inescapable the condition of historicity, but claiming nevertheless to have escaped it." (Fish 1989, S. 456). Diese „kritische Theorie" sollte stattdessen zugeben „that it is, like everything else, merely ‚interested' and not possessed of a special interest called the emancipatory" (S. 455). Die kritische Verwendung des Labeling-Ansatzes ist eben eine Verwendung aus der Sicht eines kritischen Interesses, keines abstrakt universellen Interesses. Diese Verwendung ist nicht objektiv falsch oder ihrerseits zu überwinden, aber sie repräsentiert eben eine politische Position, die aus der emanzipatorischen Ausrichtung hervorgeht; der Labeling-Ansatz wurde in den Dienst der Emanzipation gestellt, und es war die Emanzipation – nicht der Interaktionismus – der das Ziel der Loyalität vieler Vertreter des Labeling-Ansatzes war. Als die Sozialwissenschaft dann aufhörte, emanzipatorisch zu sein, hörte der Ansatz auf, attraktiv zu sein; als die neuen Außenseiter Gegner emanzipatorischer Ideen waren, hörte diese praktische Verwendung des Ansatzes auf, für emanzipatorische Sozialwissenschaftler attraktiv zu sein. Reinhard Kreissl sieht seine Befreiungsarbeit als erledigt an, weil niemand

5.4 Befreiung von der Befreiung

mehr zu befreien wäre: In einer Situation der performativen Selbstinszenierung aller möglicher zugeschriebener Identitäten „steht der Partisan auf der Suche nach Randgruppen, die er vom Stigma der abweichenden Minderheit befreien könnte, orientierungslos im Wald" (Kreissl 2006, S. 52). Das ist die erste Variante; Helge Peters bemerkte 1996, die Parteinahme für den romantisierten Außenseiter machte den Ansatz inopportun, als die Soziologie mit Außenseitern zu tun hatte, die nicht länger romantisiert waren und der Ruf nach ihrer ‚Befreiung' als normative Zielsetzung dadurch unverständlich wurde. „Wer sähe Skinheads gerne als Adressaten der Stigmatisierung von Instanzen sozialer Kontrolle, als deren Konstrukt?" (Peters 1996, S. 113). Das ist die zweite Variante.

Helge Peters meint nun, dass diese fehlende politische Opportunität (auf beiden Seiten) der Richtigkeit des Ansatzes nicht im Wege stehen sollte; er glaubt an die theoretische Wahrheit des Ansatzes als *strong theory*. „Der labeling approach ist nicht gescheitert. Er verschwindet von der Bildfläche, weil er uns Devianzsoziologen und kritischen Kriminologen nicht mehr in den Kram passt." In Verteidigung nüchterner Wahrheiten jenseits ihrer Opportunität, quasi mit Humes *You cannot derive an Is from an Ought* (oder vielleicht: *You cannot deny an Is because it ought not be*) hält er daran fest: „Wir können nicht Dinghaftigkeit von Devianz behaupten, wenn uns der Handelnde missfällt, und Konstruktivität, wenn wir ihn mögen." (1996, S. 114). Der Ansatz bleibt wahr, auch wenn er nicht mehr nützt; nicht ganz unähnlich wurde der Ansatz in Nordamerika verteidigt, wo Michael Petrunik meinte, dass der Ansatz wahr bliebe, auch wenn ein öffentlich von ihm gezeichnetes Bild zerlegt wurde: „The demise of labelling theory is illusory" (1985, S. 213), da nur ein dünn gezeichnetes positivistisches Ersatzmodell widerlegt wurde, nicht aber der „wahre" Ansatz. Diese Herausforderungen träfen jedoch nur eine Karikatur des Ansatzes, nicht aber seine prinzipielle Wahrheit. Die bleibt, dass, mit Peters, „jegliche Typisierung des Handelns anderer [.] Zuschreibungsergebnis" ist, dem Kreissl hinzufügen möchte: „und basta" (2006, S. 43).

Um die Wahrheit des Ansatzes kann es, wenn man seinen Interaktionismus ernst nimmt, jedoch gar nicht gehen. Ein Ansatz, gerade einer, der objektive Eigenschaften zugunsten von Zuschreibungen verneint, kann nicht an der Welt scheitern, lediglich an seinen Beschreibungen (vgl. Rorty 1982), und auch Kreissl bemerkte: „Der Rückzug auf eine Ebene eherner Wahrheiten ist im Rahmen des LA – wenn man ihn denn ernst nimmt – versperrt. Wenn ich annehme, alles ist Typisierung, dann gerate ich in einen performativen Widerspruch, wenn ich dieser Aussage den Status einer kontextfreien Wahrheit zuspreche." (Kreissl 2006, S. 53). Ein gescheiterter Ansatz ist ein Ansatz, den andere Wissenschaftler als solchen beschreiben; wenn einer als Labeling Approach erfolgreich etikettierten Position das Scheitern erfolgreich zugeschrieben wurde, dann ist dieser Ansatz eben gescheitert. Helge

Peters bemerkt dies durchaus, wenn er schreibt, „von einer Krise ist zu sprechen, wenn Leute, die das Sagen haben, sagen, es sei von einer Krise zu sprechen" (Peters 1997, S. 267). Man kann dann aber nicht erklären, der „wahre" Ansatz wäre noch am Leben, weil er sich hinter Büschen versteckt hielt, während die Karikaturen erlegt wurden; man kann lediglich die Beschreibung des Ansatzes so verändern, dass dieser Neubeschreibung das Etikett des Scheiterns nicht weiter angeheftet wird. (Das ist letztlich aber auch die Strategie, die Peters und Petrunik verfolgen, wenn auch in anderer Performativität).

Wenn der *labeling approach* als Partisanenwissenschaft ausgedient hat, dann deshalb, weil die bestimmte Inanpruchnahme, in der der Ansatz in Deutschland rezipiert wurde, zurzeit ihren Zenit überschritten hat. Die spezifisch deutsche und spezifisch theorielastige (Scheerer 1997, S. 24 f.) Ausrichtung zur Befreiung hin ist so Teil einer kritisch-emanzipatorischen Theorie, in dessen Rahmen dieser Ansatz Arbeit verrichten konnte, als er in sie eingebaut wurde, mehr noch: Die Kritische Kriminologie verdankte diesem Ansatz ihren Aufstieg, wie Scheerer feststellte (1997, S. 24). Hier war er nützlich, und *dafür* ist er nun nicht weiter nützlich. Kreissl meinte in Anlehnung an Rorty, dass die mangelnde Nützlichkeit mit der mangelnden Wahrheit auf unangenehme Weise zusammenhinge (2006, S. 53). Die hier vorliegende Arbeit teilt diese Ansicht; das heißt jedoch für den Ansatz zunächst, dass er *eine* Nützlichkeit verloren hat, nicht, dass er *alle* Nützlichkeit verloren hat. Dass der Ansatz in seinem Ursprung schließlich gar nicht kritisch im berühmten deutschen Sinne ist, deutet zunächst auf eine bleibende Nützlichkeit hin, zudem ermöglicht es zumindest eine performative Legitimation der Weiterverwendung des Ansatzes nach der Krise seiner kritischen Verfechter.

Kreissl schlägt in Bezug auf Rorty zunächst eine Neuformulierung vor, in der der Ansatz die alte Leistung weiter erbringen soll, aber nicht so stark: Er envisioniert eine „ironistische Perspektive kritischer Kriminologie", die die Wahrheit der eigenen Thematisierungen ebenso mit Abstand betrachten würde wie die Vorhaltungen der Gegenseite, umgekehrt sich auch von ihren Gegnern nicht mehr in die Rolle des Anbieters einer objektiven Wahrheit drängen lassen würde (Kreissl 1996, S. 36; gar nicht so unähnlich hierzu Scheerer 1997, S. 33 ff.). Das spiegelt deutlich Rortys Hoffnung auf die Möglichkeit der Distanzierung von eigenen Überzeugungen wider, dass nämlich eine liberale Ironikerin zwar ihre eigenen abschließenden Vokabulare haben und an sie glauben müsse, aber nicht so stark; dass der (wieder: US-amerikanische) Liberalismus mit etwas Abstand und ohne den erniedrigenden Druck der Wahrheitsbelehrung besser vertreten werden kann als mit ihm; dass, wenn zunächst einmal Zuschreibungen als immer auch anders mögliche Performativität erkannt ist, man diese Zuschreibungen nun leichter, ironischer sehen könnte, auch wenn man sie weiterhin zur lokalen Basis der eigenen Interaktionen macht, weil

5.4 Befreiung von der Befreiung

machen *muss* (Rorty 1989); dass der Liberale ein „guter Prophet" werden könne, der nur noch Vorschläge macht und nicht mehr mit dem Banner der erdrückenden Wahrheit auftritt (Rorty 1992). Aus Rortys Erkenntnis der Kontingenz folgt nicht Befreiung, sondern „lediglich" Ironie.

Der Vorwurf des objektivistischen Restes gilt jedoch nicht nur bezüglich der Befreiung; er gilt vielleicht letztlich auch für die ironische Distanz. Auch diese erfordert ein zumindest teilweises Heraustreten aus der eigenen Situiertheit. Nicht nur sagt die Feststellung, dass es sich um Erfindungen handelt, nichts über ihre Angemessenheit aus und ermöglicht auch keine befreiende Neukonstruktion; es kann auch nicht der erste Schritt zum Zurücktreten von der Situiertheit, in der die „Konstruktion" (oder Produktion) von Kategorien aufgekommen ist, sein, weder zur Neuerfindung, *noch zur Ironie*. Nur, weil nun festgestellt ist, dass die Zuschreibungen und die Kategorien, auf deren Basis sie getätigt werden, nicht objektiv sind, heißt nicht, dass die lokale, situative und interpretationsgemeinschaftliche Basis, auf der diese Zuschreibungen erfolgt sind, als Eingrenzung nun wegfällt oder gelockert wird. Das Feld kann in der Folge dieser Erkenntnis weiterhin nicht von außen betrachtet werden, nicht völlig und auch nicht ein klein wenig. Rortys ironistische Distanzierung, sein Glaube, dass die Ironie folgen kann, wenn die Bindung schwächer wird, ist ein Rat „that in its strongest sense cannot be followed, and in its weaker sense [.] cannot help but be followed, even when it hasn't been given": Im starken Sinn sollen nun Überzeugungen als Objekte betrachtet werden, was „von außen" weder völlig noch limitiert möglich ist, im schwachen Sinn ist jede Überzeugung ohnehin bereits situierte Überzeugung, und die Erkenntnis ihrer Situiertheit bleibt letztlich ohne Konsequenzen (Fish 1989, S. 351). Während Rorty daraus, dass es sich „nur" um Sprachspiele handelt, eine Distanz erwachsen lassen will, möchte Fish das „nur" streichen – einer Befreiung fehlt dadurch jedes Ziel, aber auch eine ironische Distanz zu den eigenen Überzeugungen wird auf dieser Basis zweifelhaft. (Tatsächlich handelt es sich nur um die starke Geltendmachung der nun neuen Überzeugung, eine Distanz zu eigenen – tatsächlich nur zu einigen wenigen – Überzeugungen aufrecht erhalten zu müssen, die nun ihrerseits fest und unironisch vertreten werden muss). Seine eigenen Überzeugungen nicht allzu absolut zu vertreten, ist für Fish nicht denkbar. In der pragmatistischen Diskussion ist genau dies die anhaltende Konfliktlinie zwischen Rorty und Fish: Während Rorty noch an die Möglichkeit der Distanzierung durch Ironie glaubte, hält Fish diese für unmöglich. Lokalität von Rechtfertigung und Kontingenz von Überzeugungen bedeutet eben nicht ironistische Beliebigkeit, ein Argument, das Fish immer wieder vertreten hat. Überzeugungen bleiben Überzeugungen, und wenn sie nur fest genug sind, ist Ironie auch bei Bewusstsein der Kontingenz keine Option. Fish meint, dass die Hoffnung, dass daraus ein wenn auch nur latentes Bewusstsein der Kontingenz entstehen könnte, den Grundannahmen der Fundierungskritik widerspricht. Fundierungskritik heißt nicht, seine Fundierungen abschaffen zu können, es heißt nicht, sie distanzierter zu vertreten, es heißt nicht einmal, sie „besser" zu sehen. Es heißt lediglich, zu bemerken, dass die eigenen Fundierungen kontingent sind – um dann zu bemerken, dass sie dennoch starke Fundierungen *bleiben*. Wer Überzeugungen mit ironischer Distanz, also: ohne Nachdruck vertritt, hat sie vielmehr bereits zugunsten anderer Überzeugungen aufgegeben, „The man who's saying ‚I'm going to change' is really saying ‚I have changed'" (Fish 1989, S. 463). Ironie kommt so an ihre Grenzen, wenn eine *andere* Überzeugung Handlungen generiert, die wir trotz allen Bewusstseins der Kontingenz unserer Ansichten für empörend halten. Sicherlich kann mit Sprachspielen alles legitimiert werden, wenn das Sprachspiel erfolgreich ist; das entschuldigt und exkulpiert (lokal, aus einer anderen Perspektive, nicht absolut) jedoch zunächst nichts, sobald eben der Aspekt der Befreiung aus dem Ansatz wegfällt. Eine Hinrichtung ist sicherlich von einem Sprachspiel legitimiert; wie soll sie sonst legitimiert werden? Meine Empörung über diese Stigmatisierung mit Todesfolge wird durch dieses Sprachspiel jedoch nicht *de*legitimiert, und sie dauert auch dann noch an, wenn ich weiß, dass die Überzeugung, die diese Empörung generiert, kontingent ist. Gelassene Ironie scheint hier, wenn (lokal) fundierende Überzeugungen sich unterscheiden, dann nicht möglich, wenn die Überzeugungen am Selbstverständnis des Menschen rühren: Man will niemand sein, der seine Abneigung gegenüber Hinrichtungen ironisch sieht, weil dadurch sofort klar würde, dass diese Abneigung gar keine deutlich vertretene Überzeugung mehr wäre. So befreit – ironischerweise – gerade die Befreiung des Ansatzes von der „Befreiung" das Sprachspielargument vom häufig vorgebrachten Vorwurf der Beliebigkeit. Ohne das Element der Befreiung *und* der Distanzierung ist die Feststellung, dass Legitimation letztlich aus einem Sprachspiel stammt, nicht mehr länger ein Vorwurf an die Legitimation. Die von diesem Sprachspiel legitimierte Handlung wird durch die Herausstellung des Sprachspiels keinesfalls zu einem schulterzuckend zur Kenntnis zu nehmenden Phänomen, sondern bleibt aus der Perspektive ihrer Gegner *falsch*.

Das festgestellt, kann man getrost konstatieren, dass Etiketten Erfindungen sind; sicher machen die Vokabeln „kriminell", „krank", „unmoralisch", „asozial" keine Aussagen über die empirische Welt, wie sie sich selbst beschreiben würde. Es sind unsere Beschreibungen einer Welt, die ihre Beschreibungen eben noch nicht selbst mitbringt. Das macht sie jedoch nicht zu Kategorien, die durch das Herausstellen ihres Erfindungscharakters kollabieren oder an Kraft verlieren. Sicher ist so der Skinhead stigmatisiert, wie auch der Pädophile. Das festzustellen ist jedoch viel unproblematischer, als Peters befürchtet: Es führt keineswegs dazu, ihn nun von dieser Stigmatisierung, die (an seiner Stelle) „eigentlich" verabscheut wird, befreien oder die Etikettierung umgehen zu müssen, die ihn zu ihrem stigmatisierten „Opfer",

5.4 Befreiung von der Befreiung

zu Trothas „Reaktionsdepp" mache. Es lockert auch nichts, noch drängt es uns, dem Skinhead nun ironistisch zu begegnen. An bestimmten Erfindungen kann aus bestimmten Perspektiven etwas, oft mehr, oft weniger auszusetzen sein. Das verursacht einen Konflikt, und an dem Punkt wird die Auseinandersetzung politisch. Der Pragmatismus – und ein pragmatistisch neu beschriebener (und damit eigentlich alt beschriebener) Labeling-Ansatz – hat keine Werkzeuge, diese Auseinandersetzung „objektiv" zu entscheiden. Er kann sie nur herausstellen und ändert sie dadurch möglicherweise nicht einmal. Auch das ist in der Diskussion über den Labeling-Ansatz selbstverständlich bereits gesagt worden: Müller-Tuckfeld zum Beispiel bemerkte, dass es nicht ausreicht, „nachzuweisen, daß strafrechtliche Verantwortlichkeit ein gesellschaftliches Konstrukt ist – ja was denn sonst? – sondern es bedarf der normativen Begründung, warum man diese spezifische Konstruktion für untauglich zur Lösung des Problems – ggf, schon deswegen, weil man gar kein Problem sieht – oder aber für ungerecht hält" (Müller-Tuckfeld 1998, S. 118 f.). Diese normative Begründung ist nicht bereits im Ansatz enthalten, wenn man ihn vom objektivistischen Rest der Befreiung „befreit", der meinte, eine klare Parteinahme wäre im Ansatz quasi mitgeliefert.

Der Ansatz kann jedoch auch ohne diese Distanzgenerativität sehr wohl weiter Arbeit leisten, indem er politische Konflikte als eben politische Konflikte beschreibt und aufzeigt, welche Etiketten in einer bestimmten Situation in Sprachspielen verwendet werden, um daraus Rückschlüsse zu ziehen auf die dahinter liegenden Überzeugungen, die durch die Verbreitung dieser Etiketten gestärkt werden. Die Stigmatisierung einer Handlung, die wir als Kindesmisshandlung thematisieren, stärkt die gesellschaftlichen Diskurse über Kindheit, Gewalt und Sexualität. Da diese Konzepte nicht gegen eine wie auch immer geartete „Natur" oder gar emanzipatorisch zu erreichende „Befreiung" des Menschen aus gesellschaftlicher Einengung stehen, sondern in sich bereits alles sind, was unsere Selbstverständlichkeiten und Kategorien, unsere Gesellschaft überhaupt ausmacht, können und müssen sie gestärkt oder geschwächt werden, erhalten werden oder eben nicht. Die Etikettierungen, die eine Gesellschaft verwendet, die im Diskurs einer Gruppe erhältlich sind, sind zwar immer auch anders möglich, der *labeling approach* bringt nicht bereits eine Verurteilung einer Stigmatisierung mit, schließt *eine* (irgendeine) solche Verurteilung (d. h.: die Stigmatisierung einer *bestimmten* Stigmatisierung) jedoch auch niemals aus. Das ist auch anders nicht möglich: Wie die Inanspruchnahme von Normen und neutralen Prinzipien ist auch die Inanspruchnahme eines Ansatzes immer bereits von substantiellen, situativen Überzeugungen geleitet. Diese Etiketten und die Überzeugungen, die hinter ihnen stehen, können nicht wissenschaftlich als richtig oder falsch, rückständig oder progressiv, unterdrückerisch oder emanzipatorisch erkannt werden. Sie können lediglich so etikettiert werden, und die Etiketten treffen regulär eben die Position, die man selbst nicht vertritt.

Diese Analyse ist weiterhin nützlich, auch wenn sie niemanden befreit. Der Ansatz erlaubt somit eine Gegenwartsdiagnose und ist damit für die soziologische Analyse der Gegenwartsgesellschaft mehr als brauchbar. Sie kann sich nun, in einem postmodernen Umfeld, mit dem diagnostizierten Ende der Norm als objektive Tatsache verbünden und Zuschreibungen als Performative thematisieren, die ihre Folgen gerade nicht mehr aus der Ordnung der Norm legitimieren können – sondern stattdessen gerade die performative Verwendung der Norm immer wieder neu begründen müssen. Dadurch kann der Ansatz ein kritisches Potential gegenüber einem Ordnungsdenken entfalten,[2] das jedoch ebenfalls nicht in dem Ansatz selbst steckt, sondern bereits unabhängig von ihm vertreten wurde und in dessen Dienst er genommen werden könnte; es wäre also einfach eine Neuorientierung hin zu neuen Überzeugungen, die den Ansatz weiter in Anspruch nehmen können. Diese Abkehr vom Ordnungsdenken der leitenden Norm führt möglicherweise aber ebenso gerade nicht zur Beliebigkeit, sondern zu Verantwortung, wie Jacques Derrida sie in *The Gift of Death* (1995) thematisiert hatte: Sie besteht eben gerade nicht im Folgen der Regel, die als leitende Regel keine Präsenz hat, sondern in der immer neuen Belegung, in der immer neuen Aktualisierung normativer Rhetorik durch konkrete Entscheidungen, für die eine Antwort gegenüber einer Instanz außerhalb von mir, die ich aber doch in mir lokalisiere, gefordert wird. Verantwortung ist, um einen Derrida-Duktus zu wählen, Regeln in Bezug auf Regeln zu füllen, und das ohne Regeln, die diese Bezüge ausfüllen könnten; in einem späten Interview sagt er dann, „die Verantwortung beginnt genau dann, wenn man keine Gewissheit mehr hat" (Wetzel und Derrida 2000, S. 46).[3] „We must continually remind ourselves that some part of irresponsibility insinuates itself wherever one demands responsibility, without sufficiently conceptualizing and thematizing what responsibility means; *that is to say everywhere*. [...] the activating of responsibility will always take place before and beyond any theoretical or thematic determination. It will have to decide without it, independently from knowledge" (Derrida 1995, S. 26). Das ist die Rolle der Norm, die im Labeling-Ansatz durchaus zu finden war: *We will have to decide without it*, obwohl wir dies gleichsam *performativ* nie können, und müssen immer bereit sein, diese lokalen und situativen Entscheidung zu rechtfertigen – mit Normen, die nicht da sind. Für die Befreiung gilt nun aber dasselbe: Auch sie existiert nicht als Bezugspunkt; *we will have to decide without it*, und auch hier spielt die Berufung auf sie vielleicht in gewissen Situationen, in gewissen Gruppen,

---

[2] Ich bin Reinhard Kreissl für diesen Hinweis dankbar.
[3] Ich danke Cori Mackrodt für diesen Hinweis.

bei gewissen Positionen – wie in denen, die die Kritische Kriminologie vertritt – eine wichtige performative Rolle. Peters meinte, man könne „eine definitionstheoretische Kriminologie an die Soziologie der Postmoderne anschließen, muß diese Kriminologie nicht der Postmoderne opfern" (1999, S. 200); hierin, denke ich, muss man Peters folgen.

Danksagung Ich danke meinen Gutachtern beim Kriminologischen Journal, deren Kommentare zur Verbesserung dieses Beitrags außerordentlich hilfreich waren.

Das Label und die Macht: Der *labeling approach* vom Pragmatismus zur Gesellschaftskritik und zurück

6

Der *labeling approach* (LA) hat eine bemerkenswerte Kreisbewegung hinter sich. Er entsteht im Umfeld des aus dem Pragmatismus entstandenen symbolischen Interaktionismus, wird vor allem in Deutschland Teil einer kritischen Gesellschaftstheorie und zeigt nach dem Fall dieser Theorie Ansätze einer Rückkehr zum Pragmatismus. Gravitationspunkt dieses Kreises ist die Thematisierung der Macht. Schien diese in den USA eine vage Idee im LA und Anlass, für den kritische Gegner ihn als machtvergessen kritisierten, wurde die Analyse der Zuschreibungsmacht staatlicher Institutionen in Deutschland zu einem Kernanliegen eines nicht selten zur Institutionenforschung verwandelten LA. Das machte ihn verwundbar, als die kritische Gesellschaftstheorie und ihre Kritik an Strukturen der Macht und Herrschaft aus der Mode kam, wodurch seine Fragestellungen nun esoterisch und realitätsfern wirkten.

Während amerikanische Kritiken seine angebliche „empirische Widerlegtheit" in den Vordergrund stellten, brachten Vertreter der Kritischen Kriminologie in Deutschland seinen angeblichen „Niedergang" mit dem Vergessen dieser Machtanalysen in Verbindung. Gegen beide kamen in den USA und in Deutschland, respektive, Verteidigungen auf, die Ansätze einer Rückkehr des LA zum Pragmatismus erkennen lassen. Diese Ansätze können eine Neubeschreibung des LA begründen, die eine alte Beschreibung ist: als Ansatz, der den pragmatistischen Antiessentialismus auf die Devianzsoziologie überträgt und die weder marxistische noch positivistische Umformulierungen als Darstellung des Ansatzes vertritt. Durch eine bemerkenswerte Kreisbewegung, die ihn zum Pragmatismus zurück-

---

Dieser Beitrag erschien ursprünglich 2009 im Kriminologischen Journal 39: 161–179, erschienen bei Juventa.

© Springer Fachmedien Wiesbaden 2015
M. Dellwing, *Recht und Devianz als Interaktion*,
DOI 10.1007/978-3-658-04270-7_6

führt, aus dem er vor seiner Einnahme durch kritische Gesellschaftstheorie stammte, kann der LA seine Esoterik hinter sich lassen und an der Renaissance des Pragmatismus teilhaben: Wird der LA als Anwendung pragmatistischer Ideen gesehen, kann der bisher nur gering übertragene Antidualismus ebenso auf ihn ausdehnt werden, was die Dichotomie zwischen Macht und Recht, Kausalwissenschaft und Zuschreibungswissenschaft in Frage stellt. Ein pragmatistischer LA kann so die wesentlichen Arbeitsweisen klassischer Kriminologie genauso würdigend erklären wie die alltagsweltliche Einordnung von Kriminalität.

6.1 USA

6.1.1 Der LA als pragmatistische Devianzsoziologie

Während Paul Rock meint, „The interactionists tend not to refer back to their roots in pragmatism" (1979, S. 67), schreiben Katovich und Reese den LA bereits dem „pragmatistischen Interaktionismus" zu (1993, S. 393), und auch Schur sah die pragmatistische Soziologie der Chicago School, die sich um Mead, Cooley und Thomas gruppierte, als bedeutendste Quelle der interaktionistischen Devianzsoziologie (1969, S. 318 f.). Die Vertreter des LA wenden den Antiessentialismus des Pragmatismus an, indem sie die Bedeutung sozialer Handlungen als ausgehandelte Größe verstehen, die dem Verhalten nicht bereits qualitativ innewohnt und stattdessen auf die sozialen Folgen bestimmter Aushandlungen rekurrieren. Im Vordergrund steht nicht die Frage, woher Abweichung kommt, sondern was passiert, wenn man, frei nach W. I. Thomas und John Dewey, die Beschreibung einer Handlung als Abweichung für real hält. Diese Anwendung beginnt bei Mead, der in *Psychologie der Strafjustiz* diese als Form der Verteidigung von Gruppenidentitäten durch Aggression gegenüber Abweichlern untersucht (1980, S. 257), gegen konkrete Angriffe auf konkrete Güter (S. 262). Somit ist der korrekte Analysegegenstand nicht das Gesetz: „Der Respekt vor dem Gesetz als Gesetz erweist sich somit als Respekt vor der sozialen Organisation der Abwehr eines Feindes der Gruppe und als Respekt vor einem gesetzlichen und gerichtlichen Verfahren, das auf den Verbrecher ausgerichtet ist" (S. 267). Mead gilt zwar als Vorläufer, regulär aber nicht als Vertreter des LA. Lemert publiziert 1951 *Social Pathology* und unterscheidet primärer von sekundärer Devianz, worin er an Tannenbaums berühmte Formulierung der „dramatization of evil" anschießen kann (1938). Der am häufigsten rezipierte Vertreter des Ansatzes ist Howard Becker, der in den fünfziger Jahren die Aufsätze verfasst, die 1963 gesammelt in *Outsiders* erscheinen, mit einem der meistzitierten Sätze der Soziologiegeschichte: *Deviant behavior is behavior that people so label* (1963,

S. 9). John I. Kitsuse und Malcolm Spector geben 1962 als Richtung vor: „[T]o shift the focus of theory and research from the processes by which persons come to be defined as deviant by others" (1962, S. 248). Kai T. Erikson folgt 1964 mit dem Aufsatz *Notes On the Sociology of Deviance* (1964) und 1966 mit der Studie *Wayward Puritans* (1966, dt. 1978). Während sich diese Studie nicht explizit auf Mead beruft (bis auf eine kurze Erwähnung), ist hier vielleicht die von Mead gemachte Grundlegung am deutlichsten erkennbar: Reaktionen setzen die Grenzen des „kulturellen Raums" eine „kulturelle Integrität" (Erikson 1978, S. 20). Sie ordnen Verhalten, „das in die besondere Welt der Gruppe hineingehört, und Verhalten, das nicht hineingehört" (S. 21). Es geht nicht um Normen, sondern um deren Verwendung in Sinn- und Symbolwelten. Die von Lemert eingeführte Unterscheidung primäre/sekundäre Devianz wurde von Thomas Scheff dann 1966 in *Being Mentally Ill* angewandt: Er sah Geisteskrankheit als einzig übrigbleibende Erklärung der Abweichung nach dem Ausschluss aller anderer Ätiologien, als „Residualkategorie". Hier blitzen jedoch bereits Formulierungen durch, die von Positivisten aufgegriffen werden können: Lemerts frühe „einfache" Abfolge von primärer und sekundärer Devianz und Scheffs darauf basierende starke These, „Among residual rule-breakers, labeling is among the most important causes of careers of residual deviance" (S. 69). Hier ist zunächst keine positive Ätiologie gemeint, sondern ein Interaktionsspiel, in dem Rollen angeboten und angenommen werden, in denen Unterstellungen durch ihre Akzeptanz wahr, weil *veri-fiziert* werden (James). Die Aussage als Ätiologie misszuverstehen brachte dem Ansatz jedoch zwei Diskussionen ein, die seinen behaupteten „Niedergang" erst ermöglichen: Zum einen bieten sie eine scheinbar einfache Kausalthematisierung an, die dann in die Testmühlen positivistischer Kritiker gerät. Zum anderen legen sie eine Opferthematisierung bereit, die dann auch bei Becker zu finden sein wird und die einerseits kritische Formulierungen einlädt, andererseits von kritischen Herausforderern für zu zahm befunden wird.

6.1.2 Positivistische Herausforderung

Zunächst gerät der LA in die positivistische Hypothesentestmachine. Wenn primäre Devianz sekundäre verursacht und der Zuschreibungsprozess die *underdogs* trifft, können nun Studien die Korrelation zwischen harten Strafen und Wiederholungstaten und zwischen Bestrafung und sozialem Status analysieren. So konnten z. B. Gove (1970, 1975) und Gibbs (1966) die Perspektive als Beitrag zur Ursachenforschung abweichenden Verhaltens sehen und sein Scheitern feststellen. Der interaktionistische Reaktion zu diesem unterstellten „Scheitern" wirft den Angreifern vor, dass sie ihr originäres Interesse an ausgehandelten sozialen Bedeutungen nicht durchdrungen hätten und die Schule missrepräsentierten: „It behooves us to be wary of positivists bearing evidence" (Kitsuse 1975, S. 275). Es handelte sich jedoch um Versuche, deren Anschluss in Lemert und Tannenbaum, in geringerem Maße aber auch in Becker als nicht ganz grundlos gesehen werden konnten. „These remnants of the traditional approach – the concept of rule-breaking behavior, the distinction between primary and secondary deviation, and an empirical focus on deviants – have invited the interpretation [...] that labeling theory is an etiological theory that attempts to explain, not deviant acts, but deviant identities, behavior systems, life styles, and subcultures" (S. 587).

Die empirische Erklärung des Niedergangs überlässt jedoch dem Gegner die Wahl der Waffen, Waffen, die der LA nie anerkannt hatte. Petrunik möchte den Fall einem „straw man" des „positive science"-LA zuschreiben, der als Ätiologie krimineller Karrieren und bevorzugten Stigmatisierung unterer sozialer Schichten existiert, „a translation of certain themes of the Chicago/California perspective into a positivist framework" (1980, S. 213). Nur diese Verzerrung des Ansatzes sei gescheitert, da der „gefallene" Ansatz gar kein „wahrer" LA war. „Is it possible Gove and the other critics have missed the ‚real' labelling approach with their savage blows and instead destroyed a dummy [...]?" (S. 224). Der *echte* Ansatz sei dagegen von den Widerlegungen der Ätiologien nicht betroffen, so dass dieser, wenn auch versteckt, noch am Leben sein müsste. Eine ganz ähnliche Antikritik wird in Deutschland gegen einen im Niedergang erzählten kritischen LA aufkommen. Diese Kritik gilt in den USA als Hauptursache des Niedergangs des LA. Eine andere Kritik soll hier jedoch ausführlicher diskutiert werden: Die Herausforderung des LA durch die Betonung der Macht.

6.1.3 Linke Kritik und Macht

Die Autoren des LA sind selbst *marginal men* und beschreiben die Außenseiter, in bekannter interaktionistischer Manier, aus deren Eigenperspektive. Daraus entwickelt sich langsam eine Parteinahme, die die kritische Rezeption in Deutschland begünstigen wird, ohne selbst kritische Position zu sein; diese wird in den USA als externe Kritik an ihn herangetragen. Beckers Parteinahme für den underdog drückt die Überzeugung aus, es handle sich um eine Gruppe „more sinned against than sinning" (1967, S. 240), in der die Kontrolleure selbst Täter wären. *Labeling* wird zu einer Gewalt, die dem „underdog" angetan wird. Beckers Parteinahme, schreiben Katovich und Reese, erinnere „the sociological community of its responsibility to the dynamics of partisanship or its attention to the exploited, vulnerable, and powerless-to those actors who suffered within a ‚hierarchy of credibility'" (1993, S. 397). Diese Gemeinschaft nutzte ihn jedoch in erster Linie aus liberalen, hierzulande eher als links bezeichneten Überzeugungen heraus: „This notion probably received the attention it did because it was a convenient weapon with which largely liberal critics could attack the social control establishment" (Petrunik 1980, S. 214). Kritisch war sie noch nicht. Downes sieht *The Sociologist as Partisan* als Wasserscheide, als „point of departure for those who sought to differentiate a radical criminology from a liberal sociology of deviance" (1979, S. 4). Es ist schließlich Lemert, der sich auf die pragmatistische Tradition beruft, indem er die „underdog"-Thematisierung einen „disservice to Mead" nennt: „the extreme subjectivism made explicit by the underdog perspective [...] also distorts by magnifying the exploitative and arbitrary features of the societal reaction. But more important, it leaves little or no place for human choice at either level of interaction." (Lemert 1974, S. 459). In Amerika bietet Schur eine der radikaleren Formulierungen an, die immer noch keine radikale, „kritische" Formulierung ist: In *Radical Non-Intervention* (1973) argumentiert er für ein Ignorieren der Devianten als bestes Mittel der Aufrechterhaltung der sozialen Ordnung, in *Our Criminal Society* wurden die bisher Unmarkierten zu Markierten (1970). Hierin verlässt der LA langsam den pragmatistischen Antiessentialismus. Woolgar und Pawluch (1985) werfen dem Ansatz „ontological gerrymandering"[1] vor, nämlich die objektive Tatsache der Abweichung abzulehnen, jedoch immer wieder objektive Kategorien einzuführen. Das betraf vor allem die Tendenz, diese zugeschriebenen Etiketten für spezifisch unbegründet zu halten (vgl. *Reste: Die Befreiung des labeling approach von der Befreiung* in diesem Band).

Gerade aufgrund dieser Grundausrichtung bleiben in den USA Interaktionisten und Marxisten getrennt: Die radikale Perspektive profiliert sich in den USA gegen den LA. „Becker's liberal commitment was [.] not enough for Marxist scholars, who wanted to see [...] the image of a deprived underdog [.] replaced by that of an underclass fighting back" (van Swaaningen 1998, S. 45). Radikale Kriminologen sahen „interactionist sociology [..] as a mere outgrowth of liberal ideology, a subservience to capitalism and all its works" (Rock 1979, S. 72), Für Gouldner ist Beckers Parteinahme „purely cerebral partisanship" (1968, S, 105), dessen underdog nur „someone who is being mismanaged, not as someone who suffers or fights back" sei (S. 107), so dass als Ziele der Kritik höchstens die mittleren Manager aufkämen, nicht aber die Sozialstruktur oder ihre zentralen Machthaber. So bliebe es „ establishment sociology" (S. 110), deren Befreiung nicht weit genug geht. In seinem Pluralismus und der Betonung der Aushandlung war der LA keine Herrschaftsanalyse, wie auch Lia-

---

[1] „Gerrymandering" bezeichnet im amerikanischen Wahlrecht die verbreitete Praxis, Wahlbezirke so zuzuschneiden, dass eine Partei in ihnen eine klare Mehrheit hat und Amtsinhaber so ihrer Wiederwahl sicher sein können. Es ist also die Praxis, sich die Bezirke so zuzuschneiden, wie man sie gerade braucht.

zos *Nuts, Sluts and Preverts*² (1972) beklagte. Er benannte drei „ideological biases" im Ansatz: Er reproduziere zum einen unwissentlich herrschende Ausschlussdefinitionen durch den Versuch, zu zeigen, dass die Außenseiter nicht anders seien und bliebe damit individualistisch: „The emphasis is still on the ‚deviant' and the ‚problems' *he* presents to himself and others, not on the society within which he emerges and operates" (S. 104). Er ignoriert dagegen die Devianz der Eliten und zeige keine Thematisierung von Machthierarchien (S. 103). „It should be our task to describe and explore this hierarchy... and to find ways to eliminate [it]" (S. 116).

Die Hauptauseinandersetzung zwischen interaktionistischen Devianzsoziologen und ihren radikalen Kollegen findet in den USA demnach über die Rolle der Macht in der Zuschreibung von Außenseiterrollen statt. Parallel zu einer über den symbolischen Interaktionismus lange geführten Diskussion (z. B. Reynolds und Reynolds 1973; Rytina und Loomis 1970; dagegen Maines 1988) wird dem LA vorgeworfen, die Komponenten der Macht und der Sozialstruktur zu vernachlässigen. Rock fasst als Kritiken zusammen, „(interactionist) sociology had reduced the scope and depth of possible theorising; it had refused to establish extensive structural connections; and it emphasized fluidity and uncertainty" (1979a, S. 71), identifiziert diese Kritik jedoch zugleich mit einem „metaphysischen Temperament": „Buttressed by a coherent metaphysics of the social world, he [the conventional theorist, P. R.] can launch an attack which no phenomenalism is able to withstand" (ebd.). Während so antiessentialistische Antikritiken in den USA gegen positivistische wie linke Herausforderungen aufkommen und nur wenig linke Umformulierung aufkommt (vgl. van Swaaningen 1998, S. 45), wird diese Umorientierung in Deutschland Kern des LA.

6.2 Deutschland

In Deutschland ist das Fenster, in dem der Ansatz seine Popularität maximiert, gegenüber Nordamerika nach hinten verschoben. Hier ist er „die theoretische Sensation der späten 60er und frühen 70er Jahre" (Peters 1996, S. 107), deren Rezeption zentral von Sack (1968, 1969) und Keckeisen (1974) geleistet wird. Im Gegensatz zur amerikanischen Diskussion ist die deutsche Rezeption Folge der Betonung der links-emanzipatorischen Betonung des Ansatzes. Gerade in den letzten Jahren ist

---

² Der Titel *Preverts* [sic] ist übrigens wohl kein Druckfehler, sondern ein ironischer Vorwurf: Der Begriff taucht im Film *Dr. Strangelove* auf, in dem ein nicht sonderlich kluger Soldat, Colonel Guamo, das Wort „pervert" falsch ausspricht: *I think you're some kind of deviated prevert!*

6.2 Deutschland

jedoch eine Rückbewegung zur interaktionistischen und pragmatistischen Rahmung erkennbar, was die anfangs angekündigte Kreisbewegung darstellt.

Quensel unterscheidet drei Phasen der Rezeption des Ansatzes (2006, S. 18). Seine Geschichte folge „fast Punkt für Punkt dem ‚allgemeinen Zeitgeist'. Vom 1968er-Protest in ihrem Frühling über die seriöse (marxologisch-)kritisch Phase in ihrer Reifezeit bis hin zur politwirksamen Machbarkeit à la Schröder/Fischer" (S. 22) in drei Phasen, Aufstieg, Einbau in die mainstream-Kriminologie und die weiter anhaltende dritte Phase, in der das „Kampfgetümmel abflaut" – und über das Ende des Ansatzes diskutiert wird und vielleicht sein „langsames Erlöschen" (S. 17 f.) konstatiert werden kann. Was an der deutschen Rezeption jedoch besonders hervorsticht ist die Leichtigkeit, mit der ein aus dem Interaktionismus stammendes Paradigma in eine linke Gesellschaftstheorie Einzug gehalten hat, ohne im AJK Divisionen hervorzurufen (van Swaaningen 1997, S. 86). Die deutsche Kritische Kriminologie habe sich nie soweit von ihren interaktionistischen Wurzeln entfernt wie z. B. die britische (S. 88 f.). Die Entfernung ist jedoch durchaus eben in der Tatsache zu finden, dass der LA Kritische Kriminologie und nicht selten Institutionenforschung wurde. Das beeinflusst, so van Swaaningen, die Wahrnehmung der Krise des LA: In Deutschland wird es eine Krise der politischen Verbrauchtheit sein, während es in den USA eine Krise der positivistischen Herausforderung war.

6.2.1 Rezeption als Kritische Kriminologie: Die Macht im Ansatz

Während die amerikanische linke Kritik am LA dem Ansatz vorwarf, Macht nicht ausreichend zu thematisieren und dadurch Machtstrukturen zu festigen, neigte der deutsche LA gerade zu einer starken Betonung der Definitionsmacht öffentlicher Institutionen, was den LA in eine Rolle der „Institutionenforschung" drängte, die der amerikanische Interaktionismus nicht verfolgt hatte. Der LA war in Deutschland die Fahrkarte, mit der die Devianzsoziologie ihre Rolle als „Hilfswissenschaft der Strafrechts-Wissenschaft" (Hess und Steinert 1986, S. 3) hinter sich lassen konnte. „Als kritisch galt [in den sechziger und siebziger Jahren] wer sich dem Labeling Approach verpflichtet fühlte, bzw. ihn zum Ausgangspunkt einer Kritik machte, die sein herrschaftskritisches Potential schärfen sollte" (Kreissl 1996, S. 23). Die Herrschaftskritik war nicht *Folge* des LA, sondern der deutsche LA war der bereits bestehenden herrschaftskritischen Ausrichtung junger Kriminologen nützlich. „Weil man verändernd auf die Gesellschaft einwirken wollte, war man offen für eine Theorie, die dafür Begründungen bot" (Hess und Steinert 1986, S. 5).

Sacks „radikale" Interpretation (1972) schreibt den LA früh auf Instanzenforschung fest wird (vgl. auch Kreissl 1996, S. 20). Kriminalität ist Zuschreibung, und zurück bleiben soll „eine Position ohne ätiologischen und ‚warum'-Rest" (Sack 1998, S. 54). Neben Sack versuchte Gerlinda Smaus, eine „Integration" des devianzsoziologischen Interaktionismus mit dem Marxismus zu erreichen (1986), wie Sack unter marxistischen Vorzeichen. Bei gleichzeitigem Festhalten an der interaktionistischen Perspektive, dass es sich in Kriminalität um einen „ausgehandelten Status" handelt (S. 181), greift sie die bereits ausgeführten Vorwürfe von marxistischer Seite auf: der Interaktionismus vernachlässige die „‚objektive' Wirklichkeit" (S. 185), Macht und Struktur und unterstütze eine liberale Gesellschaftsordnung (S. 183). „Erst der Rückgriff auf nicht-symbolische Elemente der Wirklichkeit macht eine Theorie ‚des Sinnes der Kriminalität' möglich, die sich nicht in der Beschreibung von symbolischen Kriminalisierungsprozessen oder in der Feststellung es-ist-ebenso erschöpft" (S. 185). Die „ausgehandelte Ordnung" wird nun als Illusion des Liberalismus gebrandmarkt, der die wohlhabenden Schichten als paradigmatisch für die Gesellschaft sehe; „die ungleiche Verteilung der Macht in den verschiedenen Schichten und der in bezug darauf relativen Macht der Behörde" verhindert eine Aushandlung in den unteren Schichten, so dass „das label nur in der Mittelschicht" „wirklich ausgehandelt" würde, während es „der Unterschicht [.] schlicht zugewiesen" würde (S. 192 f.). Auch Wolfgang Stangl schreibt, „Wenn Machtinteressen den Fluchtpunkt politischen Handelns bilden, dann ist ein adäquates Verständnis dafür, wie und warum staatliche Normen geschaffen werden, vorzugsweise auf der Macht- und nicht auf der Sachebene (Problemebene) vorzufinden" (1986, S. 121),[3] und Steinert meint, „die Durchsetzung von Kategorisierungen, Definitionen von Menschen und Dingen, ist Herrschaft und ermöglicht erst die Institutionalisierung weiterer Herrschaftsmanöver" (S. 35).

Diese Verankerung der Theorie in der Macht wird bereits in der Frühphase der Rezeption bei Keckeisen moniert. Dem im LA häufig anzutreffenden Machtbegriff lägen „1. die Annahme eines kulturellen Pluralismus von gesellschaftlichen Gruppen; 2. Die Annahme ungleicher Machtverteilung zwischen diesen Gruppen" zugrunde (1974, S. 110), so dass Normen „von den Gruppen, die mächtig genug sind, zu allgemein gültigen erklärt und mit Hilfe des Sanktionsapparats durchge-

---

[3] Auch Stangl versucht hier wie Smaus, eine Verbindung zwischen Marxismus und Interaktionismus zu konstruieren, indem er eine marxistische Tauschwert- und Warenanalyse (1986, S. 125) sich aber darauf beruft, „wie überhaupt der symbolische Interaktionismus Gesellschaft in Handlungen bzw. Handlungsketten auflöst" (S. 129) und daran festhält, „Kriminalität ist weder durch Verhalten noch durch Normen eindeutig bestimmt, sondern Folge eines Interaktionsprozesses" (S. 129).

setzt" werden (ebd.). Diese Sicht, die Keckeisen mit Quinney und Turk assoziiert (denen van Swaaningen zugutegehalten hatte, sie hätten den LA um die gegen ihn vorgetragene Machtkritik erweitert, 1998, S. 45), sei mit dem Kontrollparadigma nicht identisch und fiele eher unter die bekannten Begriffe „Klassenrecht und Klassenjustiz" (Keckeisen 1974, S. 110). Sie geht davon aus, dass vor jeder Aushandlung „die Chance, erfolgreiche [...] Erklärungen, Entschuldigungen und Rechtfertigungen vorzubringen, vor jedem einzelnen Fall schon ungleich verteilt" (S. 112), so dass die Machtbegriffe solcher Betrachtungen „doch ziemlich schlicht" seien (ebd.). Das brachte der deutschen Rezeption des Ansatzes den Vorwurf der „Radikalisierung und Verfälschung" der „Grundaussagen der amerikanischen Quellenliteratur" ein (Schneider 1999, S. 202).

So waren die amerikanischen Kritiker des Ansatzes die deutschen Vertreter geworden. Während die positivistische Kritik auch in Deutschland aufkommt, am prominentesten von Karl-Dieter Opp (1972), kann sie daher hier nicht wie in den USA als Hauptgegner und Auslöser des Niedergangs identifiziert werden: Der stammte aus der eigenen Rezeption als Kritische Kriminologie in dem Moment, in dem die kritische Gesellschaftstheorie ins Wanken kam, man die Kritik nicht mehr für opportun hielt und diesen „Befreiungsansatz" lieber vergessen wollte. Das Werkzeug, das den Unterdrückten eine Stimme geben soll, wurde stumpf.

6.2.2 Scheitern des LA mit dem Scheitern linker Gesellschaftstheorie

Langsam wurde die Sensation alt. Steinert verteidigt die Aktualität des LA noch ganz wortwörtlich 1985, aber eine Verteidigung der Aktualität ist natürlich nur notwendig, wenn diese bereits umstritten ist. Hess und Steinert charakterisieren den Beginn des Niedergangs der Kritischen Kriminologie zunächst als „ungenau diagnostizierte Krise, die sich vor allem in einer gewissen Lustlosigkeit ausdrückte" (1986, S. 3), teils aufgrund des Niedergangs der kritischen Gesellschaftstheorie, in der „ihr Impetus gemeinsam mit dem der Reformbewegung der 60er Jahre verflachte" (S. 4), teils jedoch, da die Diskussionen zunehmend „metatheoretisch" (S. 3) und „erkenntnistheoretisch" wurden (S. 4), teils auch, weil sie im großen Gebäude einen Raum erhalten hatte. „Reduziert auf eine Stigma-Theorie wurden die Ergebnisse der kritischen Kriminologie von der herrschenden Kriminologie aufgesogen" (S. 4; vgl. auch Peters 1997, S. 267). „Wurde noch in den 70er Jahren jegliche Randgruppe unter etikettierungstheoretische Perspektive gerückt [...] mußte man solche Arbeiten in den 80er Jahren schon suchen" (Peters 1996, S. 107). Während seine nordamerikanischen Verteidiger den Ansatz dadurch retten wollen, seine Wahrheit gegen „Fehlinterpretationen" von Seiten der Positivisten zu behaupten, ziehen sich die deutschen Verteidiger auf die Position der Wahrheit des Ansatzes, und seiner Befreiungswirkung, trotz der Schwäche seiner marxistischen Untermauerung zurück. Peters (1996, S. 113) hält daran fest, dass die Analyse von Kriminalität als Zuschreibung einfach „wahr" ist, („und basta", will Kreissl hier hinzufügen, 2006, S. 43). „Der labeling approach ist nicht gescheitert. Er verschwindet von der Bildfläche, weil er uns Devianzsoziologen und kritischen Kriminologen nicht mehr in den Kram passt" (Peters 1996, S. 114), da man die Befreiungswirkung nicht auf Skinheads und Pädophile ausdehnen *wollte*. Kreissl fasst das bissig mit dem aus dem Reden über den Jazz bekannten Satz zusammen, *LA is not dead, it just smells funny* (2006, S. 43). Man könnte sagen: Befreiung ist für alle da, auch für jene, die die Kritischen Kriminologen nicht mögen. Das jedoch macht den Ansatz öffentlich und politisch nur noch schwer zu rechtfertigen.

Die Diagnose, dass der deutsche LA an der mangelnden Fortführung seines kritischen Potentials krankte, gibt jedoch den Vertretern der kritischen Gesellschaftstheorie, mit denen gemeinsam er gefallen war, die Definitionshoheit über den Fall des Ansatzes, wie die Diagnose, er sei an empirischer Widerlegung gescheitert, diese an seine positivistischen Gegner (und Aneigner) überschrieben hätte. Wie Kitsuse und seine Kollegen sich gegen diese Zuschreibung gewehrt hatten, sollten Vertreter des LA sich auch gegen die linke Zuschreibung der Gründe des Niedergangs wehren. Bei pragmatistisch-interaktionistischen Vertretern des LA sind Ansätze dieser Gegenwehr erkennbar; in ihr kehrt der LA zum Pragmatismus, aus dem er stammte, zurück. Auch die „Renaissance des Pragmatismus" (Sandbothe 2000; Dickstein 1998) könnte so für den LA genutzt werden.

6.3 Rückkehr zum pragmatistisch-interaktionistischen LA

Während die Verteidigungen des LA in den USA von Kitsuse und Petrunik bereits auf dem Boden pragmatistischer Ideen standen, wurde pragmatistisch beeinflussten Herangehensweisen nach dem Fall der kritischen Gesellschaftstheorie auch in Deutschland wieder größerer Einfluss zuteil. Brumlik formuliert, „Daß eine Realität ein Konstrukt ist, besagt noch überhaupt nichts über [...] ihren pragmatischen Nutzen" (1989, S. 23). Schneider stellte sich auf die Seite des „klassischen" Interaktionismus gegen seine kritische Rezeption in Deutschland, die „das wahre Anliegen und Selbstverständnis der amerikanischen Klassiker verschleiert" (1999, S. 203). Der soziale Definitionsprozess, den Sack und Peters als primäres, ja als einziges Analyseziel ins Auge fassen, ist für ihn nicht erst ein zweiter Schritt, in dem einem

6.3 Rückkehr zum pragmatistisch-interaktionistischen LA

„physikalischen Geschehen" zum erstem Mal Bedeutung begegnet; die Bedeutung findet sich bereits im Moment der Handlung, da der Handelnde selbst eben soziales Handeln an den Tag legt, das subjektive Bedeutung besitzt, die es aus seiner sozialen Situiertheit gewinnt (S. 210). Es benötigt keine Reaktionsinstanz, um Sinn zuzugeben, obwohl selbstverständlich der von der Reaktionsinstanz zugeschriebene Sinn vom selbst zugeschriebenen Sinn abweichen kann. Institutionenforschung ist daher nicht falsch, aber keinesfalls Kern des interaktionistischen LA. Eine der am deutlichsten pragmatistischen Stimmen in der deutschen Diskussion über den Labeling-Ansatz ist derweil Reinhard Kreissl, der seine Einwürfe in Bezug auf Richard Rorty und in klarer Angrenzung zur emanzipatorischen Zielsetzung des Ansatzes gemacht hat (1996, 2000, 2006). „Wenn ich annehme, alles ist Typisierung, dann gerate ich in einen performativen Widerspruch, wenn ich dieser Aussage den Status einer kontextfreien Wahrheit zuspreche" (S. 53). Stattdessen schlägt er den an Rorty orientierten pragmatistischen Ausweg einer „ironistischen Kritischen Kriminologie" vor, in der die Wahrheit des eigenen Ansatzes nicht mehr behauptet würde und man sich auch von seinen Kritikern nicht länger in die Position drängen lassen würde, Wahrheitsaussagen über die empirische Welt zu machen (1996, S. 36). Hier keimen Ansätze einer Rückbesinnung des LA auf pragmatistische Perspektiven auf. Kreissl stellt den pragmatischen Nutzen des Ansatzes für eine kritische Kriminologie heraus, „als es darum ging, den Zoo von Nuts, Sluts and Perverts aufzulösen" (2006, S. 44), ein Partisanen-Nutzen, der sich in der Gegenwart verliert, als „Stigmatisierung und Zuschreibung [.] zum Volkssport geworden" sind (S. 51). Hier „steht der Partisan auf der Suche nach Randgruppen, die er vom Stigma der abweichenden Minderheit befreien könnte, orientierungslos im Wald" (S. 52). Da aus pragmatistisch-interaktionistischer Perspektive der Ausweg der Behauptung der „Wahrheit" des Ansatzes ausbleibt, hängen damit „[d]ie Frage, ob der LA als Partisanenwissenschaft ausgedient hat und die Frage, ob er wahr ist, [.] auf unangenehme Weise zusammen" (S. 53): Ohne einen Begriff der vorinterpretativen Wahrheit, ohne den Begriff von Eigenschaften vor Zuschreibungen, bleibt nur die Frage nach dem Nutzen. Der Nutzen des kritischen LA hat sich möglicherweise verbraucht. Auch ich habe an anderer Stelle die Möglichkeit der Befreiung durch Kontingenzfeststellung in Frage gestellt, ebenso in Berufung auf pragmatistische Positionen Stanley Fishs. Somit wird der Alltagsbegriff von Kriminalität gerettet: Er steht in einem sozialen Rahmen der Auf- und Abwertung von Verhalten, von dem weder das Recht noch die öffentliche Moral getrennt sein können. Es ist nicht Aufgabe der (interaktionistischen) Wissenschaft, festzustellen, was entgegen der Vorurteile der Bevölkerung (oder der Reaktionsinstanzen) *wirklich* falsch oder schlecht sei, sondern die Prozesse nachzuzeichnen, in denen diese Zuschreibungen gemacht werden. Dies ist die Praxis, aus der in pragmatistischer Perspektive Ideen von Moral erst als Abstrahierungen praktischer Entscheidungen entstehen (vgl. Dewey 1891).

Diese Beiträge dehnen den Antiessentialismus auf die kritische Rezeption des Ansatzes aus, um diesen so wieder zurück zu pragmatistischeren Formulierungen zu führen. Der Pragmatismus erschöpft sich jedoch nicht in seinem Antiessentialismus. Der pragmatistische Antidualismus erlaubt es zudem nicht, eine Unterscheidung zwischen Gesetz und Interpretation, zwischen Machtebene und Sachebene als natürlich gegeben anzunehmen. Er verhindert ebenso die strenge Unterscheidung zwischen klassisch ätiologischer Forschung und Zuschreibungsanalysen, zwischen Institutionen- und Täterforschung. Auch eine Verankerung des Ansatzes in Machtstrukturen und die Trennung zwischen Macht und Recht widerspricht seinen pragmatistisch-interaktionistischen Wurzeln. Interaktionisten haben versucht, ihren kritischen Herausforderern einen emergenten Machtbegriff entgegenzusetzen. Ließe der Interaktionist sich auf die Machtkritik des radikalen Kriminologen ein, begäbe er sich in einen Widerspruch: „Interactionists do not like general theories. They do not reify their terms" (Denzin 1992, S. 62) – inklusive „Macht" und „Struktur", die von Gegnern als Abstrakta gesetzt würden: „The new criminology is not seated in a commerce with the phenomenal world. It strains towards the Absolute and a rampant idealism" (Rock 1979. S. 71). Interaktionisten „do not neglect the concept of structure out of ignorance [...]; rather they deny its importance and relevance for the interactionist task." (Plummer 1979, S. 115). Sie verwehren sich dagegen, „to see a rich phenomenon reduced to taxon" (Shalin 1987, S. 21). In Fällen, in denen Interaktionisten den Köder annahmen und über Macht und Struktur als Abstrakta redeten, wurde gerade „discipline and a modesty of aim", die den SI ausmachten, aufgegeben (ebd.). Shalin stellt gegen diesen reifizierenden Diskurs die emergente Natur von Macht und Überlegenheit (1986, S. 18). „Power should be seen in dynamic, processual, and contingent terms" (Hall 1987, S. 14; vgl. auch Denzin 1992, S. 62) und entsteht in „emergence, process and negotiation" (Plummer 1979, S. 115 f.) Liazos' Vorwurf, der LA verstärke Machstrukturen, indem er gerade die Machtlosen untersuche und damit die Zuschreibung ihrer Machtlosigkeit stärke, entgegnet Plummer daher, dass gerade die Rolle des Außenseiters mit der der Machtlosigkeit in einem Emergenzverhältnis verwoben sei, womit der Focus auf Außenseiter „not capricious whimsy but theoretical necessity" sei, denn „the study of deviance is the study of devalued groups, and devalued groups are groups which lack stauts and prestige" (1979, S. 110). Die Devianten sind, *per definition*, diejenigen, die als Deviante etikettiert worden seien und sich damit in sozialen Prozessen als die Machtlosen *herausgestellt* haben, nicht, weil sie schon immer abstrakt strukturell machtlos *waren*, sondern weil sie *in der Situation unterlagen*. Macht- und Sachebene zu trennen, wie Stangl dies forderte, kann auf dieser Grundlage als unpragmatistisch beschrieben werden. „Macht" besteht nicht abstrakt als „Bedingung" der Sachentscheidung. In Deutschland hatte auch Keckeisen bereits in seiner Rezeption des Ansatzes auf dieses Problem hingewiesen (s. o.).

6.3 Rückkehr zum pragmatistisch-interaktionistischen LA

Gerade der deutsche LA war durch seine Betonung der Macht in Institutionenforschung gerutscht, die der ursprüngliche LA nicht anleiten wollte, während er durch seine Radikalisierung selbst wieder Abweichungen konstruierte, einerseits die Kriminalität der Mächtigen, andererseits die „ungerechtfertigte" Etikettierung der Machtlosen. Dadurch entfernte er sich nicht nur weit von Alltagsdiskursen über Kriminalität und klang in öffentlichen Ohren absurd, er entfremdete sich zudem von Arbeiten klassischer Kriminologen, die nun als Unterstützer ungerechtfertigter Herrschaftsordnungen portraitiert wurden. „It estranged itself from its interactionist roots and developed too much in a negativist, Marxist direction. Sectarianism, the delusions of theories of crime as mere exponent of deviancy, an unwillingness to deal with positivist and statistical issues, the portrayal of criminal law solely in terms of repression and discipline (rather than its possible role as a defensive means for the underclass), and the message that as far as penal reform is concerned nothing works, are the factors which mark an important analytical crisis in critical criminology" (van Swaaningen 1998, S. 48 f.). So wurde er vor allem in seiner kritischen Ausformulierung leichtes Ziel für Kritik: „After having been a symbol of progressiveness for some years, critical criminology is now merely depicted as academic dilettantism, witnessing fuzzy morals and flaky politics" (S. 49). Ein LA mit solchen Zuschreibungen wurde in der gegenwärtigen breiteren Devianzsoziologie oft schlicht ignoriert.

Ein interaktionistischer Ansatz, der sich auf seine pragmatistischen Wurzeln beruft, ist dagegen weder alltagsfremd noch dogmatisch. Er stellt sich nicht gegen klassische kriminologische Arbeit. Der pragmatistische Antidualismus erlaubt es, die Abwertung ätiologischer Forschung zu relativieren: Wie gerade die Untersuchung der Machtlosen mit der Untersuchung der Devianten zusammenfällt, fällt die ätiologische Forschung mit der Zuschreibung von Abweichung zusammen. Dramatisierung verursacht einen sozialen Riss, der Abweichungszuschreibung gleichzeitig mit der Warum-Frage auftreten lässt, die wiederum eine Auflösung einer gebrochenen Situation liefert. Ätiologische Forschung leistet diese Auflösung, während die kritische Antwort, „da war nur ein physisches Ereignis", das sozialwissenschaftliche Äquivalent zu „Weitergehen, es gibt hier nichts zu sehen" darstellt: eine nutzlose Aufforderung, die erst aufkommt, wenn die Passanten aber eben anderer Meinung sind. Gerade die interaktionistische Betonung der subjektiven Sinnzuschreibungen aller Beteiligten erlaubt es nicht, von „nur physischen Ereignissen" zu sprechen – alle Handlung ist immer bereit interpretiert – oder Alltagsinterpretationen dieser Ereignisse zu ignorieren (oder als „falsch" abzustempeln). Sowohl der Alltagsdiskurs als auch der ätiologische Diskurs sind sinnvoll, wenn auch nun ohne Alleinvertretungsanspruch. „The problem for pragmatists is not so much that the thing in itself is unknowable in principle, but that it can be known in so many different ways; one thing can function as many different objects" (Shalin 1986, S. 11). Weder die juristische Interpretation, noch die subjektive Interpretation der Beteiligten, noch die Stammtischinterpretation sind „falsch". Es sind verschiedene Weisen, über das Ereignis Bescheid zu wissen. Diese zentrale Linie pragmatistischer Perspektiven hatte Gerlinda Smaus in ihrem Integrationsversuch verkannt, als sie aus der Feststellung, dass bei Mead „die objektive Realität durchaus vorkommt" (1986, S. 185). schließt, dass die Welt „den Sinn insofern bedingt, als sie einer ‚falschen' Konstruktion Widerstand leistet", so dass der Mensch ihr „einen ‚richtigen' und keinen x-beliebigen Sinn [..] verleihen muß, wenn er sie unter Kontrolle bringen will" (ebd.). Das war falsch. Der Pragmatismus geht nicht davon aus, dass die Welt *einen* Sinn mitbringt. Wie Johnson und Shifflet bemerken, „Mead begins his theory of the self, *not* with social facts, but with a *conversation* of gestures between not yet human organisms" (1988, S. 146). Pragmatisten sind Pluralisten: Die Welt kann mit einer unendlichen Anzahl von Bedeutungen belegt werden, die unterschiedliche Konsequenzen mit sich bringen und *unterschiedliche* Arten ihrer Kontrolle erlauben.

Der „theoretische Eklektizismus", den van Swaaningen der neuen soziale-Probleme-Soziologie und -ätiologie zugeschrieben hatte (1998, S. 50), könnte einerseits hierdurch erklärbar, andererseits auch ein weiteres Zeichen für die Repragmatisierung der Diskussion sein: Es kommt nicht so sehr darauf an, *wie* etwas erklärt wird, solange es *erfolgreich* erklärt wird, d. h. solange die Schließung des Situationsbruches sozial anerkannt wird. Die Welt ist für eine unendliche Zahl von Lösungen gebrochener Situationen offen. Das Machtvokabular erlaubte *eine* Lösung, die mit kritischer Gesellschaftstheorie konform ging, aber eben nur eine, die von keiner Wahrheit „da draußen" privilegiert wird. Ein pragmatistisch-interaktionistischer LA privilegiert keine dieser Lösungen.

So vollzieht der LA eine Kreisbewegung. Er beginnt als Anwendung des pragmatistischen Antiessentialismus auf die Devianzsoziologie, wird in Deutschland unter Betonung eines strukturellen Machtbegriffs herrschaftskritisch und institutionenforschend und zeigt dort, wo eine Kritik am festen Machtbegriff gegen die kritische Wendung ins Feld geführt wird, Tendenzen zu einer Rückbewegung zu pragmatistischen Wurzeln. In den USA sind diese Antikritiken schon früh aufgekommen, während sie in Deutschland vorwiegend nach dem Fall der kritischen Gesellschaftstheorie vertreten wurden. Auch diese Antikritiken sind Beschreibungen in kritischer Absicht: Sie versuchen, den LA von der kritischen Gesellschaftstheorie, mit der er diskreditiert wurde, in Rückgriff auf seine Ursprünge zu lösen. Der vorliegende Beitrag liefert so nicht die „Wahrheit über den LA", sondern beschreibt ihn so, wie im Sog der „Renaissance des Pragmatismus" eine Renaissance des LA möglich werden könnte: Als pragmatistische Devianzsoziologie fernab von Dogmatismus und Abwertung klassischer kriminologischer Fragen.

Teil III
Konsequenzen einer Zuschreibungsanalyse

7 Dunkelfeldforschung als Definitionsaktivität: Über die multiple Verwendung der Dunkelfeldfigur zur Definition sozialer Probleme

Dunkelfeldforschung als Erforschung der Diskrepanz zwischen begangenen und entdeckten Straftaten gehört zum Kernbereich der Kriminologie. Vor allem Vertreter eines interpretativ-definitionstheoretischen Paradigmas haben diese Figur problematisiert: Wenn Kriminalität in sozialen Zuschreibungsprozessen produziert wird und nicht bereits als objektive Diskrepanz zwischen Norm und Verhalten vorliegt, ist es schwierig, von „nicht entdeckter Kriminalität" zu reden. Kritische Betrachtungen, die auf dieser Basis Kriminalität als *machtvolle* Zuschreibung dominanter Institutionen verstehen wollten, haben die Figur des Dunkelfeldes folglich gar „absurd" genannt (Ditton 1979). Diese Einschätzung basiert auf der Annahme, dass *nur* staatliche Stellen folgenreich an einer Handlung das Etikett „Kriminalität" anbringen könnten und damit Kriminalität jenseits der staatlichen Zuschreibung überhaupt kein sinnvoller Begriff sei. Aus der Position, dass Kriminalität keine von der Normordnung bereits bestimmte Größe, sondern das Ergebnis eines interaktiven Zuschreibungsprozesses ist, folgt aber nicht zwingend, dass es kein Dunkelfeld gibt. Insoweit soziale Definitionen nicht unitär von einer Quelle ausgehen und die Zuschreibung „Kriminalität" durchaus auch soziale Folgen nach sich ziehen kann, wenn Reaktionsinstanzen nicht mitdefinieren, können Unterschiede in sozialen Definitionen von Kriminalität erkannt werden. Daraus kann dann folgen, dass das Dunkelfeld keine „Schimäre" darstellt, sondern vielmehr, dass viele verschiedene

---

Dieser Beitrag erschien ursprünglich 2010 in der Monatsschrift für Kriminologie und Strafrechtsreform 93: 180–197, erschienen beim Carl Heymanns-Verlag.

Dunkelfelder benannt werden können. Diese sind Produkte der unterschiedlichen Aktivitäten von Definitionsinstanzen und von den Definitionskonflikten zwischen diesen Gruppen. Während die Figur des Dunkelfeldes in der theoretischen Diskussion durch die Betonung des Zuschreibungscharakters von Kriminalität so geöffnet und problematisiert werden kann, erfolgt ihre praktische, auch wissenschaftliche Anwendung weiterhin primär auf Basis einer fraglosen Akzeptanz des realistischen Paradigmas objektiv vorhandener Kriminalität. Wissenschaftliche Betrachter, die das Dunkelfeld als Tatsache erforschen, produzieren damit ebenso Definitionen der sozialen Realität: sie gesellen sich zu den Auseinandersetzungen, die sie betrachten, hinzu. Weit davon entfernt, wiederzugeben, was *ist*, ist ihre wissenschaftliche Handlung selbst als Zug im Definitionsspiel zu verstehen.

Der vorliegende Text erörtert zunächst, was eine Zuschreibungsperspektive für die Formulierung eines Dunkelfeldes bedeutet und untersucht auf dieser Basis danach Beiträge von Dunkelfeldforschungen unter dem Gesichtspunkt der definitorischen Aktivitäten eines Moralunternehmers. So stellt sich dann nicht die Frage, „sind diese Beiträge korrekt?", sondern vielmehr: Welche Formen von Moralunternehmertum sind in ihnen erkennbar? Wozu dienen konkrete Dunkelfeldkonstruktionen? Hierbei kann festgestellt werden, dass Dunkelfeldkonstruktionen nicht einheitlich der Kriminalisierung oder Verängstigung dienen. Das Dunkelzifferkonzept wird keinesfalls nur kriminalisierend oder gefährdungsdefinierend verwendet: Es kann im Definitionsspiel vielfältige Aufgaben erfüllen.

7.1 Die persistente Figur des Dunkelfeldes

Während die positivistische Position, Kriminalität „gäbe" es von der Welt bereits quasi-natürlich vorgegeben, in der Sozialwissenschaft kaum mehr anzutreffen und mindestens seit Manouvrier (1986 [1889]) als überholt gelten kann,[1] kann weiterhin eine normobjektivistische von einer definitionstheoretisch-interpretativen Position unterschieden werden. Die erstere hält Kriminalität zwar für interkulturell und diachron wandelbar, tut dies jedoch auf der Basis der Position, die *Normen*, an denen Kriminalität festgemacht werden, für interkulturell und diachron wandelbar zu halten. Diese veränderlichen Normen bleiben als „soziale Tatsachen" Vergleichsschablone für Verhalten, was die Bestimmung von Kriminalität durch Ver-

---

[1] Das hindert die positivistische Position nicht, gesellschaftlich weiterhin Verbreitung zu finden. Gegenwärtige biologistische Suchen nach dem „Mörder-Gen" stehen weiterhin in einer wiederaufflammenden biologistischen Perspektive.

gleich beider prinzipiell eindeutig möglich macht. Coleman und Moynihan (1996) nennen diese Position in ihrer Typisierung von Dunkelzifferthematisierungen die „realistische" Position: Aus diesem Vergleich heraus können Dunkelfeldstatistiken konstruiert werden, indem Wissenschaftler die abstrakt vorhandene Normschablone anlegen, wo offizielle Kontrollinstanzen das – aus welchen Gründen auch immer – nicht taten. Die Dunkelfeldforschung lebt scheinbar von dieser normobjektivistischen, „realistischen" Position: „Dunkelfelder" kann es offenbar nur geben, wenn die „offizielle" Erfassung Fälle nicht beinhaltet, die im objektiven Vergleich von Verhalten mit der Norm hätten erfasst werden *müssen*, weil es sich um objektive Normbrüche handele. Erst diese Fälle „wahrer" Straftaten, auf die nicht offiziell reagiert wurde, bilden dann eine „Lücke zwischen begangenen und amtlich erfaßten Straftaten" (Kerner 1973, S. 40). Popitz bemerkt, dass der Dunkelfeldbegriff mit vielen verschiedenen Bedeutungen verwendet wird (2003 [1968], S. 11, fn.): Fälle, in denen Normbruch bekannt, aber der Normbrecher unbekannt sei, in denen Normbruch und Normbrecher unbekannt seien oder beiden gemeinsam (S. 11). Das sind jedoch alles Bedeutungen auf der Basis der (von Popitz auch geteilten) normobjektivistischen Position: Feststellungen dieser Art können nur gemacht werden, wenn der Möglichkeit der abstrakten Existenz von Normbrüchen vertraut wird, und in der Tat meint Popitz, Normen hätten „zwangsläufig etwas Starres, Unverbindliches, Fixiertes, etwas ‚Stures'" (S. 14).

Sack bemerkt, die Dunkelfeldfigur sei auf eben dieser Basis eine „unerläßliche Fiktion oder ‚Schimäre'" der ätiologischen Kriminologie (1993, S. 105), und wie polizeiliche folgen auch wissenschaftliche Betrachtungen regulär dieser „Schimäre" als kategoriale Selbstverständlichkeit. Dunkelfeldstudien gehen auf dieser Basis methodologisch so vor, die für die interpretative Perspektive (s. u.) wesentliche Einschätzung der *Teilnehmer* in der Situation bezüglich der Rechtswidrigkeit von Verhalten *nicht* zu erfragen, sondern im Interesse von „Objektivität" nur abstrakte Situationen zu erheben, die sie, die Interviewer, dann im Vergleich zur abstrakten Normschablone als rechtswidrig definieren müssen. Uwe Dörmann sieht als mögliches Problem solcher Befragungen, dass die Interviewer nicht genügend geschult seien, „zumal in strafrechtlicher bzw. kriminologischer Hinsicht" – und daher „falsch" definierten (1988, S. 404). Das wäre selbstverständlich nur möglich, wenn es eindeutige, richtige Definitionen bereits gäbe und Telefoninterviewer in Interviews eine strafprozessähnliche Rechtswidrigkeitsfeststellung machen könnten, ganz ohne, dass sie die Autorität dazu besäßen, ohne, dass die Situation auch nur ähnlich wäre[2] und ohne, dass die Interaktions- und Beziehungsdynamiken der betrachteten Situationen mit einbezogen würden: Sie müssten „Realisten" sein.

---

[2] Letztlich ist eine solche Forderung zudem ein unterschwelliger Aufruf an die Interviewer, die Befragten in ihrer Definition anzuleiten oder sie in „richtiges" Rechtsvokabular jenseits ihrer Definition zu übersetzen.

Interpretativ-definitionstheoretische Perspektiven sehen diese Objektivierung als Fehler. Diese Form der Produktion und Verwendung von Statistik „fail[s] to make problematic the production of the rates themselves". Dagegen regt sich Widerstand: „A second major use of official statistics abandons the search for ‚actual' deviance. This is managed either by defining deviance with the official reactions themselves – the labeling approach – or by incorporating the official rates not as an index of deviant behavior but as an index of social control operations" (Black 1970, S. 733). Coleman und Moynihan (1996) nennen Positionen, die als Kriterium nicht die Norm, sondern offizielle Reaktion setzen, „institutionell" und, wenn sie mit der Zielsetzung einhergehen, sich gegen solche Produktionen zu stellen, „radikal".[3] Beide nehmen auf Basis einer definitionstheoretischen Perspektive (vgl. Peters 1997, 2009) die Position ein, dass Kriminalität vielmehr durch die praktische Anwendung eines Regelvokabulars auf eine Situation durch dazu berechtigte Institutionen definiert werden muss. Auf dieser Prämisse ist es schwierig, von „unerkannter" Kriminalität zu reden, wenn die Institution, die zur Definition erst berechtigt war, nie definiert hat. Solche Positionen halten die Idee, wissenschaftliche Beobachter könnten eine richtige Zahl für Kriminalität und damit ein Dunkelfeld erfassen,[4] für eine wissenschaftliche Anmaßung: Normbruch und -konformität sind für sie Zuschreibungen und als solche soziale Leistungen. Statistiken werden hier nicht als Repräsentationen von Verbrechens- und Aufdeckungswirklichkeiten, sondern als Definitionsleistungen von Akteuren im Feld gesehen. Wissenschaftler, die selbst Dunkelziffern erforschen und benennen, werden dadurch ebenso Akteure *in* diesem Feld und geben in diesem Moment ihre Rolle als *Außen*beobachter ab.

In ihren radikaleren Formulierungen gelangen interpretative Ansätze zum Schluss, aus der situationalen Definitionsoffenheit von Kriminalität folge, es gäbe gar keine Dunkelziffer. Ditton schreibt, „How many crimes are there? As many as you want (to react to)" (1979, S. 21), und „it is not the offender who commits

---

[3] Die radikale Position sieht in dieser Definition von Delikten durch Reaktionsinstanzen Herrschaftshandeln. Sie agiert oft auf Basis der Argumente definitionstheoretischer Perspektiven, setzt aber letztlich eigene normative Ziele, indem sie diese Definitionshandlungen für unberechtigt und demgegenüber den Definitionsverzicht für befreiend hält (vgl. zur Kritik Dellwing 2008b), denn hier macht Wissenschaft aus Situationen Kriminalität, die von Beteiligten, Ibarras und Kitsuses „members" (1983), niemals so bewertet wurden.

[4] Das ist eine Idee, die gerade Popitz' berühmte Auseinandersetzung mit dem Feld (2003 [1968]) informiert: Popitz berechnet die „Normgeltung" anhand von sanktionierten gegenüber ignorierten Straftaten mit dem Ziel, das Nichtwissen oder Ignorieren von Normbrüchen als zentrale Voraussetzung für das Funktionieren einer Gesellschaft zu sehen, die sonst unablässig mit Sanktionieren beschäftigt wäre: Die Dunkelziffer entlastet, sie hat gar generalpräventiven Nutzen (S. 23).

7.1 Die persistente Figur des Dunkelfeldes

the crime: it is the offend*ed*" (S. 21). Das Dunkelfeld kriminalisier*barer* Taten sei unendlich groß (S. 21), da prinzipiell alles Handeln eine Zuschreibung als kriminell erhalten *könnte*: „the acts-which-can-be[-called]-crime are logically represented by that category ‚any acts'" (S. 29). Nicht jeder kann aber auf Verhalten gleich reagieren. Primär Handelnder ist der Staat in Form der Judikative (S. 21), deren Urteil nicht bereits Gegebenes repräsentiert, sondern Kriminalität aus einem unendlichen Fundus von Verhalten erst schafft. Das Dunkelfeld krimineller, aber nicht entdeckter Taten gibt es dann nicht. „Accordingly, the *idea* of a ‚dark figure' of offenses committed without a reaction is an unnecessary absurdity" (S. 20).Während die realistische Perspektive das Dunkelfeld, das es in der Welt zu finden glaubt, nur abbilden will, macht diese radikale Perspektive eine Dunkelfeldforschung praktisch unmöglich, weil es nichts abzubilden gibt.

Gerade herrschaftskritische Positionen haben die Kriminalitätsdefinition der Instanzen immer wieder als unterdrückerisches Staatshandeln thematisiert und gerade darin den Fokus auf die Konstruktion von Kriminalität durch staatliche Instanzen privilegiert. Während diese mit den interpretativen Positionen die Kritik am normobjektivistischen Modell teilen, verlassen sie das gemeinsame Feld wieder, wenn stattdessen klassen-, herrschafts- oder unterdrückungsobjektivistische Erklärungsmodelle eingeführt werden. In emanzipatorischer Absicht sollen Kriminalitätszuschreibungen dann „entlarvt" werden; das Korrelat dazu in der Dunkelfeldforschung ist die „Entlarvung" der Dunkelfeldfigur als herrschaftsstützende Absurdität, die einer Naturalisierung von Abweichung zuarbeitet. Dass es sich in dieser Version des Zuschreibungsarguments letztlich um eine Reobjektivierung in emanzipatorischen Zielsetzungen handelt (vgl. *Reste: Die Befreiung des labeling approoch von der Befreiung* in diesem Band), wird deutlich, sobald Sack das Zuschreibungsparadigma verlässt, wenn es um emanzipatorische Zielsetzungen geht. Er zitiert Dunkelfeldstudien, speziell Täter- und Opferbefragungen, um die höhere Kriminalitätsbelastung von unteren Schichten zu widerlegen und greift damit wieder auf die Figur von vorhandener, aber nicht offiziell entdeckter Kriminalität zurück. Es sei „zu vermuten, daß von einer Überrepräsentierung der unteren Sozialschichten lediglich in den offiziellen Kriminalstatistiken auszugehen ist, während die Befunde der Dunkelfeldforschung diese Beziehung tendenziell nicht bestätigen" (1993, S. 104). Eine solche Aussage geht von der Erhältlichkeit objektiver Korrelationen und richtiger Abbildungen aus. Das ist Vokabular der realistischen Position, in die Sacks Texte an mehreren Stellen fallen: „die Gruppe der Kriminellen stellt nur eine Auswahl bestimmter Art aus der Gesamtpopulation der Kriminellen dar, und umgekehrt befinden sich in der Gruppe der Kontroll- bzw. Vergleichspersonen Mitglieder, die als Dunkelfälle in die Experimentierpopulation gehörten" (1969, S. 998). Später schreibt Sack in einem Wörterbucheintrag zum Begriff der „Dunkelziffer" die

Produktion einer „Hellziffer" der Erhältlichkeit von Informationen zu, „Informationen können auf verschiedenen Ebenen und in vielerlei Hinsicht defizitär, lückenhaft, nicht klärbar, ambivalent, rechtlich nicht verwertbar sein, so daß der formalisierte Prozeß der strafrechtlichen Verfolgung nicht beginnen, nicht zu Ende geführt werden kann, abgebrochen werden muß oder schlicht scheitert" (1993, S. 100). Sack oszilliert so zwischen beiden Formulierungen (auch im Laufe seiner langen Beschäftigung mit dem Feld). Wenn „[d]ie Eigenschaft oder das Merkmal ‚kriminell' bzw. ‚Kriminalität' [...] nicht durch eine deskriptive Operation ermittelt, sondern in einem askriptiven Prozeß begründet" wird (Sack 1969, S. 1000), werde „die Dunkelzifferproblematik [...] bis zu einem gewissen Grade gegenstandslos" – das wäre die radikale Perspektive – oder aber es stellt sich „zumindest [...] in ein anderes Licht" (S. 1001) – das ist die gemäßigt-interpretative Perspektive.

Er hält am Ende an einem Zuschreibungsparadigma fest, das seine Arbeit durchzieht und öffnet dieses für die Spannung des Begriffs: Während „Kriminalität" nicht bereits durch Straftatbestände definiert ist, ist das Wort andererseits auch nicht auf die reine Beobachtung der justitiellen Zuschreibungsaktivität limitiert, sondern stellt eine im Alltagsgebrauch häufig verwendete Zuschreibung dar, die auch persistent bleiben kann, wenn keine offiziellen Instanzen zugeschaltet werden, oft auch dann noch, wenn offizielle Instanzen gegen eine Kriminalisierung entschieden haben. Gerade das Aufgreifen eines Konflikts in den Medien stellt häufig ein solches Festhalten an der Kriminalitätszuschreibung ohne oder gar gegen offizielle Reaktionsinstitutionen dar – in der Hoffnung, spätere Zuschreibungen durch diese Institutionen im gegenwärtigen oder in späteren Fällen zu beeinflussen. Auch im Alltag können Zuschreibungen der „Kriminalität" verwendet werden, um Verhalten zu benennen und zu beeinflussen, ohne, dass die Polizei eingeschaltet würde. Sack greift diese Ambivalenz auf, wenn er feststellt, dass Kriminalität von „Konstitutionsleistungen der daran beteiligten Täter, Opfer, Informanten und/oder Instanzen" abhängt (1993, S. 105), von unterschiedlichen sozialen Gruppen also, die nicht nur aus den Vertretern der Gerichtsbarkeit oder der Staatsmacht bestehen. So rekurriert Sack nicht wie Ditton ausschließlich auf die öffentliche Reaktion, gar nur die gerichtliche, sondern bezieht die Reaktionen der Opfer und Täter als Definitionsleistungen mit ein, wobei die Frage nach der „wahren" oder „falschen", „sinnvollen" oder „absurden" Definition zugunsten einer Pluralität von Definitionen im sozialen Raum verschwimmt. Vielmehr, als dass sie „wahr" oder „falsch" wären, erbringen solche Definitionen Leistungen: Wenn eine Konfliktpartei hartnäckig an der Definition der Handlungen des Gegners als „kriminell" festhält, verfolgt sie damit Ziele und hofft, relevante andere auf der eigenen Seite in eine Definitionskoalition einzubeziehen (oft, den Gegner zu einem solchen Koalitionseintritt zu zwingen, bevor Instanzen eingeschaltet würden).

7.1 Die persistente Figur des Dunkelfeldes

Gemeinsam mit Treiber bemerkt Sack auch diese praktische Verwendung der Dunkelzifferfigur: „Die ‚Abstimmung' des ‚inputs' in das Justiz- und Sanktionssystem mit dessen Kapazitäten ist [...] ein außerordentlich komplexer Vorgang, der durch das Konzept der Dunkelziffer eher verstellt als erhellt wird. Die Dunkelziffer ist Resultante und Reflex höchst vielfältiger Prozesse spontaner wie aktiv gestaltender Art" (2003, S. XIX). Kury weist aus normobjektivistischer Perspektive darauf hin, dass besonders im sozialen Nahraum das Dunkelfeld besonders groß sei (2001, S. 79). Das wäre im interpretativen Paradigma alternativ (und deeskalierend) auch rahmbar als: Gerade unter Bekannten werden Konflikte häufig nicht mit offiziellen Mitteln gelöst. Aus der Perspektive einer Dunkelfeldforschung, die das Recht unhinterfragt als notwendige Interpretationsrahmung des sozialen Lebens ansieht, erscheint dies als aufzuhellendes Feld, auf dem quasi selbstverständlich zu einer kriminalisierenden Entscheidung, d. h. zu einer Regelung innerhalb der Institutionen des Rechts, gelangt werden *müsse*. Erst auf der Basis der Selbstverständlichkeit einer Regelung durch offizielle Kontrollinstanzen kommt die Frage nach den Gründen für die Nichterstattung einer Anzeige (S. 80) als problembeladene Frage überhaupt auf. Die Meinung, nur 10 % aller Delikte kämen zur Anzeige, wird erst auf dieser Basis zu einem „bedrückenden Verdacht" (S. 80). Aus Sicht der Beteiligten handelt es derweil um persönliche Konflikte, an deren Veröffentlichung häufig kein Beteiligter interessiert ist – und auch die Gesellschaft nicht, wie Popitz (2003 [1968]) festgestellt hat. Oft sind es Fälle, in denen niemand der Beteiligten überhaupt in Rechtsvokabular gedacht hat und deren abstrakte Einordnung in Rechtsvokabular durch Dunkelfelderhebungen daher als situationsferne, hypothetische und durchaus dubiose Übung zu gelten hat.

Bezüglich des Dunkelfelds folgen aus der radikalen und der interpretativen Sichtweise damit trotz großer Überschneidungen unterschiedliche Schlüsse: Für radikale Positionen ist es ein Instrument, eine Herrschaftsordnung zu stabilisieren, indem (falsche) Gefährdung konstruiert wird. Für interpretative Sichtweisen ist die Definition von Kriminalität in einem pluralen Feld durchaus auch mit Zielen verbunden, aber es kann nicht wissenschaftlich entschieden werden, wessen Definitionsziele „richtig" sind. Es geht stattdessen vielmehr um Urteile von konkreten Personen in konkreten Situationen, aus denen auch keine abstrakten „Normen" gewonnen werden sollen, sondern aus denen die unterschiedliche Verwendung von Normvokabular und deren fluktuierenden, offenen Erfolge und Misserfolge nachvollzogen werden sollen. Der Vergleich mit einer „abstrakten Norm", an der festgestellt werden könnte, ob diese Erfolge zu recht oder unrecht erlangt wurden, wäre nur eine weitere Stimme im Definitionsspiel, mit der die Wissenschaftler das Feld, das sie untersuchen möchten, kontaminieren würden. Peter Ibarra und John Kitsuse stellen fest,

„The constructionist conception of the claims-making process *accepts the members' constructions of putative conditions as ‚objects in the world'"* (1993, S. 28) und kann sie nur mit den Konstruktionen anderer Mitglieder vergleichen, nicht jedoch mit einem abstrakten, vorinterpretativen „Recht", das tatsächlich nicht mehr als die eigene Interpretation desselben wäre. „There is no need to assess the ‚objective' characteristics of persons or events labeled as deviant because their deviant status is an interpretive accomplishment" (Miller und Holstein 1993, S. 14). Was dann übrig bleibt, sind nur Fälle, von denen andere denken, sie *sollten* so definiert werden: Ein Definitionskonflikt.

7.2 Dunkelfelder ohne Normobjektivismus

Eine interpretative Perspektive muss daher das Bild der Dunkelziffer nicht aufgeben. William James hat bezüglich des Wahrheitsbegriffs berühmterweise festgestellt, dass es nicht auf die (epistemologisch unsinnige) Frage ankommt, ob eine Behauptung denn die Wahrheit sei – ein pluralistisches Universum kennt viele Wahrheiten – sondern was der „Barwert" einer solchen Behauptung sei (1907). Aus der Aussage, dass Kriminalität von sozialen Definitionsprozessen abhängig ist, folgt nicht, es gäbe keine Kriminalität, sondern nur, dass dieselbe Situation von unterschiedlichen Akteuren unterschiedlich definiert wird. Für Dunkelziffern gilt dasselbe: Dass Kriminalitätsdefinitionen in sozialen Prozessen aufkommen und nicht abstrakt von Normen und Verhalten bereits entschieden sind, heißt nicht, dass keine Dunkelziffer existiert. Wie Donald Black feststellt, „crime rates [...] cannot, sociologically, be wrong" (1970, S. 734),[5] was damit auch für Dunkelziffern gilt. Es heißt vielmehr, dass Dunkelziffern aus Unterschieden in Kriminalitätsdefinitionen stammen: Unterschiedliche Kriminalitätsdefinitionen produzieren Räume fehlenden Überlappens

---

[5] Dabei folgt Black nicht der hier vertretenen interpretativen Perspektive, indem er feststellt, „whether or not an agent of control detects or sanctions a particular instance of rule-violative behavior is immaterial to the issue of whether or not it is deviant" (1970, S. 734) und glaubt, es gäbe Verhalten, dass „technically illegal" sei (S. 736), eine normobjektivistische Position, auch wenn er dann schreibt, „It is easy enough to argue that that either of these criteria, the written law or the law-in-action, should alone define the violative behavior in question. No answer to this dilemma is true or false" (S. 738). Er gelangt zu einer probabilistischen Definition von Kriminalität: „Crime differs from other behavior by dint of a probability, the probability that it will be sanctioned in a particular administrative system if it is detected" (S. 738), die eine Mittlerposition zwischen institutionellen und realistischen Perspektiven darstellen könnte, die jedoch hier nicht weiter diskutiert werden soll.

7.2 Dunkelfelder ohne Normobjektivismus

dieser Definitionen, Handlungen und Situationen also, die ein Akteur als „kriminell" definiert hat, ein anderer aber nicht. Die Dunkelziffer wird so abhängig wird von der Unterscheidung zwischen offizieller, institutioneller Definition und sonstigen vorhandenen, aber nicht in die offizielle, institutionelle Definition eingehender Definitionen. Bei vielen Definitionen gibt es folglich auch viele Felder von Überlappung und fehlender Überlappung und dadurch viele unterschiedliche Dunkelfelder: Die Räume, auf denen sich die Definition der Justiz mit dem Definitionsraum der Polizei überlappt, heißt „aufgeklärte Verbrechen". Der Raum, der von der Justiz als rechtswidrig definiert wurde, aber nicht vom Vergleichsdefinitor, heißt dann (für den Vergleichsdefinitor) „Justizirrtum" oder „unrechtmäßige Verurteilung". Der Raum, auf dem die Justiz (oder Polizei) keine Rechtswidrigkeit definiert hat, es Vergleichsdefinitoren im sozialen Raum jedoch tun oder vorgeben, dass sie es tun *würden*, ist ein (mögliches) Dunkelfeld. Es ist sogleich ersichtlich, dass es so viele Dunkelfelder gibt wie Vergleichsdefinitoren befragt werden. Wie Kitsuse und Cicourel schreiben, „rates of deviance constructed by the use of statistics routinely issued by these agencies are social facts *par excellence*" (1963, S. 139), die von unterschiedlichen Gruppen jeweils zu unterschiedlichen Zwecken geschaffen werden. Keine dieser Zahlen repräsentiert eine „objektive" Realität und jede dieser Zahlen ist interessiert, vertritt nämlich die Realitätsdefinition einer Gruppe zu Ungunsten der Realitätsdefinition einer anderen Gruppe.

Diese Formulierung räumt einige Probleme des Dunkelfeldbegriffs aus, schafft zugleich jedoch neue. Sie räumt den Vorwurf aus, Reden vom Dunkelfeld wäre in einer interpretativ-definitionstheoretischen Perspektive absurd. Sie räumt ebenso die emanzipatorische Umverankerung des Dunkelfelds von objektiver Kriminalität in Herrschaftsstrukturen aus dem Weg, denn wo es mehrere Dunkelfelder gibt, existieren mehrere Realitätsdefinitionen nebeneinander, alle mit ihren Chancen, Beachtung zu finden. Keine davon ist abstrakt „befreiend" oder „unterdrückerisch".[6] Es räumt, als Verbindung dieser beiden, die Idee aus, dass nur staatliche Kontrollinstanzen legitim Kriminalität zuschreiben dürfen und daher alle Zuschreibung nichtstaatlicher Instanzen nur unterdrücktes Reden, ignoranter Fehler oder konsequenzloses Meinen wäre: Dass kein Gericht einer in einer Situation aufgekommenen Definition von Handeln als kriminell folgt, heißt nicht, dass die Definition des Opfers erfolglos bleibt. Es kann ein Ausgleich erreicht werden, bevor öffentliche Kontrollorgane hinzugezogen werden, wenn der Aushandlungspartner bereit ist, die Definition seiner Handlung (oder der Handlungen der von ihm abhängigen Personen) als „kriminell"

---

[6] Vielmehr sind auch das Zuschreibungen, die ihrerseits mit ihren eigenen Zielen verwendet werden, vgl. Dellwing 2009b.

mitzutragen.⁷ Damit ist gerade die Alltagsdefinition einer Handlung als Kriminalität die notwendige erste Stufe des Benennungsspiels und Ausgangspunkt einer großen Mehrheit aller Benennungen, und ein Dunkelfeld kann bestehen, sobald die Definitionsmengen der Gerichte mit denen der Polizei nicht übereinstimmen, während diese mit Definitionen der Opfer, Täter und Dritter nicht übereinstimmen – oder gar, wenn die Definitionen der Wissenschaftler mit keiner anderen Definition übereinstimmen.

Eine Opferbefragung ist die Erfassung eines „Dunkelfeldes" als Raum fehlender Überlappung zwischen der von (der heterogenen Gruppe der) Opfer so definierten Kriminalität und der von Kontrollorganen definierten, die Fälle, die von den Instanzen aus welchen Gründen auch immer nicht so mitdefiniert wurde. Das natürlich nur, wenn tatsächlich die Einschätzungen der Befragten selbst abgefragt werden: Werden abstrakte Situationen abgefragt, die von den Interviewern dann als „kriminell" eingeordnet werden, hat man einen praxisfernen, rein für die Studie erst konstruierten Definitionskonflikt zwischen offiziellen Zahlen und den Definitionen der Interviewer. Tillman Köllisch hat das als Problem gesehen: „Das Dunkelfeld umfasst [...] nur solche Handlungen, welche von mindestens einem der Beteiligten (Täter, Opfer, Zeugen, Mitwisser) als kriminell bewertet, jedoch nicht der Polizei gemeldet wurden" (2004, S. 72). Er wirft der selbst interpretierenden Dunkelfeldforschung, ein „Schwarzfeld" zu produzieren, dass von den Interviewern als kriminell eingestufte Handlungen durch generische Fragen erfasst, die jedoch von den Beteiligten zu keinem Zeitpunkt kriminalisiert wurden (S. 73). Das ist durchaus kritisierbar, kann aber auch eingebaut werden, indem man auch die Einordnung der Interviewer als mögliche Definitionsleistung unter vielen fasst. Sie produziert ein „Schwarzfeld" in dem Sinne, dass die Wissenschaftler in ihrer Definition außerhalb jeder relevanter

---

⁷ Das ist vor allem wichtig, da in einer Gesellschaft, die als einzig legitimes Gleichheitsversprechen die Gleichheit vor dem Recht kennt, jeder das Vokabular des Rechts verwenden dürfen muss. Zwar handelt es sich erst dann um *offizielle* Kriminalität, wenn Richter dies offiziell zuschreiben, doch ist gerade das Rechtsvokabular das verbleibende Gleichheitsvokabular westlicher Gesellschaften, das sich dadurch auszeichnet, von *allen* zur öffentlichen Anklage anderer benutzt werden zu dürfen.Bürger müssen sich ohne professionelle Kenntnis des Rechts vor den Instanzen auf das Recht, *ihr* Recht, berufen dürfen, weil das Rechtsvokabular das Vehikel für öffentliche Auseinandersetzungen über ihre Interessen darstellt.Wenn Ditton daran festhält, dass nur die offizielle gerichtliche Reaktion Kriminalität von nicht-Kriminalität unterscheiden kann, ist dies zwar richtig, insofern die Frage nach der offiziellen, strafenden Reaktion von diesem Spruch abhängt. Sofern das Vokabular des Rechts das einzig verbleibende Inklusionsvokabular westlicher Demokratien darstellt, erfüllt es jedoch eine Inklusionsrolle, und das gerade dann, wenn *jeder* sich auf das Recht berufen kann und darf und auf Basis dieses Vokabulars öffentliche Institutionen Personen Gehör schenken *müssen* (wenn sie auch nicht zur Übernahme der Definition verpflichtet sind).

Aushandlung der Situation stehen. Das kann dem Opfer jedoch genauso passieren; die vom Opfer ausgehende Definition, die keine weiteren Koalitionspartner findet und auf deren Basis keine Handlung organisiert werden kann, wird jedoch in der Regel als „Belästigung der Reaktionsinstanzen" eingeordnet. Keines dieser Felder ist, wenn es definiert wurde, nichtexistent; keines dieser Felder ist (mehr oder weniger) „wahr". Sie erbringen Leistungen: Eine im Auftrag einer Opferhilfeorganisation erhobene Dunkelfeldstudie kann z. B. auf dieser Basis ein großes Dunkelfeld produzieren, das zur Beeinflussung der öffentlichen Meinung und letztlich der Reaktionsinstanzen verwendet werden kann. Auch die wissenschaftliche Definition eines Dunkelfeldes jenseits der Definitionen der Akteure in den relevanten Situationen ist eine Definition von Kriminalität im sozialen Raum, die mit anderen im Wettbewerb steht, und auch wissenschaftliche Dunkelfelddefinitionen haben soziale Folgen. Zu diesen soll nun übergegangen werden.

7.3 Moralunternehmerische Definitionsaktivitäten

Die wissenschaftliche Beschäftigung mit dem Dunkelfeld ist damit *selbst* als Form der Definitionsaktivität zu fassen. Wird das Dunkelfeld als gegeben angenommen, unterstützt die Forschung die Perspektive, deren Definition von der offiziellen Definition abweicht. Wird das Dunkelfeld als Argumentationshilfe benutzt, können konkrete Überzeugungen mit ihm untermauert und dadurch reproduziert werden. Wird es bemängelt, wird die Schwere eines sozialen Problems in der öffentlichen Wahrnehmung gestärkt. Wird das sonstwo erhobene Feld kritisiert, kann Panikmache vorgeworfen werden. Verschiedene Verwendungen des Dunkelfeldes stellen damit verschiedene Formen des Moralunternehmertums dar. Jenseits der Konstruktion des Feldes der Kriminalität (und gleichzeitig mit ihr) beinhaltet dieser Prozess zudem eine Ich-Leistung des Definierers, der sich durch sein Moralunternehmertum selbst eine Identität in Bezug zu dieser Moral zuschreibt, sowie eine Belegung der verwendeten Vokabulare in ihrer Verwendung.

Wissenschaftliche Betrachtungen untersuchen das Dunkelfeld in der Regel dann, wenn damit der Definition eines sozialen Problems Unterstützung geleistet werden kann. Den Fall von Kriminalisierungen als Form der Definition eines sozialen Problems hat Howard Becker als „Moralunternehmertum" analysiert (1963, S. 147 ff.). Nicht nur Regeln sind „the product of someone's initiative" (S. 147), nämlich der des „rule creators" (ebd.), auch die Form ihrer Durchsetzung hängt von der Aktivität sozialer Akteure ab, der „rule enforcers" (S. 155). Während Beckers Moralunternehmer meist kleinbürgerlich-ländlich geprägt sind, greift Sebastian Scheerer dieses Konzept auf und erweitert es zum „atypischen Moralunternehmer" (1986), wenn gerade avantgardistische Gruppen sich der Forderung nach Kriminalisierung annehmen, um ihre avantgardistischen Ziele zu verfolgen. In diesen Fällen wird die kriminalisierungskritische Einstellung vergessen, wenn nur das Ziel moralisch hochwertig genug scheint: „Aus Gegnern des Überwachungsstaates können gleichsam über Nacht Befürworter bürokratischer Zwangserfassungen werden – wenn nur die guten Absichten alle reflexive Kritik von vornherein blenden" (S. 136), und „Wer sich mit dem ‚belief system' der Moralunternehmungen, die er untersucht, identifiziert, wird Mühe haben, die entsprechenden Interessengruppen als ‚Stigmatisierungsagenten' und ‚Promotoren sozialer Probleme' zu sehen" (S. 147). So werden Regelkritiker zu *rule creators* und gehen Koalitionen mit *rule enforcers* ein, die nun ihre Regeln durchsetzen.

Die Akteure der Dunkelfeldforschung sind nun jedoch weder *rule creators* noch *rule enforcers*. Sie könnten tentativ mit Beckers Analyse der *rule creators* nach der Schaffung der Regel fassbar sein:

> When the person interested in the content of a rule realizes or has called to his attention the fact that enforcers are dealing selectively with the evil that concerns him, his righteous wrath may be aroused. The professional is denounced for viewing the evil too lightly, for failing to do his duty. The moral entrepreneur, at whose instance the rule was made, arises again to say that the outcome of the last crusade has not been satisfactory or that gains once made have been whittled away and lost (S. 162).

Jedoch sind die Akteure der Dunkelfeldforschung nicht jenseits einer Selbstinklusion durch Zugehörigkeitsgefühl mit den *rule creators* identisch. Sie steht oft eine oder mehr Generationen nach den *creators*, teils sind sie wissenschaftliche Interessierte, aber praktisch Unbeteiligte, teils sind sie gerade mit den *rule enforcers* identisch, denen in diesem Bild die Schuld an der mangelnden Durchsetzung gegeben wird (so zum Beispiel die Ersteller der polizeilichen Kriminalstatistik, s. u.). Es handelt sich daher eher um interessierte Mahner, die die Regel so sehr internalisiert und naturalisiert haben, dass sie in staatsbürgerlicher Absicht die Durchsetzung dieser naturalisierten Regeln anmahnen möchten, wobei diese Durchsetzung den Mahnern häufig eine Frage der (in der Realität verpassten) Selbstverständlichkeit ist. Ihr Moralunternehmertum ruht auf der festen Gewissheit, dass die Regeln richtig sind und dass die Regel für sich bereits Verhalten kategorisiert, was von Reaktionsinstanzen (und dem Rest der Öffentlichkeit) unentdeckt bleiben, verkannt oder falsch eingeschätzt werden kann. Unterschiede in Interpretationen der Situation oder gar verständliche Interessenlagen, die gegen eine Aufnahme ins Hellfeld sprechen, wenn die Situation nicht unterschiedlich interpretiert wird, tauchen in ihrer Betrachtung nicht auf, sind für sie ganz und gar unverständlich.

7.3 Moralunternehmerische Definitionsaktivitäten

Diese Naturalisierung des Dunkelfelds, die in Beiträgen zur Dunkelforschung immer wieder zu finden sind, stellt eine originäre Definitionsleistung und Unterstützung von bereits erbrachten Definitionsleistungen dar. Dunkelzifferforschung ist die Forschung nach Zuschreibungen jenseits der offiziellen Statistik und übernimmt entweder diese Fremdbeschreibungen und macht sich damit zum Sprachrohr der befragten Gruppen, deren Definitionen dadurch zu „unentdeckter Kriminalität" werden oder aber konstruiert selbst Felder von Kriminalität, die anhand von Beteiligtenbefragungen selbst gefüllt werden, oftmals ohne, dass die Beteiligten dies selbst getan hätten; das ist das, was Köllisch als „Schwarzfeld" bezeichnet hatte. Während die Studien regulär davon ausgehen, dass sie Gegebenes („Daten") auffinden und somit nur ans Licht ziehen, was rechtsstaatlich im Dunkeln bleibt, sind sie selbst im Definitionsspiel involviert, indem sie Zuschreibungen reproduzieren oder selbst erst produzieren. Sie tun dies jedoch in einer speziellen Situation: Die mutmaßlichen „Täter" kennen sie nicht, selbst dann, wenn ihre „Daten" von ihnen stammen. Sie vollbringen ihre Definitionsaktivitäten daher ohne die Möglichkeit der direkten Zuschreibung des Etiketts „kriminell" auf die „Täter", sondern definieren nur ein durch Zahlen vernebeltes Feld als „Kriminalitätsfeld".

Durch die Mitdefinition von Dunkelfeldern partizipieren die Autoren der Studien an gesellschaftlichen Definitionsleistungen von Kriminalitätskategorien, die sie nur aufzunehmen vorgeben. Zugleich jedoch positionieren diese Autoren sich selbst. Das heißt, das in den untersuchten Studien eine mehrspurige Konstruktionsleistung erkennbar ist: Die Wissenschaftler, die Dunkelfelder untersuchen, konstruieren damit auch eine eigene moralische Identität mit. Sie verorten sich selbst im Feld der Definitionen; der Etikettierer erlangt in einem sozialen Kontext Zuschreibungen dadurch, dass er selbst anderen Zuschreibungen macht (S. 5). So dient eine öffentliche, gemurmelte Beschwerde über einen Jugendlichen, der zu dicht mit dem Skateboard an einer älteren Dame vorbeifährt, weniger dem Zweck, dem lange weggefahrenen Jugendlichen eine Zuschreibung zu machen, als mehr dem Zweck, sich selbst als Verteidiger der alten Dame und damit einer bestimmten Idee normativer Ordnung zu gerieren. „Die Zuschreibung ist zugleich eine Wir- und Ich-Leistung, der Umgang mit der Zuschreibung aber auch; der Etikettierte gerät in ein Spiel mit seiner Identität, das aber immer auch auf den Etikettierer mitwirkt" (S. 6).[8] Wer Dunkelziffern untersucht und mit ihnen einen „bedrückenden Verdacht" formuliert, geriert sich in staatsbürgerlicher Absicht als Freund von Recht und Ordnung.

---

[8] Hierbei ist in Anlehnung an interaktionistische Perspektiven von einem „Spiel" hier und an anderen Stellen im Text insoweit die Rede, als dadurch die Offenheit des Ausgangs in einem Interaktionsprozess betont wird, der am Ende Definitionsgewinner und Definitionsverlierer produzieren wird. Für die Teilnehmer sind dieses Spiel und ihr Ausgang natürlich, wie viele Wettbewerbe, bitterer, in manchen Fällen tödlicher Ernst.

Nun kann an die Dunkelfeldforschung herangetreten werden, für die die Feststellung einer Dunkelziffer ein Datum war. Hier kann bei den Berichten offizieller Reaktionsinstanzen begonnen werden, um danach die Berichte wissenschaftlicher Kontributoren zu untersuchen, um festzustellen, welche Definitionsaktivität in Dunkelfeldstudien erkennbar ist.

7.4 Polizeiliche Verwendung von Dunkelzifferstatistiken

Das bekannteste Beispiel einer offiziellen Meldung von Dunkelziffern findet sich in der polizeilichen Kriminalstatistik (PKS), die Jahr für Jahr dieselben Formulierungen zu diesem Thema verwendet: „Die Aussagekraft der Polizeilichen Kriminalstatistik wird besonders dadurch eingeschränkt, dass der Polizei ein Teil der begangenen Straftaten nicht bekannt wird". Das geschehe aufgrund von Anzeigeverhalten, Kontrolle durch die Polizei, statistische Erfassung, Strafrechtsänderung und „echter Kriminalitätsänderung" (2007, S. 7). Sie geht daher unstrittig von der Objekthaftigkeit von Kriminalität aus. Das muss sie: Ohne die Annahme der Objekthaftigkeit von Kriminalität ist Polizeiarbeit im Vokabular des Rechtsstaats (und des Legalitätsprinzips) nicht möglich. Damit strukturiert sie ein Arbeitsfeld, das nie ganz aufgearbeitet ist, auf dem immer Fortschritte zu machen sind, die ihre Aufgabe darstellen. Sie reproduziert, das ist zunächst erwartbar und unmittelbar einsichtig, das Vokabular ihrer Notwendigkeit in der PKS. Darüber hinaus sind einige andere Verwendungen der Figur des Dunkelfeldes bemerkenswert: Die Statistik nutzt zwei interpretative Verwendungen des Dunkelfelds einerseits als *deus ex machina*-Erklärung, andererseits als Möglichkeit, steigende Kriminalitätszahlen als Erfolgsmeldung zu verpacken. Für den Fall der leichten Körperverletzung bemerkt die PKS, „[d]ie großen Diskrepanzen bei den Häufigkeitszahlen zwischen einzelnen Ländern und einzelnen Städten dürften eher Erfassungsunterschiede bzw. eine unterschiedliche Aufhellung des Dunkelfeldes als tatsächliche Kriminalitätsunterschiede widerspiegeln" (S. 155). Die Figur der Dunkelziffer wird hier verwendet, um statistische Seltsamkeiten wegzuerklären, was die Statistik letztlich den Erwartungen an die Statistik unterwirft: Was nicht in die Erwartungen passt, muss offensichtlich falsch sein, und dank der Figur der Dunkelziffer *kann* es das auch. Hier erbringt die Definition einer Dunkelziffer die Rückkonstruktionsleistung, statistische Erwartungen zu stützen und eine Idee der Einheitlichkeit innerhalb Deutschlands gegenüber anderslautenden Statistiken zumindest als möglich zu definieren, was wiederum Einheitlichkeit konstruiert. Dadurch wird die Selbstverständlichkeit der konstanten Kriminalität in einer (großen) Gruppe gestützt, die konstante Ermittlungsaktivität der Polizei jedoch nicht. Das untermauert die Verantwortlichkeit der Polizei, die Kriminalitätsbelastung wird jedoch quasi als „normales" Übel portraitiert, das als Gefahr „präsent" ist. Die Polizei ist es, die im Licht dieser Gefahr unterschiedlich reagieren und unterschiedlich erfolgreich sein kann. Das macht die Polizei zum Akteur, die ermittelten Tatverdächtigen jedoch zu einer homogenen, anonymen, statistisch normalverteilten Gewalt.

Eine „Aufhellung des Dunkelfeldes" erlaubt dadurch außerdem den Kniff, eine gestiegene Rate als gestiegene *Erkennungs*rate konstant bleibender Kriminalität zu verpacken und so steigende Zahlen als Erfolg zu werten. Das geschieht zum Beispiel in den Fällen von Nötigung und Bedrohung, aber auch bei der Körperverletzung. So wird die „seit vielen Jahren festzustellende statistisch starke Zunahme bei Körperverletzung [unter anderem] auf eine verbesserte Aufhellung des Dunkelfeldes ... zurückzuführen sein" (S. 148) – „wird sein" heißt hier: man weiß es nicht –, und auch „[b]ei Nötigung und Bedrohung ist von einem großen Dunkelfeld auszugehen. Eine verbesserte Aufhellung könnte zu dem langfristig starken Anstieg beigetragen haben" (S. 156). Eine Gegeninterpretation, vermischt mit der Steigerung-als-Erfolg-Interpretation, ist jedoch ebenso aufzufinden: „Bei Hehlerei von Kfz und der sonstigen Hehlerei insgesamt waren die erfassten Fälle 2007 rückläufig. Bei Geldwäsche wurde dagegen ein starker Anstieg registriert. Bei Hehlerei und Geldwäsche ist mit einem sehr großen Dunkelfeld zu rechnen" (S. 202). Während steigende Fallzahlen mit einer Verbesserung der Aufklärung erklärt werden können, muss der Rückgang der Fallzahlen nicht mit einem Rückgang der begangenen Taten einhergehen. Insgesamt ist diese Verwendung der Figur des Dunkelfeldes interessanterweise als deskandalisierend erkennbar: Die Figur der Dunkelziffer erbringt hier nicht etwa die Leistung, ein großes Feld bedrohlicher, aber unerfasster Kriminalität zu postulieren, das für die Polizei auch ein Schandmal wäre, ebenso nicht die Leistung, die Belastung zu minimieren, was eine mit der Verteidigung von Rechtsnormen befasste Institution ebenso nicht darf, sondern reproduziert in ihrer nüchternen Ruhe einen rationalen Polizeiapparat, der auf einem Feld, auf dem immer mehr zu tun ist, das Seine tut: Erfolg und noch zu leistende Arbeit halten sich die Waage. Kriminalität ist in diesem Bericht Alltag, und Polizei ist als nüchterne, aber ebenso alltägliche Kontrollinstanz gezeichnet. Dabei stellt die Figur des Dunkelfelds in der Statistik eine unterschwellige Aufforderung dar, die präsentierten Zahlen mit einer gewissen Vorsicht zu genießen.

Diese nüchterne, rationale Selbstzuschreibung in einem unübersichtlichen Feld von Alltagskriminalität setzt sich noch einmal verstärkt auf einem Feld fort, das in der öffentlichen Diskussion gerade nicht von Nüchternheit geprägt ist. Hier findet sich eine weitere bemerkenswerte interpretative Verwendung, die die PKS von der

Dunkelfeldfigur macht: Sie verwendet sie, um sich gegen das öffentliche Bild, sogenannte Ausländer wären krimineller als „Deutsche", zu stellen. Gegenüber einer Statistik, in denen Ausländer überdurchschnittlich häufig vorkommen, stellt sie fest: „Die tatsächliche Belastung von hier lebenden Nichtdeutschen im Vergleich zu den Deutschen ist aus mehreren Gründen nicht bestimmbar. Das doppelte Dunkelfeld in der Bevölkerungs- und in der Kriminalstatistik, der hohe Anteil ausländerspezifischer Delikte und die Unterschiede in der Alters-, Geschlechts- und Sozialstruktur stehen einem wertenden Vergleich entgegen... Grundsätzlich ist zu sagen, dass von der deutschen wie von der nichtdeutschen Wohnbevölkerung nur eine Minderheit bei der Polizei als tatverdächtig in Erscheinung tritt und dies meist wegen Delikten mit geringem Schweregrad" (S. 74). Nach der Feststellung, dass 21,4 % der ermittelten tatverdächtigen Nichtdeutsche waren, fügt die PKS hinzu, „Ein Vergleich der tatsächlichen Kriminalitätsbelastung der nichtdeutschen Wohnbevölkerung mit der deutschen ist jedoch schon wegen des Dunkelfeldes der nicht ermittelten Täter in der Polizeilichen Kriminalstatistik nicht möglich" (S. 105). Hier vermischen sich die *deus ex machina*-Rolle des Dunkelfeldes mit einer politischen Verortung der Polizei, die hierdurch der ihr oft zugeschriebenen Rolle der Überproduktion nichtdeutscher Verdächtiger (vgl. Mansel 2008) entgegenwirkt. Wie die mögliche Feststellung, es gäbe deutliche regionale Unterschiede, mit Hilfe eines Verweises auf die Dunkelziffer und die Unterschiede in der Aufdeckungsquote erklärt wurde, wird die mögliche Schlussfolgerung, es gäbe deutliche Herkunftsunterschiede, mit derselben Figur als nicht notwendige Schlussfolgerung erklärt. Wieder portraitiert die Kommentieraktivität zur Kriminalstatistik mit Hilfe des Dunkelzifferbegriffs die Kriminalität als anonyme und statistisch in jeder Hinsicht normalverteilte Gewalt (wobei die Dunkelfeldfigur die Lücken zwischen der Statistik und der imaginären Statistik, die die demographische Verteilung Deutschlands spiegeln soll, schließt). Hatte die erste solche Verwendung die Leistung erbracht, die Polizei als Akteur zu portraitieren, dient sie nun dazu, einem gerade in Kontexten von Migrantenumfeldern verbreiteten Stereotyp der Polizei als ausländerfeindlich (vgl. Stock 2000) entgegenzuwirken, indem sie die Vorurteile gegenüber dem „kriminellen Ausländer" gerade nicht schürt, sondern Argumente zu ihrer Widerlegung liefert. Wenn man bemerkt, dass die spezifische argumentative Verwendung der Dunkelfeldfigur nicht notwendig ist, sondern im Licht interpretativer Ziele *gewählt* wurde, eröffnet sich hier eine bemerkenswerte Selbstpräsentation der Polizei (die zudem in anderen Kontexten, z. B. der verstärkten Rekrutierung von Polizisten mit Migrationshintergrund, weiterträgt). So sind hier beide Richtungen der Zuschreibung erkennbar: Die Polizei etikettiert eine diffuse, anonyme „Ausländergruppe" als nicht so kriminell, wie in der Öffentlichkeit geglaubt wird, gleichzeitig etikettiert sie sich selbst als Institution, die nicht so ausländerfeindlich ist, wie immer geglaubt wird. Der Umweg des verwendeten Vokabulars wird ebenso etikettiert, indem der Begriff des „Dunkelfeldes", der keine intrinsische Bedeutung mit sich bringt, zur Argumentation verwendet und dadurch in seiner Verwendung interpretativ gefüllt wird.

7.5 Wissenschaftliche Verwendung des Dunkelfeldkonzepts

Die Wissenschaft steht nicht außerhalb des Zuschreibungsspiels. Während die Polizei die Figur des Dunkelfeldes zur Transformation gestiegener Fallzahlen zur Erfolgsmeldung und der Entgegenwirkung gegen ein Bild des „kriminellen Ausländers" verwendet, hat ihre Verwendung in wissenschaftlichen Beiträgen häufig einen latent anklagenden Charakter, verbunden mit einem versteckten Aufruf zur Verschärfung sozialer Kontrolle und einer Selbstzuschreibung der Forscher als besorgte, staatsbürgerliche Wissenschaftler bezüglich Verhalten, an dessen Verurteilung den Autoren gelegen ist. So wird die Diskussion des Dunkelfeldes zu einer Form von (von links oft atypischem) Moralunternehmertum, indem ein ohnehin bereits in der Hinführung als Problem definiertes Phänomen durch die Zitierung der Dunkelziffer als noch einmal schwerwiegender dargestellt wird, als die offiziellen Stellungnahmen dies vermuten lassen, was den Druck zur (öffentlichen) Lösung noch einmal verstärkt. Beispiele dieser Art der Verwendung der Dunkelziffer lassen sich häufig finden; exemplarisch sollen drei aktuelle herausgegriffen werden.

Amanda Robinson beginnt eine Studie zur häuslichen Gewalt mit der Feststellung, „[d]omestic violence is considered to be a serious problem in Britain" (2006, S. 761). Dabei gilt ihr offenbar als eindeutig, was vom Begriff „domestic violence" bezeichnet wird, so dass es sich um eine in der Welt bereits auffindbare Kategorie von Fällen handelt, die nur festgestellt werden muss.[9] Zugleich ist vorausgesetzt, dass es sich um ein Problem handelt.[10] Ein großer Teil ihrer Problemdefinition besteht nun darin, dass diese Feststellung nicht immer erfolgt; sie schlägt daher

---

[9] Dass nicht nur die Frage nach der Erfüllung eines Straftatbestandes, sondern auch – und vielleicht gerade – die Frage nach der Gewalt verworren ist, zeigt die breite Diskussion zum Thema. Das gilt nicht nur für die Frage nach der abstrakten Definition (vgl. Imbusch 2000; Nedelmann 1997; u. v. m.), sondern auch bezüglich der Frage der konkreten Anwendung einer einmal entschiedenen Definition: Wie ein Straftatbestand nicht schon Phänomene als kriminell einordnet, bevor er in einer Situation zur Anwendung kommt (vgl. oben), klassifiziert auch eine Gewaltdefinition noch keine Phänomene, solange niemand die Definition in einer Situation anwendet. Dieses Bewusstsein fehlt der hier betrachteten Arbeit zur häuslichen Gewalt völlig.

[10] Zur Konstruktion von häuslicher Gewalt als soziales Problem vgl. Bals (2008).

Wege vor, die Feststellungsquote zu erhöhen. „It is well known that not all domestic violence is reported to police and that police may not record all domestic violence as criminal incidents" (S. 770). Die Formel „it is well known" beansprucht fraglose Gültigkeit (und portraitiert jene, die dies „nicht wissen" oder „anders wissen" als ignorant); die Bemängelung der imperfekten Berichtsquote ist die damit einhergehende Problemdefinition, der damit ebenso fraglose Gültigkeit zugeschrieben wird. Die Folgeaussage beinhaltet eine weitere Spitze: Die Polizei registriert nicht alle Fälle von *domestic violence* als kriminelle Zwischenfälle, nimmt Fälle dieser Problematik – aus welchen Gründen auch immer – nicht auf. Zur Definition einer Handlung (die nie näher beschrieben wurde) als soziales Problem tritt nun noch die Definition der Responsivität als soziales Problem, einhergehend mit einer unterschwelligen Zuschreibung der Bagatellisierung des zuvor für fraglos gehaltenen Problems. Während es die Diskrepanz der Definitionen ist, die diesen Vorwurf verursacht, wird die Polizei explizit als Instanz ausgemacht, deren Fähigkeiten zum Erkennen der Situation nicht genügend ausgebildet sind. Zudem wird fraglos normalisiert, dass soziale Probleme dieser Art notwendigerweise von offiziellen Kontrollinstanzen gelöst werden müssen: Wenn die Polizei den Fall nicht aufnimmt und nicht einschreitet, ist die Bearbeitung des Problems unvollendet. Das trägt sich weiter in die Analyse der Interaktionen der Beteiligten vor der Involvierung der Polizei. Die Autorin schreibt, „it was felt that there were still limits to what could be accomplished, particularly in cases where victims do not want assistance or do not admit there is a problem" (S. 776). Zwei unterschiedliche Problemdefinitionen finden sich in diesem Absatz: In der ersten Definition möchten die Betroffen die Hilfe nicht; in diesen Fällen haben sie ein Problem „erkannt", jedoch haben sie ebenso Gründe, aus dieser Erkenntnis nicht die Konsequenz zu ziehen, offizielle Kontrollinstanzen hinzuzuziehen, was hier implizit als Fehler definiert wird. Die Autorin sieht die Verfolgung der selbst als Problem definierten Fälle als so überragend wichtig an, dass die Verfolgung anderer, verwobener Interessen auszuräumende Hindernisse darstellen. In einer Fallbeschreibung taucht z. B. auf: „Despite continuing physical, financial and mental abuse over the 6-month period, [victim] has been afraid to call the police because she thought social services would be concerned about her kids and possibly take them" (S. 783). Diese Sorge ist nicht unberechtigt; das Opfer tätigt eine Abwägungsentscheidung, die jedoch in der hier verfolgten Definition nur als irrationale Ausrede fassbar wird. In der zweiten Definition erkennen die Beteiligten das Problem gar nicht. Durch die Rahmung dieser Option durch das Verb „zugeben" („admit") ist von vornherein ausgeschlossen, dass die Definition der Beteiligten Anerkennung verdient. Erkennen sie eine Situation häuslicher Gewalt nicht als solche, liegen sie falsch. Hier eignet die Autorin sich offen die Wertungen von Hilfsorganisationen an, indem sie berichtet, „if victims chose to stay with their partners, then

7.5 Wissenschaftliche Verwendung des Dunkelfeldkonzepts

the agencies accepted – even if some did so begrudgingly – this reality" (S. 776). Dass diese Entscheidung falsch ist, daran besteht kein Zweifel; der Beitrag schreibt aus der Selbstverortung der Autorin auf der Seite der Hilfsverbände. Gerade auf dem Feld der interpersonalen Konflikte ist dies jedoch eine bemerkenswert breite Definition, von der Köllisch viele Elemente ins „Schwarzfeld" rücken würde: Handlungen, die von keinem Beteiligten als Kriminalität eingeordnet wurden, die aber von wissenschaftlichen Beobachtern und Hilfsorganisationen, die annehmen, sie hätten objektive Kategorien, die die Wertung der tatsächlich Involvierten überschreiben könnten, als solche „erkannt" wurden. So bliebe so eine große Dunkelziffer unberichtet (S. 783). Diese besteht aus den Fällen, die die Autorin, in Koalition mit den Hilfsorganisationen, selbst als Problem definiert, die jedoch nicht von offiziellen Stellen mitdefiniert wurden. Dieser Dunkelziffer möchte der Beitrag nun begegnen, indem die verborgenen Fälle ins Hellfeld gezerrt werden sollen, d. h. Reaktion durch Mitdefinition durch die Reaktionsinstanzen angemahnt wird. Dies möchte die Arbeit in klassisch positivistischer Manier durch das Zusammentragen von möglichst ausführlichen und detaillierten Daten erreichen. Der Beitrag wirbt hierzu für einen stärkeren Datenaustausch zwischen Institutionen, um diese Dunkelziffer zu vermindern: Während die Polizei Wissen über eine Frau als Opfer hat, können die Bewährungshilfe Daten zum Mann fehlen (S. 762), Hilfsorganisationen können über Daten verfügen, die der Polizei niemals bekannt werden, etc.; „There is usually a wealth of information held in the community about all the people affected by domestic violence in a particular household, but it takes a MARAC-type process [inter-agency database cooperation, M.D.] for that information to come together in a way that can actually make a difference in people's lives" (S. 775). Mit einer solchen Vernetzung wird ein „Erkennen" der „wahren" Situation ermöglicht. Nicht nur findet sich hier eine klare Parteinahme zugunsten einer in der Welt bereits auffindbaren Einschätzung einer Situation als häusliche Gewalt, die tatsächlich jedoch lediglich die interessiert breite Definition der Hilfsorganisationen übernimmt, zudem werden dagegen stehende Bedenken, wie zum Beispiel Datenschutzsorgen, nicht angesprochen. Der Beitrag nutzt damit ein fragloses Reden von objektiv bestehenden, „gegebenen" Fällen, die nur erkannt werden müssen, und ein ebenso objektives Reden von „unentdeckter" Dunkelfeldkriminalität, um eine breitestmögliche Eigendefinition von Handlungen als häusliche Gewaltakte, vorgenommen in Definitionskoalition mit Hilfsorganisationen, als „normal" zu setzen. Dabei werden engere Definitionen von Kontrollorganen und an den Situationen Beteiligten oft diskussionslos überschrieben, zum Teil als Ignoranz gebrandmarkt, wenn nicht gar mit einem unterschwelligen Vorwurf von böswilligem Chauvinismus versetzt. Es greift Scheerers treffende Analyse, dass wenn nur die Absichten gut sind und das betrachtete Verhalten gesellschaftlich geächtet genug ist, diese Konstellation in der Lage ist, „alle reflexive Kritik von vornherein [zu] blenden" (1986, S. 136). Der Kreis als Gewalt etikettierter Taten soll mit Hilfe dieser Dunkelfeldforschung gegenüber der gegenwärtigen Situation dadurch massiv erhöht werden, um das „wahre Ausmaß" des Problems ans Licht zu zerren. Damit betreibt die Autorin Selbstverortung in einer positivistischen Datensammlungswissenschaft (und das wohl unwillentlich), zugleich aber portraitiert sie sich als besorgte, staatsbürgerliche Sozialwissenschaftlerin, die in Verteidigung der Gewaltopfer in Haushalten auftritt. Mit dieser fraglos populären Position wird sie auf breite Unterstützung stoßen, bis der Kontakt mit der Situation die vielfältigen Definitions- und Interessenkonflikte offenlegt, die mit einer solchen Position verbunden sind.

Eine ähnliche Verwendung der Figur des Dunkelfeldes findet sich bei Hanns von Hofer (2000). In einer Untersuchung von Vergewaltigungsstatistiken Schwedens sucht er aufzuklären, warum die schwedischen Zahlen dreimal so hoch wie der europäische Durchschnitt ausfallen und findet unterschiedlich geführte Statistiken. In einer historischen Betrachtung des Trends von 1842–1998, vor allem der geringen Zahlen zu Beginn und der stetig steigenden Zahlen zum Gegenwart hin, stellt er fest: „It is clear that a shift *of some kind* in the size of the dark figure ought to have taken place between the mid-nineteenth century and the end of the twentieth century. It would not be reasonable to assume that there were virtually no rapes in Sweden in the middle of the last century" (S. 85). Hierbei geht er von einer diachron feststehenden Vergewaltigungsdefinition aus, die die offiziellen Statistiken nur erkennen und repräsentieren müssen, schließt aus dem Alltagsverständnis, dass es Vergewaltigungen immer gäbe, dass daher die Statistiken nicht korrekt geführt sein können – das heißt, dass nicht alle „wahren" Vergewaltigungen (in gleicher Proportion zum Dunkelfeld) in der Statistik aufgegangen sein können. Daher sei die Statistik nicht aussagekräftig, was die Zunahme der Vergewaltigungen nach dem zweiten Weltkrieg betrifft: „It is impossible to say exactly how much of this post-war increase is the result of changes in the number of offences actually committed, or of changes in the propensity to report such offences, in investigation routines, or in the relevant legislation" (S. 86): Von der Existenz von Vergewaltigungen als objektive Tatsache wird fraglos ausgegangen, obwohl der Beitrag Coleman und Moynihan mit den Worten zitiert: „crime statistics are a construct" (S. 88). Der Argumentation des Beitrags liefe eine Rezeption dieser Einsicht jedoch zuwider: Die Alternativen zur Erklärung der unterschiedlichen Zahlen bestehen für ihn lediglich darin, dass tatsächlich mehr Vergewaltigungen begangen wurden, oder dass die Gesetze Vergewaltigungen stärker als das erkennt haben, was sie sind. Die von Coleman und Moynihans Zitat aufgedrängte Perspektive, dass es sich um eine Veränderung von Interpretation handelt, dass nun mehr Handlungen als Vergewaltigung *definiert* wurden, die vorher keine Vergewaltigungen *waren* – nicht nur nicht als solche erkannt

7.5 Wissenschaftliche Verwendung des Dunkelfeldkonzepts

wurden – kommt gerade im Kontrast zur Deutung der Zahlen des Jahres 1842 und in der folgenden Betrachtung von „Actual Crime Levels" (S. 86) für den Autor nicht in Frage. Auch hier wird – wie im Fall der PKS – von statistisch vorausgesetzten Normalfällen ausgegangen, die die Interpretation des Materials und die Verwendung der Dunkelfeldfigur leiten, wodurch Annahmen statistischer Normalität reproduziert werden. Gleichzeitig findet sich ein wohlwollender Strang der Argumentation, als diese feststellt, dass Vergewaltigungen nun stärker für das erkannt werden, was sie sind, womit einmal mehr eine völlig konsensfähige soziale Problemdefinition zur Grundlage gemacht wird: die Konstrukthaftigkeit des Feldes wird auch dann noch ignoriert, nachdem der Text sie bereits bemerkt hat. Wieder gilt Scheerers Einsicht.

Das ist eine klassische Verwendung der Dunkelzifferfigur: Ein als großes Problem definiertes Phänomen wird durch die Nennung hoher Dunkelfeldzahlen noch einmal zusätzlich problematisiert, um zu zeigen, dass das Problem noch größer ist, als dies mit Blick auf offizielle Statistiken scheint.

Das ist jedoch nicht die einzige Verwendung, die der Begriff des Dunkelfelds finden kann; er wird auch zur gegenteiligen Zielsetzung eingesetzt. Alex Stevens (2007) verwendet den Dunkelfeldbegriff nicht zur Verstärkung eines sozialen Problems, durch die dessen Ausmaße als größer dargestellt werden, als offizielle Angaben dies zeichnen, sondern vielmehr zur Infragestellung eines sozialen Problems, nämlich der Drogenkriminalität. In der Besprechung derselbe wäre „the most basic of criminological notions, the dark figure" ignoriert worden (S. 77). In dem Maße, in dem die Dunkelziffern der Drogenverwendung und des „Verbrechens" kollidieren (der Artikel setzt „crime and drug use" nebeneinander, S. 77), resultiere daraus eine Überschätzung der Korrelation von Verbrechen und Drogenverwendung (S. 78), die ihrerseits zur Rechtfertigung repressiver Kriminalpolitik diene (ebd.). So verurteilt der Beitrag die definitorische Verwendung einer Korrelation, indem er selbst eine definitorische Verwendung der Dunkelziffern betreibt. Dazu tritt er zunächst in Howard Beckers Fußstapfen. Becker hatte bereits in den fünfziger Jahren gezeigt, wie die mediale Verknüpfung von Marihuanabesitz und Gewaltkriminalität zur Unterstützung der Kriminalisierung des Stoffes verwendet wurde (1963). Dieselbe Strategie wird von Stevens untersucht, der feststellt, dass die Anzahl der Artikel, die Drogen in Kombination mit Verbrechen verwenden, in den neunziger Jahren um das achtfache angestiegen sei (2007, S. 79). Nun versucht der Autor einen Kniff, der ihm einen performativen Widerspruch einbringt: Zunächst zitiert er die *British Crime Survey*, nach denen nur 6 % von Verbrechen gegen Personen zur Identifikation des Täters führen (S. 82), was von einer gegebenen Menge an solcher Kriminalität ausgeht, von der ein Großteil nicht aufgedeckt wird. Dieselbe Zahl wird aus einer Täterstudie zitiert, in der nur 6 % berichteten, für ihr (selbstdefniertes!) Vergehen verhaftet worden zu sein (S. 82).[11] Beide Statistiken vertreten so normobjektivistische Ideen von Kriminalität, die in der unkritischen Zitierung übernommen werden. Durch diese Übernahme kann die Verbindung von Verbrechen und Drogenkonsum nun als Voodoo-Kriminologie bezeichnet werden, da beide Dunkelziffern gerade kollidieren und damit aus den offiziellen Zahlen, die eine Korrelation andeuten, keine Korrelation zu beweisen wäre. Das ist dieselbe Verwendung, die die deutsche PKS von der Figur des Dunkelfeldes gemacht hatte, um dem landläufigen Vorurteil zu begegnen, Ausländer wären Krimineller als Deutsche; mit derselben Argumentation will Stevens der landläufigen Meinung begegnen, Drogenkonsum führe zu Verbrechen. Anstatt dass die Figur des Dunkelfeldes zur Ausweitung des Feldes der Kriminalisierung führen soll, soll sie hier dieses Feld gerade eingrenzen.

7.6 Das wahr(e) produzierte Dunkelfeld

Das Dunkelfeld gibt es nicht; das Dunkelfeld gibt es immer. Die Dunkelfeldfigur ist keine objektive nüchterne Wiedergabe eines Problemfelds und Ansatz zur Kritik an dessen mangelnder Bearbeitung; als dritte Form des Moralunternehmertums, das Becker in zwei Formen gegossen hatte, ist es vielmehr die Fortführung einer Definitionsleistung zu diesen Problemen, die jedoch im Gegensatz zu klassischen moralunternehmerisch definierten Problem bereits als Problemlage definiert vorliegen müssen, damit dieses dritte, mahnende Unternehmertum auf den Plan treten kann. Als solche gibt es das Dunkelfeld immer dann, wenn es zur Definition eines Raums von Verhalten verwendet wird, das von bestimmten und bestimmbaren Akteuren zur Definition eines Verhaltens als „kriminell" verwendet, zu dem kein neues Verbot geschaffen werden soll, sondern das vielmehr in den Rahmen eines bestehenden Verbotes eingebaut, unter ihm subsumiert werden soll mit Hilfe der rhetorischen Strategie, es als bereits unter es fallend, aber noch nicht aufgefallen zu definieren.

Jenseits einer institutionsgebundenen oder herrschaftskritischen radikalen Position kann festgestellt werden, dass jeder Bürger das Rechtsvokabular verwenden und damit jeder Bürger eine Definition eines Verhaltens als kriminell versuchen darf.

---

[11] Dabei stellt Stevens fest, dass ein Großteil der Antworten der Täterbefragung von Jugendlichen im Alter von 10–17 stammt – gerade der untere Abschnitt davon ein Alter, in dem die Definitionen des eigenen Verhaltens als „Kriminalität" von erwartbaren offiziellen Definitionen stark abweichen werden.

7.6 Das wahr(e) produzierte Dunkelfeld

Im breiten öffentlichen Diskurs kann versucht werden, Kriminalisierungen zu erreichen (vgl. Spector und Kitsuse 2001; Becker 1963; u. v. a.), auf dem Feld bereits erfolgter Kriminalisierung kann ein Verhalten als bereits unter es fallend definiert werden. Dabei erfüllt die Figur des Dunkelfeldes allerdings unterschiedliche Funktionen. Sie ist nicht einfach nur Mittel der Ausweitung der Kriminalisierung sozialen Verhaltens: War das klassische Moralunternehmertum noch auf Kriminalisierung bedacht, kann die Frage nach der definitorischen Verwendung des Dunkelfeldes nicht ohne weiteres in eine (materielle) Richtung beantwortet werden: Die Figur kann zur Verstärkung der Definition eines sozialen Problems genauso dienen wie zu dessen Schwächung, sie kann als Mahner in beide Richtungen dienen, sie kann den Glauben an die statistische Normalverteilung eines Phänomens genauso stärken wie das Vertrauen in offizielle Statistiken dämpfen. Das Dunkelfeldkonzept kann somit entgegen der realistischen Perspektive als offenes Vokabular gesehen werden, eine in multiplen Argumentationen verwendbare rhetorische Spielfigur, die keinen eindeutigen Inhalt hat, sondern in jeder Verwendung wieder neu gefüllt werden muss und kann.[12] So geht eine richtig verstandene Dunkelfeldkritik bereits in eine Rekonstitution des Dunkelfeldbegriffs nach der Festschreibung, dass Kriminalität nicht unbenannt existiert, über. Die Feststellung, dass Kriminalität nicht undefiniert besteht, bedeutet nicht, es gäbe keine Kriminalität; die erfolgreich so definierte Kriminalität *ist* die echte Kriminalität, und das erfolgreich so definierte Dunkelfeld *ist* das (momentan) echte Dunkelfeld. Die Definitionen beider Kategorien unterscheiden sich jedoch je nach befragter Gruppe und je nach der sie verwendenden Person, die durch diese Definition von Kriminalität immer auch bereits andere Rückdefinitionen mit anbietet. Eine Zuschreibungsperspektive zur Figur des Dunkelfelds muss daher keineswegs die Frage nach dem Dunkelfeld als absurd abtun, sondern kann in den unterschiedlichen wissenschaftlichen Fragen nach dem Dunkelfeld Formen von Definitionsaktivität erkennen, die die Wichtigkeit eines von bestimmten Akteuren als „Kriminalität" definierten Phänomens dadurch kommunizieren wollen, indem sie mehr davon definieren, als die offiziellen Statistiken dies tun.

Danksagung Ich danke Michèle Spohr für ihre Hilfestellung bei der Endfassung des Manuskripts.

---

[12] Damit steht es dem Rechtsvokabular, mit dem es ohnehin verwandt ist, sehr nahe (Fish 1989, 1994; Dellwing 2008a).

„Geisteskrankheit" als hartnäckige Aushandlungsniederlage: Die Unausweichlichkeit der Durchsetzung von Definitionen sozialer Realität

8

Die Thematik der „Geisteskrankheit" oder „psychischer Störungen" hat zu harten Auseinandersetzungen mit der Psychologie und vor allem der Psychiatrie geführt. Die Zeiten dieses heftigen Antagonismus sind vorbei und es scheint sich eine billigende Inkaufnahme des Primats der Psychologie und der Medizin auf diesem Gebiet durchgesetzt zu haben. Diese Inkaufnahme zeichnet sich vor allem durch eine analytische Stille aus, die in der Soziologie nun bereits zwei Jahrzehnte andauert.

Da es sich bei so genannten „Geisteskrankheiten" um Zuschreibungen von Störungen in menschlicher Interaktion handelt, bleibt dieses Feld ein Kernbereich der Soziologie, das nicht ausschließlich Psychologen überlassen werden darf. Gleichzeitig jedoch ist auch die Zeit vorüber, in der die Soziologie die Diagnostizierten noch von ihrer Diagnose „befreien" wollte. Wie Goffman zum Krankheitsvokabular bereits sagte: „Were there no such notion, we would probably have to invent it" (1981, S. 179). Es leistet wichtige Arbeit, die die interaktionskittende Intervention speziell hierzu bereitgestellter sozialer Akteure erlaubt, Familien entlastet und Realitätsdefinitionen mit rhetorischer Macht durchsetzt. Das wurde als Akt der Herrschaft tituliert, ist letztlich aber nicht mehr als die Selbstverteidigung jener, deren Alltag vom Fortbestand dieser Realitätsdefinitionen abhängt. Der hier angebotene neuerliche Versuch einer soziologischen Thematisierung von „Geisteskrankheiten" – oder moderner: „psychischen Störungen" – soll somit nicht länger als eine Herausforderung an die Psychologie gesehen werden, sondern als Angebot zum Dialog.

Dieser Beitrag erschien ursprünglich 2008 in Soziale Probleme 19: 150–171, erschienen bei Centaurus.

Die Infragestellung der Legitimität und Nützlichkeit psychologischer und vor allem psychiatrischer Interventionen, die Soziologen in früheren Jahrzehnten lieferten, soll hier fortgeführt werden.

In Auseinandersetzungen zwischen der Soziologie und der Psychologie wurde hauptsächlich in Frage gestellt, ob das Krankheitsvokabular *wahr* ist. In einer pragmatistischen Betrachtung soll diese Frage als leer verworfen werden. Der Pragmatismus lehnt die Vorstellung, „Wahrheit" bezeichne eine richtige Repräsentation der Wirklichkeit, ab (Rorty 2007, S. 105). „The world does not speak. Only we do. [...] [I]t cannot propose a language for us to speak" (Rorty 1989, S. 6). Stattdessen ist die Rede von gerechtfertigten Beschreibungen. Auch „gerechtfertigt" ist hierbei keine Eigenschaft der Beschreibung ist, sondern Folge dessen, dass eine Beschreibung erfolgreich gerechtfertigt wurde.

Diese Perspektive soll nun an das Vokabular der Psychopathologie herangetragen werden. Der Status „krank" wird als eine wirksame und erfolgreiche *Beschreibung* von Personen gesehen, das Vokabular der Psychopathologie als eine gegenwärtige erfolgreiche Beschreibung der Interpretation von menschlichem Verhalten. So soll in Bezug auf die Perspektiven auf dem Gebiet der „psychischen Störungen" von Beschreibungen des Feldes geredet werden anstelle von Erkenntnissen, in Bezug auf die Einordnungen des Status der beteiligten Personen von Beschreibungen anstelle von Diagnosen. Die Frage nach der „Wahrheit" der Beschreibung von Personen als „geisteskrank" oder „psychisch gestört" soll nicht gestellt werden; angeboten wird keine neue Wahrheit, sondern eine Neubeschreibung des Feldes; „there is no answer to a redescription save a re-re-redescription" (1989, S. 80).

Auf dieser Basis soll hier der Vorschlag gemacht werden, medizinisch als „psychisch gestört" beschriebene Personen soziologisch als jene zu fassen, die drei Sprachspiele verlieren, *ohne aber, dass ihnen zugeschrieben wird, diese Spiele aufgegeben zu haben*. Sie werden als norm- bzw. skriptbrüchig beschrieben – erstes Sprachspiel; ihnen gelingt die Situationsentschärfung nicht – zweites Sprachspiel; außerdem unterliegen sie in darauffolgenden formellen Reaktionen, in denen ihnen der Status als „Kranker" zugeschrieben wird – drittes Sprachspiel. Das ist zunächst aus den bestehenden soziologischen Thematisierungen des Feldes auch bereits zu entnehmen. Mit Hilfe einer Beschreibung von Rhetorik als Mittel, Definitionen sozialer Realität Nachdruck zu verleihen, kann eine Neubeschreibung angeboten werden, die die Leistungen vorheriger soziologischer Thematisierungen anerkennt, ohne ihre umfassenden Erklärungsversuche zu übernehmen: Die hier angebotene Beschreibung soll die medizinische nicht ersetzen. Dadurch soll der soziologischen Thematisierung dieses für die Soziologie wichtigen Feldes neue Aktualität verliehen werden.

8.1 Soziologien der „Geisteskrankheit"

Die Soziologie hat sich vor allem von den sechziger bis zu den achtziger Jahren ausführlich mit der Thematik der „Geisteskrankheit" beschäftigt. Die hier vorgeschlagene Neubeschreibung kann sich an bestehende Thematisierungen der so genannten „psychischen Störung" durch die Soziologie anschließen. Oft nahm diese Auseinandersetzung jedoch die Form eines epistemologischen Konflikts an, in dem die „Wahrheit" des Vokabulars der Krankheit in Frage gestellt wurde. Ziel war, die psychologische und vor allem psychiatrische Thematisierung durch eine soziologische zu *ersetzen*.

Die härteste Auseinandersetzung mit der Psychiatrie kam von Seiten der linksemanzipatorischen „Antipsychiatrie", die vor allem von David Cooper und Ronald D. Laing vertreten wurde. Auf der Höhe der emanzipatorischen Sozialwissenschaft der sechziger und siebziger Jahre wurde die Psychiatrie in dieser Gruppe schnell als Gegner ausgemacht: Psychiatrie war Herrschaftswissen, und der „Geisteskranke" war derjenige, der eine Freiheit an den Tag legte, die zeigte, dass es ein Leben außerhalb der geltenden Normen gibt. Durch diese gänzlich unerwarteten Handlungen war dieser Ausnahmemensch ein Vorbote der Revolution. So war „Verrücktheit" für David Cooper ein „verzweifelter Versuch der Ent-Entfremdung" (1979, S. 37). Mehr als nur Zeichen für eine andere Realität war dieses Verhalten ein Zeichen für die Falschheit der herrschenden Realität, in der die Psychiatrie „einen rigorosen Zwang zur Verinnerlichung der bürgerlichen Leistungsmoral" (Keupp 1972, S. 16 f.) ausübte. Die „Verrücktheit" dagegen galt als Blick auf die freiere, wahrere Realität, und die linke Kritik zielte auf „die politische Wiederaneignung der Verstörung – bei der die Menschen sich wieder aneignen, was das repressive System ihnen genommen hat" (Cooper 1978, S. 9). Die geltende Ordnung wird so zum „Verrat an unseren wahren Möglichkeiten", so dass die „wahre Verrücktheit" in der Einhaltung der geltenden Ordnung bestand; „viele von uns [sind] nur zu erfolgreich darin [.], sich ein falsches Selbst anzuschaffen, um sich an falsche Realitäten anzupassen" (Laing 1972, S. 12). Die Psychiatrie – gemeint war vor allem die somatische Psychiatrie, die Einsperrung und medikamentöse Behandlung zum Kern ihres Eingriffs machte – war somit Vertreter einer Kontrollordnung. Die linke Kritik hält daran fest, dass es sich in Medikalisierung und Kriminalisierung „um die beiden Pole derselben Politik handelt" (Castel et al. 1982, S. 217). Das galt aber auch für eine Psychoanalyse, die herrschende Normen therapeutisch stärkte. Auch diese war Ziel des Angriffes soziologischer Streiter: Robert Castel schreibt, er wolle „dasjenige in der die Existenz der Psychoanalyse begründenden analytischen ‚Konvention' herauszuarbeiten suchen, das die herrschenden Machtstrukturen wiederholt und sie – die analytische Konvention – von Anfang an zum Komplicen des sozioökonomischen Systems macht, in dem sie sich einrichtet" (Castel 1976, S. 10). Diese Thematisierung funktioniert nur mit einer starken Verankerung im Wahrheitsbegriff, der aktiviert werden muss, um die gegenwärtige und von Psychiatern vertretene Ordnung falsch und die in der „Verrücktheit" angedeutete „andere" Ordnung befreiend zu machen. Es ist dieser Wahrheitsanspruch, der zum harten Konflikt geführt hat. Der Verlust dieses Anspruches in späteren soziologischen Formulierungen der „Geisteskrankheit" hat die Diskussion deutlich entschärft.

Diese Entschärfung ist jedoch nicht sofort eingetreten. Zeitgleich mit der linken Herausforderung durch die „Antipsychiatrie" kam eine liberale Herausforderung auf, die bis heute fortgeführt wird; ihr Wortführer ist Thomas Szasz. Szasz ist kein Soziologe, betont aber gerade die Notwendigkeit, das Phänomen in einem soziologischen Kontext zu betrachten: „[T]he laws of psychology cannot be formulated independently of the laws of sociology" (1974, S. 8). Der Kontext, in dem die Thematik von ihm beleuchtet wird, ist dann jedoch eine radikal individualistische Perspektive, in der Geisteskrankheit als unwissenschaftlicher Mythos bezeichnet wird, der die Tatsache der freiwilligen Verletzung der Rechte anderer durch das Spiel „Krankheit" vertuscht. Das medizinische Modell „places psychiatry in the company of alchemy and astrology and commits it to the category of pseudoscience" (1974, S. 1), und „[a]ll these theories downgrade and even negate explanations of human behaviour in terms such as freedom, choice, and responsibility" (S. 5). Diese soll erreicht werden, indem das als Krankheit betitelte Verhalten als Spiel umbeschrieben wird, indem Machtpositionen erreicht und verteidigt werden sollen. „As a game, it is characterized by the goal of domination and interpersonal control; the typical strategies by which this goal is pursued are coercion by disability and illness, and by deceitful gambits of various kinds, especially lies" (S. 228). Psychische Störungen sind für Szasz keine Krankheiten, sondern von Menschen angewandte Spiele, in denen Zwang auf andere ausgeübt werden soll, deren Zwangscharakter jedoch nicht offen eingestanden wird; es ist für Szasz ein Zwangsspiel eines Akteurs, dem der Mut fehlt, die Konsequenzen dieses Spiels zu ertragen. „The hysteric plays a game consisting of an unequal mixture of these three strategies [of coercion, self-help, and cooperation", in der „coercive maneuvers predominate" (S. 213), aber „he cannot play this game in a skilful and uninhibited manner. To do so requires two qualities he lacks: a relatively indiscriminating identification with the aggressor, and a large measure of insensitivity to the needs and feelings of others" (S. 214). Dabei gesteht Szasz ein, dass der Wunsch zum Zwang nicht bewusst sein muss, schreibt diesem Wunsch jedoch zu, treibende Kraft des Verhaltens zu sein. Die „Hysterie" ist ein Kompromiss zwischen den drei Spielen, von denen keines offen gespielt werden kann. Die Rolle des Analytikers ist es, dem Menschen zu helfen, andere Rolle zu

8.1 Soziologien der „Geisteskrankheit" 137

spielen – nicht aber, ihn medizinisch zu „behandeln". „This implies candid recognition that we ‚treat' people by psychoanalysis not because they are sick, but, first, because they desire this type of assistance; second, because they have problems in living for which they seek mastery through understanding of the kinds of games which they, and those around them, have been in the habit of playing; and third, because, as psychotherapists, we want and are able to participate in their ‚education', this being our professional role" (S. 248).

Wie die linke Variante benötigt auch diese Konzeption einen starken Begriff von Wahrheit; anders als die linke Variante ruht diese Konzeption jedoch auf einem starken Bild positiver Wissenschaft mit der *scientific method* als Mittel klarer Wahrheitsfindung, gemeinsam mit einer starken libertären Konzentration auf den Einzelnen, der von diesen Methoden unterworfen wird, wie Szasz sagt, „the invasion of man's journey through life by psychiatry" (1991, S. 4).

Zur ungefähr selben Zeit kommen interaktionistische Perspektiven auf, die die Geisteskrankheit als zugeschriebenes Label betrachten. Thomas Scheff hat hier die bekannteste Anwendung des *labeling approach* an dieses Thema in *Being Mentally Ill* geliefert: Hier wird das Etikett „Geisteskrankheit" zur Residualkategorie, die dann aktiviert wird, wenn andere Zuschreibungen zur Erklärung eines Verhaltens scheitern. „After exhausting these categories, however, there is always a residue of the most diverse kinds of violations for which the culture provides no explicit label" (1984, S. 37). Während auch die „linken" Thematisierungen die Diagnose als Zuschreibung gesehen hatten, ist diese Analyse bei Scheff nicht mehr ins Antagonistische gewendet: „It should be made clear at this point that the purpose of this theory is not to reject psychiatric and psychological formulations in their totality. It is obvious that such formulations have served, and will continue to serve, useful functions in theory and practice concerning mental illness" (S. 13). Die rein individuelle Ätiologie der Psychiatrie ist jedoch unsoziologisch; sie schafft eine reduktionistische, monokausale Erklärung mit der Konsequenz: „‚Give a dog a bad name and hang it'" (Dewey, zitiert in Scheff 1984, S. 20). Das als krank bezeichnete Verhalten ist eine Abweichung, die erst im Kontext mit sozialen Erwartungen überhaupt als solche bemerkt werden kann. „Categories of deviance are not absolute: There is no such thing as crime per se or [...] psychiatric symptoms per se" (S. 29). Das macht die Thematisierung unvermeidlich soziologisch: „If it proves to be correct that most symptoms of mental illness can be systematically classified as violations of culturally particular normative networks, then these symptoms may be removed from the realm of universal physical events, where they now tend to be placed by psychiatric theory, along with other culture-free symptoms such as fever, and be investigated sociologically and anthropologically like any other item of social behaviour" (S. 40). Dabei ist die Ätiologie des Verhaltens durchaus erfragbar, aber für die von Scheff angebotene Untersuchung letztlich uninteressant: „Residual rule-breaking arises from fundamentally diverse sources [...] organic, psychological, external stress and volitional acts of innovation or defiance" (S. 41), deren Diskussion nicht Zweck seiner Untersuchung und vielleicht nicht einmal interessantes Thema für eine soziologische Untersuchung ist. Scheff geht jedoch weiter und bietet durchaus etwas, was als Ätiologie verstanden werden konnte: er wendet Lemerts Konzept der sekundären Devianz auf die Thematik der „Geisteskrankheit" an, indem er feststellt, dass die Stigmatisierung eine der Hauptursachen für eine abweichende Karriere ist: „Among residual rule-breakers, labeling is among the most important causes of careers of residual deviance" (S. 69).[1] Dieser Punkt ist hier jedoch zunächst nicht wesentlich. Wesentlich an Scheffs Formulierung ist die interaktionistische Verankerung der Zuschreibung von „Geisteskrankheit" als Etikett.

Mit der interaktionistischen Sichtweise eng verwandt sind Goffmans Betrachtungen Auch hier wird nicht mehr eine Frontlinie gegen die Psychiatrie gesucht, sondern vielmehr eine Durchdringung und Erweiterung des psychologischen Vokabular durch ein soziologisches. Neben aller beschreibender Kritik psychiatrischer Praktiken und Kliniken – „hopeless storage dumps trimmed in psychiatric paper" (1981, S. 180) – betont er in *The Insanity of Place* (1981), wie auch Thomas Scheff es tat, den Nutzen des Krankheitsvokabulars, ohne es sich zueigen zu machen. „For more than two hundred years now the doctrine has been increasingly held that there is such a thing as mental illness, that it is a sickness like any other, and that those who suffer from it should be dealt with medically: they should be treated by doctors, if necessary in a hospital, and not blamed for what has befallen them. This belief has social uses" (S. 179). Wie Scheff – und auch schon Szasz – stellt Goffman fest, dass psychopathologische Symptome nicht bereits als solche deutlich sind, sondern zunächst einmal als Abweichung beschrieben werden, bis die Erklärung der Psychopathologie sie einnimmt. „[W]hen an act that will later be perceived as a mental symptom is first performed by the individual who will later be seen as a mental patient, the act is not taken as a symptom of illness but rather as a deviation from social norms, that is, an infraction of social rules and social expectations. The perpetual reconstituing of an offense or infraction into a medical,

---

[1] An diesem Punkt wird ein gesamtes Universum ätiologischer Implikationen des Labeling-Ansatzes deutlich, die zu einer langen Diskussion über die Neuerung dieses Ansatzes anstoßen wird. Michael Petrunik wird diese ätiologische Umformulierung einen „Strohmann" nennen, zu deren Konstruktion besonders Scheffs Arbeit behilflich war (1985), was auch Kitsuse bereits bemängelte (1975). Keckeisen bemerkt, dass an diesem Punkt die Frage aufkommt, ob Kontrollparadigma und ätiologisches Paradigma überhaupt scharf unterschieden werden können (1974, S. 40).

8.1 Soziologien der „Geisteskrankheit"

value-free symptom may come quite late, will be unstable when it appears, and will be entertained differently" (S. 183). Ebenso wie Scheff handelt es sich nach Goffman hierin nicht um Tatsachenfeststellungen, sondern um ein Vokabular, das zur Erklärung eines Phänomens an dieses herangetragen wird: „The position can be taken that mental illness, pragmatically speaking, is first of all a social frame of reference, a conceptual framework, a perspective that can be applied to social offenses as a means of understanding them" (S. 187). Goffman geht jedoch einen Schritt weiter und analysiert das „Geisteskrankheit" genannte Phänomen als Störung gemeinsamer Definitionen sozialer Realität: „Mental symptoms [.] are neither something in themselves nor whatever is so labeled; mental symptoms are acts by an individual which openly proclaims to others that he must have assumptions about himself which the relevant bit of social organization can neither allow him nor do much about" (S. 187). Das ist der Kern des Goffmanschen Bildes psychischer Störungen: Es handelt sich um einen Konflikt in der Definition sozialer Realität, der üblicherweise im Rahmen eines Aushandlungsprozesses beigelegt würde. Dieser Aushandlungsprozess schlägt fehl: Die Definitionen sozialer Realität bleiben verschieden. Das ist kein Problem, solange einer Partei ein Rückzug aus der Interaktion möglich ist. Die schweren Brüche sozialer Beziehungen, die Goffman beschreibt, kommen auf, wenn Rückzug nicht möglich ist; gefährdet ist nicht der Frieden des Hauses, sondern die Definition sozialer Realität. „The issue here is not that the family finds that home life is made unpleasant by the sick person. Perhaps most home life is unpleasant. The issue is that meaningful existence is threatened" (S. 191). Ausgeschlossen kann die störende Person jedoch auch nicht werden, weil auch das die „bedeutungsvolle Existenz" gefährden würde: Die Definition der eigenen Realität würde durch einen Ausstoß ebenso schweren Schaden nehmen. Es entsteht dadurch eine Situation, die nicht akzeptiert, aber auch nicht verändert werden kann; das ist die Folge des von Szasz beschriebenen Zwangsspiels, das in diesem Moment die Gezwungenen unterliegen lässt. Das Etikett Geisteskrankheit ist der letzte Ausweg, der in dieser Situation bleibt, um die Dominanz der eigenen Realitätsdefinition zu verteidigen; „the imputation of mental illness is surely a last-ditch attempt to cope with a disruptor who must be, but cannot be, contained" (Goffman 1981, S. 188). Das liefert das Erklärungsvokabular, das die eigene soziale Realität gegen den widerspenstigen Aushandlungspartner schützt, ohne ihn ausstoßen zu müssen; es glättet aber nicht die Situation, in der dieser Andere weiterhin präsent ist und stört. Die psychiatrische Hospitalisierung ist das letzte Mittel, das Leben wieder zu ordnen: Der Störende wird entfernt mit Hilfe einer Erklärung, nach der er Hilfe erhält, womit diese Entfernung als Akt der Liebe und Fürsorge beschrieben werden kann, ein Ausschluss, der ebenso nicht die soziale Definition der Realität gefährdet, die das Verstoßen eines geliebten Menschen nicht verkraften könnte. Letztlich kann die Definition wieder zu ihrem Ursprungspunkt zurückgeführt werden, wenn der Hospitalisierte zurückkehrt und den fehlenden Aushandlungserfolg selbst einer Erkrankung zuschreibt: „If ritual work is a means of retaining a constancy of image in the face of deviations in behavior, then a self-admission that one is mentally ill is the biggest piece of ritual work of all [...] A week of mayhem in a family can be set aside and readied to be forgotten the moment the offender admits he has been ill" (S. 191).

Anstatt dass diese verschiedenen Thematisierungen als verschiedene Optionen zur Definition von Geisteskrankheit gesehen werden muss, zwischen denen eine Auswahl nötig wäre, können sie als von einer offenen Thematisierung des Phänomens aufnahmefähige Perspektiven gesehen werden. Während keine dieser Thematisierungen „wahr" gegen alle anderen genannt werden sollte, bieten sie dennoch alle Ansätze, die in eine Neubeschreibung Eingang finden können, weil sie zur Betonung bestimmter Aspekte des Phänomens nützlich sein könnten.

8.2 „Geisteskrankheit" als hartnäckige Niederlage

Eine soziologische Thematisierung, die die Skepsis und die Spielbeschreibung Szasz' und den Interaktionismus Scheffs und Goffmans beibehält, kann nun die Zuschreibung einer „psychischen Störung" als dreifache Niederlage thematisieren. Damit geht sie über die einfache Unterordnung im linken Diskurs genauso hinaus wie über die einseitige Spielthematisierung Szasz'. In einer Betonung des Aushandelns von Zuschreibungen in Interaktionen lässt sie ebenso die Zentralität der Regel bei Scheff hinter sich. Sie findet sich am nächsten zu Goffmans Beschreibung der Aushandlung von Realitätsdefinitionen, konkretisiert diese jedoch, indem die Aushandlung von Regelanwendbarkeiten mitthematisiert wird. Wie im Interaktionismus mittlerweile fest verankert ist, sind Regeln keine proskriptiven Vorgaben, die von außen Handlungen leiten und die als Vergleichsschablone für Verhalten erhältlich wären, sondern in konkreten Situationen verwendete Aushandlungsvokabularien, die in Interaktionen erst konkretisiert werden. So finden Aushandlungen nicht auf der Basis von bestehenden, leitenden Regeln statt, auch sind Regeln keine festen Folgen von Aushandlungen, sondern sie existieren vielmehr nur als Vokabular, auf das sich in situationalen Aushandlungen bezogen werden muss, um diese zu gewinnen, ohne dass diese Siege und Niederlagen bereits in Regeln vorgeschrieben wären.

So ist die Zuschreibung der „Geisteskrankheit" das Ergebnis einer dreifachen Aushandlungsniederlage, in der nirgendwo objektive Normen oder objektive

Krankheiten ausschlaggebend sind. Zunächst wird ein Verhalten als normbrüchig etikettiert; das ist bereits keine Tatsache, sondern eine Zuschreibung, die erst interaktional erfolgen muss. Bereits die „Diagnose" des Normbruchs ist somit keine Diagnose, sondern das Ergebnis einer Interaktionsniederlage des *danach* und *dadurch* „Normbrüchigen" Diese Thematisierung klingt bei Szasz an; eine allgemeine theoretische Verdichtung dieses Phänomens findet sich in späteren Diskussionen zum Labeling Approach und in der neopragmatistischen Thematisierung von Normvokabular, wie gezeigt werden wird. Diese Zuschreibung ist zunächst jedoch noch heikel; sie kann, und wird, in vielen Fällen in der Interaktion aufgelöst werden. Erst wenn diese Auflösung nicht gelingt, verfestigt sich die Abweichungszuschreibung; dieser Prozess wurde von Goffman ausführlich beschrieben. Diese Verfestigung ist eine zweite Niederlage in der Interaktion durch denjenigen, der die Zuschreibung erhalten hat. Diese führt jedoch noch nicht unausweichlich zu einer medizinischen Diagnose. Diese folgt erst, wenn die zugeschriebene Abweichlerrolle wieder in Frage gestellt wird zugunsten einer „Geisteskranken"-Rolle. Es ist diese dritte Niederlage, die Scheff als Anwendung einer Residualkategorie beschrieben hat.

In allen drei Fällen ist der Etikettierte der Unterlegene in einem Machtverhältnis, was vor allem von der emanzipatorischen Thematisierung betont wurde; all diese Auseinandersetzungen sind Zwangsspiele, wie Szasz sie thematisiert hatte. Dieses Verhältnis stellt jedoch entgegen derer Betrachtungen nicht automatisch ein Skandalon dar, da jedes Aushandlungsverhältnis mit Siegern und Besiegten endet, was anders auch gar nicht denkbar wäre. Vokabulare sind Zwangsmittel, da sie nicht gegebene Wahrheiten lediglich beschreiben, sondern immer Definitionen sozialer Realität produzieren, die immer auch anders denkbar wären und deren Angemessenheit sich nicht durch einen Vergleich mit einer „wahren" Beschreibung feststellen lässt. Die Denkbarkeit eines „Anderen" setzt dieses „Andere" jedoch nicht in die Position, *besser* zu sein. Besser und schlechter sind als Beurteilungen ebenso Ergebnisse von Sprachspielen, und damit ebenso Prozesse mit Gewinnern und Verlierern.

8.3 Erste Niederlage: Normvokabular

Die erste Niederlage ist eine Niederlage, die in der Regel ohne direkte Konfrontation auskommt und daher nicht sofort als Spiel deutlich wird, da am Spiel immer ein Konkurrent beteiligt sein muss, damit es ein Spiel bleibt (vgl. Cohen und Taylor 1980). Dadurch scheint dieses erste Spiel, als wäre es keines; auf dieser Basis kann die Mehrheit der soziologischen Thematisierungen von einem „Normbruch" als

Ausgangspunkt der Definitionskarriere sprechen, wie es Scheff (1984, S. 20), Szasz (1974, 242 ff.), Goffman (1981, S. 183) und Cooper (1979, S. 140) übereinstimmend tun.

Gerade die Thematisierung des Normbruchs ist jedoch im devianzsoziologischen Interaktionismus nachhaltig in Frage gestellt worden: Normen entscheiden nicht selbst darüber, was und wer sie bricht, sie müssen verwendet werden, von einer Person gedeutet werden, um an ein ebenso gedeutetes Verhalten herangetragen zu werden. Von Interaktionisten wird bezweifelt, „daß Normen eindeutig sind, daß ihre Applizierung auf Sachverhalte bruchlos möglich ist und daß sie kaum Spielraum für Variationsmöglichkeiten enthalten" (Sack 1972, S. 17); sie sind keine objektiven Tatsachen, sondern vielmehr ein Vokabular zur Reproduktion von Abläufen, ein Vokabular, in das Situationen erst hineinbeschrieben werden sollen. Normbrüche sind nicht objektiv gegeben, sondern entstehen dadurch, dass Verhalten als Normbruch *beschrieben* wird. Das ist keine Feststellung einer Wahrheit, sondern eine Beschreibung. Das Normvokabular wird in beschreibender Aktivität von Menschen zur verstehenden Erfassung von Situationen verwendet und kann von verschiedenen Menschen unterschiedlich verwendet werden. „[D]ie Zuschreibung von ‚Devianz' erfolgt mit Argumenten, nicht deduktiv (deskriptiv). Die Argumente – in Gestalt von ‚Anschuldigung' (charge) und ‚Rechfertigung' (account) – beziehen sich nicht (oder nicht hauptsächlich) auf die ‚brute facts', die rohen Daten, die der behaupteten Abweichung assoziiert sind, sondern sie haben die subjektive Involviertheit, die Verantwortung (responsibility) des Angeschuldigten zum Gegenstand" (Keckeisen 1974, S. 45 f.). Im Neopragmatismus hat Stanley Fish das in seinem Essay *The Law Wishes to Have a Formal Existence* ausgeführt (in 1994): Normen sind ein Verhandlungsvokabular, so dass Recht kein Körper formaler Vorgaben ist, die Verhalten leiten oder mit denen Verhalten verglichen werden kann, sondern immer nur verwendet wird, um lokale Ziele mit scheinbar universellem Vokabular zu untermauern. „However much the law wishes to have a formal existence, it cannot succeed in doing so, because – at any level from the most highly abstract to the most particular and detailed – any specification of what the law is will already be infected by interpretation" (S. 143 f.). Das zentrale Element dieser Interpretation ist hier niemals der Text, die Regel, die Norm, das Gesetz, sondern einzig und allein die rhetorische Überzeugungskraft desjenigen, der das Recht zur Untermauerung einer spezifischen Position verwendet: What is and is not a ‚reasonable construal' will be a function of the persuasiveness of the construer and not of any formal fact that is perspicuous before some act of persuasion has been performed" (S. 149). Diese Überzeugungskraft ist ihrerseits wieder damit verbunden (aber nicht davon determiniert), wie mit den in Interpretationsgemeinschaften verwendeten Vokabular umgegangen werden kann (vgl. Fish 1980).

8.3 Erste Niederlage: Normvokabular

Es ist im Spiel mit diesem Normvokabular, dass nun die erste Niederlage stattfindet, in der Regel ohne dass die als Normbrecher gesehene Person eine aktive Rolle im Aushandlungsprozess einnimmt. Verhalten wird aus den verschiedensten Gründen als *merk-würdig* eingeordnet, ohne, dass das Verhalten selbst bereits diese Interpretation mit sich bringen müsste. Erst in einem Amalgam aus bereits bestehenden Zuschreibungen der Person, der Symbole um sie herum, seiner Situation etc. gewinnt eine neue Zuschreibung hier Traktion, indem bestehende Zuschreibungen sich auf ihr Umfeld ausdehnen, ohne, dass diese notwendigerweise hätten zugeschrieben werden müssen. Es handelt sich um ein Spiel mit Zuschreibungen, in dem Zuschreibungen gemacht und abgelehnt werden, indem sie mit bestehenden Zuschreibungen vermengt werden – in der niemals sicheren Hoffnung, dass bestehende Zuschreibungen auf die Symbole, die mit ihnen in Verbindung gebracht werden, überspringen. So ergibt sich die Interpretation eines Schildes „Private Members Only" an der Tür eines Fakultätsclubs daraus, dass die Tür in ihrem institutionellen Kontext bereits erfolgreich etikettiert wurde, ein Etikett, das sich auf das Schild ausdehnen und somit auf es überspringen kann, was seine Interpretation als „nur Lehrkräfte haben Zutritt" erlaubt (Fish 1980, S. 275 f.). Interpretation ist immer das Verschieben von vorhandenen Etiketten auf neue Symbole in der Hoffnung, dass bereits vorhandene Etikettierungen dadurch ergänzt oder vielleicht sogar ersetzt werden. „A sentence is never apprehended independently of the context in which it is perceived, and therefore we never know a sentence except in the stabilized form a context has already conferred" (S. 283). Da auf den „Empfangssymbolen" immer bereits Interpretationen vorhanden waren, ist ein erfolgreiches Ausdehnen eines anderen Etiketts auf ein Symbol immer ein Sieg einer Zuschreibung über eine andere. Welche der angebotenen Zuschreibungen siegt, ist teils Folge interpretationsgemeinschaftlich bestehender Zuschreibungen, teils Folge rhetorischer Fertigkeit und zu einem guten Teil einfaches Glück. So reproduziert eine Zuschreibung nicht eine in der Welt bereits vorhandene Tatsache, sondern schafft eine Tatsache aus einem Pool möglicher zu schaffender Tatsachen. Jede Werbeanzeige hofft auf diese Ausdehnung: Diese Hoffnung liegt jedem Engagement von Stars zur Bewerbung eines Produktes zugrunde, das in der Assoziation mit dem Star dessen Zuschreibungen erhalten soll. Auf der anderen Seite ist es der Grund, warum Menschen mit bestimmten anderen nicht öffentlich gesehen werden möchten: Sie fürchten „guilt by association", eine Ausdehnung oder des Übersprungs der Etiketten der anderen Person auf sie selbst.

Hier zeigt sich, dass es sich in diesem ersten Zuschreibungsspiel des „Normbruchs" durchaus um ein Spiel handelt, auch wenn das Zuschreibungs-„opfer" sich dessen in diesem Moment noch nicht bewusst ist. Wie Cohen und Taylor auch Kreuzworträtsel als Spiel einstufen können (aufgrund der Unterstellung nämlich, dass der Gegner seine Züge bereits gemacht, das Rätsel nämlich aufgestellt hat), kann auch diese Zuschreibung als Spiel eingestuft werden, wenn dem anderen vom Etikettierer unterstellt wird, seine Züge bereits (absichtlich) gemacht zu haben. In dieser Unterstellung wird der Normbruch ein intentionales Faktum. Auch bei den Verwendern des Normvokabulars handelt es sich jedoch um Leser, die nicht etwa einen bestehenden Normbruch feststellen, sondern aus einem Chaos von Zeichen einen Normbruch zuschreibend herausfiltern, oft auch als Reaktion auf bereits erfolgte Zuschreibungen anderer, vertrauter Leser. Ist ein Verhalten als Normbruch interpretiert, hat die etikettierte Person die erste Aushandlung bereits verloren, ohne gefragt worden zu sein. Diese erste Niederlage ist die Basis für weitere Zuschreibungen, mit denen al jene bestehenden soziologischen Themasierungen der „psychischen Störung" beginnen, die den Normbruch als gegeben annehmen. Die Chance auf Auflösung kommt erst als zweites – wenn der Betroffene die Chance erhält, mit der Zuschreibung konfrontiert zu werden und Antwort geben darf. Von diesem zweiten Spiel hängt ab, welche Zuschreibungen sich vom etikettierten Verhalten auf die Person ausdehnen, und in welcher Konnotation.

8.4 Zweite Niederlage: Auflösungsvokabular

Das Verlieren der ersten Aushandlung muss noch nicht von Nachteil für den nun putativen „Normbrecher" sein. Der Interpret des Normbruchs kann die öffentliche Erklärung ihrer Zuschreibung gar nicht wagen, wodurch das Gleichgewicht beibehalten werden kann, da keine Aushandlungssituation aufkommt. Erst die explizite Zuschreibung der Normverletzung von einer Seite bricht die beidseitige Definition der Beziehung zwischen dem Zuschreiber und dem Etikettierten und erzwingt eine Reaktion, die entweder das Gleichgewicht wiederherstellt oder aber die Beziehung bricht. Dazu ist eine weitere Aushandlung nötig, aus der der Etikettierte immer noch als Gewinner hervorgehen kann. Diese zweite Aushandlung ist oft als erste betrachtet worden, wenn der Aushandlungscharakter der ersten Zuschreibung übersehen wurde. Es ist diese zweite Aushandlung, die Goffman thematisiert, wenn er von den Skripten der Ritualarbeit spricht: Erklären, entschuldigen, bitten. Diese Strategien setzen die Zuschreibung einer Veränderung im Verhalten voraus: Das nun aufkommende Verhalten muss als sich von dem zuvor bemängelten unterscheiden, muss sich distanzieren und es reflexiv betrachten können. Diese reflexive Betrachtung kann ein Versuch der Rechtfertigung und damit Legitimisierung dieses Verhaltens sein – Erklärung – was die zuvor gemachte Zuschreibung löst; es kann eine Distanzierung von diesem etikettierten Verhalten sein, was die Zuschreibung nicht

8.4 Zweite Niederlage: Auflösungsvokabular

löst, aber verhindert, dass sie auf die Person, der das Verhalten zugeschrieben wurde, überspringt; oder aber es handelt sich um bitten und flehen, was eine bereits übergesprungene Zuschreibung impliziert, sie nun wieder losgelöst werden soll. (Goffmans Bitten dagegen ist das Bitten, das vor dem Verhalten aufkommt, von dem der Betroffene eine negative Zuschreibung befürchtet; auch hier ist reflexive Distanzierung nötig, nun jedoch bereits vor dem Verhalten). Hat die Person Erfolg in einem dieser Auflösungsvokabulare, gewinnt sie dadurch die Zuschreibung, weiterhin Mitglied der Interpretationsgemeinschaft zu sein, wodurch die Beziehung zwischen den Personen bestehen bleibt. Unterliegt sie, verfestigt sich ihr Status außerhalb dieser Interpretationsgemeinschaft; sie verliert auch das zweite Spiel. Auch hier hängen die Niederlage oder der Sieg nicht von objektiven Merkmalen ab, sondern von der situativen Fertigkeit der Verwendung eines Vokabulars auf beiden Seiten – und von Glück. „[T]he interpretation determines what will count as evidence for it, and the evidence is able to be picked out only because the interpretation has already been assumed", schreibt Fish (1980, S. 272).

Die drei von Goffman genannten Reaktionen sind nicht die einzig denkbaren. Die Verwendung dieser Skripte setzt ein Bewusstsein und eine Anerkennung der ersten Zuschreibung (als Normbruch) voraus. Ohne die Anerkennung der ersten Zuschreibung würde nicht versucht, dieser zu begegnen; die vierte Option besteht darin, die Auseinandersetzung nicht zu führen, nachdem sie von der anderen Seite begonnen wurde. Auch Stille ist jedoch eine Form der Kommunikation; sie führt nicht automatisch zur Niederlage. Vielmehr handelt es sich wiederum um ein Zeichen, das zuerst von Interpreten gedeutet werden muss, und wieder sind es die bereits bestehenden Unterstellungen, die diese Interpretation strukturieren. Personen, denen eine starke Kontrolle ihres Selbst und ihrer Umwelt unterstellt wird, können eine solche Aushandlung gewinnen, indem sie sie ignorieren; ihre Nichtachtung schmäht den Vorwurf, der daraufhin peinlich berührt zurückgezogen werden kann. Das wäre eine Ausdehnung eines Etiketts, das der vermeintliche Normbrecher bereits hat, auf den Vorwurf des Normbruchs; der Rückzug aus der Interaktion ist der Versuch, dieser Zuschreibung zu entgehen, den Übersprung der Zuschreibung zu verhindern. Wenn diese Unterstellung der Kontrolle jedoch nicht die Stärke hat, den zugeschriebenen Normbruch zurückzuziehen, bleibt ein unerklärter Normbruch bestehen, der nun als Zuschreibung auf die den Vorwurf ignorierende Person überspringt: Dieser „versteht" nun die Situation nicht, weiß nicht um den Ernst der Situation, etc. Diese zweite Aushandlung kann also auch dadurch verloren werden, dass man eine aktive Teilnahme an ihr verweigert, aber auch hier ist die Beziehung eine, die von bestehenden Zuschreibungen abhängt – und von Glück.

Im Gegensatz dazu, dass nicht verhandelt wird, wenn dies erwartet wird, kann auch verhandelt werden, wenn dies nicht erwartet wird. Das ist die letzte Variante, in der das Aushandlungsvokabular weiter verwendet wird, nachdem andere die Situation bereits als abgeschlossen betrachten. Die andauernde Rechtfertigung einer Situation, die für alle anderen (oder zumindest für die wesentlichen Personen) bereits als beendet markiert ist, ist für die Thematisierung eines Etiketts als „psychisch gestört" interessant: Das Umfeld hat eine geteilte soziale Definition der Person bereits ausgehandelt und sieht diese als „wahr", sieht also keine Notwendigkeit mehr, sie zu rechtfertigen. „For the pragmatist, [...] ‚knowledge' is, like ‚truth', simply a compliment paid to the beliefs which we think are so well justified that, for the moment, further justification is not needed" (Rorty 1991, S. 24); wer diese dennoch weiter rechtfertigt, ist *merk-würdig*. In dieser Situation findet sich jedoch die Person, die ihre Zuschreibung nicht akzeptieren möchte; der Verurteilte Mörder, der auf seiner Unschuld beharrt ebenso wie derjenige, der durch seine Beteuerungen „ich bin nicht verrückt!" genau diese Interpretation seiner Umwelt stärkt. Besonders in dieser Situation zeigt sich so der hartnäckige Verlierer, der gerade auf der Basis seiner Niederlage diese nun von anderen fest vertretene Definition sozialer Realität nicht anzuerkennen bereit ist. Es ist vielleicht vor allem diese Variante, die den Konflikt weiter bestehen lässt und dadurch das dritte Vokabular auf den Plan ruft.

Auch im Auflösungsvokabular findet sich somit ein Spiel von Zuschreibungen, das in verschiedene Richtungen aufgelöst oder aber verfestigt werden kann. Kann es aufgelöst werden, ist die Situation momentan beendet (wobei die Erinnerung an alte Auseinandersetzungen jedoch spätere Etikettierungsversuche beeinflussen wird). Es ist wesentlich festzustellen, dass dieses zweite Spiel nur aufkommt, wenn das erste Spiel ohne beidseitig anerkannte Lösung endet und ein Konfliktfall bleibt. Wird die erste Zuschreibung gemacht und akzeptiert, ist keine weitere Aushandlung nötig; wird sie gemacht und nicht mitgeteilt, ist eine weitere Aushandlung nicht möglich. Sie ist nur dann eine Option, wenn die erste Aushandlung verloren wurde, diese Niederlage jedoch nicht akzeptiert wird und ein Bedarf an weiterer Aushandlung, in der Hoffnung einer Zuschreibungsveränderung, besteht. Es kann gerade diese Hartnäckigkeit sein, die den ersten Zweifel über die geistige Gesundheit der Person aufkommen lässt: sie hatte aus der Sicht der erfolgreichen Zuschreiber nicht nur Regeln gebrochen, sie stimmt zudem nicht mit der von den anderen geteilten Definition der Situation überein. Das schafft eine Spannung, die im Falle einer weiteren Niederlage durch den Etikettierten nicht notwendigerweise, aber möglicherweise das dritte Spiel folgen lässt, das nun mit formellem Vokabular geführt wird.

8.5 Dritte Niederlage: Residualvokabular

Akzeptiert der Etikettierte seine Zuschreibung im zweten Spiel (und damit seine Niederlage), ist das Spiel an diesem Punkt in der Regel vorbei (die Ausnahme stellen von staatlicher Seite verfolgte schwere Straftaten dar, die auch dann verfolgt werden, wenn der Täter mit der Situationsdefinition übereinstimmt und Reue zeigt). Gewinnt er die zweite Auseinandersetzung jedoch, ist die Situation in die andere Richtung hin aufgelöst. Auch das dritte Spiel kommt nur auf, wenn die Beendigung des vorherigen Spiels die Situation nicht gefestigt hat, das heißt: wenn auch nach der Beendigung des zweiten Spiel weiter divergente Definitionen präsent sind und der andere in seiner Definition immer noch machtvoll bleibt. In Szasz' Terminologie: Sein Zwangsspiel dauert an, in Goffmans: die Situation bleibt weiter inakzeptabel und unveränderlich, in Scheffs: Die (wahrgenommene) Regelverletzung dauert weiter an. Machtlos, diese Diskrepanz selbst aushandelnd aufzulösen, werden Vertreter formeller Unterstützung eingebunden, die diese Diskrepanz angehen können. Nun werden Experten bestellt, die die Auseinandersetzung machtvoll auflösen sollen, entweder Polizisten oder Ärzte, die eine offizielle Zuschreibung machen sollen, die eine der beiden Seiten gewinnen lässt.

Das dritte Spiel ist das formelle Spiel, in dem die verfestigten Zuschreibungen institutionell untermauert werden. Während der Etikettierte im zweiten Spiel noch vollwertiger Mitspieler im Aushandlungsprozess war, wird er nun zum Objekt einer Aushandlung degradiert, die er in der Regel selbst zu führen nicht mehr in der Lage ist. Wenn die Situation so weit gediehen ist, wird es für den Betroffenen schwierig: Hier kommen Redeweisen auf, die er nicht meistert, weil er sie nie gelernt hat. Das dritte Spiel verlässt sich auf hoch spezialisiertes und hoch formalisiertes Vokabular, das die Betroffenen nicht beherrschen: Das Vokabular des Rechts, das Vokabular der Medizin, das Vokabular der Verwaltung. Zu seiner Verwendung müssen Experten im Rechtsvokabular bestellt werden, die die Interessen ihrer Klienten in die Sprache der Rechtsnormen übersetzen müssen[2]: Anwälte, Richter und Experten im medizinischen Vokabular: Ärzte. Ein Sieg ist an diesem Punkt nur noch mit Hilfe möglich. So besteht das Hauptelement dieser Auseinandersetzung in der Entmachtung des Betroffenen. Wenn die Auseinandersetzung vor Gericht geht, muss dieser seine Argumentation in die Hand von Experten geben, die sich für ihn vor den Instanzen des Rechtsstaats im Vokabular des Rechts äußern; sollte Verdacht auf psychische

---

[2] Hierin liegt eine implizite Annahme des Rechts als Konfliktvokabular, das nicht leitet, sondern vielmehr für eine Seite in Anspruch genommen werden muss. Vgl. Fish 1994 oder zur Explikation einer Rechtssoziologie nach Fish auch Dellwing, „Derrida, Fish und das Gesetz" (2008b).

Störungen bestehen, muss er sich in die Hand von Experten begeben, die ihn als Untersuchungsobjekt auf Krankheiten hin untersuchen.

Dieses Spiel wiederholt zunächst das zweite – auch vor diesen Instanzen hat der Beschuldigte die Chance, zunächst in einer Situation geringerer Formalität seine Seite der Realitätsdefinition darzulegen, und er hat ein weiteres Mal die Chance, das formelle dritte Spiel in all seinen bürokratischen Ausformungen abzuwenden. Eine weitere Niederlage führt dann zur vollen Entfaltung des formellen Spiels. Das dritte Spiel unterscheidet sich nicht prinzipiell von den ersten beiden Spielen; der Hauptunterschied besteht darin, dass nun ein Alltagsvokabular der Normrechtfertigung ersetzt wird durch ein hochgradig verwissenschaftlichtes Vokabular, in dem entweder medizinische oder juristische Umformulierungen erfolgen und mit dem entscheiden werden soll, ob medizinische oder formaljuristische Konsequenzen zu erfolgen haben.

Um diese dritte Auseinandersetzung zu gewinnen, muss er – wie bereits in der zweiten Auseinandersetzung – eine Umetikettierung seines Verhaltens erreichen. Der Unterschied zwischen einer kriminellen Zuschreibung und einer Krankheitszuschreibung liegt nun in der Hartnäckigkeit, mit der die abweichenden Zuschreibungen auf sein Verhalten auch auf sein gegenwärtiges Auftreten übertragen werden. Wird sein vorheriges Verhalten als Normbruch etikettiert, während sein gegenwärtiges Verhalten diese Zuschreibung nicht mehr erhält, wird er als kriminell verurteilt. Er verliert zwar das dritte Spiel, jedoch nur in Bezug auf *vergangenes* Handeln. Seine gegenwärtige Übereinstimmung mit von anderen geteilten Definitionen sozialer Realität schützt ihn nicht vor Strafe, schützt ihn jedoch vor weiterer Zuschreibung von Merkwürdigkeit. Bleibt er in seinen Konflikten mit sozialen Realitätsdefinitionen der anderen auch in der Gegenwart hartnäckig, verliert er auch dieses dritte Spiel *fortwährend*: er verliert es auch in bezug auf *gegenwärtiges* und zumindest mittelfristig *zukünftiges* Handeln. Er gilt fortan als psychisch gestört. Es ist diese Niederlage, die die Definition sozialer Realität der anderen gegen den Etikettierten endgültig und machtvoll durchsetzt und die Divergenz und das, was Goffman „a week of mayhem" (1981, S. 191) genannt hatte, beendet, das, wovon Goffman sagt, gäbe es es nicht, müsste es erfunden werden. Es ist eine Beschreibung, die als letzte für das für *merk-würdig* befundene Verhalten übrig bleibt und die damit in Scheffs Sinne ein Residualvokabular darstellt.

Der als „krank" Etikettierte verliert alle drei Spiele, aber – und das macht ihn zum so Etikettierten – sein Umfeld glaubt nicht, dass er die Auseinandersetzung über seine Identität aufgegeben habe. Ihm wird nicht zugeschrieben, die „Wahrheit über ihn selbst", wie sein Umfeld sie nun ausgehandelt hat, „erkannt" zu haben. Er wird als eine Person gesehen, der diese erfolglosen Spiele der Definition sozialer Realität weiterhin spielt, obwohl sein Umfeld davon überzeugt ist, dass er sie lange verloren hat. Ziel einer Therapie ist nun, dass er das Spiel verloren gibt und diese Niederlage eingesteht, dass er also *bezüglich dieser drei Spiele* die Definition der sozialen Realität, wie sie von anderen erfolgt ist, annimmt. Es ist aus einer interaktionistischen Perspektive zentral, nicht von verlorenen Spielen als objektive Tatsache zu reden; auch ein Sieg ist eine Zuschreibung, der eine geteilte Definition sozialer Realität benötigt, um allgemein als solcher anerkannt zu werden. Dem als krank Etikettierten wird zugeschrieben, sich zu weigern, gerade diese Definition zu teilen und die Auseinandersetzung weiterzuspielen, nachdem andere entschieden haben, dass er sie verloren habe. Das ist sein „Realitätsverlust", der im Grunde kein Verlust ist, sondern der Mangel einer Herstellung derselben Realität, die sein Umfeld lange hergestellt hat. Er hat (aus seiner Perspektive) nichts verloren, sondern *noch nichts* „gewonnen". Goffman schrieb, das letztlich als „krank" beschriebene Verhalten sei solches, das vom Umfeld der „kranken" Person nicht akzeptiert, aber auch nicht verändert werden kann. Es kann nicht akzeptiert werden (bzw. wird nicht akzeptiert), weil das Sprachspiel der rhetorischen Normbindung nicht zur Zufriedenstellung der anderen gespielt wurde, und es kann nicht verändert werden, da das erfolglose Sprachspiel weiter gespielt wird. Ob diese Persistenz medizinische Gründe hat, interessiert hier nicht; diese Form der Ätiologie ist für die vorliegende Analyse irrelevant. Solange diese Situation anhält, kann der Betroffene unter Umständen unter offenen Zwang gestellt werden, mit dem jedoch der Zwang keineswegs erst beginnt.

8.6 Reden ist Macht: Vokabulare als Zwangsspiele

Die kritische Perspektive sah „Geisteskrankheit" als Herrschaftsvokabular, durch das machtvolle Andere ihre Definition von Realität gewaltsam gegen andere Definitionen durchsetzen. Die hier beschriebene dreifache Niederlage kann tatsächlich als Herstellung einer Realitätsdefinition durch überlegene Akteure beschrieben werden, als machtvolle Unterordnung eines Redens durch ein anderes, als Unterdrückung eines Spieles durch jene, die für sich entscheiden haben, dass dieses Spiel nicht mehr gespielt werden sollte. Wenn das Umfeld einer Person nicht die Macht dazu besitzt, eine gemeinsame Definition sozialer Realität zu erreichen oder, wenn das Umfeld daran scheitert, eine Unterwerfung des Andersdefinierenden zu leisten, werden staatlich sanktionierte Akteure zur Unterstützung gerufen, die dazu in der Lage sind. Das Vokabular der linken Kritik an der Psychiatrie scheint hier zunächst völlig angemessen zu sein; das ändert sich in dem Moment, in dem diese Konfliktlage nicht länger als „pathologisch", sondern vielmehr als vielleicht unvermeidlicher

Prozess gesehen wird. Rorty zitiert James mit dem Satz, „If this life be not a real fight [...] it is no better than a game of private theatricals from which we may withdraw at will. It feels [...] like a fight" (Rorty 1982, S. 174). So gewendet ist diese Darstellung keine Kritik an der Psychiatrie, keine Entwertung der Psychoanalyse und kein Vorwurf an die repressiven Komponenten psychiatrischer Intervention. Es handelt sich lediglich um die Beschreibung von Auseinandersetzungen, die um Definitionen sozialer Realität geführt werden und eine Beschreibung der Art und Weise, wie sie gewonnen und verloren werden.

Um die Frage, ob das Krankheitsvokabular im Sinne positiver Wissenschaft eine „wahre" Erklärung des Verhaltens des Betroffenen darstellt, geht es wie zu Beginn bereits dargestellt nicht. Für eine pragmatistische Perspektive ist nicht nur die Frage nach der Wahrheit des Krankheitsvokabulars leer, dasselbe gilt auch für das Befreiungsvokabular der linken Kritik an diesem. Rorty meint, „when [pragmatists] suggest that we not ask questions about the nature of Truth and Goodness, they [...] would simply like to change the subject" (1982, S. xiv). Das gilt auch für die Psychiatrie, in der die Frage nach der Wahrheit des Krankheitsvokabulars, wie vor allem Szasz, Cooper und Laing sie aufgemacht haben, möglicherweise gegenüber der praktischen Leistung dieser Definition sekundär ist. Als pragmatistische Perspektive fragt die vorliegende Beschreibung nicht nach Wahrheit, sondern nach der Leistung, die ein Vokabular zu erbringen in der Lage ist. Wie Jeff Coulter feststellte, „[d]iagnostic work in psychiatry is conducted for practical purposes of hospitalization and treatment in line with the standards of practice in any particular culture: diagnoses are bases for inference and action, not attempts at literal measurement of phenomena" (1973, S. 8). Diese Handlungen sind umstritten, und die Grundierung nimmt die Form einer rhetorischen Auseinandersetzung an. Diese Beschreibung des Krankheitsvokabulars, und der Spiele, die zu ihm hinführen, als Auseinandersetzung ist dann nicht länger ein Vorwurf an diese Spiele und ihre Sieger. Das Krankheitsvokabular ist ein rhetorisch machtvolles Mittel zur Durchsetzung von Definitionen sozialer Realität – und nichts anderes ist die Funktion von Rhetorik.

Diese Funktion von Rhetorik hat Stanley Fish prominent vertreten, zuvorderst auf dem Gebiet rechtlicher Auseinandersetzung, die durch rhetorische Belegungen von Regelvokabular geführt werden. Diese rhetorische Belegung ist für Fish eine Form des Zwangs, jedoch nicht aus dieser Feststellung heraus bereits entwertet. Wie linke Rechtskritiker der *Critical Legal Studies* stellt auch Fish über das Recht fest: „this gunman is merely better camouflaged" (1989, S. 503). Anders als die linke Darstellung ist Fishs Feststellung jedoch keine Kritik. Es ist vielmehr die Beschreibung des Prozesses, in dem Definitionen lokal und temporär Durchsetzung findet: Jemand hat die Auseinandersetzung über sie gewonnen. „[A]t a certain point one characterization of its meaning and significance – of its rule – was found

8.6 Reden ist Macht: Vokabulare als Zwangsspiele 151

to be more persuasive than its rivals" (S. 513), nicht, weil sie gerechtfertigt *war*, sondern weil sie *erfolgreichgerechtfertigtwurde*, und Mittel dieses Erfolges ist die rhetorische Inanspruchnahme von Regelvokabular. Als Produkt rhetorischer Aneignung ist diese Zuschreibung immer ein Produkt von Zwang und Macht; „rhetoric is another word for force" (S. 517). Diese siegreiche Charakterisierung steht jedoch danach nicht konstruiert und deutlich im Raum, sondern ist ihrerseits immer wieder Objekt einer rhetorischen Aneignung: „precedent is the process by which the past gets produced by the present so that it can then be cited as the producer of the present" (S. 514). Auch das Krankheitsvokabular der Psychopathologie und die Krankheitszuschreibung auf die Person, die von ihr betroffen ist, sind rhetorisch erfolgreiche und dadurch gerechtfertigte Zuschreibungen. Diese rhetorisch durchgesetzten Zuschreibungen sind nichts, wovon befreit werden müsste, sondern alles, was als Objekt des Redens vorhanden sein kann (vgl. auch Dellwing 2008a). Grundüberzeugungen nehmen sich ihre reproduktiven Normvokabulare, um sie zu untermauern, und versuchen, diese Belegung scheinbar universellen Vokabulars als richtig zu verankern. „[I]n short, you can never get away from your beliefs, which means that you can never get away from force, from the pressure exerted by a partial, non-neutral, nonauthoritative, ungrounded point of view. [...] force is already inside the gate because it is the gate" (S. 519). Definitionen werden mit Druck durchgesetzt, und bereits die hier beschriebenen Aushandlungsprozesse erster und zweiter Art sind Formen des Drucks, des Zwangs, der Macht, und das von beiden Seiten. Jeder Teilnehmer versucht, seine Überzeugungen, seine Definitionen sozialer Realität gegen die Definitionen der anderen durchzusetzen. Wenn dies nicht gelingt, werden Kompromisse geschlossen, und erst wenn das nicht gelingt, graduiert die Auseinandersetzung zur nächsten Stufe der Aushandlung, bis am Ende staatliche Involvierung steht, deren Zwangsmacht lediglich offener auftritt. Diese Feststellung bleibt letztlich aber ohne die linke Zielsetzung der emanzipatorischen Kritik. Dahinter findet sich keine nackte Regel, keine nackte Realität, keine Option der Freiheit von rhetorischem Zwang; ein solcher Zustand ist undenkbar. „[A] mind not already oriented toward this or that purpose or plan or agenda could not recognize any reason for going in one direction rather than another or, for that matter, for going in any direction at all" (S. 518). Eine Kritik, die diesen Zuschreibungen vorwirft, rhetorisch Zwang auszuüben versteht nicht, so Fish, was Zwang eigentlich sei, nämlich „not [.] ‚mere' force, force unconnected with any agenda or program. Force is simply a (pejorative) name for the thrust or assertion of some point of view, and in a world where the urging of points of view cannot be referred for adjudication to some independent tribunal, force is just another name for what follows naturally from conviction" (S. 521). Das festgestellt zu haben, ist daher nicht der erste Schritt dazu, diesen Zwang abzuschaffen, auch nicht, ihn zu ändern, „to ward off a conclusion often reached on the left: that a recognition of the temporally contingent nature of our ‚fundamental' assumpions would lessen their force and make us less likely to surrender to them. [...] You may know in general that the structure of your convictions is an historical artifact, but that knowledge does not transport you to a place where those convictions are no longer in force" (S. 523 f.). So handelt es sich in dieser Thematisierung um die Darstellung einer Auseinandersetzung, die immer eine Auseinandersetzung sein wird und die von einer Seite gewonnen werden *muss*; keine der beiden Seiten repräsentiert eine objektive Befreiung, Emanzipation, Vernunft oder Gerechtigkeit. Diese von Fish angebotene Thematisierung wird von Jacques Derrida explizit in *Gesetzeskraft* unterstützt (1996), wenn dieser schreibt: „Jede Ausübung der Gerechtigkeit als Recht kann nur gerecht sein, wenn sie ein ‚fresh judgment' ist (ich entleihe diesen englischen Ausdruck Stanley Fish, der ihn in seinem Aufsatz *Force* gebraucht)" (S. 47).

Die hier angebotene Thematisierung lässt sich nun an bestehende Interpretationen der Psychiatrie anschließen: Scheff hat den zugeschriebenen Charakter der „Geisteskrankheit" als letzten Ausweg untersucht, einer Situation eine interpretative Richtung zu geben; Szasz hat die Zwanghaftigkeit des Patientenverhaltens gesehen, nicht aber die der (von ihm favorisierten) „freiwilligen" psychotharapeutischen Einflussnahme, von der er schreibt, „psychotherapy is the name we give to a particular kind of personal influence: by means of communication, one person identified as the psychotherapist exerts an ostensibly therapeutic influence on another person identified as the patient. That process is, of course, but a special member of a larger class – indeed, a class so vast that virtually all human interactions fall within it" (1978, S. 9). Seine Kritik daran bleibt wie die linke Kritik in dem Wunsch verhaftet, dies nur ohne Zwang unterstützen zu wollen, da er den Zwang in dieser Einflussnahme nicht als solchen erkennt. Goffman hat vielleicht am klarsten gesehen, wie nützlich dieser Mechanismus zur Erzwingung einer gemeinsamen Definition der Realität ist und wie unumgänglich es ist, einen solchen bereitzustellen. Die eher praktische Kritik an der Psychiatrie nahm die Form der Kritik am „psychiatrischem Zwang" an und hat zu einer Abnahme der *deutlichen* Zwangsmaßnahmen geführt, nicht jedoch zu einer Abnahme der Zwangsmaßnahmen. Das medizinische Vokabular bietet nicht den Weg zu einer Abnahme dieser Zwangsmaßnahmen, es rechtfertigt sie. In Stanley Fishs schönem Duktus kann aber gesagt werden: *and it's a good thing, too* (1994), dankbar zumindest, wenn man sich mit einer Störung der sozialen Realitätsdefinition konfrontiert sieht, die die Medizin mit ihrem Vokabular auflösen kann. Bereits das gesamte rhetorische Spiel der Diagnose und der Therapie ist eine Form des Zwangs, eine Definition sozialer Realität anzunehmen, weil seine bestehende Definition gegenwärtig einen Konflikt verursacht, die das Umfeld stört. Natürlich könnte auch das Umfeld verändert werden, aber das wäre nichts anderes als die zwangsweise Anpassung des Restes an den, der sich von ihren Definitionen entfernt hat. Diese Anpassung ist sicher prinzipiell denkbar und nicht objektiv besser oder

8.6 Reden ist Macht: Vokabulare als Zwangsspiele

schlechter als die umgekehrte, trifft jedoch wesentlich mehr Personen und stört den gesamtgesellschaftlichen Definitionsprozess wesentlich stärker, was sie als möglichen Gewinner eines Aushandlungsprozesses deutlich unwahrscheinlicher macht. Diese Prozesse bleiben eine Folge von Überzeugungen, die ihrerseits wieder Spiele des Zwangs auslösen – die man mit rhetorischem Geschick, bestehenden positiven Zuschreibungen und mit Glück vielleicht sogar gewinnen kann, die aber nicht bereits aus der Tatsache heraus, dass sie einen Zwang darstellen, abwertbar sind. Dazu benötigt es eine weitere, immer aber auch unausweichliche moralische Einordnung. So ist die Feststellung, dass der als „psychisch gestört" Markierte drei Sprachspiele verloren hat, dass er einen Nachteil daraus sehen könnte, keine Grundlage für eine Kritik. Sprachspiele produzieren immer Gewinner und Verlierer, und Handlungen gereichen anderen immer zum Vor- oder Nachteil. Erst, wenn eine normative Begründung hinzutritt, *warum* man diese Niederlagen und diese Nachteile für ungerecht hält, kann eine Kritik folgen. Diese Kritik soll hier nicht verfolgt werden: Es geht der vorliegenden Arbeit nur um die Beschreibung dieser drei Sprachspiele und um die Feststellung der Unvermeidlichkeit solcher Spiele. Zu ihrer Gerechtigkeit hat sie keine Meinung und meint auch, dass keine solche Meinung wissenschaftlich „belegt" werden könnte.

Die soziologischen Beiträge zum Feld der so genannten „psychischen Störung" sind in den letzten zwanzig Jahren vor allem deshalb zurückgegangen, weil die wesentlichen Desiderate der Soziologie in den psychologischen Diskurs Eingang gefunden haben. Zudem hat sich der psychiatrische Diskurs erfolgreich gegen den Angriff auf sein medizinisches Vokabular gewehrt; Anthony Clare meint, „[n]either [Szasz nor Laing] takes madness seriously; to Szasz, it is a game, to Laing a mystical experience" (1981, S. 353), und Johann Glatzel hielt „die Vermutung, der schizophrene Erlebenswandel, die Verzerrung und Verkümmerung des Welt- und Eigenbezugs stellten einen Versuch der Selbstrettung dar" für „geradezu halsbrecherisch" und fügte hinzu: „Spätestens hier münden die Darlegungen der Autoren in die feuilletonistische Psychiatrie" (1975, S. 37). Diese Kritiken mögen für „befreierische" Thesen wie die von Laing, Cooper und Szasz, die einen „soziologischen" Wahrheitsanspruch über und gegen den medizinischen durchsetzen wollen, berechtigt sein (auch sie stellen ein Spiel über die Definition sozialer Realität dar, das mit Hilfe des Wahrheitsvokabulars geführt wird); als Diagnose aller soziologischer Thematisierungen verkennen sie jedoch die Stoßrichtung soziologischer Beschreibung, die die Frage nach der Wahrheit des medizinischen Vokabulars ausklammern kann, um soziale Prozesse hinter diesen Verhaltensweisen zu analysieren, ohne die Ursachen exakt bestimmen zu müssen. Jede Wissenschaft menschlichen Handelns sollte ohnehin eine „Wissenschaft des Irgendwie" bleiben, die sich nicht darin verliert, strenge Ätiologien eines sozialen Handelns aufdecken zu wollen, das immer chaotisch und unvorhersehbar bleibt.

9 Psychiatrieformalismus und Psychiatrierealismus: Zu einer Soziologie psychischer Störungen im Umweg über die Debatte zwischen Rechtsformalisten und Rechtsrealisten

In der Diskussion zu „psychischen Krankheiten" taucht häufig die Aussage auf, psychiatrische Diagnosen unterschieden sich qualitativ von somatischen Diagnosen. Zumindest für das Vokabular, in dem die Diagnoseaktivität formuliert wird, trifft das zu: Während medizinische Diagnosen ätiologische Diagnosen sind, in denen zur Feststellung einer Krankheit Ursachenfaktoren nachgewiesen werden, ist eine psychiatrische Diagnose (nach DSM-IV und 5) rein symptomdeskriptiv. Diese Deskriptionen basieren nicht auf medizinischen Ätiologien des Verhaltens, sondern auf professionellen Einschätzungen des Patientenverhaltens von Praktikern im Feld auf der Basis von vorhergehenden Einschätzungen der „Unverständlichkeit" durch das persönliche Umfeld der Betroffenen (Rosenberg 1984, S. 294). Anders als die „klassische" Medizin ordnet die Psychiatrie daher *Verhalten*, nicht Körperzustände (und auch nicht Personen), durch ihre Benennung im DSM- oder ICD-Schema in „krank" und „gesund" ein. Sie leistet „only the provision of a name, not of a name and explanation... There are only names of syndromes and statistical prognoses, plus some pragmatic treatments" (Bowers 1998, S. 74). Auf dieser Basis ist die Psychiatrie oft kritisiert worden, sowohl von innerhalb als auch von außerhalb der Profession: Thomas Szasz kämpft seit Jahrzehnten gegen die Einordnung der Psychiatrie als Medizin (1974, 1991; u. v. m.), und ihre mangelnde Medizinförmigkeit ist einer der Gründe, warum sie, wie Kirk und Kutchins feststellen, „at the bottom of the totem pole in medicine" stünden (1992, S. 10). Die Debatte in der Soziologie der siebziger Jahre sah in ihr daher – und dagegen – vielmehr eine rechtsförmige

Instanz der sozialen Kontrolle, die eine medizinische Performativität zur naturalisierenden Legitimation von Eingriffen in das Verhalten der von ihr kontrollierten Personen nutzt (Sarbin 1969; Cooper 1978, 1979; u. a.).

Dass Psychiatrie als Agent der sozialen Kontrolle Rechtsaufgaben übernimmt, ist häufig festgestellt und auf der Basis einer Kritik der Legitimation solcher Kontrolle häufig kritisiert worden. Es lässt sich jenseits der Analyse, dass die Instanzen der Psychiatrie *Funktionen* der Kontrolle übernehmen, die sie in die Nähe der Instanzen des Rechts rückt, argumentieren, dass sie auch im *Ablauf der Benennung* dem Recht ähnlicher sein könnte als der Medizin. Auch das Recht stellt keine Ursachen, Grundlagen, Geschichten eines illegalen Verhaltens fest, sondern urteilt lediglich anhand der Benennung des Verhaltens selbst, ob das es unter die Kategorie verbotener Verhaltensweisen subsumierbar ist.

Wenn dies festgestellt ist, wird dadurch eine Übertragung einer Diskussion auf die Psychiatrie möglich, die zum Recht seit über hundert Jahren geführt wird: Die Rede ist von der alten Auseinandersetzung zwischen Rechtsformalisten und Rechtsrealisten. Die Möglichkeiten eines abstrakten Rechts, Urteile zu leiten, können so auf die Möglichkeiten der psychiatrischen Nosologien, Diagnosen zu leiten, übertragen werden. So kann in Übertragung der Rechtsdiskussion von Psychiatrieformalismus und Psychiatrierealismus gesprochen werden.

Im späteren Verlauf der Rechtsdiskussion hat der Rechtspragmatismus den Anspruch erhoben, die Dichotomie zwischen Formalismus und Realismus überwunden zu haben. Wenn die psychiatrische Diskussion in denselben Kategorien geordnet werden kann, folgt daraus, dass auch die Überwindung dieser Auseinandersetzung in einem Psychiatriepragmatismus möglich wird. Dadurch ließe sich für die soziologische Analyse von Diagnoseabläufen eine neue Linie einschlagen: Gefragt würde dann nicht mehr nach der Wahrheit der Ableitung von Diagnosen aus Diagnoseschemata, sondern nach der performativen Verwendung dieser Schemata zur sozialen Rechtfertigung einer Benennung mit Behandlungskonsequenzen, wie der Rechtspragmatismus nach der sozialen Rechtfertigung einer Benennung mit Kontrollkonsequenzen gefragt hatte. Diese neue Linie jedoch zieht die klassischen Kritiken, die aus der Rechtsförmigkeit psychiatrischer Diagnosen abgeleitet wurden, in Zweifel. Wenn der Rechtstext nicht als leitender, formaler Maßstab, sondern als rhetorischer Austragungsort der Legitimation von konkreten Reaktionen in Interpretationsauseinandersetzungen gesehen wird, dann *ist* eine Rechtsfolge nicht durch das Recht gerechtfertigt, sondern *wird* in einer interpretativen Auseinandersetzung mit Hilfe des Rechtsvokabulars in einer sozialen Interaktion gerechtfertigt. Wenn psychiatrische Diagnosen rechtsförmig sind, gilt für sie dasselbe; sie werden in Bezug auf formales Vokabular gerechtfertigt, das jedoch von sich aus noch nichts vorschreibt oder rechtfertigt, sondern das *verwendet* werden muss. Eine Diskrepanz zur „wahren Illegalität" oder „wahren Krankheit" kann dem Urteil oder der Diagnose nicht mehr unterstellt werden, wenn der Definitionsbetonung des (Neo-)Pragmatismus Rechnung getragen wird.

9.1 Psychiatrie und Recht

Klassische Arbeiten zur Soziologie der Psychiatrie haben diese häufig in die Nähe des Rechts gerückt. Eine der tiefgründigeren Betrachtungen zur historischen Verbindung von Rechts- und Psychiatrievokabular liefert Robert Castel in *Die psychiatrische Ordnung* (1983). Castel stellt fest, dass die Gutachtertätigkeit der Psychiatrie auf dem Wege sei, „zur wirklichen Rechtsprechung unserer Zeit zu werden" (S. 23). Er sieht die Psychiatrie als „politische Wissenschaft, denn sie hat ein Verwaltungsproblem gelöst" (S. 21), indem sie Abweichler, denen im auf der Basis der Freiheit des Einzelnen basierenden Vertragssystem nicht die nötige Absicht zugeschrieben werden konnte, dennoch unter die soziale Kontrolle der öffentlichen Ordnung stellen konnte: „Als Unvernünftiger ist er kein Rechtssubjekt; als Unverantwortlicher kann er keine Strafen auf sich ziehen" (S. 21), aber als „Wahnsinniger" kann er zur Wiederherstellung seiner Vernunft als „Inselchen von Irrationalität, das verwaltet werden muß" zwangsverwaltet werden (S. 22). Damit übernimmt ein technisch-wissenschaftliches Vokabular eine Rolle, die vor der Revolution explizit von den Institutionen des Rechts, nämlich vom König, erfüllt wurde (S. 27 f.). „Eine auf technischer Kompetenz beruhende Beurteilung erlegt bestimmten ‚Randgruppen' einen Status auf, der rechtlichen Wert besitzt" (S. 22) und der sich schon alleine daher im Rahmen aufklärerisch-rechtlicher Rationalität bewegen muss, „obwohl er auf technisch-wissenschaftlichen Kriterien und nicht auf juristischen, gesetzlich fixierten Vorschriften beruht" (S. 22). Castel schreibt nun der Medizin zu, nicht nur die Rechtsförmigkeit übernommen zu haben, sondern zugleich auch die „Ordnung des Wissens" aus der ihr vorgehenden Rechtsförmigkeit zu übernehmen; sie hat „Praktiken, die eher mit klassischen Disziplinierungstechniken als mit den klinischen Forschungen der modernen Medizin zu tun hatten, ein medizinisches Vorzeichen" gegeben (S. 134) – und zwar ein nosographisches, das zur Zeit der Wahl bereits veraltet war, dessen Wahl aber gerade von den Zielen der Psychiatrie als Klassifikationswissenschaft von unordentlichem Verhalten mitbestimmt wurde (S. 134). Diese Allianz bildete den Rahmen der Begründung der Psychiatrie: sie hat „ihren Interventionsraum zunächst an Hand von Fällen gewonnen, die ihr von der Justiz geradezu angeboten worden sind, weil sie diese vor ein unlösbares

Rätsel stellten" (S. 192) und bot durch eine medizinisch-wissenschaftliche Expertise eine Subsumption unter ein rechtsförmig-nosographisches Schema an, mit dem rechtsförmige Folgen begründet werden konnten, ohne, dass diese an der mangelnden Selbstbestimmung des Betroffenen scheitern mussten, „Handlungen, die derart aus dem Rahmen fallen, daß sie nicht mit Motiven eingeholt werden können... Soll sich doch der Apparat zur Bewältigung des Wahnsinns mit ihnen abgeben" (S. 192). Damit tritt neben die von Rechtsinstitutionen geschaffene Unterscheidung gesetzestreu/kriminell die parallele, von Institutionen der Psychiatrie geschaffene Unterscheidung zwischen gesund/krank. „Die Wahnsinnigen waren vollkommen wahnsinnig und die Normalen vollkommen normal" (S. 23), wie die Kriminellen völlig kriminell und die Gesetzestreuen völlig gesetzestreu waren – nicht als objektive Feststellung, sondern als Fiktion, die eine Rollenzuschreibung ermöglicht, die bis heute auf beiden Feldern andauert. Somit sind die Rollen nicht nur historisch verwoben, sondern bleiben es in ihren Funktionen gegenwärtig weiterhin. Der Arzt bleibt als Gutachter „decision-maker" (S. 163), und die Arbeitsteilung zwischen Recht und Psychiatrie „gibt der Expertise die Würde eines echten Richteramtes" (S. 164). Das jedoch nur, da der Expertisen erstellende Psychiater „seine Macht von anderen Machtsystemen erhält" (S. 164) – weil das Recht Provisionen macht, in die psychiatrische Gutachten fallen können. Die Diagnostik der Psychiatrie erbt eine Rechtsrolle und ist daher von vornherein als Pseudo-Rechtsvokabular gefasst.

Was rechtliche und psychiatrische Kategorisierungen zudem eint, ist die *moralische* Beurteilung von Verhalten, die nicht zu verstecken ist, aber auch nicht zu deutlich eingestanden werden darf. Thomas Scheffs These der psychiatrischen Diagnose als Residualkategorie zur Erklärung abweichenden Verhaltens steht hier auf der Schwelle zur rechtlichen Betrachtung. Scheff stellt fest, „It would appear that mental health is not a physical fact but a value choice about what kind of men we should be and what kinds of values should be encouraged in our society [and] [...] the symptoms of mental illness can be seen as value choices of how men should not behave" (1984, S. 154). Auch Thomas Szasz unterscheidet „moral values" und „health values" und stellt gerade auf dieser Basis die Praxis der nosologischen Psychiatrie in Frage: „moral values are, and must be, the legitimate concern of everyone and fall under the special competence of no particular group; whereas health values (and especially their technical implementation) are, and must be, the concern mainly of experts on health, especially physicians" (1991, S. 41), und Perry London stellt ebenso fest, „The most useful analogy to mental illness [...] is crime", und „the moral problems engendered by the social perspective all reduce to questions of how society ought best to deal with people who are misfits in it", und „both are handled in ways that are in constant transition and result in constant tension between punishment and rehabilitation" (1969, S. 35). Die Betonung der moralischen Komponente war für Diagnoseformalisten immer ähnlich problematisch wie für Juristen. In beiden Disziplinen ist die moralische Bewertung von Verhalten nicht zu übersehen und nicht zu extirpieren, beide benötigen jedoch einen Raum jenseits der Moral, um ihre Eigenständigkeit zu behaupten. Fish hielt für das Recht fest, es befände sich in ewiger Auseinandersetzung mit zwei Angreifern: „the law has perceived many threats to its autonomy, but two seem perennial: morality and interpretation" (1994, S. 141). Auch die Psychiatrie befindet sich in derselben ewigen Auseinandersetzung. Beide können ohne öffentliche Moralurteile, die ihnen das Umfeld ihrer „Klienten" erst zuspielt, nicht mit ihrer Arbeit beginnen; beide müssen ihre Arbeit von dieser Moral nach dieser Staffelübergabe jedoch trennen.

Dass diese psychiatrische Diagnose rechtsförmig ist, zeigt sich zudem in einer weiteren Eigenschaft: Wie das Recht hat die psychiatrische Diagnose Generalklauseln für „et cetera"-Fälle. Scheff meinte, die gesamte Psychiatrie sei eine einzige große Generalklausel für jene, die auffallen, aber vom Recht nicht gegriffen werden können (1984); das deckt sich mit Castels Einschätzung. Während das der Fall sein mag, existieren im psychiatrischen Diagnosesystem wiederum Generalkategorien, die zur Erfassung von Menschen, die in gestörten Interaktionen als Ursachen ausgemacht wurden, dienen. Das liefert bereits erste Anzeichen dafür, dass es hier nicht um die strenge Einordnung von Krankheiten geht, sondern vielmehr um eine Taxonomie der Einordnung derer, die stören und deren Verhalten erklärt werden muss. Gemeinhin war die Schizophrenie diese Generalklausel. Die berühmte Studie von Rosenhan (2002) steht auf dieser Prämisse. Sie beschreibt den Versuch, Scheinpatienten in Kliniken Aufnahme finden zu lassen, die nur am Tag ihrer Untersuchung ein Symptom berichteten. Die große Mehrheit, 11 von 12 Fällen, wurden auf dieser Basis als schizophren diagnostiziert und aufgenommen. Die Schizophrenie, die Diagnose, die die alte Bezeichnung „wahnsinnig" abgelöst hat, ist jedoch als Generalklausel – oder als Generallabel – harsch. Mittlerweile hat das DSM-System eine weichere Generalklausel geschaffen, „mixed personality disorder", die als Diagnose verwendet werden kann, wenn Elemente verschiedener DSM-Kategorien vermischt auftreten, keine DSM-Kategorie jedoch direkt anwendbar scheint; „The clinician may pick and choose features for a tailor-made ‚mixed personality disorder'" (Kirch und Kutchins 1992, S. 3). Die DSM-Kategorisierung selbst nimmt hier an, dass die Feststellung, dass die Person eine Persönlichkeitsstörung hat, *vor* der Einordnung ins formale System bereits vorweggenommen wird und von ihr nur noch kategorisiert werden muss. „The diagnostician is confronted with the perplexing task of first determining that the individual has a personality disorder even though the individual does not meet the criteria for any of the defined personality" (S. 2). Die Diagnosekriterien werden hier nicht als Diagnosekriterien dargestellt, sondern als Klassifizierungsschemata nach bereits *erfolgter* Feststellung einer Störung. Gerade das wiederum erlaubt nun den Anschluss an eine alte Rechtsauseinandersetzung, der zwischen Rechtsformalisten und Rechtsrealisten. Es ist genau diese Diskussion, und die Überwindung dieser Auseinandersetzung im Rechtspragmatismus, die die Rolle der Psychiatrie erhellen kann, ohne die Psychiatrie überwinden zu wollen, wie auch der Rechtspragmatismus das Recht nicht überwindet.

9.2 Rechtsformalismus, Rechtsrealismus und Rechtspragmatismus

Der Streit um die Frage, ob real existierende psychische Störungen im Abgleich von Verhalten mit psychiatrischen Klassifikationen des DSM (oder ICD-10) objektiv festgestellt werden können oder ob solche Klassifikationen nur *verwendet* werden, um massive Störungen in sozialen Interaktionen medikalisieren und eine Behandlung zur Verhaltensänderung legitimieren zu können, spiegelt einen Streit wieder, der in der Jurisprudenz seit mindestens hundert Jahren schwelt: Sind Entscheidungen der Gerichte Anwendungen des abstrakten Rechts, in denen real existierende Rechtsbrüche im Abgleich mit dem Rechtstext objektiv festgestellt werden können oder rhetorische Konstruktionen, in denen sich auf Recht berufen wird, um staatliche Eingriffe zu legitimieren? Zunächst handelt es sich um die Auseinandersetzung zwischen Rechtsformalisten und Rechtsrealisten; bereits seit einiger Zeit verfolgen Rechtspragmatisten das Ziel, dieses Gegensatzpaar dekonstruieren.

Brian Tamanaha schreibt, „contemporary perspectives on judging are dominated by the story about the formalists and the realists" (Tamanaha 2008, S. 1). „Formalismus" und „Realismus" werden als gegenteilige Darstellungen dessen präsentiert, was Richter tun. Formalistische Jurisprudenz sieht Entscheidungen als Ableitungen aus Regeln; „in the formalist view, legal questions presented to judges for decision have but a single right answer" (Posner 2004, S. 149), nämlich die, die aus den Regeln abgeleitet an den Fall herangetragen wurde. Klassische Formalisten glauben danach, „the law, ready-made, pre-exists the judicial decisions" (Frank 1930, S. 32). Diese Sichtweise ist rundheraus kritisiert worden; „Only the naïve believe that the law is something written down in a book and legal training consists simply of learning how to find the correct place in the book" (Posner 2004, S. 154). Folglich ist reiner Formalismus, die Sicht des Richters als Automaton, kaum mehr auffindbar. Wie Rorty bemerkt, „it is not so easy to find a good example of a formalist among legal theorists" (1999, S. 94).

Gegen die klassischen Formalisten standen die klassischen Realisten, die deduktives Rechtsdenken, „traditional legal scholarship that focused on the logic of

9.2 Rechtsformalismus, Rechtsrealismus und Rechtspragmatismus

doctrine" (Macaulay 2005, S. 369) herausforderten. Sie stellten fest, dass nicht die Regel leitet, sondern die Verwendung der Regel von ihr externen Einflüssen geleitet werde. Wie Jerome Frank bereits feststellte, „it is for the courts in deciding any case to say what the rules mean, whether those rules are embodies in a statute or in the opinion of some other court... Law is made up not of rules for decision laid down by the courts but of the decisions themselves" (1930, S. 125). Rechtsrealisten zeichnen den Richter als Person, die nicht bei der Regel beginnt, weil man niemals bei der Regel beginnen kann. Vielmehr beginnt der Entscheidungsfindungsprozess bei einer Einschätzung der Situation, der dann die Entscheidungen angepasst werden. „Judicial judgments, like other judgments, doubtless, in most cases, are worked out backward from conclusions tentatively reached" (1930, S. 101). So kann Schauer feststellen, „To the Legal Realist, rules serve not as sources of ex ante guidance, but as vehicles of ex post legitimization of decisions reached without regard for the rules." (1997, S. 192). Zunächst handelt es sich also um eine klare Abkehr von der Idee der leitenden Regel. Bei genauerer Betrachtung jedoch ist diese Abkehr immer noch mit der Idee der leitenden Regel verwoben und trägt das, was sie ablehnt, weiterhin in sich. Zwar stellt sich der Realismus gegen die Sicht, dass Entscheidungen aus dem formalen Programm erwachsen; er kann dies jedoch nur, indem er die Entscheidungsfindung aufteilt zwischen „aus der Regel abgeleitet" und „nicht aus der Regel (sondern aus der empirischen Welt, den Voreinstellungen des Richters, dem Frühstücksbuffet) abgeleitet". Das erfordert eine Dichotomisierung beider Optionen und ein Zugeständnis der Gegenoption durch ihren Ausschluss. Dadurch behält diese radikal antiformalistische Position ein Vertrauen auf das formale Programm und dessen *Unterscheidbarkeit* von einem nichtformalen Programm, von regelgeleiteten Urteilen von Urteilen, die *andere* Kausalketten vorweisen.

Als antidualistische Perspektive (Rorty 1982) lehnt der Pragmatismus die Unterscheidbarkeit von formalistischen und realistischen Erklärungen dagegen ab, indem nicht „Gründe im Recht" und „Gründe außerhalb des Rechts" getrennt werden. Eine pragmatistische Betrachtung stellt vielmehr die Interpretationsoffenheit jedes Texts in den Vordergrund und hält daher daran fest, dass „formale" von „realen" Einflusselementen nicht getrennt werden können, weil es sich nicht um vorinterpretativ gegebene Elemente handelt. Einer der einflussreichsten gegenwärtigen Rechtspragmatisten ist Stanley Fish. Bedeutungszuschreibungen sind für ihn soziale Spiele, die gelingen oder scheitern können (1980, S. 11). Das gilt für literarische Texte genauso wie für Rechtstexte, die ebenso keine Begrenzungen liefern, sondern nur als Begrenzungen *interpretiert* werden müssen, was Begrenzungen in den volatilen Raum sozialer Übereinkunft schiebt: „whatever is invoked as a constraint on interpretation will turn out upon further examination to have been the product of interpretation" (1989, S. 512). Was klar scheint, ist nur in einem gesetzten sozialen

Raum klar, und immer nur temporär (1989, S. 513). Auf dieser Basis stellt Fish sich gegen die rechtsrealistische Perspektive: „[W]e see that the basic realist gesture is a double, and perhaps contradictory, one: first dismiss the myth of objectivity as it is embodied in high-sounding but empty legal concepts (the rule of law, the neutrality of due process) and then replace it with the myth of the ‚actual facts' or ‚exact discourse' or ‚actual experience' or a ‚rational scientific account', that is, go from one essentialism, identified with natural law or conceptual logic, to another, identified with the strong empiricism of the social sciences" (1994, S. 210). Die klassisch realistische Aussage, es sei nicht das Recht, das leitet, *sondern* psychische, soziale oder sonstige Ursachen, ist im Rahmen eines konsequenten Antiformalismus absurd. Realismus ist nur eine andere Spielart des Formalismus, die die Anker verschiebt, aber nicht verliert. Sowohl Formalismus als auch Realismus sind Determinantenperspektiven, die die Rechtsentscheidung als aus einer ihr vorgelagerten Kausalkette heraus erklären wollen; sie betonen lediglich unterschiedliche Determinanten. *Formalismus müsste möglich sein, damit der Realismus als Alternative möglich wäre.* Eine interpretativ-situationale Betrachtung löst sich von dem, was Andrew Abbott „Kausalismus" genannt hatte (z. B. 1992), der Teil eines starren Formalismus darstellt.

Es bleibt für Interaktionisten und Pragmatisten eine offene Situation von Zuschreibungsspielen, in der jedoch die Behauptung formaler Gründe wesentliches Element für einen *Erfolg* in diesem Zuschreibungsspiels bleibt.[1] Der starre Formalismus ist als *Diagnose* daher unmöglich, als *Performativität* jedoch unvermeidlich. „When you come to the end of the antiformalist road what you will find waiting for you is formalism" (Fish 1998, S. 419), die Notwendigkeit, kontingente Aussagen zu rechtfertigen, als wären sie notwendige Aussagen; Formalismus ist eine unmögliche, *aber zugleich alltägliche und unvermeidliche* Strategie. Am Ende der Abkehr vom Formalismus steht so die Erkenntnis, dass dieser emergent in der Praxis der Anwendung radikal interpretationsoffener Regeln kontinuierlich als Unterstellung *hergestellt* wird. Diese Emergenz *ist* sowohl das formale Recht als *auch* ihr empirisches Umfeld, da beide interpretiert werden müssen und in einer Anwendung des Rechts an eine Situation beide Interpretationen vermengt auftreten: das Gericht

---

[1] Es ist derweil das erklärte Ziel der Rortianischen Version des Pragmatismus, diesen Formalismus auch als Bedingung des Zuschreibungsspiels in seinem Ironimus zu Fall zu bringen (1989). Fish stellt sich dagegen auf die Position, dass das unmöglich sei (v. a. 1994, 1999), eine Position die Rorty zumindest für die Allgemeinheit zu teilen scheint, indem er feststellt, dass Ironismus keine Einstellung aller sein könne (1989, S. 87). Ob es unmöglich ist und für wen, sei dahingestellt; für die Gegenwart ist jedenfalls festzustellen, dass Sprachspiele formale Argumentationen benötigen, ohne, dass diese formalen Gründe repräsentational wären.

konstruiert eine Sachlage und schafft damit erst eine Beschreibung, nach der gehandelt werden kann, wendet gleichzeitig (*nicht* davor oder danach; die Konstruktion der prozessualen Wahrheit ist mit der Interpretation des formalen Programms immer untrennbar verbunden) den ebenso interpretierten Rechtstext an diese Sachlage an. Im Glauben an das formale Programm produziert die konkrete Entscheidung das formale Programm. Richter werden weiterhin entscheiden, *als ob* sie dem Recht folgten und es *dadurch* auch tun, ohne, dass sie nur Spiegel des Rechts wären – was sie nicht sein könnten, denn das Recht als Abstraktum existiert nicht (vgl. Fish 1989, 1994; Derrida 1995, 2005; zur Überlappung beider Dellwing 2008a). Damit ist die scharfe Kritik am Formalismus, die soweit gehen wollte, ihn abzuschaffen und zu ersetzen, letztlich wieder hinfällig. „The law will only work ... if the metaphysical entities [i. e., the belief in the formal, pre-existing and guiding rule, M.D.] [...] are retained" (Fish 1994, S. 213; vgl. Dellwing 2008a, 2009), wohlgemerkt: als Performanz im Zuschreibungsspiel, nicht als objektive Feststellung.

9.3 Formalismus und Realismus in der Psychiatrie

Die Diskussionen über die Psychiatrie kann nun im Rahmen dieser Rechtsdiskussion kategorisiert werden: Sie steht in dieser klassischen Auseinandersetzung zwischen Realisten und Formalisten, so dass man von Psychiatrieformalismus und Psychiatrierealismus sprechen könnte.

Verfechter des psychiatrischen Systems vertreten die klassisch formalistische Position, dass Diagnoseregeln an Symptome angewandt werden, um zu erkennen, was *wirklich* krank *ist*. Die Autoren des DSM sind Formalisten, die ein formales Programm als reliables und valides Diagnosesystem anbieten, das nun von Praktikern angewandt werden kann, wie Gesetzgeber ein Gesetz erlassen, das nun von den Praktikern der Juristerei angewandt werden kann. Wissenschaftliche Verteidiger des psychiatrischen Programms gegen den Angriff der „Antipsychiatrie" der sechziger und siebziger Jahre waren ebenso Vertreter des formalistischen Programms (z. B. Clare 1981; Glatzel 1975), ebenso die Vertreter des biologischen Paradigmas. Diagnoseformalisten sind in der psychiatrischen Praxis dominant. Die Herausforderung ist dagegen von Realisten *und* Formalisten organisiert worden, was nicht verwundert, wenn bedacht wird, dass strenge realistische Positionen ebenso eine Version des Formalismus mit anderen formalen Ursachen vertreten. Kritische Formalisten sprechen von unreliablen Formen, die zugunsten „wirklicher Erkenntnis" überwunden werden müssen; Thomas Szasz vertritt z. B. auf der Basis eines medizinischen Diagnoseformalismus die Position, dass die Psychiatrie an diesen Formalismus nicht sinnvoll anschließen kann, da es sich nicht um formalisierbare Krankheiten handele. Szasz ist der Ansicht, dass es keine „Beweise" gäbe, dass es sich um Krankheiten handele (1974, S. 19) und verbleibt dadurch im formalen Vokabular des Erfüllens vorgegebener Kriterien, auf dessen Basis er dann über psychiatrische Diagnosen schreiben kann, es handele sich um „Verkleidungen" („disguise", S. 21), mit denen „conflicting human needs, aspirations, and values ... problems in living" obskuriert würden. „Psychiatrists are not concerned with mental illnesses and their treatments. In actual practice they deal with personal, social and ethical problems in living" (S. 262). Das ist nun realistisches Vokabular: Diagnosen sind Werkzeuge, Kategorien, die anderen Zielen dienen. „Classification is like a lever: it gives one a purchase on whatever it is one wants to move" (1991, S. 197). Auch Rechtsrealisten nannten das Rechtsvokabular eine Verkleidung, eine verdeckte (rechtliche) Formalisierung von Urteilen. Wie die Rechtsentscheidung im Realismus nicht im Rückblick auf die formale Ordnung, sondern im Blick auf die zu erreichenden Konsequenzen und auf die empirischen Bedingungen erklärt wird, erklärt Szasz auch die Psychiatrie in Rekurs auf die von ihr erfüllte Funktion. „The concept of mental illness serves the same social function in the modern world as did the concept of witchcraft in the late Middle Ages" (1970, S. xxiii), und „The mental hospital system thus serves, however covertly, to promote certain values and performances, and to suppress others" (1991, S. 42). Das formale Programm sei nur Vorwand, um moralische Urteile zu formalisieren; somit sei die Diagnose ein Nachfolger der Hexenverfolgung, und „Mental illness thus exists or is ‚real' in exactly the same sense in which witches existed or were ‚real'" (S. 21). Durch sein letztliches Vertrauen in einen *hier* nur nicht erfüllten, da *hier* nicht erfüllbaren Formalismus ist Szasz damit der Psychiatriekritiker, der sich (gerade aufgrund seines Medizinformalismus) am nächsten am Vokabular der Rechtsrealisten bewegt, denn ein Glaube an die Möglichkeit des leitenden Rechts ist nötig, um zu bemängeln, dass es nicht leitet. Auch die klassischen Rechtsrealisten waren Reformer, die eine besser leitende formelle Gesetzgebung auf den Weg bringen wollten. Jeff Coulter folgt einem ähnlichen Weg und sieht in den Diagnosekriterien „Reifikationen" von soziointeraktionalen Sonderbarkeiten: „The disease model of schizopherenia is essentially predicated upon the assumption that such reifications are permissible for theoretical purposes" (1973, S. 5). Jedoch betont auch Coulter, wie bereits Szasz, dass die psychiatrische Diagnose nicht „wirklich" formal sein kann, da es sich nur metaphorisch um eine Krankheit handele. „[A]scriptions of ‚schizophrenia' ... do not function like ascriptions of physical ailments. They are not arrived at in the same kind of way, and they do not carry any clear latitude of symptomatological or therapeutic information" (ebd.). Wieder wird, wie bei Szasz, die Nutzenorientierung der Darstellung einer Intervention als formale Diagnose in den Vordergrund gestellt: „the practical application of psychiatric labels is a pragmatic affair, and there is no explicit code with which to work since no precise, reliable operational descriptions of mental illness or mental health are available or even possible" (ebd.). Hier tritt die Abgrenzung des medizinischen vom psychiatrischen Formalismus prominent in den Vordergrund, indem nicht *prinzipiell* ein Befolgen eines formalen Programms in Frage gestellt wird, sondern vielmehr, wie in Szasz' Fall, für den *bestimmten Fall der Psychiatrie* das Diagnoseprogramm als *pseudo*formales Programm portraitiert wird: „diagnoses are bases for inference and action, not attempts at literal measurement of phenomena" (8). Hier die Dichotomie: Die Aussage, es handele sich nicht um „literal measures of phenomena" ist nur sinnvoll, wenn ich davon ausgehe, dass solche Maße prinzipiell *möglich* sind. Die Anwendung des formalen Programms dient so nicht zur Entscheidung, sondern die Entscheidung würde durch sie lediglich gerahmt: „psychiatric diagnostic procedures are fundamentally evaluative, and attempts to ‚scientize' the practical, everyday pragmatics of this state of affairs cannot succeed" (S. 7). David Mechanic macht dieselbe Aussage: „psychiatrists have developed descriptive diagnostic labels which they use in categorizing and dealing with patients" (1981, S. 28), und „Disease concepts are pragmatic instruments, and the reasonableness of applying the diagnostic disease concept to psychiatry depends on its potential use" (S. 31). Solche Formulierungen sind bereits nah an einer rechts- und damit psychiatriepragmatistischen Formulierung, wie später zu argumentieren sein wird; in ihrer Insistenz auf die Möglichkeit der Formalität eines medizinischen Formalismus in Abgrenzung der psychiatrischen von der physiologischen Diagnose bleiben sie jedoch bei einem Vertrauen in formale Systeme, die nur in dieser speziellen Situation aufgrund der mangelnden Anwendbarkeit des medizinisch-formalen Vokabulars auf psychische Störungen nicht greifen. Gerade dieses Vertrauen in die prinzipielle Unterscheidbarkeit von regelgeleiteten von nicht regelgeleiteten Entscheidungen markiert den Realismus.

Eine der ausführlichsten Kritiken des DSM-Diagnosekatalogs, die in den Psychiatrierealismus eingeordnet werden können, stammt von Stuart Kirk und Herb Kutchins. In *The Selling of DSM* (1992) rekonstruieren sie die Entstehungsgeschichte des DSM als Konstruktion eines sozialen Problems (und seiner Lösungen) nach Kitsuse und Spector (2001). Als offenes Problem wird hier die Reliabilität psychiatrischer Diagnosen thematisiert, als Hinterbühnenproblem dagegen die mangelnde medizinische Reputation der Psychiatrie „at bottom of the totem pole in medicine" (S. 10). DSM-III sollte aus ihr eine „science-based profession" (S. 25) machen und somit selbst Ziele erfüllen, nämlich die medizinische Glaubwürdigkeit der Psychiatrie verbessern, indem sie die Psychiatrie biologisierte (S. 11). Der alten Nosologie war vorgeworfen wurde, keine klare formale Struktur zur Diagnose von Geisteskrankheiten zu liefern, nur „general, vague descriptions of specific disorders"

(S. 29). Das Ziel war dagegen ein formales System, das der Subsumption von Symptomen und der reliablen Diagnose von Krankheiten dienen konnte. Auch hier wird zunächst die mangelnde empirische Fähigkeit des Leitens von Entscheidungen thematisiert; dass psychiatrische Diagnosen nur schlecht reproduzierbar sind, gilt hier als Beweis für deren mangelnde Fähigkeit der Nosologie, die Diagnose zu leiten. DSM-III, die deskriptive Revolution im DSM, sollte dies ändern – „or at least try [...] to keep [the reliability problem, M.D.] from full public view" (S. 4). Die neue diagnostische Systematik erfüllte jedoch dieses Desiderat ebenso nicht, wie Kirk und Kutchins feststellen, wodurch am Psychiatrierealismus auch hier festgehalten wird. „To a great extent psychiatric nosology has been a product of committee meetings and smiling faces" (S. 29), nämlich der mehrheitlichen Zustimmung anwesender Praktiker zu häufig mit nicht mehr als professioneller Erfahrung erdachten Nosologien.

Gerade die Argumentation der Reliabilität liefert eine gute Analogie zur Auseinandersetzung zwischen Rechtsformalisten und Rechtsrealisten. „The reliability of a psychiatric classification refers to ‚the extent to which users can agree on diagnoses applied to a series of cases'", zitieren Kirk und Kutchins Spitzer und Williams (S. 31, Zitat aus Spitzer und Williams 1983, S. 596). Antiformalisten haben beständig die Argumentation vorgebracht, dass die mangelnde formale Natur des Rechts sich an der mangelnden Reproduzierbarkeit von Urteilen zeige (Posner 1990). Dies vor allem daher, dass Rechtsentscheidungen notwendigerweise Einzelentscheidungen seien, in denen unreproduzierbare und einmalige Situationen bewertet werden müssten, die von Personen begangen würden, die ebenso in ihrer Individualität beurteilt werden müssten.[2] Es handele sich dadurch um eine ganz idiosynkratische Bewertung, für die das formale Programm lediglich ein Rechtfertigungsvokabular biete. Dieselbe Argumentation kommt nun noch einmal in der Praxis psychiatrischer Behandlung auf; gemacht wird sie vor allem von Psychoanalytikern gegenüber der universalistischen und depersonalisierten deskriptiven Nosologie des DSM-III und seiner Nachfolger: „idiosyncrasies of the relationship between therapist and client will become a crucial part of the treatment" in psychoanalytischen Interaktionen, und „What is welcomed as part of normal practice to clinicians is, to researchers seeking diagnostic consistency, a fertile source of idiosyncratic error" (S. 48) – ein Fehler, da diese Idiosynkrasien die strikte Befolgung des formalen Programms verhinderten. „Diagnostic error was due to the failure of clinicians and the psychiatric nosology to conform to the full agenda of technical rationality" (S. 224), und diese

---

[2] Zudem die Argumentation, dass Reproduzierbarkeit gar nicht erwünscht sei, da der Sinn der Gewaltenteilung – und auch der Teilung der Gerichte in Instanzen – darin besteht, *andere* Urteile erlangen zu können.

9.3 Formalismus und Realismus in der Psychiatrie

Fehler sollten ausgemerzt werden, um „wahre" formale Diagnosen zu ermöglichen. Eine ähnliche Problematik taucht in Rechtsprozessen auf, wenn eine Orientierung an der Person des Angeklagten zu stark unterschiedlichen Urteilen in (scheinbar) gleich gelagerten Fällen führt. Für eine formalistische Jurisprudenz – und vor allem eine formalistisch orientierte Öffentlichkeit – handelt es sich in solchen Fällen um Skandale der Ungleichbehandlung, während es in den tatsächlichen Prozessen problematisch wäre, von Ungleichbehandlung im selben Fall zu reden, da es sich, wenn es andere komplexe Situationen sind, schon allein daher nicht um denselben Fall handelt. Dennoch: „The twin strategies for improving reliability required that information variance and criterion variance be greatly reduced, if not eliminated altogether" (S. 49). Reliabilität braucht die Anwendung eines Formalismus auf eine von situationalen Komponenten befreite Symptomatik, Bedingungen, die der Rechtspragmatismus als unmöglich bezeichnet hat.

Diese Reliabilität verfolgt einerseits das Ziel, der Psychiatrie die Aura der harten Wissenschaftlichkeit zu verleihen. Sie hat jedoch zudem zwei weitere Ziele, die sich aus der Organisationslogik der medizinischen Psychiatrie ergeben: Pharmakonzerne benötigen ein formales Programm, um Medikamententests durchführen zu können, und Versicherungen benötigen ein formales Programm, um Erstattungen regeln zu können (S. 78). Auch hier kommt wieder ein bereits diskutiertes Element realistischer Betrachtung ins Spiel: Wie der staatliche Kontrollapparat scheinbar formal-objektive Entscheidungskriterien benötigt, um in Konflikte eingreifen (und sie befrieden) zu können, braucht die Medizin scheinbar formale Kriterien, um Medikamente zulassen und Rechnungen bezahlen zu können. Die Psychiatrie liefert eine Praxis, in der das möglich wird. „The language used to present these criteria and procedures exudes the spirit of technical rationality" (S. 221). Die rationale Bürokratie verlangt depersonalisierte, nüchterne, objektive Information. „The thrust of the recommendation (to introduce DSM-III) seemed to be to develop a system that would be useful in various administrative and forensic settings, so that it would be possible, for instance, to use the diagnostic system to accurately assess the amount of a disability award, or to provide the participants in a lawsuit with an accurate measure of damages" (S. 79). Die Autoren unterscheiden fünf Gründe für Diagnosen *jenseits* des formalen Programms: „to regulate client flow, to protect clients from harm, to acquire fiscal resources, to rationalize decisionmaking, and to advance a broader political agenda" (S. 230). Diagnosen hängen von der Zahl freier Betten in Kliniken ab (S. 231; vgl. auch Scheff 1984, S. 106), genauso wie Urteile von der Gefängniskapazität abhängen (was auch für physio-medizinische Diagnosen gilt). 87 % der Diagnostiker geben an, Unterdiagnosen gemacht zu haben, um Patienten vor Etikettierung zu schützen (S. 232). Zur (mittlerweile abgeschafften) Diagnose der Homosexualität z. B. geben Kirk und Kutchins ein Interview wieder: „If you're seeing a homosexual person and had to fill out an insurance form, I would still... not use the word homosexual. I think it is such a damaging word," dagegen: „Depression is easy, anxiety neurosis is easy, adjustment reaction of adulthood or adolescence" (S. 89). Zudem würden häufig Überdiagnosen zur Ermöglichung einer Erstattung der Kosten durch die Versicherung gestellt (S. 233). Indem festgestellt wird, wann über- oder unterdiagnostiziert wird und wie Diagnosen das formale Programm verlassen, wird jedoch hier einmal mehr die Annahme reproduziert, es handele sich um ein Feld, auf dem Formalismus möglich wäre, aber aus formfremden Gründen nicht eingehalten wird. So reproduziert diese Diskussion die Positionen der *critical legal studies* in der Rechtsauseinandersetzung: Normen werden behauptet, wärehnd andere Interessen verfolgt werden.

Die DSM-Kriterien werden zudem als den Praktikern als lästige Notwendigkeit geltende Größe gerahmt, nicht zur formalen Leitung: „The DSM-III code may be viewed by clinicians as a fiscal formality unrelated to treatment" (S. 239). In diesem Rahmen, schreiben Kirk und Kutchins, handele sich in der Auseinandersetzung um Reliabilität nur um eine öffentliche Streitigkeit mit dem Ziel, wissenschaftliche (und dadurch medizinische) Glaubwürdigkeit zu erlangen. Tatsächlich, meinen die Autoren, erschien die Reliabilität den Psychiatern nicht wesentlich (S. 36); „Sometimes diagnoses are simply irrelevant. The staff at one agency explained that diagnosis was the art of ‚making distinctions without differences'" (S. 236), vor allem, da die DSM-Kriterien nicht mit empfohlenen Behandlungsmethoden einhergehen und die Behandlung der diagnostizierten Störung über die verschiedenen nosologischen Kategorien hinaus sehr stabil bleibt. „Because there is no professional consensus about the appropriate treatment for specific disorders, the importance of misdiagnosis is often discounted" (S. 239), woraus dann geschlossen werden kann: „It could be argued [...] that the psychiatrist is seldom bound exclusively by the actual diagnosis" (Beck 1962, S. 213). Damit wäre das öffentlich so heftig diskutierte Problem der Reliabilität keines: Wenn die Behandlung davon nicht abhängt, es für die Erstattung nur wichtig ist, eine der erstattungsfähigen Diagnosen zu wählen, ist es letztlich gleich, welche gewählt wird. „[O]nly investigating journalists and law enforcement agencies claim that deliberate misdiagnoses are a problem that requires attention" (S. 238) – jene nämlich, die die realistische Bestimmung des Systems nicht verstanden hätten. Diese Nosologie wird breiter und aufgefächerter, darin auch überlappender (S. 199); für die Praxis heißt das nur, aus einem größeren Pool von Rechtfertigungen für den Eingriff in soziale Interaktionsstörungen wählen zu können, ein Eingriff, der aber letztlich aus der jeder psychiatrischen Diagnose anhängigen „und"-Kategorie heraus notwendig wird, nämlich der Störung eines sozialen Miteinanders.[3] Die Argumentation der positivistischen Psychiatrie, die Reliabilität und Validität sucht, ist formalistisch; die kritische Argumentation, die erklärt, dass gerade die Psychiatrie diese Objektivität nicht erreichen kann, ist realistisch; dass sie sie nicht verwendet, ist die klassisch kritisch-realistische Wende, die den Formalismus erwartet, aber nicht erfüllt sieht. Sie alle bleiben damit in einem letztlich formalistischen Vokabular, das der Rechtspragmatismus überwinden wollte: Beide glauben an die prinzipielle Möglichkeit, Entscheidungen durch die Anwendung klarer Kriterien zu leiten, seien dies formell-nosologische oder außermedizinische.

9.4 Diagnosepragmatismus

Wenn das Recht die emergente Produktion von immer verwobenen Situations- und Rechtsinterpretationen ist, können Diagnosen stattdessen als emergente Produktionen von Situations- und Krankheitsbildinterpretation gerahmt werden. Die Unterscheidung, welcher Anteil der Diagnose auf dem formalen Programm beruht und welcher Teil außerformale Ursachen hat, wird auf dieser Basis sinnlos, ja unverständlich: Das formale Programm *ist* das Vokabular, in dem Diagnosen gemacht werden müssen, nicht schon die feste Vorgabe, was ein Symptom darstellt und was nicht. In einer Welt, in der alle Information immer bereits Interpretation ist, ist eine „rein formale Leitung" einerseits nicht möglich, eine Performativität der Formalität jedoch ein alltägliches Muster, in dem situational und lokal Formalität hergestellt wird. Was für das Recht gilt, gilt somit auch für die Psychiatrie.

Auf einer abstrakten Ebene ist die Frage nach der Wahrheit des medizinischen gegenüber dem sozialen Vokabular zur psychischen Störung sinnlos. Wie Rorty festhalten wollte: Pragmatisten vertreten keine relativistische Epistemologie, da sie gar keine Epistemologie vertreten (1982, S. 24), sie streiten nicht um die Wahrheit eines Vokabulars, sondern wünschen sich, dass der Begriff nicht weiter verwendet würde. Das ist jedoch eine Metadiskussion, die für die praktische Auseinandersetzung hier von wenig Belang ist. Solange der medizinische Diskurs dominant ist,

---

[3] So benötigt z. B. die Diagnose der Schizophrenie zusätzlich zu Wahnvorstellungen, Halluzinationen, Desorganisation u. Ä. auch die Störung einer sozialen Interaktion als weiteres Kriterium, um diagnostiziert werden zu können, womit die Wahnvorstellungen nicht bereits für sich Schizophreniesymptome darstellen, sondern erst, wenn sie ein soziales Miteinander stören. Somit kann argumentiert werden, dass Störungen des sozialen Miteinanders die eigentlichen Symptome darstellen, die dann mit verschiedenen scheinbar „objektiven" Zusatzsymptomen wie Halluzinationen „konkretisiert" werden müssen.

wird die Auseinandersetzung um die Zuschreibung des Krankheitsetiketts über Diagnosemerkmale geführt; solange innerhalb der Medizin die deskriptive Diagnostik des DSM bzw. ICD-10 dominant ist heißt das, Verhalten als Erfüllung deskriptiver Symptomatiken zu interpretieren. Diese Interpretation ist von rechtlicher Subsumption strukturell ununterscheidbar. Praktisch ist die Diskussion um die Wahrheit der medizinischen, psychologischen oder soziologischen Thematisierung ein Streit um Kompetenzen der Erklärung, um die Rolle verschiedener Experten. In beiden Fällen geht der Diagnostiker bzw. Jurist davon aus, feste Kriterien zu besitzen, die auf objektiv vorhandenes Verhalten angewandt werden können. In beiden Fällen sind diese Kriterien radikal interpretationsoffen und begrenzen textintrinsisch keine Entscheidung, werden zugleich auf Verhalten angewandt, das ebenso interpretationsoffen bleibt. In beiden Fällen führt diese Infragestellung des Formalismus jedoch nicht zu einer Aufgabe des formalen Vokabulars zugunsten außerformaler Gründe der Diagnose, sondern wird in seiner Bedeutung gleichzeitig mit der Produktion der Bedeutung des Verhaltens mitproduziert. In beiden Fällen ist die formale Kategorie weder Voraussetzung noch Ergebnis der Interaktion; vielmehr ist die *Performativität* der Formalität notwendiges Element der Argumentation und wird in dieser Argumentation lokal gestärkt oder geschwächt. Das formale Vokabular der psychiatrischen Diagnose leitet nicht, es begrenzt nicht und ist nicht stabil dadurch, dass es detailliert ausformuliert wurde. Es handelt sich um einen textualen Anker, auf den Bezug genommen wird, um Diagnosen zu rechtfertigen. Dass unterschiedliche Psychiater dieses Vokabular unterschiedlich verwenden, die vielbeschworene „Reliabilität" damit als nicht gegeben erzählt wird, ist weder ein Skandal noch ein Problem; für das Recht gilt dasselbe.

Vielmehr heißt das, dass die Funktionsweise des offenen Psychiatrievokabulars zu beschreiben ist, nicht die Reliabilität oder „Wahrheit" der Zuordnung von Situationen zu Diagnosekriterien und diese zu Nosologien. Eine den Rechtspragmatismus rezipierende Betrachtung sieht Diagnosenosologien als Vokabular, dessen Belegung immer wieder neu ausgehandelt werden muss und dessen Anwendung immer wieder einen Konfliktfall darstellt, gerade da es in Konfliktfällen aufkommt. Auch das teilt das Diagnosevokabular mit dem Rechtsvokabular: Seine Anrufung ist Folge eines Konflikts, der auf die ansonsten üblichen Wege nicht unter den Beteiligten beigelegt werden konnte und der daher auf dem Umweg über das formale Vokabular öffentlich gelöst werden muss. Gerade diese Veröffentlichung ist Residualstrategie in einer festgefahrenen Konfrontationssituation; die Konfrontation trägt sich in das öffentliche Vokabular der Konfliktbereinigung weiter.

Das heißt dann jedoch, dass gerade aus der Feststellung, dass Diagnosen nicht formell-deduktiv sind und keine Repräsentation einer Pathologiewirklichkeit darstellen keine Psychiatriekritik folgen kann, genauso wie aus der mangelnden

9.4 Diagnosepragmatismus

Formalität des Rechts keine Rechtskritik folgt. Jede Kritik, die diesen mangelnden Formalismus bemängelt, bleibt in diesem Formalismus verhaftet. Die Hoffnung auf starke, rationale Fundierung diagnostischer- und Rechtskategorien, auf „theory that promises to put our calculations and determinations on a firmer footing than can be provided by mere belief or unjustified practice" (Fish 1989, S. 321), hofft auf die Auflösung interaktiver Unwägbarkeiten zugunsten klarer Kategorien und befürchtet anarchische Willkür, wenn diese Kategorien wegfielen. Fundierungskritik hält jedoch daran fest, dass diese Kategorien niemals objektiv leitend da waren. Sie waren immer nur unterstellt, immer nur performative Notwendigkeiten, die behauptet wurden, um das zu tun, was man im Alltag gewohnt war zu tun; „external and independent guides will never be found, but [.] it is unnecessary to seek them, because you will always be guided by the rules or rules of thumb that are the content of any settled practice" (S. 323). Die Darstellung formeller Regeln als Argumentationen zur Untermauerung einer gegenwärtigen Praxis, die weder bereits formell aus diesen Regeln folgt, noch diese formellen Regeln Lügen straft, ist demnach lediglich „an account of what we have always already been doing" (S. 323 f.).

Aus mangelnder Befolgung des formalen Programms folgt damit keine Kritik, es ist bereits die Kritik, denn ob dem formalen Programm gefolgt wurde oder nicht ist ebenso bereits eine Interpretation. Wer Rechtsentscheidungen in Frage stellen will, muss behaupten, dass das Recht diese Entscheidung nicht gleitet hat; die nun in der Defensive stehenden Richter werden daran festhalten, dass sehr wohl das Recht geleitet hat. Eine dritte Instanz wird entscheiden, und die Entscheidung wird immer eine Parteinahme sein, keine Feststellung einer formalen Wahrheit. Wer psychiatrische Entscheidungen in Frage stellen will, muss die Diagnose oder die Behandlung *falsch* nennen, muss also vorwerfen, das formale Programm wäre von den Praktikern unzureichend befolgt worden. Die Ärzte oder Praktiker werden sich auf die Position stellen, richtig diagnostiziert zu haben. Wieder wird eine dritte Partei entscheiden, wieder wird die Entscheidung eine Parteinahme sein. Es handelt sich um Konflikte über die Definition einer Situation, von der keine als „wahr" im Sinne von von der Welt bereits vorgegeben gelten kann, Auseinandersetzungen, die aber dennoch in Sprachspielen des Formalismus ablaufen; „When the formalist dream of finding invariant meanings [...] is exploded, what remains is ... the world human beings continually make and remake" (Fish 1998, S. 419). Wer selbst in diesen Formalismen argumentiert, stärkt dadurch seine Position *im* Spiel, spielt es jedoch mit und schwächt dadurch seine Möglichkeit, das Spiel von außen zu beobachten; die Praxis der Betrachtung benötigt ein anderes Spiel, und das kann die Rolle der Soziologie in diesem Spiel sein. Anstatt sich in die Auseinandersetzung über die „Wahrheit" des Psychiatrievokabulars hineinziehen zu lassen (und sich durch radikal psychiatriekritische Aussagen in eine Rolle zu katapultieren, in der sie für die

Psychiatrie irrelevant wird), kann sie die Auseinandersetzungen analysieren, in denen dieses Vokabular praktisch verwendet wird, zu welchem Zweck und mit wessen Unterstützung. Mit anderen Worten, sie kann ihre Haltung zum Rechtsvokabular reproduzieren, in dem sie ebenso nicht entscheidet, was *rechtens* ist und Juristen damit ihr Themenfeld streitig macht, sondern *wie* das Rechtsvokabular sozial und praktisch *verwendet* wird. Eine solche Orientierung weist den Weg, langfristig in der Diskussion zur Psychiatrie wieder Fuß fassen zu können. Interessanterweise wäre das eine Reproduktion der Karriere der Rechtssoziologie, die im Rahmen ihres kritischen Verve in den sechziger und siebziger Jahren ebenso zunächst von Juristen als Feindeswissenschaft ausgemacht und ausgegrenzt wurde, bis sie den Frontalangriff aufgegeben hat und zur Analyse übergegangen ist.

10 Weite Felder und Sackgassen: Zuschreibungen von Gewaltsamkeit. Zur Unmöglichkeit, die Verwendung des Begriffs „Gewalt" durch präzise Definitionen einzugrenzen

Eines der Desiderate der sogenannten „Innovateure" der Gewaltsoziologie war die Wiedereingrenzung einer „uferlosen" (Neidhardt 1986, S. 132) Gewaltdefinition. In Anschluss an Popitz (1992) und Neidhardt (1986) kritisierten sie einerseits emanzipatorisch motivierte strukturelle Definitionen, andererseits staatliche Ausweitungen auf psychische Definitionen der Gewalt. Beide waren ihrer Ansicht nach so weit gefasst, dass „alles" unter ihnen subsumiert werden konnte und somit die Unterscheidung der „Gewalt" von „Nicht-Gewalt" mit ihnen verloren ging. Eine eigene definitorische Begrenzung aus Körperlichkeit sollte diese Unterscheidung wieder möglich machen, indem eine solche enggefasste Definition nur noch eine präzise eingegrenzte Klasse von Phänomenen als „Gewalt" gelten lassen sollte. Thorsten Bonacker stellt fest: „Je mehr man sich um die Definitionen der Gewalt bemüht, desto deutlicher verspürt man deren Scheitern" (2003, S. 31). Während die Kritiker ihre Angriffe als Kritik gegen eine „politische Verwendung" des Gewaltbegriffs präsentierten, gegen die eine neutralere Definition gestellt werden sollte, sind letztlich beide Seiten in ein politisches Spiel involviert. Beide hoffen, dass jeweils ihre „präzise Definition" den Gewaltbegriff so formen wird, dass er für die eigenen Überzeugungen verwendbar wird. Die Auseinandersetzung über die Definition der Gewalt ist somit zunächst ein Konflikt über Bruchlinien wissenschaftlicher Perspektiven hinweg. Dieses Spiel verbleibt jedoch, solange Definitionen umkämpft sind, auf der Makroebene: Die Auseinandersetzung um die Benennung von *Situationen* wird auf der abstrakten Ebene der Diskussion allgemeiner Definitionen ausgetragen und hängt damit vom Vertrauen ab, dass abstrakte Definitionen konkrete Situationen wirksam begrenzen können, d. h. dass mit der Dominanz einer wissenschaftliche formulierten Definition bereits gesellschaftliche Auseinandersetzungen gewonnen werden können, wenn diese Definitionen dort Anwendung finden.

Es handelt sich in diesem Vertrauen um eine Spielart des Formalismus, der Überzeugung, dass Texte Bedeutungszuschreibungen zu arretieren oder zumindest limitieren in der Lage sind. Dieses Vertrauen könnte im Ganzen verfehlt sein, wenn abstrakte Definitionen erst in Mikrointeraktionen Anwendung finden müssen und diese Anwendungen immer neue Aushandlungen über die Bedeutung nicht nur der Situation, sondern auch der Definition darstellen. Für Perspektiven, die eine solche Offenheit nicht beinhalten, zu denen die von den Innovateuren kritisierten emanzipatorischen und viel mehr noch die von ihnen ebenso kritisierten positivistisch-empirischen Perspektiven gehören, kann das als externe Kritik wirkungslos bleiben. Gerade die innovative Gewaltsoziologie ist jedoch konflikt- und interaktionsorientiert und richtet ihr Augenmerk auf die *Mikro*physik der Gewalt, auf interpersonale Konflikte, Verletzungen und Schmerzzufügung. Wenn man diese Grundannahmen und Forschungsschwerpunkte der Innovateure ernstnimmt und Gewaltinteraktionen in dichter Beschreibung in den Mittelpunkt rückt, ist unverständlich, warum diese Betonung des interpersonalen Konflikts nicht auf die *Anwendung* von Definitionen und die Auseinandersetzung über situationale Zuschreibungen auf Phänomene als „gewaltsam" ausgedehnt wird. Gerade die Innovateure wollen keine „blutleeren", abstrakten Abhandlungen über Gewalt, versuchen sich jedoch an einer abstrakten, blutleeren Definition von Gewalt, um ihre Forschungen im Dickicht interaktionaler Auseinandersetzungen gegen ihre „ausufernden" Gegner zu verteidigen. Gerade eine Gewaltsoziologie im Morast des Gewaltalltags sollte das Vertrauen in abstrakte Definitionen verlieren und ihre Energien praktischeren Auseinandersetzungen als der Entwicklung präziser Definitionen zukommen lassen.

10.1 Breite und enge Eingrenzungen des Gewaltbegriffs

Auf Popitz und Neidhardt aufbauend bestehen die Vertreter der innovativen Gewaltsoziologie auf die Einengung des Gewaltbegriffs auf die körperliche Verletzung von Menschen. Neidhardt kritisiert sowohl die emanzipatorische als auch die staatliche Ausdehnung des Gewaltbegriffes jenseits der körperlichen Verletzung. Sowohl der Begriff der „strukturellen Gewalt" als auch die Ausdehnung des Nötigungsbegriffs auf nichtkörperlichen Zwang („Läpple-Urteil", Neidhardt 1986, S. 118) führten zu einer „Erweiterung des Gewaltbegriffs [.] an zwei Fronten", die ihm „einen kaum noch überschaubaren Geländegewinn" erbrachte (Neidhardt 1986, S. 129). So folgte eine „‚Entmaterialisierung' und ‚Vergeistigung' des Gewaltbegriffs", die „die

10.1 Breite und enge Eingrenzungen des Gewaltbegriffs

Gefahr ‚uferloser Ausdehnung' mit sich" brächte (S. 132). Auch Popitz meint, „Wir wollen den Begriff der Gewalt nicht dehnen und zerren, wie es üblich geworden ist. Gewalt meint eine Machtaktion, die zur absichtlichen körperlichen Verletzung anderer führt" (Popitz 1992, S. 48). Die Innovateure werfen in Nachfolge Neidhardts und Popitz' der klassischen Gewaltsoziologie vor, dass es in ihr „üblich [wurde], den Gewaltbegriff bis zur Unkenntlichkeit zu ‚dehnen und zu zerren' ", wodurch sie in eine „ausufernde[.] ‚Entlarvung' von ‚Gewaltverhältnissen' " abgedriftet sei (von Trotha 1997, S. 14). Diese Ausweitungen haben die Gewaltforschung „in die Sackgasse geführt" (von Trotha 1997, S. 13), bieten keine Analysestabilität und erlauben es, letztlich alles als „Gewalt" zu bezeichnen, denn eine so „vergeistigte" Definition sei letztlich so weit, dass der Gewaltbegriff mit ihr „[n]icht gültig operationalisierbar" sei (Neidhardt 1986, S. 130).

Der erste Vorwurf besteht so darin, dass eine so weite Fassung des Begriffs unmöglich so präzise sein kann, dass er für ernsthafte wissenschaftliche Beschäftigung nützlich sein könnte. Wenn Galtung schreibt, Gewalt sei für ihn „etwas Vermeidbares, das der menschlichen Selbstverwirklichung im Wege steht" (1978, S. 11), kann Neidhardt antworten: „Was heißt ‚menschliche Selbstverwirklichung'? Was heißt ‚vermeidbar'?" (1986, S. 130). Auf Basis dieser Kritik wird dem „weiten" Gewaltbegriff vorgeworfen, nicht wissenschaftlich definieren, sondern politische Zielsetzungen so formulieren zu wollen, dass der Gewaltvorwurf in der derzeitigen Gesellschaft kaum zu umgehen sein wird, egal, welche Interaktion man betrachtet. Das ist der zweite Vorwurf; von Trotha schreibt, dieser Gewaltbegriff habe „die empirische und theoretische Gewaltanalyse in die Sackgasse geführt und äußerst fragwürdige gesellschaftspolitische Folgen gezeigt" (1997, S. 13).

Dass der ausgedehnte Gewaltbegriff nicht „präzise definiert" sei, kann durchaus in Frage gestellt werden. Galtung dehnte den Begriff der Gewalt in den sechziger und siebziger Jahren auf Situationen ohne Täter und ohne physische Verletzung aus, lieferte jedoch durchaus ernsthafte Versuche, dieses Feld zu umgrenzen. „Gewalt liegt dann vor, wenn Menschen so beeinflusst werden, daß ihre aktuelle somatische und geistige Verwirklichung geringer ist als ihre potentielle Verwirklichung", schreibt Galtung (1975, S. 9). Galtung will klare Begriffe, klare Trennung der Teilmengen, Sicherstellung, dass Phänomene nur in einer Teilmenge auftauchen (S. 10). Dazu liefert er eine weit ausholende, ausführliche Liste, welche Bedürfnisse zur „Selbstverwirklichung" befriedigt sein müssen: Überleben; Ernährung, Luft, Wasser, Schlaf, Bewegung, Ausscheidung, Klimaschutz, Krankheitsschutz, Liebe, Sex, Nachkommen, Selbstausdruck, Dialog, Erziehung, Recht auf (alle folgenden): Aus- und Einreise, Meinungsfreiheit, Gewissensbildung, Mobilisierung, Konfrontation, angemessenes Rechtsverfahren, Arbeit [!]; Bedürfnis nach (alle folgenden): Kreativität und Selbstausdruck in der Arbeit, eigene Lebensumstände verstehen, Aktivität,

Subjekt zu sein, unprogrammierter Zeit, intellektuellen, ästhetischen Erfahrungen, Gemeinsamkeit, Zugehörigkeit, Freundschaft, Solidarität, Beistand, Wohlbefinden, Glück, Freude, Eigenantrieb, Verwirklichung von Möglichkeiten, Sinn des Lebens, Zugang zur Natur, einer Art Partnerschaft mit der Natur (Galtung 1978, S. 18 f.). So behält die Liste eine klare Offenheit, die der strengen Definition zuwiderläuft: Nicht nur sind die Kategorien weit und umfassend, die Liste vermittelt auch lediglich „eine Vorstellung davon, was alles mit ‚einem Menschen Schaden zufügen' gemeint sein kann", ohne, dass ein spezielles Element davon „conditio sine qua non" sein muss (S. 20). Galtung ist sich der Kritik, dass diese Liste alles umfassen kann, bewusst, bietet sie jedoch an, weil sie innerhalb seiner Perspektive einen Zweck erfüllt: Es handelt sich um eine Liste, deren Inhalt man nicht gutheißen oder gar unterstützen muss, die eine so breite Palette von Forderungen enthält, dass sie wohl kaum jemals erfüllt sein könnten und somit immer zumindest (vorsichtig ausgedrückt) Residuen von Gewalt zurückbleiben werden, aber das war gerade das Ziel dieser Definition. Sie ist offen politisch: Tatsächlich scheint Galtungs Definition als ausweglose Vorwurfsmaschine konstruiert, die niemals zufriedengestellt werden kann, und sicherlich ist sie mit politischen Zielsetzungen verbunden, zu deren Unterstützung auf dieser Basis der Gewaltbegriff herangezogen werden kann, vielleicht sogar nicht nicht herangezogen werden kann. So ist sie bewusst unpräzise und bewusst politisch.

Gegen diese „unpräzise", endlos breite und politisch festgelegte Gewaltdefinition soll nun eine Barriere aufgebaut werden. Diese Barriere wird von den Innovateuren in der Betonung der *Körperlichkeit* der Verletzung gesehen, die unmissverständlich Gewalt von Nicht-Gewalt trennen und die Mehrheit der gesellschaftlichen Interaktion von dem Odeur der Gewaltsamkeit befreien soll. Neidhardt meint, „Gewalt ist eine Universalsprache – wenn man sie als physische Gewalt versteht", sie sei „[k]ulturell voraussetzungslos wirksam" (1986, S. 134) Von Trotha folgt, „Gewalt ist intendierte körperliche Verletzung.... Der Schmerz folgt aus einer menschlichen Handlung, die absichtsvoll verletzt" (von Trotha 1997, S. 31). Kern dieser neuen, nun „eingegrenzten" Definition ist Sinnlichkeit. Gewalt ist „eine Wirklichkeit der Gefühle, der Emotionen, der sinnlichen Erfahrung und der Phantasie" (26). Diese sinnliche Erfahrung findet zwischen einzelnen Menschen statt, bei denen Antun und Angetan-Bekommen klar verankert werden können. „Mittelpunkt der Sinnlichkeit der Gewalt ist der Körper.... Die Gewalt ist ein Antun und, auf der Seite des Opfers, ein Erleiden. Antun wie Erleiden haben als primären Gegenstand den Körper des Menschen.... körperliches Leid [...] ist der unverzichtbare Referenzpunkt aller Gewaltanalyse" (S. 26). Auch Reemtsma schließt sich an: „Die durch die Gewalttat vollzogene Reduktion auf den Körper ist der Grund, warum Gewalt stets als primär körperlich aufgefasst werden muss" (2008, S. 125).

Die Innovateure und ihre Vorläufer versuchen sich also zur Eingrenzung ihres Forschungsfeldes und zur Abgrenzung von ihren Gegnern mit einer anderen *abstrakten* Definition von Gewalt; so soll eine Makrodefinition durch eine andere ersetzt werden, um die politische Verwendung einzuschränken, gar zu verhindern. Diese Strategie steht im Licht eines Vertrauens auf die begrenzende Wirkung abstrakter Definitionen. Dieses Vertrauen ist jedoch unbegründet: Es handelt sich in der Erfassung der Gewalt durch Limitierung auf Körperlichkeit um eine Eingrenzung, bei der nun ebenso die Frage gestellt werden kann: Was heißt „körperlich"? Was heißt „Verletzung"? – Fragen, die den Fragen „Was heißt ‚menschliche Selbstverwirklichung'? Was heißt ‚vermeidbar'?" (1986, S. 130) nicht hintanstehen und auf die Problematik hinweisen, dass definitorische Begrifflichkeiten leer bleiben, solange sie nicht in Anwendung kommen, gleichzeitig Anwendung jedoch auch die am präzisesten formulierten Begrifflichkeiten entpräzisiert: Wie kein Schlachtplan den Kontakt mit dem Feind überlebt, so überlebt auch keine Definition den Kontakt mit einer Situation. Abstrakte Definitionen sind Orte der Austragung von Zuschreibungskonflikten, für die die Definitionen lediglich nominell verwendet werden müssen.

10.2 Makrodefinitionen und Mikroanwendungen

Die wissenschaftliche Auseinandersetzung über abstrakte Gewaltdefinitionen betrifft zunächst lediglich das Vokabular der abstrakten Definition. Die Hoffnung auf klare Definitionen durch präzise Eingrenzung ist die formalistische Hoffnung auf Worte, die Bedeutungen arretieren, die Hoffnung „that meanings are a property of language" (Fish 1989, S. 6), „that the meanings words have in that system (as opposed to the meanings they acquire in situations) are or should be the basis of ‚general' discourses" und „that because they are general rather than local, such discourses can serve as constraints on interpretive desires" (ebd.). Wird diese Hoffnung als leer aufgegeben, folgt der Einsicht, dass Gewaltdefinitionen konstruierte und veränderliche Größen sind, die Einsicht, dass auch im Fall stabiler Definitionen keine stabile Einordnung eines Phänomens als „Gewalt" möglich ist. Interpretationen behalten letztlich immer eine unüberwindliche situationale Auseinandersetzungskomponente, die von keiner festen Begrifflichkeit arretiert werden kann, unabhängig davon, wie präzise und scheinbar unmissverständlich die Definition formuliert ist: „nothing is more common than disputes concerning the meaning of supposedly plain or literal language" (S. 508). Keine definitorische Eingrenzung kann autoritativ vorentscheiden, bevor die Begriffe in einer Situation ausgehandelt werden. Alle Begrenzung in Vokabularien begrenzt nur, wenn alle Teilnehmer die Überzeugung teilen, dass es begrenzt, wenn also niemand die Subsumption unter eine Definition in Frage stellt oder eine andere Subsumption als seine Lesart anbietet. „[W]hatever is invoked as a constraint on interpretation will turn out upon further examination to have been the product of interpretation" (S. 512), nämlich das Produkt der Anwendung einer interpretierten Definition auf eine interpretierte Situation.

Diese Einsicht muss auf die Frage der Definition von Gewalt ausgedehnt werden und ist in den Arbeiten der Innovateure durchaus aufzufinden. Neidhardt stellte bereits fest, dass scheinbar klare Grenzen niemals klar sind: „Wann wird das Anfassen eines anderen zur Gewalttätigkeit, wann die Kritik zur Beleidigung, wann die Beleidigung zur ‚Gewalt'? Menschen besitzen in dieser Hinsicht ungleiche Toleranzen, die im Übrigen auch noch variieren je nach Situation und sozialer Konstellation" (1986, S. 121). Dass diese Abgrenzung lückenhaft ist, hatten auch Trotha und Schwab-Trapp in ihrer Kritik an Sofsky herausgestellt: Der eigentliche Vorwurf an die „Mainstreamer", der Sofsky zugutegehalten wird, sei die Destabilisierung der Statik der Gewaltanalyse. „[D]ie Gewalt ist typischerweise ein Prozeß und manchmal ein hochdynamisches Geschehen ... mit denen die Statik der vorherrschenden Gewaltanalysen zu Makulatur wird" (von Trotha und Schwab-Trapp 1996, S. 57). Sofskys Vorwurf wird nun von seinen Kritikern gegen ihn selbst gewendet: Indem er die Gewalt als selbstgenügsam zeichne (und Macht und Zwang vernachlässige), führe auch er eine Statik wieder ein, denn für ihn sei Gewalt „keine Herrschaftstechnik und noch weniger ein System von Herrschaft, keine arbeitsteilige Ordnung, kein Versuchslabor verkommener Wissenschaftler ... Sie ist nichts anderes als die Wirklichkeit der Grausamkeit des Folterers und des Leidens des Opfers" (1996, S. 57). Auch Nedelmann zeigt ein Bewusstsein der Problematik der Abgrenzung des Körperlichen vom Nichtkörperlichen, wenn sie schreibt, „[w]o allerdings die Grenze zwischen einem ‚vergeistigten' und ‚materialistischen' Gewaltbegriff zu ziehen ist, wird ... neu zu überdenken sein" (1997, S. 77). Die Grenze ist niemals stabil. Sie schreibt, „[d]urch die gewaltsame Einwirkung ausgelöster Schmerz lässt überhaupt erst den Dualismus von ‚Körper' und ‚Seele' als Erfahrungskategorie entstehen" (S. 74). Sie bietet damit zwar ein Bild der Geschaffenheit dieser Unterscheidung, verbleibt jedoch in einem Bild, in dem dieser Dualismus aufgrund einer „gewaltsamen Einwirkung" erfahren wird; damit wird der Gewaltbegriff zirkulär, da körperliche Schadenszufügung hier durch körperliche Schadenszufügung definiert werden kann. Eine klare Trennung zwischen „körperlich" und „nicht-körperlich", die für konkrete Aushandlungssituationen unumgehbare Vorgaben macht, ist jedoch schlicht nicht möglich, da es sich auch hier um Definitionsaktionen handelt. Eine Eingrenzung auf Körperlichkeit und Sinnlichkeit ist vielleicht als eine Herbeiführung körperlicher Reaktionen ebenso als erfüllt zu definieren (Schweiß, Angst, Kurzatmigkeit bis hin zum Schock und bleibenden Traumata, die mit physischen Veränderungen im Gehirn einhergehen könnten). Eine solche sinnliche Erfahrung

10.2 Makrodefinitionen und Mikroanwendungen

kann aus Worten, aus dem Geworfensein in Situationen, aus einer Bedrohung der sozialen Position und tausend anderen Kontexten erwachsen. Man kann solche Kontexte durch „direkte körperliche Einwirkung" ausschließen wollen, was nur zur Diskussion führt, was dann wiederum eine „direkte körperliche Einwirkung" ist. Ist ein erhöhter Puls, der durch die Injektion eines den Kreislauf beschleunigenden Medikaments hervorgerufen wird, eine Form „körperlicher Gewalt" durch direkte Einwirkung, ein durch Reden herbeigeführter dagegen nicht? Die Verletzung durch die Spritze ist minimal, bei Einführung des Mittels durch den Mund noch schwieriger zu argumentieren, aber auch Worte treten als Schwingungen der Luft in Körperöffnungen ein und rufen körperliche Reaktionen hervor. Das könnte alles als körperlich gerechtfertigt werden – was noch nichts über die Erfolgswahrscheinlichkeit dieses Versuchs in einer konkreten Aushandlungssituation aussagt. Nun mag argumentiert werden, das Medikament wirke unmittelbar, während das Wort nur mittelbar wirken kann, da auf es reagiert werden muss, aber auch das taugt nicht zur festen Einordung. Die Grenze zwischen körperlich und nichtkörperlich muss in jeder Situation immer neu argumentiert werden. Letztlich ruht der Versuch, Gewalt nur und ausschließlich als körperliche Verletzung unter Ausschluss „vergeistigter" Elemente zu thematisieren, auf einem kruden Dualismus zwischen Körper und Geist, der sich erhofft, eine „wahre" Trennlinie zwischen beiden zugrunde legen zu können. Bereits 1974 bemerkte Fritz Sack daher: „Es lassen sich in letzter Konsequenz kaum überzeugende Argumente dafür beibringen, zwischen physischer und psychischer Gewalt zu differenzieren, wie es im Alltagsverständnis ganz offensichtlich der Fall ist" (S. 44).

Dennoch wird auf der Basis unterschieden, was erfolgreich als körperlich argumentiert werden kann. Die Einsicht in die Offenheit der Welt heißt nicht, dass keine Grenzen mehr bestehen, sondern vielmehr, dass Grenzen immer wieder situational in Bezug auf bestehendes, „gültiges" Vokabular neu erzählt werden müssen. Ob eine Definition erfüllt ist entscheidet nicht die Definition – Definitionen können nicht entscheiden – sondern jene, die die Definition anwenden, die diese Anwendung danach in einem sozialen Rahmen aber auch rechtfertigen müssen. Damit ist eine erfüllte Definition eine *soziale* Leistung, keine Leistung der Definition.

Wie Schlachtpläne den Kontakt mit dem Feind berühmterweise nicht überleben, überleben auch Kategorisierungen und strenge Definitionen den Kontakt mit der Situation daher nicht, oder besser: sie sind ohne konkrete Anwendung in Situationen leer und bedeutungslos. Sie bieten Vokabularien, mit denen eine Zuschreibung argumentiert werden muss, damit sie erfolgreich sein kann (vgl. Dellwing 2008, 2009), sammeln dann die erfolgreichen Anwendungen in Rückzuschreibung auf die Definition, ohne jedoch dass diese Anwendungen spätere Anwendungen unmöglich oder notwendig machen würden. Wie Fish für Präzedenzfälle festgestellt hatte, „precedent is the process by which the past gets produced by the present so that it can then be cited as the producer of the present" (1989, S. 514); es ist die rhetorische Aneignung des Präzedenzfalls, der eine Rechtfertigung für die gegenwärtige Entscheidung liefert. Während diese Rhetorik den Präzedenzfall als Ursache der Entscheidung darstellt, ist es umgekehrt seine besondere Interpretation, die ihn erst zur Ursache macht. Beide, Präzedenz und gegenwärtige Entscheidung, bleiben verwoben, ohne dass die eine Seite die andere verursacht hätte. Weder determiniert der Präzedenzfall den Folgefall, noch der „Wille", den Folgefall auf eine bestimmte Weise zu entscheiden, die Interpretation des Präzedenzfalls; vielmehr stehen beide in einem sozialen Interpretationsraum, in dem Interpretationen und Entscheidungen gerechtfertigt werden müssen. Definitionen sind, wie Gesetze, damit niemals objektive Eingrenzungen. Die Eingrenzung auf „körperliche Verletzung" verschiebt lediglich das Spielfeld, auf dem diese Zuschreibungsauseinandersetzungen nun erfolgen müssen (und lädt gleichsam zu einer erneuten Verschiebung des Spielfeldes ein).

10.3 Innovateure als Spieler auf dem Mikrofeld

Dass Definitionen nicht leiten ist zunächst eine Prämisse bestimmter wissenschaftlicher Perspektiven, die nicht von allen Perspektiven geteilt wird. Einer positivistisch-empirischen Gewaltsoziologie vorzuwerfen, die Einsicht in die fehlende Kategorisierbarkeit der Welt vermissen zu lassen, stellt den sinnfreien Versuch dar, Perspektiven vorzuwerfen, sie hätten andere Prämissen als jene, auf die sie sich tatsächlich stützen. Als externe Kritik ist diese Strategie durchaus denkbar, aber innerhalb der Perspektive wird sie auf taube Ohren stoßen, gar unverständlich, absurd klingen. Im Fall der innovativen Gewaltsoziologie handelt es sich in diesem Einwurf jedoch um keine externe Kritik: Die Innovateure betonen in ihrer eigenen Arbeit die Betrachtung der Mikrophysik der Gewalt sowie die Alltäglichkeit der Auseinandersetzung und die Naivität der Annahme einer konfliktfreien Welt. Gerade unter diesen Prämissen kann der Einwurf, auch Konflikte über Definitionen von Gewalt führen zu müssen, als intern verstanden werden.

Zunächst läuft die Mikroorientierung der Innovateure ihren Versuchen der Makrodefinition zuwider. Während Wilhelm Heitmeyer und John Hagan die Gewaltforschung in die Richtung strenger Definition orientieren möchten, steht die Mikroorientierung der Innovateure gerade gegen solche Versuche. Heitmeyer und Hagan postulieren: „Anspruchsvolle wissenschaftliche Analysen bewähren sich in der Regel dann, wenn sie Probleme präzise definieren, klare Deskriptionen vornehmen, elaborierte Erklärungen anbieten, überzeugende Bewertungen formulieren und de-

10.3 Innovateure als Spieler auf dem Mikrofeld

ren nachhaltige Bewältigung stimulieren" (2002, S. 15). Dieselbe wissenschaftliche Objektivität in Eingrenzbarkeit des Gegenstandes scheint ebenso gefordert, wenn Neidhardt im Vokabular der strengen Wissenschaft „mangelnde Operationalisierbarkeit" vorwirft. „Im allgemeinen sollte eine Typologie klare Regeln aufstellen, die besagen, was zu der Menge, auf welche die Typologie begrenzt werden soll, gerechnet wird und was nicht, und sollte dann dazu übergehen, die Menge in eine Reihe von Teilmengen einzuteilen" (1978, S. 9). Trotha warf den klassischen Gewaltforschern gerade aufgrund dieser Suche nach strenger Anwendung präziser Definitionen vor, kameralistische Ursachensoziologie staatlich vordefinierter sozialer Probleme zu betreiben, die von Trotha „biedere[.] Faktoren-Soziologie" nennt (1997, S. 17). Sie baue „Trampelpfad, den die Buchhalter der Wissenschaft als Joggingbahn benutzen", (2000, S. 27 fn.), gerade weil sie harte, kausalwissenschaftliche Objekttheorien sucht. Statt einer solchen Buchführung der Ursachen der Gewalt bietet sie eine mikrosoziologisch argumentierende Gewaltsoziologie: „Eine mikroskopische Analyse (mit Geertz' ‚dichter Beschreibung')" (von Trotha 1997, S. 20). Damit betrachtet sie genau die Situationen, in denen abstrakte Definitionen unklar und unpräzise werden, weil ihre Anwendung umkäpft und ausgehandelt werden muss.

Eine Mikroorientierung und Konfliktbetonung dürfte um die Thematisierung von Mikrokonflikten zu Makrodefinitionen nicht umhinkommen. Tatsächlich ist gerade die Auseinandersetzung, die in Mikrosituationen einschlägig wird, für die innovative Gewaltforschung zentral. Die Gesellschaft als Konfliktordnung zu begreifen gehört zu den Grundprämissen ihrer Arbeit. Von Trotha geht in seiner Gewaltsoziologie von der Unentbehrlichkeit von Gewalt und der Unüberwindbarkeit von Auseinandersetzung aus. Streit „spiegelt die unaufhebbare Inkongruenz individueller Sichtweisen" wider, die Unüberwindlichkeit von Konflikt, womit sich Trotha gegen die friedliche, nüchterne, neutrale Sicht des Rechts stellt (2002, S. 106), das als „Dritter" auftritt, weil Streit besteht und das die normative Ordnung objektiviert (S. 112). Er nennt Popitz' *Phänomene der Macht* die wichtigste Arbeit seit Hobbes (2000), stellt zudem klare Verbindungen zwischen Popitz' Thesen und der politologischen Schule des Realismus fest (1997, S. 26). Die Welt ist eine Auseinandersetzung zwischen potentiellen Feinden, in der Zusammenleben immer, mit Popitz, sich fürchten und sich schützen bedeute: „Zusammenleben steht im Horizont der Gewalt" (von Trotha 2002, S. 315). Diese ist Ursache von Vergesellschaftung, was sie „zu einem unaufhebbaren Element der Gesellschaft und der Vergesellschaftung selbst" mache. Damit bekennt er sich zu einem „hobbesianischen politisch-philosophischen Credo" (von Trotha und Schwab-Trapp 1996, S. 56) und kann gerade auf dieser Basis den Gewaltbegriff der Friedensforschung, der von der Hoffnung auf Überwindung von Gewalt als Hoffnung der Überwindung von Zwang und Herrschaft ausgeht, als „antikonfliktuelle Augenwischerei" bezeichnen (1997, S. 12). Hier nehmen die Innovateure Popitz' Hobbesianismus auf, der darauf bestand, dass für Hobbes die Angst für Gewalt konstituierendes Element der Gesellschaft sei und dass die Überwindung von Gewalt immer nur durch ordnende Gewalt möglich sei, „eine ‚Eigengewalt der Ordnung' – um die Eindämmung von Gewalt durchzusetzen und sich selbst verteidigen zu können" (S. 20). Das führt nun dazu, „daß aller Streit und Konflikt im Schatten des Leviathan ausgetragen wird" (S. 318). Damit stellt er sich wie Birgitta Nedelmann gegen den „normativen Weg" des Ausschlusses der Gewalt aus der Zivilisation und der Abwertung von Gewalt als „Störfall" (Nedelmann 1997, S. 64). Macht stehe nicht gegen Gewalt, sondern Gewalt gegen Gewalt, in einer niemals endenden Auseinandersetzung, die nur durch die Androhung überwältigender staatlicher Gewalt temporär abgekühlt werden kann. Wie, wie zu sehen sein wird, Fish stellt auch Trotha fest, Recht stehe nicht gegen Gewalt, sondern ist eine Form des Streits, eine Form der Gewalt: „[J]ede Gesellschaft (ist) ein Gefüge aus konfligierenden Ordnungsformen der Gewalt" (von Trotha 2002, S. 321), was er, anders als Fish, auf die Formel „Streit statt Recht" bringt (S. 103). Fishs Formel ist dagegen vielmehr ein „Recht ist Streit", ein „statt" gibt es für ihn nicht.

Fish dehnt mit Hilfe desselben Konfliktvokabulars, das auch von Trotha verwendet, die Anwendung des Konfliktbegriffs gerade auf die Auseinandersetzung zwischen Definitionen aus. Wie für Trotha ist für Fish die Welt zunächst in unüberwindlicher Differenz erklärbar; wie Trotha beruft Fish sich wohlwollend auf Hobbes; wie Trotha geht Fish von der Ubiquität von Gewalt aus. Wie Trotha Popitz für die bedeutendste Arbeit seit Hobbes, und damit Hobbes für bedeutender, hält, bewertet Fish Hobbes' Thesen als „incomparably brilliant account of moral life" (Fish 2002, S. XIV). Jedoch geht Fish in seinem Anschluss an Hobbes einen Schritt weiter. Er findet nicht lediglich die Ubiquität von Gewalt und Konflikten im materiellen Raum bei Hobbes, sondern auch die Ubiquität von *Interpretations*konflikten. Fish liest aus Hobbes eine Ablehnung abstrakter Entitäten und den Punkt, dass Konflikte Konflikte über Definitionen der Welt sind. „I share his distrust of abstractions (which he derides as ‚absurd speech'). I am drawn to his account of the conventional nature of our judgments and reckonings" (2004, S. 265), denn „True and False, are attributes of Speech, not of Things. And where Speech is not, there is neither Truth nor Falsehood'" (Hobbes, zitiert in Fish 2002, S. XIV). So schreibt er Rorty und Austin die Elaboration eines „Hobbesianischen Arguments" zu, wenn Wahrheit ein Attribut von Sätzen, nicht von Dingen ist, die Welt nicht redet und daher Wahrheit, als Sprache, Menschenprodukt ist (ebd.; Rorty 1989 paraphrasierend). Durch diese Ausdehnung des Hobbesianischen Gedankens auf Konflikte über die Belegung von Begriffen und die Definition der Realität zieht Fish den Schluss, den von Trotha meidet, dass nämlich ein abstrakter Definitionskonflikt absurd ist, solange er auf der abstrakten Ebene verbleibt. Am deutlichsten geschieht dies in *Force* (1989), wo

Fish feststellt, dass zur modernen Zivilisation der Glaube gehört, dass ein vom Recht ausgehender Zwang von einem von einer Person ausgehenden Zwang grundsätzlich zu unterscheiden sei. Während letzteres als Resultat von „force and violence" gälte, gälte ersteres als Resultat eines prinzipiengeleiteten Prozesses (1989, S. 503). Diese Unterscheidung wird von Fish in einer Interpretation dekonstruiert, die später auch von Jacques Derrida in *Gesetzeskraft* (1995) übernommen wird: Es gibt kein abstrakt leitendes Recht, da das, was Recht ist, immer erst interpretiert und von autorisierten Akteuren an eine Situation angewandt werden muss. Das macht die Interpretation zum Mittel des Zwangs im Recht, während Gewalt das Mittel des Zwangs außerhalb des Rechts darstellt (Fish 1989, S. 505). Die Regel ist von der Anwendung nicht zu trennen, wie die Definition der Gewalt von ihrer Verwendung in einer Auseinandersetzung nicht zu trennen ist. Präsentieren sich Regeln als eindeutig bedeutet das lediglich, dass eine etablierte Interpretation von allen Betrachtern gerade geteilt wird, eine Interpretation, die jedoch jederzeit in Frage gestellt werden darf und zu einer veränderten Anwendung führen kann; Gerichtsverfahren sind Austragungsorte dieser Versuche, Interpretationen zu verändern. Fernab davon, Situationen autoritativ zu ordnen, handelt es sich im Recht um eine „story [that] is continually being made up and then told both to the lay public and to the agents in the legal system, that is, to the tellers" (S. 515). Jeder Versuch, Entscheidungen zu begrenzen, schlägt fehl; jeder Versuch, das Recht „determiniert" zu machen, schlägt fehl, denn „in every instance the barrier turns out to be indistinguishable from that which it would hold back; force is already inside the gate because it is the gate" (S. 519). Auseinandersetzungen über Interpretationen sind Formen des Zwangs; die Möglichkeit, sich in einer solchen Auseinandersetzung durchzusetzen, ist die Möglichkeit, gewaltsam zu zwingen und diese Handlung als prinzipiengeleitet Anerkennung finden lassen zu können. Das jedoch ist, meint Fish, kein Aufhänger für Kritik, wie eine Critical Legal Studies-Thematisierung folgern würde. Eine solche Kritik verstünde nicht, was *force* sei: „Force is simply a (pejorative) name for the thrust or assertion of some point of view, and in a world where the urging of points of view cannot be referred for adjudication to some independent tribunal, force is just another name for what follows naturally from conviction" (S. 521). Gewalt (oder Zwang) ist nur ein Name, der der Seite auferlegt wird, die im Rahmen der zivilisatorischen Erzählung herabgewertet werden soll. Wer sich vorwerfen lassen muss, gewaltsam zu handeln, muss damit rechnen, die Auseinandersetzung zu verlieren – sofern eine relevante Öffentlichkeit diesem Vorwurf zu folgen bereit ist, die Zuschreibung also teilt. Genau das ist die Auseinandersetzung um den Gewaltbegriff und die Auseinandersetzung um die Begrenzung seiner Verwendung: Es handelt sich um den Versuch, der Gegenseite die Möglichkeit zu entziehen, die eigene Seite durch die Zuschreibung der Gewaltsamkeit zum Verlierer zu machen. Solange es sich aber um einen Streit um abstrakte Definitionen handelt, ist dieser Versuch zum Scheitern verurteilt: Jede Definition kann von jeder Seite utilisiert werden.

Gerade im Schatten einer Konfliktbetonung wird der Versuch der engen Eingrenzung des Gewaltbegriffs damit brüchig. Nicht nur Streit *mit* Gewalt, auch der Streit *um* Gewalt (und um die Erfüllung der definitorischen Kriterien in einer bestimmten Situation und die Zuschreibung des Begriffs) muss Teil einer solchen Beschreibung sein und darf nicht bereits als vorgegeben ausgeklammert werden. Das hat Thorsten Bonacker (2003) bereits betont. Wenn von Trotha sich wohlwollend auf Hobbes und auf die Unausweichlichkeit von Konflikten bezieht, gilt dies auch für die Unausweichlichkeit von Konflikten über Bedeutung, über Definitionen und wesentlich über die Frage, *wann eine Definition erfüllt ist*, wann also in einer konkreten Situation das definitorische Vokabular zur Zuschreibung des Labels „Gewalt" verwendet wird. Gerade aus der Konflikthaftigkeit der Welt folgt daher zum einen, dass der Begriff der Gewalt nicht einzugrenzen ist (und kein Begriff jemals sicher in präziser Definition eingegrenzt werden kann), da er selbst Objekt des Konfliktes ist. Aus der Ubiquität von Gewalt und der mangelnden Eingrenzbarkeit derselben folgt zum anderen, dass jede Betroffenheitsrhetorik fehl am Platze ist, da Zwang letztlich nur ein abschätziger Name für die nachdrückliche Verfolgung unserer Überzeugungen ist. Die staatliche Gewalt nutzt sie zur nachdrücklichen Verfolgung der Überzeugung, dass Mord, Raub und Steuerhinterziehung Unwerte sind und situativen Einordnungen, was als Mord, Raub und Steuerhinterziehung erst gelten soll, wobei die situative Verwendung die Begriffe immer erst füllt (vgl. *Das interaktionistische Dreieck* in diesem Band); die Bürger verwenden sie, wenn sie den Staat in solchen Fällen anrufen, aber auch in Alltagsinteraktionen, wie gerade die innovative Gewaltforschung häufig festgestellt hat.

10.4 Unbegrenzte Konflikte

Eine dichte Beschreibung auf der Basis einer Konflikttheorie muss diese Zuschreibungskonflikte also mitbeschreiben können und kann sich nicht darauf zurückziehen, abstrakte Definitionen anbieten zu wollen, die die Zuschreibung auf Phänomene jenseits von Auseinandersetzungssituationen begrenzen sollen. Soweit auch Bonacker (2003), wenn er den Innovateuren vorwirft, den Gewaltbegriff „in gewisser Weise naiv" zu verwenden, „weil er als absichtsvolle physische Verletzung einfach vorausgesetzt wird" (S. 34). Gewalt liegt nicht bereits vor, sondern emergiert erst im Prozess einer Zuschreibung: „Soziologische Gewaltforschung muss dort ansetzen, wo Akteure ein Handeln als Gewalt bezeichnen oder wo sie ein von anderen als gewaltförmig bezeichnetes Handeln eben nicht als Gewalt beschreiben" (S. 34). Diese

10.4 Unbegrenzte Konflikte

Einsicht verliert Bonacker jedoch im Laufe seines Arguments wieder, indem er diese Zuschreibung von „verfügbaren Vokabularien" abhängig macht, die „auf gesellschaftliche Strukturen [verweisen], die genau dies verhindern oder zulassen können" (S. 34). Während der Gewalt dadurch die Objekthaftigkeit abgesprochen wurde, wird sie gleichzeitig den Vokabularien und der Sozialstruktur zugeschrieben, die jetzt – anstatt der Definition, anstatt des Rechts – leiten können. „Nur in der Gesellschaft wird ein Handeln als Gewalt gedeutet", schreibt Bonacker (S. 34) und schiebt damit die Gewalt in den Raum der Zuschreibung, die gesellschaftlichen Strukturen jedoch nicht – die bleiben real. Letztlich soll sogar die eigene Handlung, „sozialwissenschaftliche Diskussionen", „darüber entscheiden, was gesellschaftlich als Gewalt gilt und was nicht" (S. 35). Wieder wurde der Objektbegriff der Gewalt aufgegeben, die eigene Handlung für ein das Feld doch erfolgreich begrenzende Objekt zu halten, bleibt bestehen. Für sozialwissenschaftliche Arbeit gilt aber eben dasselbe, was Fish für Präzedenzfälle festgestellt hatte (s. o): Sie begrenzen nichts, sind nur ein weiteres Vokabular, das in der Situation interaktiv angeeignet werden kann, wenn man vorgibt, ihm zu folgen, abgelehnt, wenn man vorgibt, sich von ihm abzugrenzen. In beiden Fällen entgleitet der Text dem Autor im Moment der Niederschrift und wird Aushandlungswerkzeug, wie auch gesellschaftliche Strukturen und Vokabularien Aushandlungswerkzeuge werden. Nichts unterscheidet sie qualitativ vom Gewaltbegriff, wobei Bonacker auch für diesen an einigen Stellen seine Erkenntnis wieder zurücknimmt. So referiert er über „Strategien..., wie die Gewalt ihrer Gewaltförmigkeit entkleidet wird" (S. 36) und scheint darin davon auszugehen, dass diese Gewaltförmigkeit vorliegt, die für darin besteht, „dass hier die Zurechnung durch das Handeln selbst erzwungen wird", denn sie „versperrt auch den Weg des Ignorierens" (S. 36) – wodurch wieder eine strukturelle Begrenzung vor ihrer situativen Benennung eingeführt wäre. Er schreibt, „Bei all dem handelt es sich zwar nach wie vor um eine Unterstellung und um eine Zurechnung" – unklar bleibt, ob er bereit ist, das für seine eigenen Ausführungen gelten zu lassen –, aber „diese Unterstellung wird mit Gewalt aufgezwungen" (S. 36). Es muss jedoch eines von beidem sein: Entweder Gewalt ist das Mittel, das die Aushandlungen beendet und durchbricht, indem sie Deutungen jenseits jedes Ignorierenkönnens aufzwingt, oder Gewalt, soziale Begrenzungen, Vokabulare, Strukturen, die „Durchbrechung" der Situation, Ignorierenkönnen und alles andere auch sind Zuschreibungen, die letztlich nur situtional eingebunden aufkommen können, keine Repräsentationen. Dann emergiert nicht nur „Gewalt", sondern alle zu ihrer Begrenzung herangezogenen Begriffe ebenso, nach dem schönen Diktum: „not anything goes, but anything that can be made to go goes" (Fish 2000, S. 432). Eine Welt der kontingenten Zuschreibungen ist radikal offen und wird von keiner dieser behaupteten Begrenzungen eingeschränkt.

Diese Problematik ist den Innovateuren stellenweise durchaus bewusst. Michael Naumanns Lob der innovativen Gewaltsoziologie rezipiert diese Zuschreibungsoffenheit. Er kritisiert, dass die klassischen Forschungen nach Ursachen und Motiven gerade die wichtige Erkenntnis der „Eigendynamik sozialer Prozesse" verfehle, die „allererst die Motive erzeugen, die sie tragen und begleiten" (Naumann 1995, S. 67). Nicht nur die Motive werden in Interaktionen erst erzeugt, wie die innovative Gewaltforschung festhält, auch für die Interaktionen (d. h. die Bedeutung derselben) gilt dasselbe. Sie liegen nicht als „exakt" zu beschreibende Tatsachen vor, die dann unabhängige Variable gegenüber den aus ihnen entstehenden Motiven o. Ä. sein könnten. Auch das ist den Innovateuren bekannt: Eine dichte Beschreibung solle „alle relevanten Symbole, sozialen Arrangements, Empfindungen und Vorstellungen" einschließen (S. 60), was für von Trotha und Schwab-Trapp die Frage aufwirft: Was ist relevant? Was immer erfolgreich als relevant bezeichnet wird.[1] Auch wenn Nedelmann exakte Beschreibung fordert (1995, S. 14), ist immer zu fragen: „exakt" nach wessen Urteil? Sofsky sieht Herrschaft, Macht, Kultur und Geschichte nicht als relevant an (S. 60) und wende sich dadurch gegen Popitz, meint Nedelmann (S. 61). Solche Bezüge seien für eine dichte Beschreibung aber notwendig, denn diese Bezüge erlauben erst die Einordnung des Gesehenen, überhaupt das Sehen, denn „Schmerz ist bedeutungsvoller Schmerz, Gewalt ist bedeutungsvolle Gewalt" – nicht mit Bedeutung als Datum, sondern erst durch die Zuschreibung von Bedeutung zum Datum werdend. Erst in Bezug zu solchen Bedeutungen und in Kontrast zu für sinnvoll erachtetem Geschehen kann Gewalt als „sinnlos" erscheinen. (S. 61) „Nicht ‚einklammern', sondern im Sinne der dichten Beschreibung die jeweils kulturell und historisch gegebenen Sinnbezüge offenzulegen, ist die Aufgabe einer soziologisch-ethnographischen Anthropologie der Gewalt" (S. 61). All das sind Zuschreibungsspiele, in denen eine soziale Aushandlung auf dem Gebiet der Wissenschaft weitergeführt wird.

Dennoch möchte die innovative Gewaltsoziologie an dieser Begrenzung des Gewaltbegriffes durch abstrakte Definition festhalten und körperliche Gewalt gerade auf der Basis *fehlender* Definitionsaushandlung bestimmen: Körperliche Gewalt sollen *gerade* diejenigen Fälle heißen, die sich der Zuschreibungsaushandlung entziehen. Reemtsma folgt hier Bonacker, wenn er schreibt: „Anders als physische Gewalt braucht psychische Gewalt einen, der mitmacht. Wer nicht wirklich bedroht

---

[1] Helge Peters schrieb hier einmal in wissenschaftlicher Selbstreflexion und Anwendung des Zuschreibungsparadigmas auf die eigene Arbeit, dass von einer Krise eines Ansatzes dann zu sprechen sei, wenn jene, die das Sagen hätten, von einer Krise sprechen (1996). Wobei wieder dasselbe gilt: Wer „das Sagen hat" ist genauso eine Zuschreibung wie die Aussagen, die sie treffen; die Verweiskette hat kein Ende. Vgl. Dellwing 2008, 2009.

10.4 Unbegrenzte Konflikte

wird und die psychische Disposition hat, nicht mitzuspielen, wird das schlechte Benehmen nur als solches wahrnehmen und entsprechend reagieren, das heißt, es ignorieren können" (Reemtsma 2008, S. 131). Psychische Gewalt besteht hiernach nur, wenn das „Opfer" sich als solches sieht, sich die Zuschreibung „Opfer" macht, entscheidet, mitzuspielen; körperliche Gewalt kommt über das Opfer. Das scheint eindeutig, ist aber weiterhin eine Frage sozialer Definitionen und Situationen, was ebenso bei Popitz bereits angedacht war, wenn er unterscheidet, ob „Opfer" gegen eine Einwirkung gefeit waren – also aushandeln können – oder sie sie unerwartet und ohne Möglichkeit der Umdefinition trifft. So ist zum Beispiel auch die Frage nach erfolgreicher Ausübung von Aktionsmacht bei Popitz bereits uneindeutiger: „Wer Aktionsmacht ausübt, kann etwas tun, wogegen andere nicht gefeit sind" (S. 43); wogegen sie aber gefeit *sind* bemerken sie, wenn sie dagegen gefeit *waren*, nach erfolgter erfolgreicher oder -loser *Aktion*. Auch Definition ist eine Aktion, wie Popitz' Beispiel des Kündigens des Kredits deutlich zeigt – hier geschieht nicht weiter als die Umdefinition einer Beziehung, die nun eine Verbindlichkeit beschreibend schafft, die zuvor nicht existierte. Wie psychische Gewalt erfahren werden kann, ohne sich ihr entziehen zu können – weil eine andere Interpretation in der Situation nicht erhältlich scheint, nicht, weil es keine gäbe, sondern weil die Sozialisation der Person und die Situation die Person in eine Lage versetzen, keine andere Interpretation zu verwenden, kann auch körperliche Gewalt ausgehandelt werden. Beispiele hierfür finden sich genügend. Oswald und Krappmann zum Beispiel, selbst keine Vertreter innovativer Gewaltforschung, versuchen auf der Basis einer teilnehmenden Beobachtung unter Kindern, nicht nur körperliche, sondern auch symbolische und verbale Einwirkungen als Mittel zur Durchsetzung zu untersuchen (2000). In diesen Teilen ist der Artikel völlig klassisch, in der Trennung zwischen körperlich, symbolisch und verbal ist er der Herausforderung Trothas vielleicht näher als die hier angebotene Thematisierung. Sie betonen jedoch die in bisherigen Arbeiten nur ungenügend rezipierten „situative Seite der Gewalttätigkeiten" (S. 4), in der die Autoren in Bezug auf Goffman „das Problem des in Interaktion gefährdeten und zu schützenden Selbst" thematisieren (S. 12). Zu diesem Schutz wird nicht nur Gewalt und Zwang situational angewandt, auch die *Benennung der Handlungen des Anderen als Gewalt und Zwang sind Mittel zum Selbstschutz in Konfliktsituationen*, eine Aushandlung, die getroffen wird, weil sie Leistungen zu erbringen in der Lage ist. Gewalt ist kein objektives Merkmal, Mittel oder Selbstzweck eines Konflikts; der *Begriff* Gewalt ist eben *selbst* Waffe im Konflikt. Noch einschlägiger ist Katharina Inhetveens Thematisierung der geselligen Gewalt, erschienen im selben Band, in dem von Trotha die neuere Gewaltsoziologie popularisierte. Inhetveen untersucht, wie in Situationen von Hardcorekonzerten absichtliche körperliche Verletzung als Teil des Konzert-Spiels zu gelten hat, eigenen Regeln folgt und nicht zum Zweck der Machterlangung oder Unterwerfung organisiert wird, wie als Gewalt soziale Beziehungen stärken, gar etablieren kann (1997). Gerade auf dem Feld der innovativen Gewaltforschung kommt damit eine Beschreibung einer Situation auf, die zwar intendierte körperliche Verletzungen zur Folge hat, die jedoch von den Beteiligten nicht als „Gewalt" im antizivilisatorischen Sinne verstanden wird. Auch Sport ist auf breiter Basis körperlich verletzend, ohne Gewalt genannt zu werden; wenn schwer verletzende Sportarten wie z. B. Boxen öffentlich mit dem Label „Gewalt" belegt werden, dann mit dem Ziel, diese Sportarten zu diskreditieren.

Letztlich ist der Definitionskonflikt aus keiner der beiden „Gewalten" zu extrahieren, was letztlich in Frage stellt, ob der Weg der strengen Eingrenzung im Versuch, Gewalt auf „rein körperliche Verletzungen" zu reduzieren, die Leistung der definitorischen Eingrenzung erfolgreich zu erbringen in der Lage sein kann. Das ist zumindest Popitz bewusst gewesen. Er stellte fest, dass Menschen „eine beträchtliche Freiheit in der Definition von Situationen" haben (1992, S. 49). Das beinhaltet, wann von „körperlicher Einwirkung" zu sprechen ist. Die Kriterien für „Körperlichkeit" und „Sinnlichkeit" sind nicht von der Welt selbst vorgegeben und müssen als Vokabular zunächst definiert werden; auch die Erfüllung dieser Definitionen in konkreten Situationen muss immer wieder argumentiert werden. Wenn Heitmeyer und Hagan feststellen, dass es aufgrund der schwer zu ziehenden Grenzen der Gewalt „ein in mehr als einer Hinsicht riskantes Unterfangen [sei], wenn ein für alle Mal festgelegt werden soll, was Gewalt ist" (2002, S. 16), kann darauf daher erwidert werden: Das Risiko existiert nicht. Es kann niemals ein für alle Mal – nämlich einmal zur Definition für alle Male sozialer Situationen – festgelegt werden, was Gewalt ist. Die Benennung einer Situation als Gewalt, als körperlich, als Konflikt ist *selbst* immer bereits eine Instanz des Konflikts.

10.5 Ein eigener Spielzug

Der Versuch, Gewalt auf körperliche Verletzung einzugrenzen, ist ein Versuch, die Möglichkeit bestimmter Benennungen zu versperren, unliebsame politische Verwendungen des Gewaltbegriffs zu arretieren. Sie tun dies in offener Abgrenzung von politischen Verwendungen und bieten dabei selbst eine politische Verwendung an. Dabei bleiben sie im Glauben gefangen, dass sie dieses Spiel auf der Makroebene der Definition bereits begrenzen können, während sie zugleich ihre Analysen auf Konflikte auf der Mikroebene konzentrieren. Gerade auf dieser Mikroebene ist dieses Spiel jedoch niemals zu arretieren, nicht im sozialen, nicht im politischen und nicht im wissenschaftlichen Spiel. Bemühungen strenger Definition müssen daher

10.5 Ein eigener Spielzug

letztlich erfolglos bleiben. Umdefinitionen verschieben lediglich das Vokabular, das für fortlaufende (Benennungs-)Konflikte verwendet wird.

Die innovative Gewaltsoziologie war von Beginn an als „Anti-Politik" gegen den politisierten Gewaltbegriff der Emanzipatoren intendiert. Hartmann Tyrell meint gar, die „innovative Gewaltforschung" positioniere sich „jenseits von Macht, Herrschaft und sozialer Ordnung, jenseits auch der Soziologie von Politik und Staat, jenseits [...] gar der Konfliktsoziologie" (1999, S. 269).[2] Die strukturelle Gewaltforschung galt den Innovateuren als zu offen politisch, indem sie die besondere Tabuisierung des Gewaltbegriffs ausnutzte, um politische Auseinandersetzung mit ihm aufzuladen. So würden „alle Verhältnisse zu Formen der Gewalt ... von der Armut bis zu den Abhängigkeiten im Nord-Süd-Verhältnis" (von Trotha 1997, S. 14), was dazu führe, dass in der „ausufernden ‚Entlarvung' von ‚Gewaltverhältnissen' der ‚spätkapitalistischen Gesellschaften'" der eigentliche Kern der Gewaltanalyse verloren gehe, „die Gewalt als körperliche Verletzung und vor allem als Töten von anderen Menschen" (S. 14). Das suggeriert einen unbegrenzten Gewaltbegriff, unter den alles fallen kann, einerseits und einen eingegrenzten, „ordentlichen" (= körperlichen) Gewaltbegriff andererseits, dessen Definition eng und präzise genug ist, eine Eingrenzung tatsächlich zu erreichen. Neidhardt befürchtete, dass durch die Ausweitung das Tabu verblasse, „Ausgrenzungskraft würde geringe [sic], der Schrecken, den es auslöst, würde abgenutzt" (S. 131). Ein so erweiterter Begriff „gewähre ‚der Justiz eine enorme Kompetenz, ins soziale Geschehen einzugreifen' " (Keller 1984, S. 111; in Neidhardt 1986, S. 132), und diese Gefahr „könne nur abgewehrt werden, wenn der Gewaltbegriff eingeschränkt bliebe" (S. 132) als „bestimmte Form des Zwanges". Diese Begrenzung „müsse auch sprachlich gesichert bleiben" (ebd.).

Auch bereits die klassische „buchhalterische" Gewaltforschung wird von den Innovateuren als versteckt politisch kritisiert. Der Weg klarer Kategorisierungen und vorgefundener, tabellarisierter Gewaltsamkeit ist für sie ein uneingestandener „normative[r] Weg" (1997, S. 13), der die Vertreter in einen „Diskurs über die ‚Unordentlichkeit' von Gesellschaften und Kulturen" führe (S. 19 f.); Nedelmann stellte fest, hinter der klassischen Gewaltforschung „verbirgt sich die Einschätzung von Gewalttätigkeit als Störfall der Zivilisation und von Gewaltfreiheit als Regel" (1997, S. 63 f.) und diese „vermittelt ... das optimistische Bild von der prinzipiellen Beherrschbarkeit der Gewalt" (S. 67).

Zwar wird die Wertbehaftetheit der „Mainstream"-Gewaltforschung beklagt, die der „vorwissenschaftlichen Alltagsmoral" aufsäße, „wenn sie Gewalt einsinnig und eindeutig der ‚dunklen Seite', der Schattenseite sozialen Zusammenlebens

---

[2] Und möchte diese Orientierung einfordern, findet sie gar „zwingend" (S. 274).

zuordnet" (Nedelmann 1997, S. 69). Obwohl hier eine normative Orientierung zum Vorwurf gemacht wird, wird jedoch selbst eine solche verfolgt. Gegen die klassische und strukturelle Gewaltforschung wollen die „Innovateure" „Indifferenz [...] überwinden, Betroffenheit [...] erzeugen" (S. 71), was den Vorwurf der Moralisierung gegenüber den Mainstreamern relativiert: Gerade die Innovateure wollen moralisieren, indem sie gegen die „blutleere" (S. 62) Mainstream-Gewaltsoziologie angehen, gegen die „sterile Vorherrschaft der Erforschung der ‚Ursachen' der Gewalt" (von Trotha 2000, S. 27 fn.). Die Innovateure wollen Leiden sichtbar machen, Schmerz thematisieren, Verantwortungszuschreibung an den Täter stärken (von Trotha 1997, S. 19). Das werfen von Trotha und Schwab-Trapp gerade Sofsky vor, er habe letztlich „ein akademisch-wissenschaftliches Traktat" geliefert, das doch wieder von Nüchternheit geprägt sei (von Trotha und Schwab-Trapp 1996, S. 60). Ihre Kritik am ausgeweiteten Gewaltbegriff war somit nicht im Desiderat nüchterner Objektivität begründet, sondern im Unmut darüber, dass die Benennungsspiele, die mit dem weiten Vokabular gespielt wurden, *zu weit gingen* und gesellschaftliche Folgen hatten, die den Innovateuren in ihrer eigenen Wertebindung zuwider waren: Da „Gewalt" als Gegenstück der Zivilisation erachtet wird, als das Andere der freiheitlichen Moderne, erlauben diese ausgeweiteten Begriffe, mehr und mehr Handlungen als außerhalb des zivilisatorischen Rahmens stehend zu portraitieren. Der Gewaltbegriff ist in der Gegenwart wesentlich durch seinen Abwertungsgehalt der mit ihm bezeichneten Handlung bestimmt. „Gewalt ist ein Symbol für etwas Schlimmes und Verwerfliches, das bestraft werden muß", ist „außerordentlich negativ besetzt" und bezeichnet „einen Superlativ von Immoralität" (Neidhardt 1986, S. 124). Dadurch ist „der Gewaltbegriff in den Bereich der Schimpfwörter gerückt", und „Wer den Begriff gegen sich gelten lassen muss, gerät in einen außerordentlichen Rechtfertigungsdruck" (S. 125). Das ist nicht natürlich und notwendig sondern, wie Reemtsma festhält, eine „Besonderheit der Moderne", die die Anwendung von Gewalt unter „besonderen Legitimationsbedarf" stellt (2008, S. 9).[3] An den Begriffen des Legitimationsbedarfs und des Rechtfertigungsdrucks kommt jedoch die Aushandlungssituation zutage. Wer ihn gegen sich gelten lassen muss, *muss* rechtfertigen; *ob* er gegen einen geltend gemacht wird, ist unbestimmt, und ob die Rechtfertigung *gelingt*, ebenso. Neidhardt sah diese Verwendung des Gewaltbegriffes zur Abwertung des Gegners als Problem, vielleicht gar als Fehler; hierin liegt jedoch die zentrale Funktion des Wortes „Gewalt". Es ist eine Figur in einem Spiel zwischen Menschen und Gruppen, die sich gegenseitig in Rollen drängen möchten, in denen Rechtfertigung vonnöten wird, um „in Konfliktlagen die Chancenverteilung zu be-

---

[3] Dass das ist ein temporärer Zuschreibungserfolg ist, betonen auch z. B. Armstrong und Tennenhouse (1989, S. 140 f.).

10.5 Ein eigener Spielzug

einflussen", was die Kombattanten, so Neidhardt, sicherlich bewusst täten (S. 125). Die politische Verwendbarkeit des Gewaltbegriffs ist kein Mangel des ausgeweiteten Vokabulars, das mit einem eingegrenzten Vokabular einzuschränken oder zu arretieren wäre: Sie *ist* gerade die (gegenwärtige) Leistung des Begriffs Gewalt. So dient die Rhetorik der parteiischen Verwendung des Begriffs durch die andere Seite und die damit verbundene Implikation, selbst einen „abstrakteren", „objektiveren" Gewaltbegriff anzubieten, gerade der Diskreditierung der politischen Überzeugungen, die von der anderen Seite mit dem Gewaltbegriff untermauert werden. Sie als „Anti-Politik" einzuschätzen, wie Tyrell dies tat, trifft jedoch nur ihre erste Rhetorik: Auch den Innovateuren ist der Metakonflikt über die Gewaltdefinition politisches Werkzeug. Auch sie verfolgen ein konkretes Ziel, das denen derer, die den Begriff der „strukturellen Gewalt" anboten, lediglich entgegensteht. Von Trotha verteidigt in seinem Angriff ebenso eine liberal-westliche Grundposition, zunächst ganz offen in seiner Ablehnung sozialrevolutionärer Verwendungen des Gewaltbegriffs, aber auch subtiler in einer Verteidigung einer klassisch-liberalen Position individueller Konkurrenz. Interessanterweise ist die Unmöglichkeit der Trennung von körperlicher und nicht-körperlicher Handlung bei gleichzeitiger Behauptung ein altes Problem liberaler Positionen zur Redefreiheit. Klassisch wird die Freiheit der (oft auch schwerwiegend verletzenden) Rede mit der Annahme gerechtfertigt, „that communicative acts either do not harm or at least harm in a manner sufficiently different from physical acts so as to remove the need for state control" (Douglas 1995, S. 172). Der Wert der Redefreiheit besteht aber gerade darin, dass sie zu massiven Veränderungen der Gesellschaft in der Lage ist: „If speech were of little consequence, then debates about its protection would be superfluous" (ebd.). Das Bestehen auf einem qualitativen Unterschied zwischen verbaler und physischer Handlung ist Kernüberzeugung des liberalen Staates. Dass Trotha ihn verteidigt, wird ihn nicht beunruhigen (und der Autor teilt diese Ruhe).

Diese Erkenntnisse führen zu einem konsequent interaktionistischen Begriff von Gewalt, der Gewalt nicht nur als Phänomen in der Interaktion, sondern gerade als interaktiv konstituiertes und in Interaktionen erst zu begreifendes Phänomen sieht. Von Trotha ist sich dessen durchaus bewusst, stellt sich aber dennoch scharf gegen interaktionistische Thematisierungen: Diese dienen für von Trotha als Beispiel für die Fehler der gegenwärtigen Gewaltanalyse. Er redet von einer „Sehbehinderung, die... symbolisch-interaktionistische Theorien auszeichnet" (1997, S. 14) und sieht die Versuche, die Diskussion „aus den Untiefen entgrenzter Gewaltbegriffe" herauszuführen, an der Widerstandkraft des Interaktionismus gescheitert: „Zum Beispiel räsonieren Oswald und Krappmann in einem soeben erschienenen Beitrag über die Vorteile eines interaktionistisch erweiterten Gewaltbegriffs" (von Trotha 2000, S. 33). Die Abwertung der interaktionistischen Position ist umso bemerkenswerter, da Trotha ihre Kernpunkte rezipiert: „Anders als es die westliche jurisprudenzielle Vorstellung will, ist das Ergebnis der Verhandlung eines Streitfalls nicht die Folge einer einfachen Anwendung von Normen" (2002, S. 142), denn „die Tatbestände, die in normativen Regeln ausgedrückt sind, [sind] nicht deckungsgleich mit dem Handeln von Menschen" (S. 144). Das ist die klassische Thematisierung der interaktionistischen Devianzsoziologie, des *Labeling Approach*. Genauso ist die Benennung eines Phänomens als „Gewalt" nicht bereits die Folge einer einfachen Anwendung von Definitionen, auch nicht der von Trothas, und die Kategorien und Kriterien einer Definition sind nicht deckungsgleich mit dem Zuschreibungshandeln von Menschen in konkreten Situationen.

Daher sollte gerade eine an Mikrokonflikten orientierte Perspektive wie die der innovativen Gewaltsoziologie das Projekt der abstrakten Gewaltdefinition fallen lassen, in dem eine Eingrenzung eines „ausufernden" Feldes mit Hilfe präziser abstrakter Begrifflichkeiten gesucht wird. Die Betonung von Mikrokonflikten verhindert gleichzeitig, dass „alles" zur Gewalt wird: Die Unmöglichkeit der Leitung von Situationen durch abstrakte Definitionen heißt nicht, dass das Spiel über Gewalt/Nicht-Gewalt nun aufgegeben werden muss. Es heißt vielmehr, dass es niemals aufgegeben werden kann und die Versuche der Eingrenzung, die hier wissenschaftlich untermauert werden sollen, praktisch schon immer existierten. In einem schwachen Sinne waren die Desiderate der Innovateure zur Eingrenzung immer bereits erfüllt, weil jede Definitionsaktivität Vokabularien etabliert, auf die sich erfolgreich berufen werden muss, um ein Phänomen zu benennen. Die Definition gibt niemals vor, was benannt werden muss und was nicht; was „Gewalt" heißen soll, muss situativ in der Verwendung des Definitionsvokabulars in konkreten Situationen immer neu gerechtfertigt werden. Da das Feld ist nicht definitorisch-abstrakt, sondern sozial begrenzt ist, handelt es sich jedoch um eine *Aktivität*, die in einer relevanten Interpretationsgemeinschaft geleistet werden muss und *immer scheitern kann*, weshalb *niemals* alles Gewalt ist, obwohl es niemals die Definition selbst war, die die Unterscheidung zwischen Gewalt und Nicht-Gewalt getroffen hat. Es ist letztlich eine Folge überzeugender Argumentation in einer Situation, rhetorischen Geschicks, situativer Kontexte und nicht zuletzt Zufall, ob in einer konkreten Situation der Begriffe „Gewalt" erfolgreich auf ein Phänomen angewandt werden kann: Gewalt ist, was in einem sozialen Kontext als Gewalt erfolgreich benannt werden konnte.

Da es sich um einen Abwertungsbegriff handelt, ist zugleich auch die wertfreie Benennung unmöglich und nutzlos zugleich. Eine „wertfreie" Untersuchung eines jeden Feldes ist unmöglich (ich kann die Beurteilung nicht von der Kategorisierung trennen, denn die Beurteilung *ist* die Kategorisierung), aber gerade als Abwertungsbegriff ist dieser Versuch der wertfreien Untersuchung nutzlos: Der Begriff würde

10.5 Ein eigener Spielzug

seine Abwertungsleistung nicht mehr erbringen. Es ist keineswegs „antikonfliktuelle Augenwischerei", gerade den Phänomenen näher mit „dichter Beschreibung" zu begegnen, die man für problematisch hält und die man gerne abgestellt sehen möchte und die man zu diesem Zweck als „Gewalt" benennt in der Hoffnung, dass ein sozialer Konsens entsteht, der dann zu gemeinsamer Abgrenzung führt. Eine solche Beschreibung ist Teil eines Konfliktes, ist ein Zug in diesem Konflikt in dem Moment, in dem die Erkenntnisse einer Seite – zum Beispiel der Regierung, die die „Innovateure" als Auftraggeber teils sehr gering schätzen – zur Verfügung gestellt werden in der Hoffnung, sie kann sie als Werkzeug (oder Waffe) in diesem Konflikt verwenden. Wenn Neidhardt befürchtet, ein weiter Gewaltbegriff erlaube der Justiz zu viel Raum zur Interpretation und den Gegnern des Rechtsstaates die Möglichkeit der „Gegengewalt" und sich erhofft, ein wissenschaftlich klar eingegrenzter Gewaltbegriff könne eine Waffe im Kampf gegen diese Unwerte sein, überschätzt er die Macht der Wissenschaft. Er überschätzt sie nicht lediglich, da sie nie nur eine Meinung vertritt und viele zitierfähige Positionen produziert, die letztlich immer auch die Gegenposition unterstützen können, sondern auch und vor allem, weil ein Konsens die Definitionen die Situationen, in denen dieser Konsens angewandt würde, niemals determinieren kann. Bonacker meinte, „Wer über Begriffe streitet, streitet nicht über die Sache selbst. Vielleicht sagt er noch nicht einmal etwas zur Sache" (2003, S. 31). Wer über Begriffe streitet, verbindet damit aber notgedrungen eine Hoffnung, das Sagen zur Sache in einer hypothetischen Bewertung in erwünschte Bahnen zu lenken und sagt immer etwas zur Sache; jede abstrakte Aussage ist letztlich eine Aussage zur Sache, weil rein abstrakte Aussagen gar nicht möglich wären (Knapp und Michaels 1985; Fish 1989).

Rhetoriken von Norm und Risiko: Zur Gegeneinanderstellung zweier Sprachclubs in der Soziologie der sozialen Kontrolle

11

Seit einigen Jahren ist in der Literatur zur sozialen Kontrolle zu lesen, dass Kontrollorgane von der Kontrolle der Durchsetzung gegebener Normen in individuellen Bruchfällen abrückten und stattdessen nun die präventive Kontrolle von Risiken im Vordergrund stünde. An die Stelle der individuellen Gerechtigkeitsorientierung des Rechts trete die populationsbasierte Sicherheitsorientierung der Risikomanager. „Die Sicherheitstechnologie repräsentiert das genaue Gegenteil des klassischen Disziplinarsystems: Geht dieses von einer (präskriptiven) Norm aus, so ist der Ausgangspunkt des Sicherheitssystems das (empirisch) Normale, das als Norm dient und weitere Differenzierungen erlaubt. Statt die Realität an einem zuvor definierten Soll auszurichten, nimmt die Sicherheitstechnologie die Realität selbst als Norm" (Lemke et al. 2000, S. 13). Diese kritische Literatur bemängelt damit die Abkehr von individualbasierten Bewertungen nach allgemeinen Normen zugunsten einer „versicherungsmathematischen Gerechtigkeit", aus deren Blickwinkel Einzelne nur noch als Teile von „Risikopopulationen" erkennbar sind. Damit kritisiert sie eine neue Entwicklung zugunsten einer „besseren" Zeit vergangener Disziplinarsysteme.

Gerade für eine kritische Perspektive ist hier eine Kuriosität zu bemerken. Dieselbe Perspektive hatte einst diese individuelle normative Bewertung ebenso scharf kritisiert: Sie war für sie Fassade vor Interessen und Herrschaftsordnungen. Im *labeling approach* hatte sie ein Instrument gefunden, diese normativen Kontrollvokabularien als interessierte Konstruktionen destabilisieren zu können: Normbrüche waren keine Tatsachen, sie waren Zuschreibungen, die in durch und

---

Dieser Beitrag erschien ursprünglich 2011 in Soziale Passagen 3: 81–96, erschienen bei Springer-VS.

durch politischen Interaktionen ausschlussproduktiv verwendet wurden. Das schafft zwei Probleme. Das erste, oft diskutierte Problem besteht darin, dass die Argumentation, Normbruchsvorwürfe seien kontingente Konstruktionen, auch die alternativen „Anker" von Interesse und Herrschaft erfassten. Das wurde als „ontological gerrymandering" (Woolgar und Pawluch 1985) oder „normativ halbierter Konstruktivismus" (Kreissl 2006) kritisiert. Das zweite, hier konkret interessante Problem besteht darin, dass es auch die Risikoorientierung erfasst: Wendet man diese Kritiklinie konsequent an, erscheint auch eine Risikoeinordnung als Konstruktion, die in kontingenten, kontextualen Situationen Verwendung findet. Weder Norm noch Risiko entscheiden ohne den Umweg über lokale Interpretationen konkreter Personen in offenen Situationen. Die interaktionistische Devianzsoziologie rebelliert gerade gegen diese Formen von Abstrakta zugunsten einer praktischen, emergenten Welt, die sich nicht auf Abstrakta herunterbrechen lässt.

Das wurde auf beide Debatten, sowohl die zur Normordnung als auch die zur Risikoordnung, angewandt. Es stellt sich nun jedoch nicht die Frage nach der „richtigen" Form der Kontrolle oder die Aufgabe, Norm- oder Risikokontrolle als „lediglich konstruiert" „entlarven" zu wollen. In einer emergenten Welt ist das konstruierte das Reale, hinter dem keine weitere Realität wartet. Interaktionisten interessieren sich daher vielmehr für die Frage, in welchen Kontexten eine solche Kritik am Risiko und ein Ruf nach Rückkehr zur zuvor dekonstruierten Normkontrolle aufkommt. Es lassen sich hier drei verwobene Situationen feststellen: Erstens werden die Rhetoriken von Recht und Risiko von gänzlich anderen sozialen Gruppen verwendet. Zweitens ist das Rechtsvokabular anders als das Risikovokabular eines, das derzeit sozial als „einendes" Vokabular angewandt wird.[1] Es ist ein Vokabular, das jenseits von Expertenstatus von allen sozialen Akteuren mobilisiert werden darf, auch wenn der Erfolg dieser Mobilisierung nicht gewährleistet ist. Dadurch ist das Rechtsvokabular in unserer Gegenwartsgesellschaft das symbolische Vokabular der Solidarität. Drittens ist das Risikovokabular ein spezialisiertes Professionsvokabular, zu dem Sozialwissenschaftler, vor allem kritische, häufig keinen oder nur geringen Zugriff haben. Es kann dann festgestellt werden, dass diese Form der kritischen Zeitdiagnose die Verwendung eines Vokabulars, das *beherrscht* wird, gegen eines verteidigt, das viel schwerer erreichbar ist. Hinter dem moralischen Argument verbirgt sich damit vielleicht ein ganz praktisches: Den kritischen Wissenschaftlern droht im Risikovokabular die Einflusslosigkeit. Somit lassen sich ganz konkrete Gründe identifizieren, die dazu führen, dass die Kritiken, die an die Norm angewandt worden sind, nicht auf den Ausschluss durch Risikovokabular übertragen werden.

---

[1] Das liegt nicht in der Natur des Rechtsvokabulars; kein Vokabular hat eine „Natur." In früheren Zeiten war religiöses Vokabular das einende Reden, und Subgruppierungen weisen ganz unterschiedliche einende Vokabularien auf.

11.1 Konstruierte Werkzeuge

Die kritische Kriminologie hatte sich, als sie zuerst in Deutschland aufkam, vor allem des aus dem amerikanischen Interaktionismus stammenden *Labeling Approach* (LA) angenommen. Die zentrale Herausforderung, die die interaktionistische Devianzsoziologie an die „klassische" Kriminologie stellt, besteht in der Ablehnung jeglicher Versuche, Abweichung als abstrakt feststellbare Größe zu sehen. In konsequenter Anwendung interaktionistischer Ablehnung von Abstrakta – Lofland nannte sie „Abscheulichkeiten vor dem Lande" (1976, S. 63) – sieht diese Devianzsoziologie Normen nicht als Grundlagen und Quellen von Urteilen, sondern als situativ anzuwendende Werkzeuge. Beurteilungen wie „das ist normbrüchig" bilden keine objektiven Tatsachen ab, die sich aus dem Vergleich von Norm und Verhalten ergeben (auch nicht von konstruiertem Verhalten und konstruierten Normen), sondern stellen ausgehandelte soziale Leistungen in konkreten, kontextreichen und „dicht besiedelten" (Strauss 1993, S. 25) Situationen dar. Die Betonung der Konstruiertheit normativer Urteile, die im Zentrum des LA steht, gilt daher nicht nur für die durch und durch banale und selbstverständliche Erkenntnis, dass Normordnungen soziale Konstruktionen sind, sondern auch für die situative *Anwendung* scheinbar „fester" Normordnungen: Normen sind interpretationsoffene *Rede-Weisen* für die *Thematisierung* von (ebenso interpretiertem) Verhalten in sozialen Kontexten, die *angewandt* werden müssen. So schreibt Keckeisen, die Norm existiere als sprachliches Konstrukt, das an eine konkrete Situation Anwendung finden muss (1974); wie diese Anwendung in der Praxis geschieht, ist jedoch eine Frage, die sich in diesen praktischen Situationen entscheidet, nicht bereits in einem abstrakten Vergleich von „Norm" und „Verhalten", da beide erst in einer Situation konkretisiert und damit nur in dieser situationalen, praktischen und damit *immer neu emergierenden* Version anwendbar werden. Ordnung ist hier eine situationale Leistung, kein gegebener Rahmen (Fine 2010, S. 358). Vertreter einer interaktionistischen Devianzsoziologie wollten daher nicht mehr wissen, was gemacht wird, *wenn* gegen Normen verstoßen wird, da sie die Gegebenheit dieser Voraussetzung hinterfragten. Stattdessen wurde interessant, wie Normen zur *Legitimation* von Ausgrenzungen herangezogen werden, ohne deren abstrakte Gründe zu sein.

Der frühe Labeling Approach hat diese Argumentation gewendet, um normative Rechtfertigungen als illegitim oder als bloße Fassaden auf Interessen angreifen zu können (vgl. Dellwing 2008a, 2009b). Hinter den Normen, die ja „nur" Rechtfertigungen waren, standen dann andere (objektive) Gründe, die von der normativen Argumentation überdeckt würden, was die normativ argumentierte Ausschließung in den Augen der Kritiker zu „Unrecht" machte. Unter diesen Vorzeichen wurde der Ansatz damit zum Werkzeug der Kritischen Kriminologie: „Als kritisch galt, wer sich dem *Labeling Approach* verpflichtet fühlte, bzw. ihn zum Ausgangspunkt einer Kritik machte, die sein herrschaftskritisches Potential schärfen sollte" (Kreissl 1996, S. 23). Das nicht, weil der Ansatz im Ursprung „kritisch" ist – seine Abstammungslinie führt über den Interaktionismus zum amerikanischen Pragmatismus, der nie Lieblingskind „kritischer" Theorien war (vgl. *Das Label und die Macht* in diesem Band) – sondern, weil er so verwendet wurde: „Weil man verändernd auf die Gesellschaft einwirken wollte, war man offen für eine Theorie, die dafür Begründungen bot" (Hess und Steinert 1986, S. 5). Sie bot diese, weil sie nicht mehr von der Gegebenheit der (ggf. konstruierten) Normordnung und ihrer Reproduktion in objektiver Devianz ausging, sondern die interaktive Zuschreibung von Devianzrollen und damit einhergehender Ausgrenzung analysierte. Das erlaubte es, das Augenmerk auf die Ausgrenzung zu legen und die Einordnung von Personen und deren Verhalten als „normbrüchig" als strategisches Ausgrenzungshandeln zu verstehen. Dass diese Ausgrenzungen nicht von den Normen ausgingen, eröffnete die Möglichkeit, andere Zuschreibungsinteressen zu suchen. Das war aus Sicht einer Definitionstheorie jedoch gerade problematisch, da diese Neuorientierung umgekehrt die objektive Gegebenheit dieser Interessen annehmen musste: Wenn Vertreter des LA ihn kritisch verwendeten, dann daher auf der Basis eines „normativ halbierten Konstruktivismus" (Kreissl 2006) oder „ontological gerrymandering" (Woolgar und Pawluch 1985). Nimmt man die Betonung der Konstruiertheit sozialer Bedeutungen ernst, existiert *abstrakte* Kritik nicht; hinter der Konstruktion wartet keine „wahre" Herrschaftsbegründung des Ausschlusses. „Die kritische Verwendung des LA ist ebenso eine Verwendung aus der Sicht eines *bestimmten* kritischen Interesses, keines abstrakt universellen kritischen Interesses" (*Reste,* in diesem Band). Sie hat genauso Kontext und Ziel wie die Verwendung des Normvokabulars, das genau dafür kritisiert wurde, und die alternativen Beschreibungen von Herrschaft als Grundlage sind genauso konstruiert wie die der Norm (vgl. Prus 1999), nur in anderen Kontexte und anderen Gruppen, in denen sie andere Leistungen erbringen. Das ist das durch und durch situative und kontextuale Spiel, zu dem die Zuschreibung der Abweichung gespielt wird (Adler und Adler 2006). Dieses Spiel auf Abstrakta zurückzuführen, denen es hörig sein müsste, ist ebenso ein Zug in diesem Sprachspiel, dessen Anwendung letztlich immer lokal und kontextual-kontingent bleibt.

Diese hier nur kurz wiedergegebene Debatte wurde klassisch über das Verhältnis von Normen und sozialer Kontrolle geführt; sie kann ohne große Abstriche auf das Verhältnis von Risiko und soziale Kontrolle ausgedehnt werden. Auch hier gilt, dass „Risiko" nicht bereits objektive Grundlage sozialer Kontrolle sein kann, sondern vielmehr erst in aufeinanderbezogener Interpretation sehr umstrittene Legitimation für soziale Kontrolle bereithält. Auf dem Hintergrund dieser Umstrittenheit scheint Vertretern der Kritischen Kriminologie die normative Legitimation, die zuvor als Fassade vor Interessen geringgeschätzt worden war, wieder attraktiv.

11.2 Rechtskonstruktionen, Risikokonstruktionen

Die Kritische Kriminologie hat als gegenwärtiges Objekt der Abgrenzung das auserwählt, was Schmidt-Semisch „versicherungsmathematische Gerechtigkeit" genannt hatte. In ihr wird die normative, individualbasierte soziale Kontrolle durch „actuarial justice" (Feeley und Simon 1992), d. h. durch risikobasierte, versicherungstabellen- und damit gruppenbasierte Kontrolle ersetzt. Das erfolgt auf der Basis der „Verortung des Individuums in einer Risikopopulation" (Schmidt-Semisch 2000, S. 180). Das sei eine Verschiebung von der moralischen Beurteilung durch Menschen hin zu mechanisch-nüchternen „Sicherheitstechnologien", die anstelle von Gerechtigkeit auf Effizienz und Funktionieren des Gegenwärtigen ausgerichtet werden. Kritiker bemängeln hierin die Verdrängung der „‚gerechte[n] Strafe' [...] durch die ‚gerechtfertigte Einsperrung'" (S. 179). Damit kommt eine Form der Beurteilung auf, in der „kein[.] Wert mehr auf eine komplizierte Erkundung der Schuld des devianten Individuums" gelegt wird; es wird stattdessen „nach dem Grad seiner Gefährlichkeit" behandelt (S. 179). Das suggeriert eine Abkehr von Recht und Moral und eine Hinwendung zu ökonomischer Einordnung. „Die versicherungsmathematische Rationalität der Risikogleichheit verweist nicht auf die Sicherheit einer Moral, die unter Bezug auf generelle Normen und Werte... dem Opfer Recht gibt und den Täter verdammt, sondern auf eine Moral der Sicherheit, die dem Opfer (Mit-)Verantwortung für die Erfolge der Täter zuschreibt" (S. 188) – wieder die Suggestion, dass, wo Gerechtigkeit war, nun Effizienz herrsche. Diese erlaube „‚Strafe pur ohne rhetorischen Firlefanz'" (Sack 1995, S. 57), gegebenenfalls als „preventive governance" (Braithwaite 2000, S. 227), um Gefahren zu verhindern. Kritiker sehen das als Teil einer umfassenden Neoliberalisierung der Gesellschaft, einer „Ökonomisierung der rechtlichen Rahmenbedingungen" (Lange und Schimank 2004, S. 4), als Teil des „Zurückdrängen[s] des vom Staat verkörperten Gemeinwohls durch den Markt" (Lemke et al. 2000, S. 19).[2] Ökonomisierungen dieser Art hätten dadurch „zu einer sozialen Desintegration beigetragen" (Lange und Schimank 2004, S. 5), denn „Um eine Steigerung innerstädtischer Standortqualitäten für kaufkräftige Kunden und Investoren zu erreichen, verschmelzen somit Strategien kommunalen Stadtmarketings mit Strategien öffentlicher Sicherheit und Ordnung" unter der Ägide der Maximierung ökonomischer Profitabilität sowohl der ansässigen Unternehmen als auch der Stadt, die sie beherbergt (S. 5). Diese Kritik bemängelt auf dieser Basis, ein „klares Bild von Devianz und Kriminalität ist nicht mehr vorhanden" (Schmidt-Semisch 2000, S. 183), eine „unübersichtliche Menge von Risikofaktoren" (S. 183)

---

[2] Wobei die Autoren Foucaults Gouvernementalitätskonzept gerade als zur Problematisierung dieses sehr einseitig ideologiekritischen Diskurses nützlich sehen (S. 19).

trete an die Stelle einer (klaren?) normativen Einordnung in Recht/Unrecht, was zur besorgten Einschätzung führt, dass für die Zukunft in Frage gestellt werden müsse, „ob die unter ‚Kriminalität' geführten Begriffe und Verhaltensweisen noch eine spezifische Sonderstellung für sich in Anspruch nehmen können" (S. 184). Das ist den Kritikern ein *moralisches* Problem: *Versicherungsmathematische Gerechtigkeit* „disregards the notion of individual responsibility" (Reichman 1986, S. 153), vernachlässige verantwortliche, persönliche Entscheidungen zugunsten von abstrakten Gefährdungszuschreibungen und produziere somit „‚instrumental discipline', a concern not for individual reformation but for controlling the opportunities that permit violations to occur" (S. 154). „Actuarial models tend to assume equality, but the redistribution of risk has rarely been fair – falling disproportionately on the powerless or poor" (S. 165). Die Kontrolle würde so rationalisiert und zugleich aus der Welt der würdetragenden Menschen entfernt. Wenn diese versicherungsmathematische Rationalität zu einer umfassenden Datensammlung führt, gilt: „traditional presumptions of innocence are transformed into assumptions of guilt" (S. 165). Risikokalkulationen, die ihrerseits Basis für Exklusionen darstellen, erfolgen, bevor eine „Tat" erfolgt ist. Reichman stellt fest, diese Prozesse unterminierten das Konzept des „reasonable doubt", nämlich liberale Prozessrechte und die Unschuldsvermutung.

Somit sehen Kritiker in dieser neuen Risikokalkulation nichts weniger als einen Angriff auf die liberale Demokratie mit ihren Rechtsgarantien. Sie biete neue Wege der Machtausübung, die in Referenz zur abstrakten Wissenschaftlichkeit verschleiert würden. „It... may support coercive measures against certain real or imagined offenders under the guise of rationality". Das gilt den Kritikern somit abwechselnd als eine „Versicherungsmoral" oder, in den Momenten, in denen von kalter Versicherungsrationalität die Rede ist, gerade als Gegenentwurf zur Moral. Gegen diese (Un-)Moral versucht die diese kritische Literatur vorzugehen: „Eingefordert wird die Rückeroberung staatlicher Regelsetzung und politischer Handlungsspielräume gegen die Dominanz von Marktmechanismen" (Lemke et al. 2000, S. 19). Es ist die Zielsetzung, eine komplexe moralische Beurteilung der ganzen Person beizubehalten, anstatt Beurteilungen auf Basis formulaischer Risikokalkulationen erstellen zu lassen, die mittlerweile computerisiert erfolgen und an denen daher im Regelfall kein Mensch mehr beteiligt scheint. Gerade die kritische Kriminologie hat sich dieser Analyse verschrieben. Das ist einerseits sicherlich erwartbar, trägt allerdings auch eine Problematik in sich: Die Kritiker des Risikovokabulars verteidigen nun dieselbe normative soziale Kontrolle, die sie zuvor heftig angegriffen hatten, gegen die Risikokontrolle. Unter dem Stichwort der Punitivitätsforschung (Lautmann et al. 2004) wurden *Straflust und Repression* (Cremer-Schäfer und Steinert 1998) als ausschlussgenerierende Entgemeinschaftungen bemängelt. Nun, da diese normative Ausschlussgenerativität den Kritikern als von Risikoprävention angegriffen scheint, wird sie verteidigt, als wäre sie immer ihr Ideal gewesen.

11.2 Rechtskonstruktionen, Risikokonstruktionen

Nun wäre es möglich und vielleicht gar plausibler, als „Lösung" dieser Problematik die abstrakte-ordnungsdekonstruktive Argumentation des *Labeling Approach* auf die Risikovokabularien auszudehnen. Wird der LA als Ansatz gesehen, der nicht Normbrüche untersucht, sondern beschreibt, wie dieses Definitionsspiel mit Normvokabular in offenen Situationen *funktioniert*, ist dieselbe Einschätzung nun ohne große Probleme an die soziale Kontrolle im Risikovokabular anwendbar. Der LA wollte vom abstrakt-naiven Punkt abkommen, dass „Normen" schon Abweichung entscheiden und diese Entscheidung in soziale Prozesse und Handlungen in der empirischen Welt verlegen; auch Risikotabellen entscheiden keine Situation abstrakt, sondern bedürfen der Aushandlung in einer konkreten sozialen Situation. Die soziale Welt bleibt für interaktionistische Ansätze wie den LA auch dann offen, wenn computerisierte Entscheidungen getroffen werden. Computer müssen gefüttert werden, und Daten sind Abstraktionen, die nicht bereits aus einer festen Welt übertragen werden können, ihre Berechnungen müssen programmiert werden, und die Ergebnisse des Systems müssen interpretiert und angewandt werden, was alles handelnde Prozesse voraussetzt (vgl. Wehrheim 2011). Weder Norm noch Risiko, weder Richter noch computerbasierte Entscheidungsfindungen bieten eine solche Klarheit. Was ein Risiko ist ist ebenso offen wie die situative Einschätzung, was ein Normbruch ist: „To assume that objects are simply waiting in the world to be perceived or defined as risky is fundamentally unsociological" (Tierney 1999, S. 41). Die Soziologie hat nicht zu bestimmen, was gefährlich *ist*, sondern was in einem sozialen Raum von wem mit welchem Erfolg als gefährlich *definiert wird*, wie das geschieht, wessen Definitionsunterstützung benötigt wird, um dies durchzusetzen, um auf welchen Prämissen basierend welche Konsequenzen für wen zu erzielen. „The basic sociological task is to explain how social agents create and use boundaries to demarcate that which is dangerous" (Clarke und Short 1993, S. 379). Auch Risiko ist konstruiert, und wie Normbruch verwendet wird, um Abweichungszuschreibungen zu legitimieren und damit Ausschlüsse zu rechtfertigen, werden auch Risikoeinschätzungen zum selben Zweck *verwendet*. Dass solche Risikoeinschätzungen Konstrukte sind, wissen zudem auch die von den Kritikern gerade angegriffenen Konzerne. Die Bayerische Rück z. B. ist als Herausgeber eines sozialwissenschaftlichen Bandes mit dem Titel *Risiko ist ein Konstrukt* aufgetreten, in dessen Einleitung es heißt, dass „es zahllose... Risikokonstellationen gibt, die auch ganz andere sein könnten und vielleicht in anderen Ländern oder anderen Kulturen auch ganz andere sind" (1993, S. 7). Es ist nichts weniger als kurios, dass gerade die kritischen Herausforderer der Beurteilung durch Risikobewertung diese Erkenntnis zum Zwecke ihrer Kritik ausklammern: Wenn Lemke, Krasmann und Bröckling davon sprechen, dass das „präskriptiv Normale" vom „empirisch Normalen" abgelöst wird und bemängelt, dass „die Sicherheitstechnologie die Realität selbst als Norm" ausrichte, „[s]tatt die Realität an einem zuvor definierten Soll auszurichten" (S. 13), können sie das nur tun, indem sie hinter die Deobjektivierung, die im *Labeling Approach* geleistet wurde, zurücktreten.

Nun könnte aus dieser Diagnose die Forderung entstehen, hinter die Deobjektivierungsleistung nicht mehr zurückzutreten und die Kritik am Ausschluss durch Rechtsvokabular auf die Risikourteile zu übertragen. Wie die Norm als Grund der Ausgrenzung delegitimiert und stattdessen als Fassade vor interessiertem Ausschluss angesehen wurde, könnte jetzt auch die Risikozuschreibung als solche selbe Grundlage herausgefordert werden. Sie könnte zudem auch die Kritik an der Befreiungsgenerativität der Dekonstruktion des Normvokabulars mit übertragen; beides tut sie nicht. Die tatsächliche Argumentation der Kritiker spiegelt vielmehr vor, ein „Zurück" zur moralbasierten Normbeurteilung sei die Lösung, die in derselben kritischen Schule klassisch angegriffen wurde. Das liegt aber vor allem daran, dass das Risikovokabular von Kritikern bereits als Teil eines nackten Interessevokabulars gesehen wird, das sich nun nicht mehr hinter der abstrakten Norm versteckt, sondern offen agiert: Wenn Sack schreibt, das Risikovokabular biete „Strafe pur ohne rhetorischen Firlefanz" (1995, S. 57, zitiert in Schmidt-Semisch 2000), ist genau das gemeint.

Wenn die Feststellung, dass Normbruch eine Definitionsleistung und keine objektiv gegebene Tatsache ist, die Zuschreibungen, die damit gemacht werden, nicht delegitimiert, gilt dasselbe jedoch auch fürs Risikovokabular. Beide ermöglichen einer interaktionistischen Devianzsoziologie lediglich die Analyse der sozialen Prozesse, in der mit Norm- oder Risikovokabular Zuschreibungen und Ausgrenzungen erfolgen, ohne dass diese Ausgrenzungen a) bereits aus diesen Vokabularien objektiv folgten oder b) dadurch, dass sie konstruiert sind, automatisch delegitimiert würden.

Eine Lösung dieses Dilemmas bestünde darin, das Vokabular nicht bereits selbst verantwortlich zu machen, sondern vielmehr zu untersuchen, wie es verwendet wird. Das wäre die entwickelte Übertragung der Kritik des LA auf das Risikovokabular. Wie der normative Ausschluss nicht bereits per se schlecht ist, weil ausgeschlossen wird, ist auch eine Risikoeinschätzung nicht per se verurteilbar. Ob sie verurteilt wird, ist eine Frage der Verwendung eines Sprachspiel *zu* eben jener Verurteilung. So könnte die Entwicklung auf Basis dieser Kritik durchaus auch positiv gewendet werden; die Verschiebung von der staatszentrierten normativ basierten Kontrolle zur Risikokontrolle, in der „state power is being dispersed from coercive, formal state agencies to an expanding ‚soft' periphery of less formal, ostensibly less coercive nonstate control agencies" (O'Malley 1991, S. 171). O'Malley verbindet beide Sichtweisen, indem er feststellt, dass die klassische Sicht einheitlicher, unidirektionaler sozialer Kontrolle von Staats wegen schon immer eine Idealisierung darstellte, während er selbst Recht als „emerging in a large number of relatively autonomous social relations or fields, of which the state is only one important instance, and not necessarily the central one" (S. 171) sehen will. „Hence what constitutes ‚the law' in any specific site therefore will depend on which legal agencies intersect in that context, how these orders are mobilized, and how they interact" (S. 172). Es kann also genauso als Befreiung von einer einheitlichen Beurteilung kategorisiert werden oder – plausibler – als Umformulierung einer bereits lange bestehenden Situation. Das deutet darauf hin, dass bestehende Strategien der Analyse aus Perspektive einer Soziologie der sozialen Kontrolle weiterhin anwendbar bleiben.

Diese Argumentation bezüglich des Risikovokabulars treffen jedoch auf eine Schwierigkeit: Der LA ist ein durch und durch praktischer Ansatz, der untersucht, was in sozialen Prozessen *passiert* und auf abstrakte Urteile zu verzichten versucht. Reinhard Kreissl hatte über den LA bemerkt, dass ihm, wenn er sich ernst nimmt, der Rekurs auf die Behauptung von Wahrheit (auch der Behauptungen des LA) versperrt sei (2006). Analog ist es ihm versperrt, abstrakt seine Anwendbarkeit zu konstatieren. Gerade hier lässt sich feststellen, dass der LA in der Kritik an sozialer Kontrolle im Risikovokabular nur selten Anwendung findet und dass stattdessen auch von Kritikern, die im LA geschult sind, in objektivistischem Vokabular argumentiert wird. Ein interaktionistischer Ansatz kann daher nicht konstatieren, dass das Risikovokabular konstruiert ist und dass daraus nun etwas folgen müsste. Diese Lösung des Dilemmas endet selbst in einem Dilemma. Er müsste vielmehr untersuchen, warum diese Argumentation in der Auseinandersetzung nicht aufgekommen ist.

11.3 Sprachspiele von Norm und Risiko

Gerade kritische Autoren haben mit dem Begriff der Moralpanik auf Zustände öffentlicher Verurteilung von Außenseitern aufmerksam gemacht, die „in Wahrheit" entweder keine oder zumindest eine viel geringere Gefahrenquelle darstellten, als die Öffentlichkeit und vor allem Medien und Politik dies glaubten (Cohen 1980; Goode und Ben-Yehuda 1994; Critcher 2003).[3] Die kritischen Stimmen zur „ver-

---

[3] Dabei ist diese Einschätzung für sich bereits bemerkenswert, da die „Gefahr", die von diesen Gruppen oder Verhaltensweisen ausging (oder gerade nicht), in der Regel auf materieller Ebene gemessen wurde: Bewertet wurde deren Gefährlichkeit für Leib, Leben, Eigentum und Wohlstand der Gemeinschaft. Gerade Autoren, die aus interaktionistischen Kreisen stammen – am prominentesten in dieser Liste Goode – sind jedoch schlecht beraten, Symbolpolitik jenseits von selbst als wichtig erachteten Größen als sinnlose Panik abzutun.

sicherungsmathematischen Gerechtigkeit" konstruieren in der Gegenüberstellung der Norm- und Risikorechtfertigungen eine (in der Sozialwissenschaft weitgehend intern bleibende) Moralpanik zum Verlust des Normvokabulars, das man selbst zuvor so scharf angegriffen hatte und von dem man jetzt merkt, dass man es dem Risikovokabular letztlich vorzieht. Das ist durchaus bemerkenswert: Der LA steht auf den Schultern des Interaktionismus und erbt damit dessen Prämisse, dass jedes Handeln Handeln gegenüber Bedeutungen darstellt. Wie Rorty bemerkt: Die Welt spricht nicht (1989), und mit Bedeutungen werden Ursachen und Folgen, Schuld und Verantwortung oft automatisch mitunterstellt. Das gilt sowohl für die Handlung, auf die reagiert wird und die in dieser Reaktion erst zur *das* bedeutenden Handlung wird, als auch für die Reaktion, der „Strafe", die Strafe ebenso erst im Rahmen der Bedeutungszuschreibung auf die Handlung sein kann. Nimmt man den LA ernst, ist hier keine abstrakte Differenz zwischen Norm- und Risikovokabular erkennbar. „Strafe pur" kann es nicht geben, nur ändert sich im Risikovokabular das Sprachspiel ihrer Rechtfertigung. Beide sind aber ein Aushandlungsvokabular, das nicht bereits abstrakte Ergebnisse mitbringt. Das wirft die Frage auf, warum das zuvor als punitiv und ungleichheitsreproduktiv gesehene Vokabular moralischer Verurteilung nun als leistungsfähiger oder zumindest „besser" eingeschätzt wird als das Risikovokabular. Hier können drei mögliche Ursachen ausgemacht werden: 1) die unterschiedliche Besetzung der sozialen Gruppen, die als Definitionskoalitionen zusammengebracht werden müssen, um die Vokabularien zur Anwendung zu bringen; 2) die symbolische Belegung des Normvokabulars als Vokabular von Gleichheit und gesellschaftlichem Zusammenhalt, und letztlich und selbstinteressiert 3) die mangelnde Verwurzelung soziologischer Betrachter im Risikovokabular, was der kritisierenden Profession Einfluss nimmt, den er sich in den letzten Jahrzehnten mühsam erarbeitet hatte.

(1) Recht und Risiko geben nichts Festes vor, sondern müssen in sozialen Prozessen angewandt werden. Das bedeutet, dass soziale Akteure Definitionen des Normbruchs und der Risikohaftigkeit sozial tradieren und in Koalitionen anerkennt werden lassen müssen. Wenn das Augenmerk von den Vokabularien auf die sozialen Praktiken der Verwendung dieser Vokabularien verschoben wird, können nun einige Unterschiede aufgezeigt werden, die keinesfalls notwendige, aber zumindest doch feststellbare Unterscheidungen in der *praktischen Verwendung* beider Vokabularien erkennen lassen. Die beiden Vokabularien-Werkzeugsets werden von unterschiedlichen Interpretationsgruppen mit unterschiedlichen Zielsetzungen und unterschiedlichen Verwendungsgeschichten benutzt. Das Rechtsvokabular wird von Anwälten und Richtern benutzt. Zudem kann das Rechtsvokabular von *jedem* verwendet werden. Die Verwendungsgeschichte des Rechtsvokabulars ist die, als einziges Gleichheitsvokabular westlich-liberaler Gesellschaften benutzt worden zu sein. Vor dem Recht sind alle gleich – und *nur* dort. Das bedeutet praktisch nicht abstrakte

11.3 Sprachspiele von Norm und Risiko

Gleichbehandlung, da eine solche schon aus Gründen der Situationalität unmöglich wäre. Keine zwei Situationen sind dieselben, und vorbestehende Einordnungen führen, wie wir wissen, zu großen Auswirkungen auf individuelle Ausgänge. Das ist aber nicht der Sinn der Einordnung. Das Recht ist das Gleichheitsvokabular als allen zugängliche Performativität: Jeder, ob Laie oder Experte, darf sich auf das Recht berufen, um im Namen des Rechts Forderungen zu stellen. Ob diese zum Schluss von jenen, die zur Entscheidung befugt sind, angenommen werden, d. h. ob diese die Situation als Rechtsbruch mitdefinieren, ist eine praktische Frage, die nicht bereits von vornherein entscheiden ist und von der erfolgreichen Formung von Definitionskoalitionen abhängt (Dellwing 2010). Wenn sich auf das Recht berufen wird, ist damit ein Vokabular angezapft, dass die offiziellen Koalitionspartner zumindest anhören müssen; es eröffnet die Möglichkeit, mit offizieller Unterstützung Durchsetzung seiner Definitionen zu erlangen. Im Risikovokabular dagegen sind Ökonomen dominant, dahinter Planer, Projektentwickler. Auch das Risikovokabular könnte von allen verwendet werden; wird eine Risikodefinition zu Gunsten der eigenen Definition der sozialen Realität vorgebracht, muss jedoch niemand diese Darstellung anhören und kann sie schnell mit einem Hinweis auf die mangelnde Expertenrolle ausgrenzen. Das kann angegangen werden, wenn Experten für die eigene Seite hinzugezogen werden, die die Definition der anderen Seite im Risikovokabular herausfordern; aber auch deren Einschätzung muss niemand anhören. Ihr Weg geht über die Medien. Jedoch ist das eine Situation, die im Rechtsfall ebenso auftritt: Eine Definition als Rechtsbruch wird von Polizei oder Staatsanwaltschaft nicht geteilt und gelangt nicht vor Gericht, auch wenn ein Definitionspartner in Form eines Experten (Anwalts) hinzugezogen wird, dessen Einschätzung dann dennoch verworfen werden kann. Auch hier geht häufig der Weg der letzten Hoffnung der über die Medien.

(2) Damit verbunden zeigt sich bereits, dass das Rechtsvokabular eine andere Symbolbelegung erfährt als das Risikovokabular. Das Normvokabular besitzt eine solidarisierende, gemeinschaftsbildende Symbolbelegung, indem wir uns um Sätze herum scharen können, denen wir zuschreiben, Basis unseres Gemeinwesens zu sein. Das Normvokabular ist damit das Vokabular der Verifikation des Gemeinwesens. Das Recht verspricht, neutral zu sein. Es bietet abstrakte Fairness und Gleichbehandlung jener, die in allen anderen Vokabularien (inklusive dem des Risikos) als ungleich beschrieben werden. Aus einer interaktionistischen Perspektive folgt, dass Recht keine Gleichheit erkennt oder schafft, sondern vielmehr eine *Performativität* der Gleichheit bietet, indem es eine Performativität von Neutralität liefert. Wie Fish über Richard Posner, einen der prononciertesten Vertreter der *economic analysis of law* und damit des Eingangs des ökonomischen Risikovokabulars in Rechtsentscheidungen, meint: Wer das Recht im Risikovokabular auflöst, mit der Argumentation, das „metaphysische" Vokabular von Gerechtigkeit und Fair-

ness durch ein hartes, empirisches Risikoberechnungsvokabular abzulösen, verliert damit gerade die performative Herstellung von Gerechtigkeit (die niemals bereits existiert); „the result of success in this struggle [...] would not be a cleaned-up conceptual universe, but a universe deprived of the props that must be in place if the law is to be possessed of a persuasive rationale. In short, the law will only work – not in the realist or economic sense but in the sense answerable to the desires that impel its establishment – if the metaphysical entities Posner would remove are retained; and if the history of our life with law tells us anything, it is that they will be retained, no matter what analysis of either an economic or deconstructive kind is able to show" (1994, S. 213). Selbstverständlich sind diese metaphysischen Elemente Konstruktionen. Es sind jedoch Konstruktionen, die Fairness als *Leistung* durch ein gemeinsames *Definieren* der Situation als „fair" ermöglichen. Dies spiegelt keine Realität wider, sondern lässt gerade in dieser Definition Realitäten emergieren. Umgekehrt wird sich aber gerade die soziale Kontrolle mit Mitteln der Risikoberechnung als neutral und unparteiisch präsentieren, neutraler und unparteiischer gar als das Recht. Während das Recht die Person mit in die Beurteilung hineinnimmt, beurteilt die Risikoberechnung nur die gesichtslose, abstrakte Gefährlichkeit. In beiden Fällen wird daher eine Neutralität konstruiert, die von der anderen Seite als nicht neutral bezeichnet wird.

Nimmt man den LA ernst, haben beide Unrecht und Recht zugleich. Unrecht, insoweit keines der beiden abstrakte Neutralität repräsentiert, da es abstrakte, interesselose Neutralität nicht gibt. Beide Seiten bietet Definitionen sozialer Realität. Sie tun dies aus eigenen Prämissen und Zielen heraus, und beide Seiten versuchen, den Begriff der Neutralität durch Verwendung zu belegen (vgl. Dellwing 2009a). Sie produzieren dadurch emergierende Neutralität, die eine *praktische Performativität* der Neutralität ist. Eine andere gibt es nicht. Wenn ökonomische Analysen des Rechts dieses diskutieren, dann unter dem Gesichtspunkt, welche Rechtsanwendung Bankrotte minimiert, Eigentum effektiv schützt, Expansion erleichtert und Standortvorteile schafft. Das kann alles als interessiert statt unparteiisch etikettiert werden (und wird es von seinen Gegnern auch), während es sich selbst als nüchtern portraitiert. Es tritt jedoch in jedem Fall nicht mit der eigenen Zielsetzung an, zerbrochene soziale Situationen wiederherzustellen und die gesamtgesellschaftliche Gruppe symbolisch zu integrieren, wie das Rechtsvokabular dies zu leisten versucht. Das Risikovokabular wird also ebenso zu einer Performativität der Neutralität benutzt, was von einigen Partizipanten akzeptiert, von anderen scharf abgelehnt wird. Es wird jedoch nicht zur Performativität der Gleichheit und Fairness genutzt, und die Vertreter dieses Vokabulars versuchen dies auch nicht. Diese gemeinsame Belegung fehlt fürs Risikovokabular, nicht, weil sie abstrakt fehlen müsste, sondern weil sie weder behauptet noch angenommen und damit nicht gemeinsam definiert wird:

11.3 Sprachspiele von Norm und Risiko

Diese Belegungen sind nicht objektiv; auch dies sind Belegungen auf dem „Symbol Norm" und dem „Symbol Risiko", die durchaus auch verschoben werden könnten. Es handelt sich nicht um objektive Eigenschaften. Aber wenn diese Symbolbelegung so kommuniziert ist, ist ein Angriff auf das Normvokabular als Angriff auf das Solidarisierungsvokabular liberaler Gesellschaften zu münzen. Das Rechtsvokabular gegen das Risikovokabular zu verteidigen ist daher Soziologie in staatsbürgerlicher Absicht, eine Absicht aber, die ihrerseits immer bereits eine Definitionsleistung ist. In ihr stehen auch und gerade gesellschaftliche Ideen von Fairness, Gerechtigkeit, etc. mit in einem Prozess der Aushandlung, der auf viele verschiedene Arten zum (immer vorläufigen) Abschluss gebracht werden könnte. Gerecht ist, was erfolgreich als gerecht interpretiert wurde, und die Herausforderung des Risikovokabulars ist ein Spielzug in diesem Definitionskonflikt. Schur spricht hier von „stigma contests" (1984): Ein solcher ist nicht nur innerhalb der Verwendung des Rechtsvokabular auf „Täter" zu beobachten, sondern auch in diesem Metakonflikt über die Verwendung von Vokabularien, die – in Bezug auf Grund 1 – auch ein Konflikt um die Gruppe ist, die diese Zuschreibungen machen darf.

(3) Auch wenn, wie in (1) festgestellt, die Gruppe der Verwender des Risikovokabulars sich von den Verwendern des Rechtsvokabulars unterscheiden lässt, ist auch dies kein notwendiger Zustand. Auch die Gruppen der Verwender von Vokabularien sind in sozialen Prozessen aufgekommen, sind kontingent und damit veränderbar. So könnte eine Sicherung des eigenen Definitionseinflusses auch dadurch erfolgen, das man sich selbst das Risikovokabular aneignet: Man argumentiert nunmehr im Risikovokabular für erwünschte Folgen und versucht dann, die eigenen Definitionen durchzusetzen. Das hieße nicht unbedingt, ein Vokabular, in dem man bisher Erfolg hatte aufzugeben für eines, in dem man diesen Erfolg (was auch immer der konkrete Erfolg sein soll) noch nicht hat: Auch im Rechtsvokabular ist eine Durchsetzung der eigenen Definitionen alles andere als sicher und hängt auch hier von den konkreten Definitionspartnern ab (gerade Kämpfe um die parteiischen Besetzungen oberster Gerichtshöfe verdeutlichen dies). Jedoch ist das Rechtssprachspiel eines, das man in der Soziologie der sozialen Kontrolle bereits zu sprechen gelernt hat; das mathematisierte, formelbasierte Vokabular der wirtschaftswissenschaftlichen Risikoberechnung, „actuarial vocabulary", ist dagegen mathematisiertes Professionsvokabular, das vielen (gerade kritischen und interaktionistischen) Soziologen oft Buch mit sieben Siegeln ist. Andere Soziologen, für die das quantitative Risikovokabular geläufig ist, denken häufig objektivistisch und sind für Argumente offener Konstruktionsleistungen nur schwerlich zu gewinnen. Das Risikovokabular wird der Öffentlichkeit als „wissenschaftlich-objektive Aussage" für bare Münze genommen, und quantitative Soziologen teilen häufig diesen Glauben. So findet sich eine doppelte Konfliktlinie: Das Vokabular ist nicht bekannt, und jenen, die

es kennen, wird eine Epistemologie zugeschrieben, von der man sich deutlich abgrenzt. Die Verteidigung des Rechts- gegen das Risikovokabular ist demnach auch als Grenzerhaltung zu verstehen.

Jedoch ist auch das als Kritik nicht absolut: Gegenüber dem Rechtsvokabular hatte man auch die Notwendigkeit der Grenzerhaltung gesehen. Die Jurisprudenz wollte von der Soziologie, die „vor ihren Toren" lauerte (Lautmann 1971), lange nichts wissen und bis heute ist das Rechtsvokabular von der Rechtssoziologie nur geringfügig, von der Rechtskritik so gut wie gar nicht beeinflusst. Außerdem wird auch die richterliche Rechtsaussage – und auch schon die des Anwalts – in der Öffentlichkeit als „rechtlich-objektive Aussage" für bare Münze genommen, so dass man sich hier von derselben Epistemologie abgrenzen muss – und auch hier bei vielen (wenn auch nicht allen) Juristen, die eine feste Idee von rechtmäßig und unrechtmäßig jenseits von Prozessen sozialer Aushandlung vertreten. Gerade gegen diese Epistemologie richtete sich der LA. Jedoch nicht gegen alle: die starke moralische Betonung, die die Öffentlichkeit mit dem Recht verbindet, fehlt innerhalb der Jurisprudenz völlig, was dieses Entgegenkommen vergleichsweise einfach macht. Auf der Risikoseite ist oben bereits die Bayrische Rück zitiert worden, die zeigt, dass auch die Experten der Risikokalkulation sich der Konstrukthaftigkeit von Risiko durchaus bewusst sind – weil es auch ihre Gewinne beeinflusst, was als Risiko konstruiert wird. Wieder also ist die Unterscheidung näher besehen nicht so deutlich, wie sie zunächst scheint.

11.4 Zur Verteidigung des Normvokabulars?

Das bedeutet nun, dass im Prinzip jede, absolut jede Zuschreibung in beiden Vokabularien möglich ist. Die Welt besteht jedoch nicht aus Prinzipien, sondern ist offen in praktischen Interaktionen von Personen, und hier gilt „anything that can be made to go goes" (Fish 1998). Begrenzungen sind nicht prinzipiell und abstrakt, sondern handlungspraktisch: „there are no constraints [...] save conversational ones – no wholesale constraints derived from the nature of objects, or of the mind, or of language, but only those retail constraints provided by the remarks of our fellow inquirers" (Rorty 1982, S. 165). Was normbrüchig oder riskant ist findet sich nicht in Norm- oder Risikovokabularien, sondern in ihrer alltäglichen erfolgreichen Verwendung, die auch von Situation zu Situation unterschiedlich ausfallen kann, aber in jeder Situation die volle Macht der sozialen Begrenzung entfaltet, wenn der Umkreis der anderen ihn erfolgreich entfalten kann. Diese sind mit unterschiedlichen Verwendungsgeschichten verbunden, „an interpretive history in the course of which

11.4 Zur Verteidigung des Normvokabulars?

one interpretive agenda – complete with stipulative definitions, assumed distinctions, canons of evidence, etc. – has subdued another. That history is then closed, but it can always be reopened" (Fish 1989, S. 513). Die Frage nach der Unterscheidung von Norm- und Risikovokabular verschiebt sich auf der Basis dieser Argumentation von den Vokabularien selbst, wo nie Begrenzungen zu finden waren, auf die Sprachclubs, in denen sie verwendet werden und die Praktiken, in denen Rechtfertigungen rhetorisch produziert werden, um damit formale Bedeutungen rhetorisch und situativ emergieren zu lassen.

Der scheinbar so einfache Anfangspunkt, präskriptiv und rückwirkend vergleichendes, komplexe menschliche Persönlichkeiten berücksichtigendes Normvokabular würde von empirisch und vorwärts blickendem, Menschen zu Zahlen stempelndem Risikovokabular ersetzt, gestaltet sich also letztlich nicht so einfach, wie es zunächst erschien. Zudem ist die Anwendbarkeit des Kernwerkzeuges der Kritiker der normativen Exklusion, der LA, weiter verwendbar, aber auch dessen kritisches Potential ist weniger klar, als viele Vertreter dies gerne sähen. Was Recht und Risiko verteidigen, wer es mit ihnen verteidigt, mit welchem Erfolg, ist offen. Temporär begrenzt ist es durch die Definitionsaktivität derer, die an diesen Definitionen teilnehmen und deren Definitionsangebote Gehör finden. Verteidigt werden mit dem Recht derzeit Entscheidungen, denen damit ein Vokabular der Gleichheit zugeschrieben wird und an denen ein potentiell unlimitierter Sprachclub teilnehmen darf, der jedoch wieder eingeschränkt ist, wenn man sich auf jene beschränkt, die eine realistische Chance zur Beeinflussung haben. Das derzeit schlagende Argument ist dagegen wohl völlig banal: Das Recht ist derzeit das Vokabular, dem öffentlich die Produktion von Fairness und Gerechtigkeit zugetraut wird. Das Risikovokabular jedoch ist in der Rolle, öffentlich als Durchsetzung von Macht gegen Gerechtigkeit wahrgenommen zu werden. In dieser Konstellation ist die Verteidigung des Rechtsredens eine Verteidigung des Prozesses der Produktion vom Glauben an Fairness und damit eine Verteidigung der Hoffnung auf Zusammenhalt. Das ist ein normatives Argument; abstrakte Gründe, eines zu bevorzugen, existieren nicht, nicht auf diesem und auch nicht auf irgendeinem anderen Feld. Um dieses machen zu können, muss die Reflexivität des Labeling-Ansatzes für einen Moment aufgegeben werden, um erfolgreich verteidigen zu können. Das ist allerdings kein Grund zum Vorwurf. Wie Fish bemerkt hatte, kommt die „objektzentrierte" Argumentation auch bei Konstruktionisten immer wieder, wenn man etwas Konkretes argumentiert (1998, S. 427). Das gehört sich für eine entwickelte Definitionsperspektive auch so: Wie Peirce für den Pragmatismus bemerkte, dass ziel- und grundloser Zweifel unmöglich ist, ist auch ziel- und grundlose Dekonstruktion unmöglich.

Danksagung Ich danke Michèle Spohr für ihre Hilfe bei der Entzerrung dieses Beitrages

Das Recht und das Monster. Über Kollusionen mit phantastischen Partnern 12

In ihrer umfassenden Studie zum Begriff der Strafe sprechen Christopher Harding und William Ireland eher beiläufig eine Konstellation an, die in der Kindererziehung regelmäßig anzutreffen ist: Den „bogey man" („boogeyman", US), das Monster, das verwendet wird, um Kinder von unerwünschtem Verhalten abzubringen. „[T]he ‚bogey man' used commonly in family situations as a deterrent penal agent" kann für Harding und Ireland die Agentur verschleiern und somit schuldmindernd wirken, „possibly so that parents may be absolved from feelings of guilt" (Harding und Ireland 1989, S. 149). Eine eingehende Analyse dieses Phänomens bieten Harding und Ireland nicht. Diese Verwendung des phantastischen Monsters (oft auch in Gestalt eines existierenden Tieres) als Strafagent ist auch heute in der Kindererziehung unter vielfältigen Namen weiterhin zu finden. Sie lässt sich in Bezug auf Goffmans Begriff der Kollusion als interaktives Dreieck beschreiben, in dem die Gewalt durch die Bezugnahme auf das gewaltsame Monster inkludiert und dennoch durch dessen Ausgrenzung ausgeschlossen wird: Einerseits die Kollusion der Eltern gegen das Kind (in Erfindung des Monsters), zweitens die erfundene *und* verdeckte Kollusion mit dem phantastischen Partner, das die Ziele der Eltern und die mögliche Gewaltsamkeit ihrer Durchsetzung externalisiert, drittens die Koalition mit dem Bestraften *gegen* das erfundene Monster, die letztlich Kind und Eltern vergemeinschaftet und die in der zweiten Kollusion konskribierte Gewalt ausschließt (Goffman 1974). Diese doppelte Bewegung erlaubt eine erzieherische Vergemeinschaftung von Eltern und Kind.

Dieser Beitrag erschien ursprünglich 2009 im Archiv für Rechts- und Sozialphilosophie 95: 510–522, erschienen im Steiner-Verlag.

Bei näherer Betrachtung lässt sich in dieser Konstellation nicht lediglich eine spezielle Alltagssituation erkennen: Postmoderne Beobachtungen des Rechts bieten eine ähnliche, wenn auch nicht völlig identische Thematisierung. Auch hier wird im Gesetz die Gewalt zur Unterstützung einer Verhaltensforderung angedroht, aber dennoch aus der Gesellschaft im Rechtsstaat externalisiert. Das Recht wie auch das Monster werden phantastische Partner einer Kollusion von Kontrollagenten gegen den Sanktionierten, der seinerseits jedoch die Rolle des Kollusionspartners *mit* den Kontrollagenten *gegen* die drohende Unordnung, die drohende Gewalt des Anderen einnehmen soll. Eine solche Thematisierung des Rechts findet sich in den Rechtsthematisierungen von Jacques Derrida und klarer noch bei Stanley Fish, die beide diesen Vergleich nicht als Rechtskritik verstehen, sondern als deskriptive These zu den Grundlagen seiner Funktion (Derrida 2005; Fish 1994).

Das „abstrakte Recht" und der Ausschluss der Gewalt mögen zivilisatorische Erfindungen sein. Jedoch kann auch hierauf Richard Rortys Erkenntnis angewandt werden, dass an Erfindungen doch gar nichts auszusetzen sei (1993, S. 83). Was *boogeymen* vom Recht letztlich unterscheidet, ist nicht die Erfindung des Einen gegenüber der Existenz des Anderen. Beide sind phantastisch. Was sie unterscheidet, ist die geteilte soziale Überzeugung, dass letzteres existiert: Während die Kollusionspartner gegen das bestrafte Kind von einem phantastischen Kollusionspartner erzählen, an dessen Existenz sie selbst nicht glauben, handelt es sich im Recht um einen phantastischen Kollusionspartner, dessen Existenz sozial geteilt definiert wird – wodurch es, im james'schen Sinne, *veri-fiziert*, wahr gemacht wird.

12.1 Erziehungskollusionen

Die Figur des „bogey man" oder „boogeyman", im Deutschen vielleicht des öfteren mit Knecht Ruprecht verglichen, kommt im Alltag der Kindererziehung mit vielen Namen und vielen Belegungen vor: Als Monster (teils auch real existierendes Tier), das Kinder mitnimmt, wenn sie ihr Gemüse nicht essen, nicht rechtzeitig ins Bett gehen, nicht nett zu anderen sind, nicht gehorsam gegenüber den Eltern, etc. Sie alle sind Figuren, die Gewalt androhen, aber nicht existieren. Harding und Ireland hatten gemutmaßt, dass der „boogeyman" und alle Figuren dieser Art die Funktion erfüllen, Eltern schuldlos zu halten, während sie *über* ihn als Strafagent mit einer Form der körperlichen Gewalt drohen, die sie als Eltern weder anwenden dürfen noch dies überhaupt mehr *wollten*. Das Monster repräsentiert die Inklusion einer unmöglichen Gewalt in die Beziehung zwischen Eltern und Kind, die zugleich nach ihrer Inklusion jedoch wieder ausgeschlossen wird, indem sich die Eltern gegen

12.1 Erziehungskollusionen

diese Gewalt mit dem Kind verbünden. So beinhaltet diese Konstellation die von Harding und Ireland gemutmaßte Loslösung von der Schuld zwar durchaus, ist jedoch letztlich viel komplexer. Es handelt sich um ein Dreieck der Interaktion, das mit Goffmans Begriffen der Kollusion und Koalition behandelt werden kann.

In seinem klassischen Aufsatz *Die Verrücktheit des Platzes* (Goffman 1974) bearbeitet Erving Goffman das Phänomen der Kollusion, in der sich zwei oder mehr Akteure zusammenfinden, um gegenüber einer dritten Person oder Gruppe eine abgesprochene Realitätsdefinition zu vertreten. Auf der Basis der Annahme, dass Realität sich nicht bereits präsentiert, sondern intersubjektiv definiert werden muss, beschreibt er „ein ‚kollusives Netz' oder eine ‚kollusive Gruppierung'" als „eine Koalition mit dem Ziel einer speziellen Art von Kontrolle, nämlich der Kontrolle der Situationsdefinition der dritten Partei" (S. 438). Goffman bespricht die Thematik im Kontext von „Geisteskrankheit", um zunächst die Kollusion zwischen Verwandten und Patienten zu beschreiben, später die Kollusion zwischen Arzt und Patienten im Fall der Psychoanalyse. In diesen Fällen stehen „Dirigenten" der Situationsdefinition einer Person gegenüber, „deren Situationsdefinition insgeheim dirigiert wird" (ebd.). Goffman unterscheidet Kollusionen ohne Gegenwart des Exkolludierten von jenen, in denen das „Opfer" anwesend ist: „Bei der ersten Form handelt es sich um eine offene Kommunikation zwischen verborgenen Personen, bei der zweiten um eine versteckte Kommunikation zwischen sich offen begegnenden Personen" (S. 438 f.). Die Tatsache der gemeinsamen Definitionsvorgabe für dritte darf hierbei nicht öffentlich werden, da die Definition „zerstört und diskreditiert würde, wenn die Kollusoren ihr Wissen bekanntgeben und in ihrer Manipulierung des den Exkolludierten zugänglichen Beweismaterials nachlassen würden" (S. 439). Die Beziehungen zum Exkolludierten, würden durch die Entdeckung dieser Kollusion unterhöhlt. Dieses zunächst problematisch klingende Phänomen kann jedoch, hält Goffman fest, positive Seiten haben; zumindest ist es alltäglich. Es kann im Interesse des Betroffenen sein, vor allem im Falle von Kindern. „Kollusionen sind ein normaler und durchaus begrüßenswerter Teil des sozialen Lebens. Kinder werden damit großgezogen" (S. 439), und Sozialbeziehungen unter mehr als zwei Teilnehmern sind wohl nicht möglich ohne gewisse Formen der Kollusion (S. 440).

Im Fall des „boogeyman" sind nun nicht eine, sondern drei solche Kollusionen zu finden: Die Eltern kolludieren zunächst miteinander gegen das Kind, um vor diesem die Existenz des ‚boogeyman' zu definieren. Zweitens erweitern sie diese Kollusion dann *andeutend* um diese imaginäre Figur, indem sie dieser ihre eigene Definition erwarteten Verhaltens zuschreiben. Außerdem zugeschrieben wird eine Gewaltmacht, die sich die Eltern selbst nicht zuschreiben können. Gleichzeitig und drittens wird dem Kind entgegen der angedeuteten zweiten Kollusion suggeriert, es handele sich um tatsächlich um eine Koalition zwischen dem Kind und den Eltern *gegen* diese imaginäre Figur. Durch dieses Dreieck bleiben die Eltern „schuldfrei", wenn Hardings und Irelands (1989) Analyse verwendet werden kann, und erreichen somit die Kooperation des Kindes in der gemeinsamen Anstrengung gegen ein mythisches Anderes, das Gewalt androht. Das dient der Vergemeinschaftung mit dem Kind durch die Externalisierung der Gewalt aus der Eltern-Kind-Beziehung, die in der Kollusion mit dem „Monster" gerade erst vereinnahmt wurde.

In der ersten Kollusion kolludieren die Erwachsenen gegen das Kind. Vielleicht ist jedes Erziehungshandeln verdeckt kollusiv, denn Erziehung ist die Übertragung von Realitätsdefinitionen auf das Kind, das vor allem in seiner frühen Entwicklung nur wenige andere Quellen für Realitätsdefinitionen haben kann und keinesfalls mit ihnen geboren werden kann. Später können sich solche Kollusionen um Lehrer, Verwandte, Eltern der Freunde etc. erweitern, und je mehr Personen hinzukommen, desto loser wird das Netz, d. h. desto weniger Kohärenz besitzen die Realitätsdefinitionen, die dem Kind angeboten werden. Es handelt sich hierin somit um eine Alltagshandlung, gegen die nicht nur, so Goffman, nichts Prinzipielles einzuwenden sei, sondern die vielmehr unausweichlich sein mag. Im hier interessierenden Fall definieren die Eltern die Existenz eines „Monsters" als imaginäre Strafmacht, die gewaltsam eine Verhaltensforderung durchsetzt, die auch von den Eltern vertreten wird. Dennoch wird das Monster als unabhängige Gewalt definiert: Für die Strafentscheidung und die Gewaltanwendung wird es selbst als verantwortlich definiert, nicht die Eltern. Diese erste Kollusion ist zunächst eine klassische versteckte Kollusion im Sinne Goffmans: Die Eltern begegnen sich offen vor dem Kind, verhandeln nach außen kontrollierte Realitätsdefinitionen jedoch verdeckt. Indem sie das Monster referieren wenn sie selbst Verhaltensanforderungen stellen, „begegnen" sie ihm jedoch in gewisser Hinsicht dennoch offen (da nur ihre Definition es vor dem Kind ins Leben ruft, und nur in Situationen, in denen es den Eltern nützt und sie damit unterstützt), während sie jede Begegnung durch die Externalisierung der Gewaltandrohung leugnen (müssen). Hier deutet sich bereits eine Spannung an, die dieses Kollusionsdreieck konstituiert und sein Funktionieren erst ermöglicht.

In einem zweiten Schritt wird nun eine Kollusion der Eltern mit diesem imaginären Teilnehmer gegen das Kind zugleich definiert und abgestritten. Es ist eine doppelte Kollusion: Zunächst eine Fortsetzung der ersten Kollusion, in der die Eltern gemeinsam das Monster als Kollusionsparter definieren *und* abstreiten, dann die hierin definierte und abgestrittene zweite Kollusion mit dem Monster in einer gemeinsamen Realitätsdefinition gegen das Kind: Die Eltern (oder eine Erwachsene) teilen mit diesem imaginären Kollusionspartner eine Definition angemessenen Verhaltens, eine Definition, die das Kind übernehmen soll. Der imaginäre Charakter

12.1 Erziehungskollusionen

wird gegenüber dem Kind aber nicht als Gehilfe oder Mitstreiter des Erwachsenen *gegen* das Kind präsentiert, sondern vielmehr (und gerade) als von den Eltern unabhängige Strafmacht, die dennoch mit den Eltern gemeinsam dem Kind eine Definition der sozialen (moralischen) Realität aufzwingt und diese Definition mit einer (körperlichen!) Gewalt unterfüttert, die als nichts weniger als grausam definiert würde (auch und gerade von den Eltern selbst). Eltern behaupten jedoch nicht, dass sie die Verhaltensforderung nicht selbst teilen und diese daher nur zur Zufriedenstellung des phantastischen Anderen eingehalten werden sollte, sondern schreiben dem „Monster" eine richtige, sinnvolle Erwartung zu, die auch offen die ihre ist. Während diese Kontrolle selbstverständlich von den Eltern und ihren Vorgaben ausgeht und dem Kind auch als *eigene* Erwartung kommuniziert wird, wird diese nur *zusätzlich* der Instanz zugeschrieben, die die Partner der ersten Kollusion selbst für irreal halten. So definieren Monster und Eltern gemeinsam, ohne, dass eine offene Partnerschaft eingegangen wird, während man sich dennoch auf es beruft. Das sieht zunächst nach einer offenen Kollusion aus, in der Akteure gemeinsam definieren, sich aber nicht gemeinsam zeigen. Da der Kollusionspartner jedoch in den Augen der Eltern gar nicht existiert, aber von den Eltern referiert wird, um Erwartungen mit Gewalt zu untermauern, ist es schwierig, diese Kollusion begrifflich zu fassen. Es handelt sich nicht um eine offene Kollusion, denn Interaktion kann überhaupt nicht unter Ausschluss des Kindes stattfinden, da die Existenz dieses Anderen überhaupt nur in Anwesenheit des Kindes unterstellt wird. (Bei religiösen Figuren, an deren Existenz geglaubt wird, mag eine Einordnung als versteckte Kollusion dagegen möglich sein). Eine klassische versteckte Kollusion fällt als Möglichkeit ebenso weg, da der phantastische Kollusionspartner nie mit den Eltern auftauchen kann (obwohl er in der Imagination des Kindes durchaus auftaucht, das nun diese Identität als Erklärung beobachteter Phänomene verwenden kann) Dieses gemeinsame Auftauchen wird dem Kind sogar vorgespiegelt, indem man sich auf das Monster beruft, gleichzeitig aber abgestritten, da keine Koalition mit diesem Monster behauptet wird. Das alles sind selbstverständlich selbst Definitionen von Realität: Das Kind könnte an dieses gemeinsame Auftreten durchaus glauben, ein Glaube, der von den Eltern unterstützt wird, wird jedoch zugleich von diesem Glauben abgehalten werden müssen, da die dritte Kollusion (s. u.) sonst nicht greifen könnte. Es handelt sich in diesem Fall somit um eine Art der Kollusion, die in Goffmans Kategorisierungen nicht eindeutig eingeordnet werden kann, weil sie die Frage der gemeinsamen Definition als *Folge* der Kollusion aushebelt und sie vielmehr *vor* die Kollusion stellt: Die zweite Kollusion ist selbst bereits Kollusionsprodukt; selbst, ob ein Auftreten miteinander stattfindet, ob sich beraten wird, sind Realitätsdefinitionen. Goffmans Modell müsste, um dies zu fassen, selbstreflexiv werden.

Dieses kollusive Erziehungsdreieck ist jedoch mit diesen beiden Achsen noch unvollständig. Es funktioniert jedoch nur, wenn eine dritte Kollusion die Gleichzeitigkeit der vorgespiegelten und abgestrittenen zweiten Kollusion ermöglicht. In ihr wird der Exkolludierte, also das Kind, in die Performativität einer Gegenkollusion hineingebracht, in der der erfundene Kollusionspartner nun als Exkolludierter portraitiert wird. Die dritte Kollusion ist somit die des in der ersten Konstellation exkolludierten Kindes *mit* den Eltern *gegen* den zweiten Kollusionspartner, den phantastischen Anderen. In der Darstellung gegenüber dem Kind verbinden sich jetzt Kind und Erwachsene in einer Gruppe gegen diesen außenstehenden Einfluss, diese äußere Gefahr, diese Gewalt androhende Macht, die die Eltern gerade *nicht sein dürfen* (weder Gewalt androhend, noch außenstehend). Erst jetzt erfüllt die Erfindung ihren Zweck, indem sie die Gewalt und ihre Anwendung den Eltern (oder den Erwachsenen im Allgemeinen) nimmt, ohne sie jedoch gänzlich auszugrenzen, da sie stattdessen dem ‚Monster' zugeschrieben werden kann. Diesem kann eine Gewaltsamkeit zugeschrieben werden, die in den Händen der Erwachsenen niemals rechtfertigungsfähig wäre, nicht vor Anderen und wesentlich auch nicht vor sich selbst. Die zweite Kollusion lässt die Gewalt in der Eltern-Kind-Beziehung, eine Gewalt, die für eine erfolgreich duchsetzungsfähige Definition sozialer Realität letztlich immer in der Hinterhand bleiben muss, die dritte schließt sie zugleich wieder aus. Sie drängt die Gewalt aus dem Eltern-Kind-Verhältnis, ohne diese jedoch jemals ganz hinter sich zu lassen, denn die Gewalt bleibt als Möglichkeit und Ursprung der Kindererziehungsbeziehung in ihr verwurzelt. Die gleichzeitige Andeutung und Externalisierung dieser Gewalt erlaubt dadurch gleichzeitig die gewaltsame Durchsetzung von Realitätsdefinitionen *und* die Vergemeinschaftung und Solidarisierung mit dem Kind gegen diese Gewalt. Diese Solidarisierung erlaubt es nun, die *eigene*, dem Monster ja erst zugeschriebene Verhaltenserwartung als Schutz gegen dieses Außen anzubieten, als Rezept, *damit die Gewalt nicht kommt*, eine Gewalt, die in dieser Form zwar ohnehin nie kommen könnte, aber dennoch allgegenwärtig bleibt. Mit dem Kind gemeinsam wird nun jedoch eine Realitätsdefinition gegen das Monster angestrebt, die ihm „vorspiegelt", es dürfe, könne nicht kommen, da das Kind nun unter dem Schutz der Eltern und der einzuhaltenden Normativität steht. Die eigene Verhaltenserwartung, die gegen den Willen des Kindes durchgesetzt werden soll, präsentiert sich so als unpersönliche, verallgemeinerte Erwartung, die nun als Rat angeboten wird. Auf diese Weise können einseitig unliebsame Erwartungen Durchsetzung finden, ohne, dass die Zugehörigkeitsunterstellung des Kindes gegenüber der Erwachsenen dadurch angegriffen wird. Es ist diese dreiseitige Konstellation, die diese Erfindung so erfolgreich macht. Nur eine Kollusion allein würde ihre Leistung nicht zu erbringen in der Lage sein. Es handelt sich zudem um eine Kollusion, der auch durchaus ein Nutzen zugeschrieben werden kann (wenn dieser jedoch in großen Teilen der gegenwärtigen Erziehungswissenschaft bestritten und das Modell heftig kritisiert würde, was jedoch nicht Thema dieser Bearbeitung sein soll). Dieser Nutzen besteht allerdings nur solange, wie die Darstellung der Gegenkollusion aufrechterhalten werden kann, das heißt: solange die ersten beiden Kollusion zwischen den Eltern vom Kind nicht bemerkt werden, solange nämlich das Kind weder bemerkt, dass *auch die Eltern an die Existenz ihres Kollusionspartners nicht glauben*, noch, dass sie „gemeinsame Sache machen".

Dieser dreifache Kollusionszusammenhang mit einer imaginären Figur ist an sich bereits bemerkenswert. Die hier geschilderte Konstellation mag sich aber nicht allein auf Eltern-Kind-Beziehungen beschränken, sondern könnte sich in nicht unähnlicher Form im Rechtssystem wiederfinden lassen.

12.2 Das Recht und das Monster

Ein ähnliches kollusives Dreieck lässt sich nun möglicherweise auch in postmodernen Betrachtungen des Rechts wiederfinden. Auch hier wird (im Recht) eine Quelle von Verhaltenserwartungen erfunden, die nicht existiert; auch hier wird mit dieser phantastischen „Majestät des Rechts" nach ihrer Erfindung kolludiert, um diese Erwartungen gemeinsam gegenüber anderen zu vertreten; auch hier wird dadurch eine Gewalt externalisiert, die immer im Recht verbleibt, aus den Sozialbeziehungen jedoch ausgeschlossen werden soll. Anders als der furchteinflößende „boogeyman" ist das Recht jedoch der hoffnungsvolle Partner, dem nicht jeder entkommen, sondern zu dem jeder gelangen möchte. Das Recht kann daher als die ins positiv belegte gewendete Parallele des „boogeyman" interpretiert werden. Ebenso vergemeinschaftet sich die Gruppe, die sich das Recht erfunden (gegeben) hat gerade in einer Koalition gegen dieses Gewalt-Außen (das nun jedoch auch außerhalb des Rechts imaginiert wird). Auch die Figur des Rechts schließt performativ eine Gewalt aus, die im Recht immer vorhanden bleibt, und sie tut dies in bezug auf ein phantastisches Anderes. Diese Ähnlichkeit bietet jedoch keinen Ansatz zur Rechtskritik, sondern erlaubt vielmehr eine Anknüpfung an die Thematisierung der Funktionsweise des Rechts, wie sie von Jacques Derrida und Stanley Fish angeboten wurde. Die postmoderne Thematisierung betont dadurch ebenso die Spannung zwischen erfundener Kollusion mit dem Anderen und Performativität des Ausschlusses, die das Funktionieren des Kollusionsdreiecks im Falle des „Monsters" erst ermöglicht hatte.

In der ersten Kollusion hatten die Eltern sich zusammengetan, um einen phantastischen Sender von Verhaltenserwartungen zu erfinden. Auch das Recht kann als phantastischer Sender von Verhaltenserwartungen thematisiert werden; Jacques Derrida (2005) vertritt eine solche Betrachtung. Er liest Kafkas Kurzgeschichte *Vor dem Gesetz*, die von einem Mann vom Lande berichtet, der vor das Tor zum Gesetz tritt, das von einem Wächter bewacht wird. Der Wächter versichert ihm, dass er Zutritt erhalten wird, jedoch noch nicht jetzt; er fordert den Mann vom Lande heraus, zu versuchen, an ihm vorbeizukommen, warnt ihn jedoch: Hinter diesem Tor befinden sich noch weitere Tore mit weiteren Wächtern, jeder stärker als der vorherige. Schon am Dritten käme selbst der erste Wächter nicht mehr vorbei, so berichtet er. Versuche, am Wächter vorbeizukommen, unternimmt der Mann vom Lande daraufhin nicht; er wartet sein Leben lang auf Einlass, ohne eingelassen zu werden, aber auch ohne, dass er die Hoffnung verlöre, zum Gesetz vorzudringen. Er stirbt im Glanz des Gesetzes, das er durch das Tor wahrzunehmen glaubt. Dann schließt der Wächter das Tor; es war nur für den Mann vom Lande bestimmt (Wiedergegeben in: Derrida 2005). Das Gesetz ist, wie das Monster, zunächst phantastisch; „boogeymen" gibt es nur insofern, wie ihr Dasein in der Kommunikation nach außen mit dem Kind unterstellt und dadurch auch durch das Kind unterstellt wird. Auch das Recht existiert nicht objektiv als leitende Vorgabe, sondern nur in der Situationsdefinition der Beteiligten. Der Mann vom Lande wird nicht vom Recht gezwungen, denn das Recht übt keinen Zwang aus außer dem, den der Mann vom Lande und der Wächter unterstellen. „Es ist sein Diskurs, der *a limine* wirkt, nicht um den Durchgang oder das Passieren direkt zu untersagen, sondern um sie zu unterbrechen und aufzuschieben" (S. 62). Letztlich hängt das Funktionieren des „boogeyman" am Glauben des Kindes, und auch die Macht des Rechts im Wächter hängt davon ab, dass der Mann vom Lande an es glaubt. Am Ende ist es aber der Wächter, der entscheidet, weil auch der Mann entscheidet, er „entscheidet [.] sich zu warten, urteilt [.], daß es besser ist zu warten" (S. 50), denn „auch er ist ein entschlossener Mann" (S. 51). Die Personen müssen entschlossen sein, nicht als Vorschrift, sondern aus Unvermeidlichkeit, denn das Recht entscheidet nichts. „Er muß also [...] sich selbst den Eintritt untersagen. Er muß sich selbst verpflichten, sich den Befehl geben, aber nicht den Befehl, dem Gesetz zu gehorchen, sondern den, nicht Zugang zu finden zum Gesetz, das ihn letztlich sagen und wissen läßt: Komm nicht zu mir, ich befehle dir, noch nicht bis zu mir zu kommen" (S. 62). Die Kollusion mit dem Recht muss das Tor passieren, hinter dem nichts da ist; „[d]ie Tür ist nicht geschlossen, sie bleibt offen, wie immer (sagt der Text)" (S. 53), und „[d]as Tor, so wird präzisiert, steht immer offen. Es markiert eine Grenze, ohne selbst ein Hindernis oder ein Abschluß zu sein. Es ist eine Markierung, aber es ist nichts Kompaktes" (S. 62). „Da" ist das Recht somit nicht, „ein Gesetz, das nicht da ist, das es aber gibt. Das Urteilen geschieht nicht" (S. 65). Das Geheimnis des Rechts ist sein Status als Geheimnis: Es ist geheim, da es versteckt bleibt, in der Kommu-

12.2 Das Recht und das Monster

nikation unterstellt, ohne, dass es sich zeigt. „Dies (das Geheimnis der Gesetze) ist nichts – und dies ist das wohl zu hütende Geheimnis -, nichts Präsentes oder Präsentables, dieses Nichts aber muß gut gehütet werden, es muß sehr wohl gehütet werden" (S. 65) Das Recht spricht nicht, es wird gesprochen. Der Gerichtete kann nur vom Richter erfahren, was das Recht ihm antun könnte, da das Recht zwar von allen angerufen wird, aber allen entzogen ist. Das Gesetz gibt es nur, insofern es in der Kommunikation und vor allem vom Exkolludierten selbst unterstellt wird: „Der Mann befindet sich also dem Gesetz gegenüber, ohne ihm jemals entgegenzutreten. Er mag *in front of it* sein, aber er macht nie front gegen es" (S. 59). Wie das Monster der Kindergeschichte ist das Recht ein Gegner, der seine Macht dadurch gewinnt, dass es niemals direkt konfrontiert wird, weil es nicht direkt konfrontiert werden *kann*. Konfrontiert werden können nur jene, denen die Autorität zugesprochen wird, den Inhalt des Rechts zu formulieren, für das Recht zu sprechen, zu wissen, was das Recht will – so wie die Eltern wissen, was das Monster tun wird, was es will, und wie es zu besänftigen ist.

Das Gesetz erfordert die zweite Kollusion, die Kollusion mit dem in der ersten Kollusion erfundenen phantastischen Anderen, die im Fall des „boogeyman" noch versteckt werden muss, nun offen. Anders als im Fall des Monsters, das das *feindliche* Andere von beiden, Kolludieren und Exkolludiertem, darstellt, ist das Recht ein „gütiges" Anderes: Alle Seiten wollen mit diesem Recht verbunden sein, wollen *in dem Gesetz* stehen. Der Mann vom Lande will „nicht vor dem Gesetz bleiben, in der Situation des Wächters" (S. 57), er erhofft sich das Eintreten, das Einswerden mit dem Recht. Damit erhofft er sich die Kollusion mit dem Recht gegen den Wächter, das Ziehen des Rechts auf seine Seite auf eine Weise, die im Fall des Monsters in der Regel nicht aufkommt. Wie das Monster ist das Recht jedoch mit keinem von beiden in Verbindung, berührt keinen; „[k]einer der beiden ist in Gegenwart des Gesetzes" (S. 60). Das ist die Bedingung des Gesetzes, wie es die Bedingung des Monsters ist. „Man kann nicht zu ihm gelangen und um eine Beziehung durch die Achtung zu ihm zu haben, *muß man gerade keine, darf man keine* Beziehung zu ihm haben, *muß man die relatio unterbrechen*. Man darf nur mit seinen Vertretern, seinen Beispielen, seinen Wächtern in Bezug treten. Und die sind ebenso Unterbrecher wie Boten" (S. 63). Die Unterstellung dieser unmöglichen Verbindung, die Erfindung dieser zweiten Kollusion kann auch im Fall des Rechts erkannt werden. Die Begegnung mit dem Monster blieb angedeutet, weil es zugleich verwendet und versteckt werden musste, da die Koalition mit der gewaltsamen Macht immer angedeutet bleiben musste. Die Externalisierung der Gewalt, die das Monster leistete, ist somit auch im Recht durch die unmögliche, aber immer unterstellte Kollusion erreicht. Im Fall des Gesetzes ist die Koalition offen, aber die Gewalt ist eine Ebene weiter entfernt: Sie ist aus dem Gesetz ausgeschlossen und damit in Koalition mit dem Gesetz aus der Gesellschaft exkludiert. Das Monster externalisiert eine unmögliche Gewalt, und das Recht externalisiert eine Gewalt, die ebenso unmöglich, nämlich in „zivilisierten" Sozialbeziehungen undenkbar ist, da sie einen „Superlativ von Immoralität" bezeichnet (vgl. Neidardt 1986, S. 124). So ist das Gesetz ein Austragungsort von Gewalt, der nur durch die immer latente Präsenz von Gewalt erst zum Raum des Rechts werden kann. Auch das hat Derrida deutlich gemacht; es ist die Argumentation in *Gesetzeskraft*, in dem er daran erinnert, „daß das Recht stets eine Gewalt ist, der man stattgegeben, die man autorisiert hat, eine gutgeheißene, gerechtfertigte Gewalt, eine Gewalt, die sich durch ihre Anwendung rechtfertigt oder die in ihrer Anwendung gerechtfertigt wird, selbst wenn diese Rechtfertigung bereits ungerecht ist oder sich nicht rechtfertigen läßt" (2005, S. 12); in ihrer Anwendung gerechtfertigt, auch wenn sie sich nicht rechtfertigen lässt, da das Recht selbst das Vokabular der Rechtfertigung ist und dies auch dann bleibt, wenn es im konkreten Fall erfolglos bleibt. Gewalt ist kein „Supplement", das „zu dem Recht hinzukommen mag" (ebd.), sondern das immer bereits in ihm steckt, weil es *niemals selbst kolludieren kann*, weil die zweite Kollusion selbst erfunden ist, weil das Recht „entziffert", ihm nämlich eine Seite unterstellt werden muss, die es von selbst niemals einnimmt. Das ist die Bewegung der immer notwendigen Interpretation, der „niemals gewaltfreien Interpretation". Das Recht schließt die Gewalt aus, aber Interpretieren des Rechts ist Gewaltanwendung im Namen des Rechts (Derrida 2005, S. 23; auch Fish 1989, worauf Derrida sich explizit bezieht, S. 18). „[D]as Vorgehen, das das Recht stiftet, (be)gründet, eröffnet, rechtfertigt, das Gesetz diktiert, wäre ein Gewaltakt, eine performative und also deutende Gewalt, in sich selbst weder gerecht noch ungerecht; eine Gewalt, die ihrer eigenen Definition gemäß von keiner vorgängigen Justiz, von keinem vorgängigen Recht, von keiner im vorhinein stiftenden Justiz, von keinem im vorhinein stiftenden Recht, von keiner bereits bestehenden Stiftung oder Gründung verbürgt, in Abrede gestellt oder für ungültig erklärt werden kann" (Derrida 2005, S. 28). Es ist die Gewalt, die im Reden über Konflikte aus ihrer Lösung herausgehalten werden soll, so dass es sich um eine „Rechtslösung", eine „gewaltlose" Lösung handeln kann, während diese Lösung in einer Interpretation ihre Basis hat, die immer Gewalt war und immer Gewalt bleibt. Durch diese Loslösung wirkt das Recht zivilisierend. Der Mann vorm Lande steht vor den pelztragenden Wächter treten lässt mit seinem „künstliche[n] Haarschmuck, derjenige der Stadt und des Gesetzes, der zu der natürlichen Behaarung hinzutritt" (Derrida 2005, S. 50). Es ist diese Hoffnung auf das Recht, das die Möglichkeit der Zivilisation eröffnet, – auch und gerade, weil seine Existenz fraglich bleibt. Die Erzählung „erscheint vor [dem Gesetz], das vor ihr erscheint. Und dennoch zeigt sich [...] nichts wirklich in diesem Erscheinen" (S. 44). Diese Hoffnung drückt sich aus

12.2 Das Recht und das Monster

in der Vertagung eines Kontakt, in Erwartung einer Kollusion, die niemals existiert und immer unterstellt werden muss: „Gedulden wir uns" (S. 51). Der Mann will auf diese Kollusion warten, er will zu dem Recht, „[e]r will das Gesetz sehen oder berühren, er will sich ihm nähern, in es ‚eintreten', weil er vielleicht nicht weiß, daß das Gesetz nicht zu sehen oder zu berühren, sondern zu entziffern ist" (S. 53), dass es nämlich keine Kollusionsbeziehung eröffnet, keine Kollusion selbst deutlich machen kann, sondern diese Kollusion vielmehr nach außen hin zu unterstellen ist und von allen, die an Gesellschaft teilhaben wollen, unterstellt werden muss – auf mannigfaltig divergierende Weisen.

Wie im Fall der Erziehungskollusion bleibt diese Verbindung nicht in Goffmans Kategorien einzuordnen. Das Vor-dem-Gesetz-Sein wird in Kafkas Kurzgeschichte „im Nicht-Begegnen von Gesetz und Singularität" dargestellt (Derrida 2005, S. 37). „Wenn das Gesetz phantastisch ist, wenn sein ursprünglicher Ort und sein Statthaben die Kraft einer Fabel besitzen, dann begreift man, daß ‚das Gesetz' wesentlich unzugänglich bleibt, selbst wenn es sich zeigt oder sich verheißt. Von einer Suche, um zu ihm zu gelangen, sich ihm gegenüber und in Achtung vor ihm zu halten, oder um sich Zugang zu verschaffen zu ihm oder in es, wird die Erzählung zur unmöglichen Erzählung des Unmöglichen" (Derrida 2005, S. 57). Die Kollusion mit und vor ihm hängt jedoch davon ab, dass man an die Möglichkeit dieser offenen Kollusion mit ihm weiterhin glaubt. „Die Frage des Mannes ist genau die nach dem Zugangsweg: Definiert sich das Gesetz nicht gerade durch seine Zugänglichkeit? Ist es nicht, muß es nicht ‚jedem und immer' zugänglich sein?", fragt Derrida (2005, S. 52). „Das Gesetz, glaubt der Mann vom Lande, müßte immer und jedem zugänglich sein. Es müsste universal sein" (S. 52 f.), und im Glauben an die Verfügbarkeit wartet er, lässt er seine Sache vertagen, in der Hoffnung, ja in der Sicherheit, dass das Recht sich entscheiden wird, weshalb er entscheidet, nicht zu entscheiden (S. 51). Wie die Kollusion mit dem „Monster" funktioniert die Kollusion mit dem Recht nur solange, wie die Existenz des Rechtes in einer geteilten Definition sozialer Realität (in der ersten Kollusion) verankert bleibt. „Seine kategorische Autorität kommt dem Gesetz nur zu, wenn es ohne Geschichte, ohne Genese, ohne mögliche Ableitung ist. Das wäre das Gesetz des Gesetzes. Das Unzugängliche provoziert dadurch, daß es sich entzieht" (Derrida 2005, S. 44 f.). Dadurch kann das Gesetz erst dadurch seine Funktion entfalten, dass es unerreichbar ist, aber immer erreicht werden will. Es ist nicht zugänglich, es steht als Kollusionspartner nicht zur Verfügung, aber *alle hoffen auf die Kollusion mit ihm*, glauben sich bereits in Kollusion mit ihm. Das ist der wesentliche Unterschied zur Beziehung zwischen dem Kind und dem Monster: Das Monster war negatives Außen, das Recht positiv belegtes Außen. Mit dem Monster durfte nicht, aber mit dem Recht *muss* sichtbar kolludiert werden. Alle Seiten sehen sich auf der Seite eines Rechts, das keine Seite hat, keine Seite einnimmt, dessen Präsenz auf Seiten immer nur unterstellt bleibt. So stehen alle Akteure gegeneinander, wenn sie miteinander vor dem Recht stehen. Sie kolludieren gegen diese Gewalt von außen, außerhalb des Rechts, durch die Kollusion mit der Gewalt im Recht und durch die Unterstellung, das Recht kolludiere mit ihnen, was eine Interpretation des Rechts darstellt: Gewalt. „Die beiden Personen der Erzählung, der Wächter und der Mann vom Lande, sind zwar vor dem Gesetz, aber so, wie sie sich gegenüberstehen, um miteinander zu sprechen, ist ihre Stellung ‚vor dem Gesetz' eine Entgegensetzung" (Derrida 2005, S. 58).

In der dritten Kollusion verbinden sich die Personen, die vor dem Gesetz stehen, in gemeinsamer Achtung (und Furcht) vor den Urteilen der Majestät des Rechts. Zur Verfügung stehen nur der Wächter und der Mann vom Lande in ihrer gegenseitigen Sozialbeziehung, getragen von der Überzeugung, dass da ein Recht ist, das mit dem Wächter *und* dem Mann vom Lande in Verbindung steht. Die dritte Kollusion, in der beide sich gegen das andere vergemeinschaften, das Gewalt androht, ist im Falle des Rechts mit der zweiten möglicherweise deckungsgleich, da nun nicht die Gewalt in Form des Monsters ausgeschlossen wird, sondern die Gewalt auch vom Recht getrennt wurde. Wie die Vergemeinschaftung mit dem Kind unter Ausschluss einer immer bereits eingeschlossenen Gewalt erreicht werden konnte, kann die Vergemeinschaftung des Wächters und des Mannes vom Lande nun im Ausschluss der Gewalt über das Recht erreicht werden. Der gemeinsame Bezug aufs Recht hält beide in der Zivilisation, und die Unterstellung, dass das Recht Vertreter hat, die in seinem Namen sprechen, die die Erwartungen des Rechts formulieren und verteidigen können und dürfen, erlaubt die Sendung dieser Erwartungen ohne Beziehungsbruch. Was das Monster will, kann das Kind nur von den Eltern erfahren, da das Monster entzogen ist. Diese sind jedoch nur Ratgeber. Was das Recht will, kann nur von seinen Vertretern erfahren werden.

Die Nähe zwischen dem Recht und dem „Monster" ist jedoch keine Rechtskritik. Es handelt sich nicht um ein Argument „gegen" das Recht (oder „gegen" das Monster), und darf nicht als Impuls zu dessen „Entlarvung" gesehen werden. „Daß sich das Recht dekonstruieren läßt, ist kein Unglück" (Derrida 2005, S. 30). So funktioniert das Recht, und kann auch vielleicht nicht anders funktionieren; die Performativität des „formalen Rechts", die Kollusion zwischen dem Richter und dem imaginären Kollusionspartner Recht ist notwendig für das Funktionieren des Prozesses und für die *Veri-fikation* des Gemeinwesens. „Das Gesetz ist verboten. Aber dieses widersprüchliche Selbst-Verbot ermöglicht, daß der Mensch sich frei selbstbestimmen kann, obwohl diese Freiheit sich als Selbst-Verbot, in das Gesetz einzutreten, annulliert" (Derrida 2005, S. 63). Diese Gewalt ist Teil des Geheimnisses, das „wohl gehütet" werden muss, wie in der Erziehungskollusion die Gewalt aus der Kindererziehung entfernt wird, indem die Gewalt einem phantastischen Ande-

12.2 Das Recht und das Monster

ren zugeschrieben wird, das sie niemals wird ausüben können und dessen Ausübung niemals erwünscht ist, auch und gerade nicht von den Eltern, die auf sie verweisen. Im Ausschluss der Gewalt durch seine Übertragung auf das phantastische Andere ist die Gewalt immer wieder eingebunden, eine Einbindung, die wie für den Fall des Rechts nichts Tragisches ist, nichts zu Entlarvendes und nichts zu Überwindendes; wie die Dekonstruierbarkeit des Rechts ist auch sie kein Unglück. Diese von Derrida angebotene Argumentation findet sich fast identisch, aber vielleicht näher am Rechtsdiskurs, beim Neopragmatisten Stanley Fish. In *Recht will formal sein* argumentiert dieser, dass die radikale Interpretationsoffenheit aller Texte sich auch auf das Recht erstreckt, das damit niemals „formal" existiert, niemals leitet, sondern immer nur argumentativ verwendet wird, um einer Seite in einem Rechtsstreit die Performativität des Rechtes zur Durchsetzung der eigenen Ziele an die Hand gibt (Fish 2002 [1994], S. 527). „[I]f there is no public way of setting down marks that stand firm against interpretive manipulation, the rule of law – of perfectly explicit and impersonal utterances – is replaced by the rule of persuasion" (Fish 2002 [1994], S. 5). Darin handelt es sich jedoch nicht um eine Fehlfunktion eines Rechtes, das eigentlich „neutral" sein sollte und so seine fehlende Neutralität zeigt. Vielmehr handelt es sich um die Bewegung, die das Funktionieren des Rechts erst ermöglicht: Recht will formal sein, ist nicht formal, lebt jedoch von der Überzeugung der Beteiligten, es wäre formal. Es lebt von der Illusion, das Recht wäre die entscheidende Instanz – nicht der Richter. So bietet Fish dasselbe Argument, das auch von Derrida vorgebracht wurde (vgl. Dellwing 2008a). Diese Herangehensweise ist freilich alt und nicht lediglich auf Derrida und Fish beschränkt. Gerade der vom Pragmatismus beeinflusste devianzsoziologische Interaktionismus vertritt bereits seit vierzig Jahren ein Normbild, in dem die Norm nicht nur Vorlage ist, die mechanisch angewandt werden kann, sondern Werkzeug, das askriptiv angewandt werden muss (vgl. u. v. a. Sack 1972). Der Labeling-Ansatz hatte die daraus entstehende Umkehr von der Norm- zur Reaktionsbetrachtung bereits zu seinem Kern erklärt. Wo er von den objektivistischen Resten von Regel und Befreiung befreit wurde, handelt es sich in ihm um einen Ansatz, in dem untersucht wird, wie Regeln performativ verwendet werden (Dellwing 2008a, S. 162). Auch der klassische Rechtsrealismus hatte ähnliche Argumentationen bereits sehr früh entwickelt (vgl. zur Zusammenfassung Tamanaha 2008), aber häufig zur Rechtskritik gewendet. Zur Kritik taugt sie nicht: Regeln sind sowohl Konflikt- als auch Kittvokabular sozialer Beziehungen, so wie das phantastische Andere sowohl Konflikt- als auch Kittvokabular der Eltern-Kind-Beziehung ist. Das ist ihre Funktion.

12.3 Konsequenzen

Fritz Sack formulierte noch, dass aus der Erkenntnis, dass Recht nicht leitet, sondern verwendet wird, Konsequenzen zu ziehen wären: Konsequenzen für die soziologische Betrachtung, Konsequenzen für die Einordnung der Beschriebenen gar. Für die erste Kategorie bemerkte er bereits, dass die theoretischen Gegner in der „klassischen" Devianzsoziologie nicht anders handelten als die Vertreter der „neuen": Beide wären empirisch darauf angewiesen, ihre „Studienobjekte" aus der Masse der „Etikettierten" zu erhalten, diejenigen nämlich, die von autorisierten Reaktionsinstanzen Zuschreibungen erhalten hatten (Sack 1972). Zudem waren die Objekte der Zuschreibung nun Opfer derselben: Helge Peters hatte an diesem Punkt noch die mangelnde Attraktivität des Ansatzes erklärt, der nun inopportun werde, als die Zuschreibungsopfer keine Sympathieträger mehr wären. „Wer sähe Skinheads gerne als Adressaten der Stigmatisierung von Instanzen sozialer Kontrolle, als deren Konstrukt?" (Peters 1996, S. 113). Die Konsequenz, das Recht mit dem „boogeyman" gleichzusetzen, könnte nun auch eine Entthronung des Rechts sein, so wie der boogeyman mit zunehmendem Alter des Kindes entthront wird. Eine erwachsen werdende Gesellschaft würde den phantastischen Charakter des Rechts erkennen und sich von der Vorstellung dieses abstrakten Rechts emanzipieren. Für einen Rechtsstaat westlicher Prägung ist dieser Gedanke nicht zu unrecht beängstigend; die Angst ist jedoch unbegründet. Beziehungen, in denen eine Partei eine Definition sozialer Realität gegen eine andere Partei durchsetzt, ohne dabei als Gegner aufzutreten, das heißt: ohne sich gegen die andere Partei zu stellen, funktionieren vielleicht regelmäßig auf der Basis einer hier geschilderten Dreieckskollusion. Beim „Monster" ist dies eindeutig; die Wendung des Arguments auf das Recht ruft hier nur Beängstigung, gar Empörung hervor, weil der Glaube an das Recht der unhinterfragte Logos der Gegenwart ist. Als solcher hat es Gott abgelöst (Schlag 1997, S. 427). Die Pointe von Derridas Kafka-Lesung folgt der Pointe, die Derrida in Bezug auf den Logos auch an anderer Stelle vollzogen hat: Es handelt sich um ein Signifikat, das auch nach dessen Ausstreichung weiter als Signifikat bestehen bleibt, ja bleiben muss. Die Beschreibung des Rechts als Phantasma hat nicht die Konsequenz seiner Kritik und Überwindung, seiner *Aufhebung*, sondern hat vielmehr die Konsequenz, dass alles bleibt, wie es war. Derrida glaubt an die Konsequenzen seiner Arbeit und stellt sich darin explizit gegen Fish (2005, S. 18), der wiederholt die Argumentation vertreten hat, dass richtig verstandene Fundierungskritik keine Konsequenzen hat, da sie nur eine Beschreibung für das liefert, was ohnehin immer getan wurde: Die Darstellung der historischen, situativen, lokalen Kontingenz von Fundierungen führt nicht zu deren Abschaffung oder Aufhebung, sondern lässt sie

12.3 Konsequenzen

zunächst in derselben Stärke bestehen. Der Rechtsstaat ist durch die Diagnose einer Dreieckskollusion mit einem phantastischen Recht in keinerlei Gefahr.

Die Nachricht vom phantastischen Charakter des Rechts verängstigt jene, die es als festen Anker wollen und die *tatsächliche* Kollusion mit ihm zur Untermauerung ihrer bewährten Forderungen zu benötigen glauben, oder aber sie lässt jene hoffen, die diese „bewährten Forderungen" nicht vertreten und aus der Botschaft des phantastischen Charakters des Rechts eine Möglichkeit zur Überwindung dieser Forderungen ziehen wollen. Beide Reaktionen sind, so Fish, überstürzt: „On the right, the myth (of the self free from constraints) generates the fear that if public controls are not kept in place the self will go its own way; on the left the myth generates the hope that if public controls can only be removed the self will be able to go its own way. One side fears that anti-foundationalist thought ... will deprive us of our certainties; the other side hopes that anti-foundationalist thought will deprive us of our certainties. But anti-foundationalism deprives us of nothing; all it offers is an alternative account of how the certainties that will still grip us when we are persuaded to it came to be in place" (2002 [1994], S. 26). Somit gilt auch für die Beschreibung eines phantastischen Rechts: Sie ist „descriptive rather than prescriptive" (Fish 2004, S. 271), sie liefert Beschreibungen, keine Möglichkeiten der umfassenden Reorganisation des gesellschaftlichen Vokabulars aus dem Nichts. „[A]ll that will have changed (and it is no small thing) is the stock of arguments to which you can have recourse in the presentation and defense of your interpretations" (Fish 2002 [1994], S. 15), nicht aber die Grundlagen, auf deren Basis diese Argumentationen vorgenommen werden. „This is perhaps the most surprising and counterintuitive consequence of the denial of independent constraints (which is one and the same with the denial of literal meanings): rather than leaving us in a world where the brakes are off, it situates us in a world where the brakes – in the forms of imperatives, urgencies, and prohibitions that come along with any point of view (and being in a point of view is not something one can avoid) – are always and already on" (Fish 2002 [1994], S. 12). Diese Neubeschreibung ist daher nicht der erste Schritt zur Veränderung, sondern beschreibt eine Verankerung im Logos, die, wie auch Derrida bemerkte, nicht verloren geht, nachdem sie dekonstruiert ist. „[A]ntifoundationalism says nothing about what we can do or not do; it is an account of what we have always already been doing" (Fish 2002 [1994], S. 323 f.). Ohne diesen Verweis kommt die Sprache nicht aus, auch wenn er auf nichts verweist; dass dieser Verweis, hier: auf das Recht, ins Leere geht, heißt nicht, dass nun die Beliebigkeit folgt, in der dieser Verweis einfach nicht mehr gemacht würde. Auch wenn kein Recht „da" ist, auf das verwiesen werden kann, wird weiterhin auf es verwiesen. „To make the mistake of thinking that by telling people that there is something that they have never been able to do – leave the realm of practice for a realm more general and abstract – you take something away from them; but of course you can't take away a capacity no one has ever had" (Fish 2002 [1994], S. 26 f.).

Die Thematisierung des Rechts als imaginärer Kollusionspartner hat für das Funktionieren des Rechts also keine Konsequenzen. Sie wird nicht verändern, dass weiterhin auf diesen Partner Bezug genommen wird, diese Darstellung ist nicht der erste Stein auf dem Weg zum Ende des Rechtsstaates, im Gegenteil. Der Pragmatismus fragt nicht nach Wahrheiten, sondern nach dem Nutzen einer Performativität der Wahrheit. Pragmatisten wollen von Wahrheit nicht reden, erkennen jedoch, dass es sich um ein notwendiges Reden handelt. Auch wenn Wahrheit nur ein Kompliment für Ideen darstellt, die wir für gut und nützlich halten, „just an empty compliment – one traditionally paid to writers whose novel jargon we have found useful" (Rorty 1989, S. 8), ist diese Aneignung einer Idee durch die Terminologie der Wahrheit zum Funktionieren des Alltags vielleicht unumgänglich. Auch hierin handelt es sich um ein Argument, das auch Derrida vorgebracht hatte: Das „Ausgestrichene" muss immer mitgelesen werden, und am Ende der Logoskritik steht die Argumentation mit dem Logos, der auch nach seiner Kritik nicht aufgehoben wird, nicht wegfällt, nicht unsichtbar wird. Dasselbe gilt für die Argumentation des formalen Rechts, das als solcher Logos ebenso in Frage gestellt werden kann, ohne dass diese Infragestellung die Performativität des Rechts beendet; dieses performative Vokabular erbringt eine wichtige Leistung. Es liefert eine Beschreibung, in welcher Kollusion der Rechtsstaat funktioniert, eine Beschreibung des Grundes, warum er so gut funktioniert. Die Performativität des Rechts liefert ein Vokabular, auf das jeder Bezug nehmen kann, ein Vokabular, das Konflikte zu thematisieren in der Lage ist, ohne sie bei ihrem gewaltsamen Namen zu nennen, und das dem Verlierer ermöglicht, durch dessen phantastische Kollusion mit dem Recht immer weiter auf der Gewinnerseite zu stehen, auch wenn sein Versuch der „Überredung" erfolglos war. In der gemeinsamen Hoffnung, die alle vor dem Glanz des Rechts hält, das nicht präsent ist, bleibt diese Kollusion erhalten und erhält dafür den Namen „Gesellschaft". Die Leistung, die das Vokabular des Rechts erbringt, ist dadurch dieselbe Leistung, die die Argumentation mit dem *boogeyman* den Eltern erbringt. Sie erlaubt es, ein Gemeinwesen zu vergemeinschaften, indem in ihr aufkommende Konflikte mit einem Bezug zu einer Quelle gelöst werden, die keine Person im Zusammenhang ist. Damit wird keine Person über oder außerhalb der Gruppe gestellt, und die Performativität der Gleichheit kann als Gleichheit vor dem impersonalen Recht gewahrt bleiben.

Quellennachweise

Kapitel 2, *Looking-Glass Crime*, ist 2010 in der Zeitschrift für Rechtssoziologie 31: 209–229 erschienen. Abdruck mit freundlicher Genehmigung von Lucius&Lucius.

Kapitel 3, *Das interaktionistische Dreieck*, ist 2009 in der Monatsschrift für Kriminologie und Strafrechtsreform 92: 3–17 erschienen. Abdruck mit freundlicher Genehmigung des Carl-Heymanns-Verlages.

Kapitel 4, *Langeweile mit der Eindeutigkeit*, ist 2011 in: Helge Peters Helge und Michael Dellwing (Hg.). Langweiliges Verbrechen, bei Springer-VS erschienen.

Kapitel 5, *Reste: Die Befreiung des Labeling-Approach von der Befreiung*, ist 2008 im Kriminologischen Journal 38: 161–179 erschienen. Abdruck mit freundlicher Genehmigung des Juventa-Verlages.

Kapitel 6, *Das Label und die Macht*, ist 2009 im Kriminologischen Journal 39: 161–179 erschienen. Abdruck mit freundlicher Genehmigung des Juventa-Verlages.

Kapitel 7, *Dunkelfeldforschung als Definitionaktivität*, ist 2010 in der Monatsschrift für Kriminologie und Strafrechtsreform 93: 180–197 erschienen. Abdruck mit freundlicher Genehmigung des Carl Heymanns-Verlages.

Kapitel 8, *‚Geisteskrankheit' als hartnäckige Aushandlungsniederlage*, 2008 in Soziale Probleme 19: 150–171, erschienen. Abdruck mit freundlicher Genehmigung des Centaurus-Verlages.

Kapitel 11, *Rhetoriken von Norm und Risiko*, ist 2011 in Soziale Passagen 3: 81–96 bei Springer-VS erschienen.

Kapitel 12, *Das Recht und das Monster*, ist 2009 im Archiv für Rechts- und Sozialphilosophie 95: 510–522 erschienen. Abdruck mit freundlicher Genehmigung des Steiner-Verlages.

Literatur

Adler, Patricia, und Peter Adler. 2006. The deviance society. *Deviant Behavior* 27:129–148.
Adler, Patricia, Peter Adler, und Andrea Fontana. 1987. Everyday life sociology. *Annual Review of Sociology* 13:217–235.
Agger, Ben. 1994. Derrida for sociology? A comment on Fuchs and Ward. *American Sociological Review* 59 (4): 501–505.
Albas, Cheryl, und Daniel Albas. 2003. Motives. In *Handbook of Symbolic Interactionism,* Hrsg. Larry T. Reynolds und Nancy J. Herman- Kinney, 349–366. Walnut Creek.
Akers, Ronald L. 1968. Problems in the sociology of Deviance: Social definitions and behavior. *Social Forces* 4:455.
Armstrong, Nancy, und Leonard Tennenhouse. 1989. *The violence of representation. Literature and the history of violence.* London.
Bals, Nadine. 2008. Häusliche Gewalt: Die Entdeckung eines sozialen Problems, konträre Strömungen und Deutschland als „Entwicklungsland". In *Soziologie sozialer Probleme und sozialer Kontrolle,* Hrsg. Axel Groenemeyer und Günther Albrecht, 98–114. Wiesbaden.
Bayerische Rück, Hrsg. 1993. *Risiko ist ein Konstrukt.* München.
Becker, Howard. 1963. *Outsiders: Studies in the sociology of Deviance.* Glencoe.
Becker, Howard. 1967. Whose side are we on? *Social Problems* 14:239–247.
Becker, Howard. 1972. *Außenseiter.* Frankfurt a. M.
Becker, Howard. 1986. *Doing things together.* Evanston.
Becker, Howard. 2013. *Außenseiter: Zur Soziologie abweichenden Verhaltens.* Wiesbaden.
Bennett, Lance W., und Martha S. Feldman 1981. *Reconstructing reality in the courtroom.* New Brunswick.
Best, Joel. 1993. But seriously, folks: The limitations of the strict constructionist interpretation of social problems. In *Reconsidering social constructionism,* Hrsg. James A. Holstein und Gale Miller, 129–149. New York.
Best, Joel. 2003. Killing the messenger. The social problems of sociology. *Social Problems* 50:1–13.
Black, Donald. 1970. Production of crime rates. *American Sociological Review* 35:733–748.
Blankenburg, Erhard. 1995. *Mobilisierung des Rechts. Eine Einführung in die Rechtssoziologie.* Berlin.

Blankenburg, Erhard, K. Sessar, und W. Steffen 1978. *Die Staatsanwaltschaft im Prozeß strafrechtlicher Sozialkontrolle.* Berlin.
Blumer, Herbert. 1986. *Symbolic interactionism: Perspective and method.* Berkeley.
Blumer, Herbert. 1996 (1969). *Symbolic interactionism. Perspective and method.* Berkeley.
Blumer, Herbert. 2012. *Symbolischer Interaktionismus: Aufsätze zu einer Wissenschaft der Interpretation.* Berlin.
Bonacker, Thorsten. 2002. Zuschreibungen der Gewalt. Zur Sinnförmigkeit interaktiver, organisierter und gesellschaftlicher Gewalt. *Soziale Welt* 52:31–48.
Bonacker, Thorsten, und Peter Imbusch. 2006. Zentrale Begriffe der Friedens- und Konfliktforschung: Konflikt, Gewalt, Krieg, Frieden. In *Friedens- und Konfliktforschung. Eine Einführung,* Hrsg. Peter Imbusch und Ralf Zoll, 67–142. Wiesbaden.
Braasch, Hans-Joachim, Klaus Köhn, Klaus Kommoß, und Otto-H Winkelmann. 1997. *Gesetzesungehorsam der Justiz.* Lübeck.
Braithwaite, John. 2000. The new regulatory state and the transformation of criminology. *British Journal of Criminology* 40:222–238.
Brumlik, Micha. 1989a. Zur Trivialisierung einer wissenschaftlichen Revolution. Die Rezeptionsgeschichte des Etikettierungsansatzes in der sozialpädagogischen Metatheorie. In *Soziale Dienste im Wandel. Entwürfe sozialpädagogischen Handelns,* Bd. 2. Hrsg. Tomas Olk und Hans-Uwe Otto, 19–48. Neuwied.
Brumlik, Micha. 1989b. Zur Trivialisierung einer wissenschaftlichen Revolution. Die Rezeptionsgeschichte des Etikettierungsansatzes in der sozialpädagogischen Metatheorie. In *Soziale Dienste im Wandel. Entwürfe sozialpädagogischen Handelns,* Bd. 2. Hrsg. Tomas Olk und Hans-Uwe Otto, 19. Neuwied.
Bude, Heinz, und Michael Dellwing, Hrsg. 2011. *Die improvisierte Welt: Es ist was es ist. Einleitung zu: Stanley Fish: Das Recht möchte formal sein.* Berlin.
Bude, Heinz, und Michael Dellwing, Hrsg. 2012. *Blumers Rebellion 2.0: Eine Wissenschaft der Interpretation, Einleitung zu: Herbert Blumer: Symbolischer Interaktionismus.* Berlin.
Bundeskriminalamt, Hrsg. 2007. Polizeiliche Kriminalstatistik der Bundesrepublik Deutschland.Wiesbaden. http://www.bka.de/pks/pks2007/download/pks-jb_2007_bka.pdf. Eingesehen im Frühjahr 2009.
Castel, Robert. 1976. *Psychoanalyse und gesellschaftliche Macht.* Kronberg.
Castel, Robert, Françoise Castel, und Anne Lovell. 1982. *Die Psychiatrisierung des Alltags.* Frankfurt a. M.
Castellania, Brian. 1999. Michel Foucault and symbolic interactionism: The making of a new theory of interaction. *Studies in Symbolic Interaction* 22:247–272.
Cicourel, Aaron. 1976. *The social organization of juvenile justice.* London.
Clare, Anthony. 1981. Anti-psychiatry: An alternative view. In *The sociology of mental illness. Basic studies,* Hrsg. O. Grusky und M. Pollner, 348–353. New York.
Clarke, Lee, und James F. Short. 1993. Social organization and risk: Some current controversies. *Annual Review of Sociology* 19:375–399.
Cohen, Stanley. 1980. *Folk devils & moral panics. The creation of the Mods and Rockers.* Oxford.
Cohen, Stanley, und Laurie Taylor. 1980. *Ausbruchsversuche.* Frankfurt a. M.
Coleman, James S., und Daniel Patrick Moynihan. 1996. *Understanding crime data. Haunted by the dark figure.* Buckingham.
Cooley, Charles. 2009 (1922). *Human nature and the social order.* New Brunswick.

Cooper, David. 1978. *Die Sprache der Verrücktheit. Erkundungen ins Hinterland der Revolution.* Berlin.
Cooper, David. 1979. Psychiatrische Repression. Überlegungen zur politischen Dissidenz. In *Der eingekreiste Wahnsinn,* Hrsg. D. Cooper, M. Foucault, Maquis de Sade, et al., 34–37. Frankfurt a. M.
Coulter, Jeff. 1973. *Approaches to insanity.* Bath.
Cremer-Schäfer, Helga, und Heinz Steinert. 1998. *Straflust und repression.* Münster.
Cremer-Schäfer, Helga, und Heinz Steinert. 2000. Soziale Ausschließung und Ausschließungs-Theorien: Schwierige Verhältnisse. In *Soziale Kontrolle,* Hrsg. Helge Peters, 43–64. Opladen.
Critcher, Chas. 2003. *Moral panics and the media.* Buckingham.
Dellwing, Michael. 2008a. Derrida, Fish und das Gesetz. *Zeitschrift für Rechtssoziologie* 29:261–278.
Dellwing, Michael. 2008b. Schwebende Sanktionen. *Österreichische Zeitschrift für Soziologie* 33:3–19.
Dellwing, Michael. 2009. Ein Kreis mit fünf Sanktionen. *Österreichische Zeitschrift für Soziologie* 34:43–61.
Dellwing, Michael. 2010. Frenemies und das „wahre Selbst". *Berliner Debatte Initial* 21:94–104.
Dellwing, Michael. 2013. *Zur Aktualität von Erving Goffman.* Wiesbaden.
Dellwing, Michael und Robert Prus. 2012. *Einführung in die interaktionistische Ethnografie: Soziologie im Außendienst.* Wiesbaden.
Denzin, Norman K. 1992. *Symbolic interactionism and cultural studies. The politics of interpretation.* Oxford.
Derrida, Jacques. 1995. *The gift of death.* Chicago.
Derrida, Jacques. 1996. *Gesetzeskraft. Der ‚mystische Grund der Autorität'.* Frankfurt a. M.
Dewey, John. 1891. Moral theory and practice. *International Journal of Ethics* 1:186–203.
Dewey, John. 2007 (1922). *Human nature and conduct.* New York.
Dewey, John. 2008 (1929). *The quest for certainty. The later works of John Dewey.* Bd. 4. Edwardsville.
Dickstein, Morris. 1998. *The revival of pragmatism. New essay on social thought, law and culture.* Durham.
Ditton, Jason. 1979. *Controlology. Beyond the new criminology.* London.
Dörmann, Uwe. 1988. Dunkelfeldforschung im Dunkeln. *Kriminalistik* 42:403–405.
Dotter, Daniel. 2004. *Creating deviance.* Walnut Creek.
Douglas, Lawrence. 1995. The force of words: Fish, Matsuda, MacKinnon, and the theory of discursive violence. *Law & Society Review* 29:169–190.
Downes, David. 1979. Praxis makes perfect. In *Deviant interpretations,* Hrsg. David Downes und Paul Rock, 1. Oxford.
Downes, David, und Paul Rock, Hrsg. 1979. *Deviant interpretations.* Oxford.
Durkheim, Émile. 1987. *Schriften zur Soziologie der Erkenntnis: Pragmatismus und Soziologie.* Frankfurt a. M.
Durkheim, Émile. 1988. *Über soziale Arbeitsteilung: Studie über die Organisation höherer Gesellschaften.* Frankfurt a. M.
Durkheim, Émile. 1999. *Erziehung, Moral und Gesellschaft. Vorlesung an der Sorbonne 1902/1903.* Frankfurt a. M.

Elwert, Georg. 1998. Gewalt als inszenierte Persönlichkeit. In *Anthropologie der Gewalt. Chancen und Grenzen der sozialwissenschaftlichen Forschung,* Hrsg. Jan Koehler und Sonja Heyer, 1–7. Berlin.
Erikson, Kai T. 1964. *Notes on the sociology of deviance.* Pittsburgh.
Erikson, Kai T. 1978. *Die widerspenstigen Puritaner.* Stuttgart.
Erikson, Kai T. 1966. *Wayward Puritans. A study in the sociology of deviance.* New York.
Feeley, Malcolm M., und Jonathan Simon. 1992. The new penology. Notes on the emerging strategy of corrections and its implications. *Criminology* 30:449–479.
Ferchhoff, Wilfried, und Friedhelm Peters. 1981. *Die Produktion abweichenden Verhaltens. Zur Rekonstruktion und Kritik des Labeling Approach.* Bielefeld.
Ferrell, Jeff, und Mark Hamm, Hrsg. 1998. *Ethnography at the edge: Crime, deviance, and field research.* Boston.
Ferrell, Jeff, und Clinton Sanders, Hrsg. 1995. *Cultural criminology.* Boston.
Ferrell, Jeff, Keith Hayward, und Jock Young. 2008. *Cultural criminology: An investigation.* Los Angeles.
Fine, Gary Alan. 2010. The sociology of the local. *Sociological Theory* 28:355–376.
Fish, Stanley. 1980. *Is there a text in this class? The authority of interpretive communities.* Cambridge.
Fish, Stanley. 1989. *Doing what comes naturally. Change, rhetoric and the practice of theory in literary and legal studies.* Durham.
Fish, Stanley. 1994. *There's no such thing as free speech and it's a good thing too.* Cambridge.
Fish, Stanley. 1998. Of truth and toilets. In *The revival of pragmatism. New essays on social thought, law, and culture,* Hrsg. Morris Dickstein, 418–433. Durham.
Fish, Stanley. 1999. *The trouble with principle.* Cambridge.
Fish, Stanley. 2002. Foreword. In *Justifying belief: Stanley Fish and the work of rhetoric,* Hrsg. Gary Olson und Stanley Fish. Albany.
Fish, Stanley. 2004. One more time. In *Postmodern sophistry: Stanley fish and the critical enterprise,* Hrsg. Gary A. Olson und Lynn Worsham, 265–298. New York.
Fish, Stanley. 2011. *Das Recht möchte formal sein: Essays.* Berlin.
Fiss, Owen. 1985. Conventionalism. *California Law Review* 58:177–197.
Foucault, Michel. 1994. *Überwachen und Strafen.* Frankfurt a. M.
Frazier, Patricia A., und Beth Haney. 1996. Sexual assault cases in the legal system: Police, prosecutor, and victim perspectives. *Law and Human Behavior* 20:607–628.
Frohman, Lisa. 1991. Discrediting victims' allegations of sexual assault: Prosecutorial accounts of case rejections. *Social Problems* 38:213–226.
Galtung, Johan. 1978. Der besondere Beitrag der Friedensforschung zum Studium der Gewalt. In *Gewalt. Grundlagenproblem in der Diskussion der Gewaltphänomene,* Hrsg. Kurt Röttgers und Hans Saner, 9–32. Stuttgart.
Garland, David. 1990. *Punishment and modern society. A study in social theory.* Chicago.
Gephart, Werner. 1990. *Strafe und Verbrechen. Die Theorie Emile Durkheims.* Opladen.
Gibbs, Jack P. 1966. Conceptions of deviant behavior: The old and the new. *The Pacific Sociological Review* 9:9–14.
Glatzel, Johann. 1975. *Antipsychiatrie.* Stuttgart.
Gobo, Giampietro. 2008. *Doing ethnography.* Los Angeles.
Goffman, Erving. 1959. *The presentation of self in everyday life.* New York.
Goffman, Erving. 1963. *Encounters.* New York.

Goffman, Erving 1967a. *Interaction ritual*. New York.
Goffman, Erving. 1967b. *Stigma. Über Techniken der Bewältigung beschädigter Identität*. Frankfurt a. M.
Goffman, Erving. 1971. *Relations in public: Microstudies of the public order*. New York.
Goffman, Erving. 1983. Felicity's Condition. *The American Journal of Sociology* 89:1–53.
Goode, Erich. 1975. On behalf of labeling theory. *Social Problems* 22:570.
Goode, Erich, und Nachman Ben-Yehuda. 1994. *Moral panics. The social construction of deviance*. Oxford.
Gouldner, Alvin. 1965. The sociologist as partisan. *The American Sociologist* 3:103–116.
Gove, Walter R. 1970. Societal reaction as an explanation of mental illness: An evaluation. *American Sociological Review* 35:873.
Gove, Walter R. 1975. *The labelling of deviance*. New York.
Greenberg, Martin S., und R. Barry Ruback. 1992. *After the crime: Victim decision making*. New York.
Greenberg, Martin, und D. R. Westcott 1983. Indebtedness as a mediator of reactions to aid. In *Directions in helping: Recipient reactions to aid,* Hrsg. J. D. Fisher, A. Nadler, und B. M. DePaulo, 85–112. New York.
Grey, Thomas. 1989. Holmes and legal pragmatism. *Stanford Law Review* 41:787–870.
Hall, Peter M. 1985. Asymmetric relationships and processes of power. Studies in symbolic interaction. *Supplement* 1:309–344.
Hall, Peter M. 1987. Presidential address. Interactionism and the study of social organization. *Sociological Quarterly* 28:1.
Hammersley, Martyn. 2001. Which side was Becker on? Questioning political and epistemological radicalism. *Qualitative Research* 1:91–110.
Heitmeyer, Wilhelm, und John Hagen. 2002. Gewalt. Zu den Schwierigkeiten einer systemischen internationalen Bestandaufnahme. In *Internationales Handbuch der Gewaltforschung,* Hrsg. Wilhelm Heitmeyer und John Hagan, 15–25. Wiesbaden.
Hess, Henner, und Sebastian Scheerer. 1997. Was ist Kriminalität? Skizze einer konstruktivistischen Kriminalitätstheorie. *Kriminologisches Journal* 29:83–155.
Hess, Henner, und Sebastian Scheerer. 1999. Erwiderung. *Kriminologisches Journal* 31:36–58.
Hess, Henner, und Sebastian Scheerer. 2011. Radikale Langeweile. In *Langweiliges Verbrechen,* Helge Peters und Michael Dellwing, 27–46. Wiesbaden.
Hess, Henner, und Heinz Steinert. 1986. Zur Einleitung: Kritische Kriminologie – zwölf Jahre danach. *Kriminologischen Journal* 2–8 (1. Beiheft).
von Hofer, Hanns. 2000. Crime statistics as constructs: The case of Swedish rape statistics. *European Journal on Criminal Policy and Research* 8:77–89.
Holmes, Oliver Wendell. 1897. The path of the law. *Harvard Law Review* 10:457–478.
Hume, David. 1978. *A treatise of human nature*. Oxford.
Ibarra, Peter R., und John I. Kitsuse 1993. Vernacular constituents of moral discourse: An interactionist proposal for the study of social problems. In *Reconsidering social constructionism,* Hrsg. James A. Holstein und Gale Miller, 25–58. New York.
Imbusch, Peter. 2000. Gewalt – Stochern in unübersichtlichem Gelände. *Mittelweg 36* (9): 24–40.
Imbusch, Peter. 2002. Der Gewaltbegriff. In *Internationales Handbuch der Gewaltforschung,* Hrsg. Wilhelm Heitmeyer und John Hagan, 26–57. Wiesbaden.

Inhetveen, Katharina. 1997. Gesellige Gewalt. In *Soziologie der Gewalt*, Hrsg. Trutz von Trotha, 235–262. Sonderheft der Kölner Zeitschrift für Soziologie und Sozialpsychologie.
James, William. 1907. *Pragmatism*. London.
James, William. 1995 (1907). *Pragmatism*. New York.
Joas, Hans. 1992. *Pragmnatismus und Gesellschaftstheorie*. Frankfurt a. M.
Johnson, John. 1976. *Doing field research*. New York.
Johnson, G. David, und Peggy A. Shifflet. 1981. George Herbert who? A critique of the objectivist reading of mead. *Symbolic Interaction* 4:143–155.
Katovich, Michael A., und William A. Reese. 1993. Postmodern thought in symbolic interaction: Reconstructing social inquiry in light of late-modern concerns. *Sociological Inquiry* 34:391–411.
Keckeisen, Wolfgang. 1974. *Die gesellschaftliche Definition abweichenden Verhaltens. Perspektiven und Grenzen des labelingapproach*. München.
Kerner, Hans-Jürgen. 1973. *Verbrechenswirklichkeit und Strafverfolgung*. München.
Keupp, Heinrich. 1972. *Der Krankheitsmythos in der Psychopathologie*. München.
Kitsuse, John I. 1962. Societal reaction to deviant behavior: Problems of theory and method. *Social Problems* 9:247–257.
Kitsuse, John I. 1975. The ‚new conception of deviance' and its critics. In *The labelling of deviance. Evaluating a perspective*, Hrsg. Walter R. Gove, 273. New York.
Kitsuse, John I., und Aaron V. Cicourel. 1963. The use of official statistics. *Social Problems* 11:131–139.
Kitsuse, John, und Malcolm Spector. 1975. Social problems and deviance: Some parallel issues. *Social Problems* 22:584–594.
Kitsuse, John, und Malcolm Spector. 2001 (1977). *Constructing social problems*. New Brunswick.
Knapp, Steven, und Walter Benn Michaels. 1985. A reply to Richard Rorty: What is pragmatism? *Critical Inquiry* 11:466–473.
Köllisch, Tilman. 2004. *Vom Dunkelfeld ins Hellfeld. Anzeigeverhalten und Polizeikontakte bei Jugenddelinquenz. Inauguraldissertation zur Erlangung der Doktorwürde*. Böblingen.
Kreissl, Reinhard. 1996. Was ist kritisch an der kritischen Kriminologie? In *Kritische Kriminologie in der Diskussion*, Hrsg. Kai-D. Bussmann und Reinhard Kreissel, 19–43. Opladen.
Kreissl, Reinhard. 2000. Soziale Kontrolle, Kriminalität und abweichendes Verhalten in zeitgenössischen Gesellschaften. Einige Überlegungen in gesellschaftstheoretischer Absicht. In *Soziale Kontrolle. Zum Problem der Nonkonformität in der Gesellschaft, 19*, Hrsg. Helge Peters. Opladen.
Kreissl, Reinhard. 2006. Begrenzte Konstruktivität – Wie Helge Peters einmal versuchte, den labelingapproach zu retten. In *Unbegrenzte Konstruktivität*, Hrsg. Birgit Menzel und Kerstin Ratzke, 42–55. Opladen.
Kury, Helmut. 2001. *Das Dunkelfeld der Kriminalität. Kriminalistik* 55:74–84.
Küsters, Ivonne. 2009. *Narrative interviews*. Wiesbaden.
LaFree, Gary D. 1981. Official reactions to social problems: Police decisions in sexual assault cases. *Social Problems* 28:582–594.
Laing, Ronald D. 1972. *Das geteilte Selbst. Eine existentielle Studie über geistige Gesundheit und Wahnsinn*. Köln.

Lange, Stefan, und Uwe Schimank. 2004. *Governance und gesellschaftliche Integration*. Wiesbaden.
Langer, Wolfgang. 1994. *Staatsanwälte und Richter. Justitielles Entscheidungsverhalten zwischen Sachzwang und lokaler Justizkultur*. Stuttgart.
Lautmann, Rüdiger. 1971. *Soziologie vor den Toren der Jurisprudenz*. Stuttgart.
Lautmann, Rüdiger. 1972. *Justiz – die stille Gewalt*. Frankfurt a. M.
Lautmann, Rüdiger. 2010. *Justiz: Die stille Gewalt*. Wiesbaden.
Lautmann, Rüdige, Daniela Klimke, und Fritz Sack, Hrsg. 2004. Punitivität. Kriminologischen Journals. (Weinheim, 8. Beiheft).
Legnaro, Aldo, und Astrid Aengenheister. 1999. *Die Aufführung von Strafrecht*. Baden-Baden.
Lemert, Edwin. 1951. *Social pathology*. New York.
Lemert, Edwin M. 1974. Beyond mead: The societal reaction to deviance. *Social Problems* 21:457–468.
Lemke, Thomas, Susanne Krasmann, und Ulrich Bröckling. 2000. Gouvernementalität, Neoliberalismus und Selbsttechnologien. Eine Einleitung. In *Gouvernementalität der Gegenwart, 7,* Hrsg. Thomas Lemke, Susanne Krasmann, und Ulrich Bröckling. Frankfurt a. M.
Liazos, Alexander. 1972. The poverty of the sociology of deviance: Nuts, sluts and preverts. *Social Problems* 20:103.
Lofland, J. 1976. *Doing social life. The qualitative study of human interaction in natural settings*. New York.
Luckenbill, David. 1979. Power: A conceptual framework. *Symbolic Interaction* 2:97–114.
Luhmann, Niklas. 1993. *Das Recht der Gesellschaft*. Frankfurt a. M.
Lyman, Stanford M., und Marvin B. Scott. 1989. *A sociology of the absurd*. Dix Hills.
Maguire, M. 1980. The impact of burglary upon victims. *British Journal of Criminology* 20:261–275.
Maines, David R. 1988. Myth, text and interactionist complicity in the Ngelct of Blumer's macrosociology. *Symbolic Interaction* 11:43–57.
Manning, Peter K. 1997. *Police work: The social organization of policing*. Prospect heights.
Mansel, Jürgen. 2008. Ausländer unter Tatverdacht. *Kölner Zeitschrift für Soziologie und Sozialpsychologie* 60:551–578.
Manouvrier, M. L. 1986 (1889). Questionspréalablesdansl'étudecomparative des criminels et des honnêtesgens. *Déviance et Société* 10:209–222.
McConville, Michael, und Chester L. Mirsky 2005. *Jury trials and plea bargaining*. Oxford.
McHugh, Peter. 1968. *Defining the situation: The organization of meaning in social interaction*. Indianapolis.
McNickle Rose, Vicky, und Susan Carol Randall. 1982. The impact of investigator perceptions of victim legitimacy on the processing of rape/sexual assault cases. *Symbolic Interaction* 5:23–36.
Mead, George Herbert. 1974. *Mind, self and society*. Chicago.
Mead, George Herbert. 1980. Psychologie der Strafjustiz. In *Gesammelte Aufsätze,* Hrsg. George Herbert Mead, 253. Frankfurt a. M.
Mensel, Birgit, und Kerstine Ratzke, Hrsg. 2006. *Grenzenlose Konstruktivität? Standortbestimmung und Zukunftsperspektiven konstruktivistischer Theorien abweichenden Verhaltens*. Opladen.
Menzel, Birgit, und Helge Peters. 2003. *Sexuelle Gewalt*. Konstanz.

Miller, Gale, und James A. Holstein 1993. *Reconsidering social constructionism*. In *Reconsidering social constructionism*, Hrsg. Gale Miller und James A. Holstein, 5–23. New York.

Mills, C. Wright. 1940. Situated action and vocabularies of motive. *American Sociological Review* 5:904–913.

Müller-Tuckfeld, Jens-Christian. 1998. Krise der kritischen Kriminologie? *Kriminologisches Journal* 30:109–121.

Naumann, Michael. 1995. Schwierigkeiten der Soziologie mit der Gewaltanalyse. *Mittelweg* 36 (15): 65–68.

Nedelmann, Birgitta. 1995. Schwierigkeiten soziologischer Gewaltanalyse. *Mittelweg* 36 (3): 8–17.

Nedelmann, Birgitta. 1997. Gewaltsoziologie am Scheideweg – Die Auseinandersetzung in der gegenwärtigen und Wege der künftigen Gewaltsoziologie. *Trutz von Trotha: Soziologie der Gewalt – Sonderheft zur Kölner Zeitschrift für Soziologie und Sozialpsychologie* 59–85.

Neidhardt, Friedhelm. 1981. Über Zufall, Eigendynamik und Institutionalisierbarkeit absurder Prozesse. Notizen am Beispiel einer terroristischen Gruppe. In *Soziologie in weltbürgerlicher Absicht. Festschrift für René König zum 75. Geburtstag,* Hrsg. Heine Alemann und Hans Peter Thrun, 243–257. Opladen.

Neidhardt, Friedhelm. 1986. Gewalt – Soziale Bedeutungen und sozialwissenschaftliche Bestimmungen des Begriffs. In *Bd. 1 von Zum Gewaltbegriff im Strafrecht. Sonderband der BKA-Forschungsreihe: Was ist Gewalt? Auseinandersetzungen mit einem Begriff,* Hrsg. Volker Krey.

Neidhardt, Friedhelm, Fritz Sack, Thomas Würtenberger, Kurt Lüscher, Hans Thiersch, und Klaus-Günther Collatz. 1974. *Aggressivität und Gewalt in unserer Gesellschaft*. München.

O'Malley, Pat. 1991. Legal networks and domestic security. *Studies in Law, Politics and Society* 11:171–190.

Opp, Karl-Dieter. 1972. Die ‚alte' und die ‚neue' Kriminologie. Eine kritische Analyse einiger Thesen des labelingapproach. *Kriminologisches Journal* 1:32.

Oswald, Hans, und Lothar Krappmann. 2000. Phänomenologische und funktionale Vielfalt von Gewalt unter Kindern. *Praxis der Kinderpsychologie und Kinderpsychiatrie* 49:3–15.

Peters, Helge. 1995. *Devianz und Soziale Kontrolle*. Weinheim.

Peters, Helge. 1996. Als Partisanenwissenschaft ausgedient, als Theorie aber nicht sterblich: der labelingapproach. *Kriminologisches Journal* 28:107–115.

Peters, Helge. 1997. Distanzierung von der Praxis in ihrem Namen. Empfehlung, an einer definitionstheoretisch orientierten Kriminalsoziologie festzuhalten. *Kriminologisches Journal* 29:267–274.

Peters, Helge. 1999. Die Soziologie und die Versuche, die Krise der Kriminologie zu überwinden. *Kriminologisches Journal* 31:187–202.

Peters, Helge. 2002. *Soziale Probleme und soziale Kontrolle*. Wiesbaden.

Peters, Helge. 2009. *Devianz und soziale Kontrolle*. Weinheim.

Peters, Helge. 2011. Langweiliges Verbrechen. In *Langweiliges Verbrechen,* Hrsg. Helge Peters und Michael Dellwing, 11–24. Wiesbaden.

Petrunik, Michael. 1985. The rise and fall of labelling theory: The construction and destruction of a sociological strawman. *Canadian Journal of Sociology/Cahiers canadiens de sociologie* 5:213–233.

Plummer, Ken. 1979. Misunderstanding Labeling Perspectives. In *Deviant Interpretations*, Hrsg. David Downes und Paul Rock, 85. Oxford.
Pohlmann, Friedrich. 2006. *Heinrich Popitz – sein Denken und Werk. 7 in Heinrich Popitz. Soziale Normen*. Frankfurt a. M.
Popitz, Heinrich. 1980. *Die normative Konstruktion von Gesellschaft*. Tübingen.
Popitz, Heinrich. 1992. *Phänomene der Macht*. Tübingen.
Popitz, Heinrich. 2003 (1968). *Über die Präventivwirkung des Nichtwissens*. Berlin.
Prus, Robert C. 1996. *Symbolic interaction and ethnographic research: Intersubjectivity and the study of human lived experience*. Albany.
Prus, Robert C. 1997. *Subcultural mosaics and intersubjective realities: An ethnographic research agenda for pragmatizing the social sciences*. Albany.
Prus, Robert, Mary Lorentz, und William Shaffier. 1997. Doing ethnographic research: Fieldwork as practical accomplishment. In *Subcultural Mosaics and Intersubjective Realities, Kapitel 8*, Hrsg. Robert Prus. Albany.
Quensel, Stephan. 2006. Das Labeling-Paradigma – Ein Konstrukt? Oder: Wie wir Theorien lieben. In *Grenzenlose Konstruktivität? Standortbestimmung und Zukunftsperspektiven konstruktivistischer Theorien abweichenden Verhaltens*, Hrsg. Birgit Mensel und Kerstin Ratzke, 17–41. Opladen.
Reichertz, Jo, und Norbert Schröer, Hrsg. 2003. *Hermeneutische Polizeiforschung*. Opladen.
Reichman, Nancy. 1986. Managing crime risks: Toward an insurance based model of social control. *Research in Law, Deviance and Social Control* 8:151–172.
Reynolds, Janice, und Larry Reynolds. 1973. Interactionism, complicity and the astructural bias. *Catalyst* 7:76–85.
Robinson, Amanda L. 2006. Reducing repeat victimization among high-risk victims of domestic violence. *Violence against women* 12:761.
Rock, Paul. 1979a. The sociology of crime, symbolic interactionism and qualities of radical criminology. In *Deviant Interpretations*, Hrsg. David Downes und Paul Rock, 52–84. Oxford.
Rock, Paul. 1979b. *The making of symbolic interactionism*. London.
Rorty, Richard. 1982. *Consequences of pragmatism*. Minneapolis.
Rorty, Richard. 1989a. *Contingency, irony, and solidarity*. Cambridge.
Rorty, Richard. 1989b. *Kontingenz, Ironie und Solidarität*. Frankfurt a. M.
Rorty, Richard. 1990. An exchange on truth, freedom, and politics. Truth and freedom. A reply to Thomas McCarthy. *Critical inquiry* 16:633.
Rorty, Richard. 1991. *Objectivity, relativism and truth*. New York.
Rorty, Richard. 1992. What can you expect from anti-foundationalist philosophers? *Virginia Law Review* 78:718–727.
Rorty, Richard. 1993. *Hoffnung statt Erkenntnis*. Wien.
Rorty, Richard. 1998. *Truth and progress. Philosophical papers Vol. 3*. Cambridge.
Rorty, Richard. 2007. *Philosophy as cultural politics*. Cambridge.
Rottleuthner, Hubert. 1987. *Einführung in die Rechtssoziologie*. Darmstadt.
Rubinstein, Jonathan. 1980. *City police*. New York.
Rüther, Walter. 1975. *Abweichendes Verhalten und labelingapproach*. Köln.
Rytina, Joan Huber, und Charles P. Loomies. 1970. Marxist dialectic and pragmatism: Power as knowledge. *American Sociological Review* 35:308.

Sack, Fritz. 1968. Neue Perspektiven in der Kriminologie. In *Kriminalsoziologie,* Hrsg. Fritz Sack und René König, 431–476. Frankfurt a. M.
Sack, Fritz. 1969. Probleme der Kriminalsoziologie. In *Handbuch der empirischen Sozialforschung.* Bd. II, Hrsg. René König, 961–1049. Stuttgart.
Sack, Fritz. 1972. Definition von Kriminalität als Politisches Handeln: Der Labeling Approach. *Kriminologisches Journal* 4:3–31.
Sack, Fritz. 1973. Zur Definition der Gewalt – am Beispiel Jugend. In *Aggressivität und Gewalt in unserer Gesellschaft,* Hrsg. Friedhelm Neidhardt, 39–61. München.
Sack, Fritz. 1988. Wege und Umwege der deutschen Kriminologie in und aus dem Strafrecht. In *Radikale Kriminologie. Themen und theoretische Positionen der amerikanischen Radical Criminology,* Hrsg. Helmut Janssen, Reiner Kaultizky, und Raymond Michalowski. Bielefeld.
Sack, Fritz. 1993. Dunkelfeld. In *Kleines Kriminologisches Wörterbuch,* Hrsg. Günther Kaiser, Hans-Jürgen Kerner, Fritz Sach, und Hartmut Schelhoss, 99–107. Heidelberg.
Sack, Fritz. 1998. Vom Wandel in der Kriminologie – und Anderes. *Kriminologisches Journal* 30:47–64.
Sack, Fritz, und René König. 1979. *Kriminalsoziologie.* Wiesbaden.
Sack, Fritz, und Hubert Treiber. 2003. Einführung. In *Über die Präventivwirkung des Nichtwissens,* Hrsg. Heinrich Popitz V–XXXV. Weinheim.
Sandbothe, Mike. 2000. *Die Renaissance des Pragmatismus.* Weilerswist.
Scheerer, Sebastian. 1986. Atypische Moralunternehmer. Kritische Kriminologie heute. *Beiheft zum Kriminologischen Journal* 133.
Scheerer, Sebastian. 1997. Anhedonia Criminoligica. *Kriminologisches Journal* 29:23–37.
Scheff, Thomas J. 1984 (1966). *Being mentally ill. A sociological theory.* New York.
Schneider, Hendrik. 1999a. Schöpfung aus dem Nichts. Missverständnisse in der deutschen Rezeption des Labeling Approach und ihre Folgen im Jugendstrafrecht. *Monatsschrift für Kriminologie* 82:202–213.
Schneider, Hendrik. 1999b. Schöpfung aus dem Nichts. Missverständnisse in der deutschen Rezeption des Labeling Approach und ihre Folgen im Jugendstrafrecht. *Monatsschrift für Kriminologie* 82:202.
Schmidt-Semisch, Hennig. 2000. Selber Schuld. Skizzen versicherungsmathematischer Gerechtigkeit. In *Gouvernementalität der Gegenwart,* Hrsg. Ulrich Bröckling, Susanne Krassman, und Thomas Lemke, 168 ff. Frankfurt a. M.
Schröer, Norbert. 2003. Zur Handlungslogik polizeilichen Vernehmens. In *Hermeneutische Polizeiforschung,* Hrsg. Jo Reichertz und Norbert Schröer, 61–78. Opladen.
Schumann, Karl. 1968. *Zeichen der Unfreiheit.* Freiburg.
Schumann, Karl F. 1985. Labeling approach und Abolitionismus. *Kriminologisches Journal* 17:19–28.
Schünemann, Bernd. 1988. Daten und Hypothesen zum Rollenspiel zwischen Richter und Staatsanwalt bei der Strafzumessung. In *Kriminologische Forschung in den 80er Jahren. Projektberichte aus der BRD,* Hrsg. G. Kaiser, H. Kurs, und H. J. Albrecht, 265–280. Freiburg.
Schur, Edwin. 1969. Reactions to deviance: A critical assessment. *The American Journal of Sociology* 75:309.
Schur, Edwin. 1970. *Our criminal society.* Englewood Cliffs.
Schur, Edwin M. 1971. *Labeling deviant behavior. Its sociological implications.* New York.

Schur, Edwin, 1973. *Radical non-intervention*. Englewood Cliffs.
Schur, Edwin. 1980. *The politics of deviance. Stigma contests and the uses of power*. Eaglewood Cliffs.
Schwind, Hans-Dieter. 1983. Die Göttinger und die Bochumer Dunkelfeldforschung. In *Deutsche Forschungen zur Kriminalitätsentstehung und Kriminalitätskontrolle*. Bd. 6, Hrsg. Hans-Jürgen Kerner, Helmut Kury, und Klaus Sessar, 169–199. Köln.
Shalin, Dmitri. 1986. Pragmatism and social interactionism. *American Sociological Review* 51:9–29.
Smaus, Gerlinda. 1986. Versuch um eine materialistisch-interaktionistische Kriminologie. Kritische Kriminologie heute. *Kriminologischen Journal* 179. (1. Beiheft).
Sofsky, Wolfgang. 1996. *Traktat über die Gewalt*. Frankfurt a. M.
Spector, Malcolm, und John I. Kitsuse 2001 (1977). *Constructing social problems*. New Brunswick.
Stangl, Wolfgang. 1986. Staatliche Normgenese und symbolischer Interaktionismus. *Kriminologischen Journal* 121. (1. Beiheft).
Stebbins, Robert. 1967. A theory of the definition of the situation. *Canadian Review of Sociology and Anthropology* 4:148–164.
Stehr, Johannes. 2009. Jugendgewalt – Skandalisierungskonzept und ideologische Kategorie. In *Jugendgewalt – Skandalisierungskonzept und ideologische Kategorie*, Hrsg. Otger Autara, Bringfriede Scheu, 107–124. Wiesbaden.
Steinert, Heinz. 1985. Zur Aktualität der Etikettierungs-Theorie. *Kriminologisches Journal* 10:29.
Stevens, Alex. 2007. When two dark figures collide: Evidence and discourse on drug-related crime. *Critical Social Policy* 27:77.
Stock, Jürgen. 2000. Erfahrungen, Einstellungen und Entscheidungsfindung in Betäubungsmittelstrafsachen bei der Polizei – Ausgewählte Befunde einer kriminologischen Untersuchung polizeilicher Rechtsanwendung. In *Empirische Polizeiforschung*, Hrsg. Karlshans Liebl und Thomas Ohlemacher, 50–67. Herbolzheim.
Strauss, Anselm. 1993. *Continual permutations of action*. New York.
Stryker, Sheldon. 1980. *Symbolic interactionism. A social structural version*. Menlo.
van Swaaningen René. 1997. *Critical criminology. Visions from Europe*. London.
van Swaaningen René. 1998. Critical criminology on the European continent. Its history, rise and fall. *European Journal of Crime, Criminal Law and Criminal Justice* 6:41–54.
Sykes, Gresham, und David Matza. 1957. Techniques of neutralization. *American Sociological Review* 22:664–670.
Szasz, Thomas. 1974 (1967). *The myth of mental illness. Foundations of a theory of personal conduct*. New York. [deutsch 1972: Geisteskrankheit – Ein moderner Mythos? Freiburg].
Szasz, Thomas. 1978. *The myth of psychotherapy*. New York.
Szasz, Thomas. 1991. *Ideology and insanity. Essays on the psychiatric dehumanization of man*. Syracuse.
Tamanaha, Brian Z. 1997. *Realistic socio-legal theory*. Oxford.
Tannenbaum, Frank. 1938. *Crime and community*. Boston.
Thomas, William Isaac. 1966. *The polish peasant in Europe and America*. Chicago.
Thomas, William Isaac, und Dorothy Swaine Thomas. 1928. *The child in America: Behavior problems and programs*. New York.
Tierney, Kathleen. 1999. Towards a critical sociology of risk. *Sociological Forum* 14:215–242.

von Trotha, Trutz. 1977. Ethnomethodologie und abweichendes Handeln. Anmerkungen zum Konzept des ‚Reaktionsdeppen'. *Kriminologisches Journal* 9:98–115.

von Trotha, Trutz. 1978. Ethnomethodologie und abweichendes Verhalten. Anmerkungen zum Konzept des ‚Reaktionsdeppen'. *Kriminologisches Journal* 9:98–115.

von Trotha, Trutz. 1997. Zur Soziologie der Gewalt. In *Gewaltsoziologie. Sonderheft der Kölner Zeitschrift für Soziologie und Sozialpsychologie,* Hrsg. Trutz von Trotha, 9–58. Opladen.

von Trotha, Trutz. 2000. Gewaltforschung auf Popitzschen Wegen. *Mittelweg* 36 (9): 26–36.

von Trotha, Trutz, und Peter Hanser. 2002. *Ordnungsformen der Gewalt.* Köln.

Wetzel, Michael. 2000. Randgänge: Interview mit Jacwues Derrida. *Die Zeit,* 29.

Woolgar, Steve, und Dorothy Pawluch. 1985. Ontological Gerrymandering: The anatomy of social problems explanations. *Social Problems* 32:214–227.

Wrong, Dennis H. 1968. Some problems in defining social power. *American Journal of Sociology* 73:673.

The manufacturer's authorised representative in the EU is Springer Nature Customer Service Centre GmbH, Europaplatz 3, 69115 Heidelberg, Germany. If you have any concerns regarding our products, please contact ProductSafety@springernature.com

Printed and bound by CPI Group (UK) Ltd, Croydon, CR0 4YY
25/03/2026
02078189-0005